KB149730

관광
법규론

THE LAWS OF TOURISM

7판 머리말

국내외 관광 환경의 변화와 관련 산업계의 요구에 따라 관광 관련 법령은 계속 변모해 왔다. 이 책이 2013년에 처음으로 발간된 이후에도 관련 법령의 개정은 이어져 왔다. 따라서 해당 개정 내용 및 이유와 관련 산업 동향 자료를 꾸준히 반영할 필요가 있다. 이에 2015년에 2판, 2017년에 3판, 2018년에 4판, 2020년에 5판, 2022년에 6판, 그리고 이번에 다시 7번째 개정판을 내놓게 되었다.

2판에서는 전문 자격증의 중요성을 고려하여 관광 관련 국가기술자격을 규정하고 있는 '국가기술자격법'을 별도로 구분하여 설명하였다. 관광기본법에서 관광 취약 계층 지원을 위한 구체적인 방안이 관광진흥법에 마련되어 이를 반영하였다. 호텔업 분야에 소형호텔이 관광사업 범위에 새롭게 포함되었으며, 의료관광산업과 관련하여 의료관광호텔이 신설되었다. 그리고 외국인전용기념품판매업이 관광사업에서 제외되어 이를 삭제하였다.

3판에서는 외국인관광도시민박업이 새롭게 관광객이용시설업으로 추가되었으며, 관광편의시설업에는 관광면세업이 새롭게 포함되었다. 그리고 관광숙박업 등급표지 기준 및 절차가 대폭 개편되었다. 아울러 세월호 여객선 침몰 사건을 계기로 사회 전반적으로 안전 의식이 높아짐에 따라 유원시설업자의 안전관리 및 안전교육과 사고가 발생할 경우 조치사항에 대한 규정이 대폭 강화되었다. 그 밖에 관광취약계층에 대한 여행이용권의 지급, 관광통역 안내원의 준수사항 강화, 지역관광협의회의 설립 및 운영 근거가 마련되었다. 그리고 '국제회의산업 육성에 관한 법률'에서 국제회의복합지구 및 국제회의 집적시설에 대한 내용이 추가되었다.

4판에서는 관광기본법의 관광진흥계획 수립 및 시행 규정과 이를 심의하게 될 국가관광진흥회의의 구성 및 운영 규정이 추가되었다. 그리고 관광진흥개발기금의 재원으로 '보세판매장 특허수수료'가 추가되었다. 또한 관광업종 가운데 관광편의시설업의 지정을 받으려면 지정 기준에 따르도록 의무화되었다. 새롭게 '한국관광 품질인증 제도'가 도입되어 이를 추가하였다. 아울러 '한국관광공사법'을 별도의 장으로 구분하여 설명하였다.

5판에서는 '관광기본법'에서 규정한 관광 여건의 조성 사항으로 휴일·휴가에 대한 제도 개선 사항과 '관광진흥개발기금법'에서 신용보증기관에 기금을 출연할 수 있도록 한 조항을 반영하였다. 또한 '관광진흥법'에서 국제협력 및 해외진출 지원에 대한 사항과 관광산업 진흥 사업 내용, 그리고 지속가능한 관광을 위한 특별관리지역 지정 제도를 포함하였다. 관광편의시설업에 관광지원서비스업이 신설되어 운송, 쇼핑 등 관광과 밀접한 관련이 있는 새로운 유형의 사업이 관광사업의 한 종류에 포함되었다. 또한 문화관광축제의 등급제 폐지에 따른 지역축제 지정 및 지원내용이 반영되었다. 그리고 문화관광해설사 양성 교육기관이 인증에서 교육기관 개설 제도로 변모되었다. 아울러 관광과 관련된 법률로 농어촌민박사업을 규정한 '농어촌정비법'을 소개하였다. 그리고 2020년 초반 '신종 코로나 바이러스 감염증(COVID-19)'이 전 세계로 확산됨에 따라 감염병의 유입 및 확산을 방지하기 위한 국가의 적극적인 대처 사항이 반영된 '검역법' 개정 내용을 실었다.

6판에서는 감염병의 대규모 확산에 따라 여러 가지 법령 보완 사항이 추가되었다. '관광기본법'에서는 관광시설의 안전·위생·방역 관리에 관한 사항이 관광 진흥에 관한 기본계획에 포함되도록 하였으며, 관광진흥개발기금 용도에 감염병 확산 등으로 관광사업자에게 발생한 경영상 중대한 위기 극복을 위한 지원 사업이 포함되었다. 또한 숙박업의 등급 심사의 유예와 국제회의 기준 변경 등이 반영되었다. 변화된 환경의 흐름에 맞추어 스마트관광산업의 육성이 정책으로 새롭게 도입되었다. 한편, 여행업의 명칭과 등록기준이 변경되어 일반여행업은 종합여행업으로 국외여행업은 국내외여행업으로 바뀌었다.

그리고 이번에 개정이 이루어진 7판에서도 최근 추가·변경된 관광 관련 법령 내용을 수록하였다. 관광진흥법의 관광 홍보 및 진흥 분야에서 '일·휴양 연계 관광산업의 육성' 규정이 추가되어 이를 포함하였다. '행정기본법'의 제정으로 각종 이의신청 규정이 일원화된 점과 다른 법률의 개정에 따른 변경 사항도 반영하였다. 그리고 기타 관련 법령 부분으로 '여권법'에서 정한 고시 사항인 '여행경보제도'와 식음료 관련 법령인 '주세 면허 등에 관한 법률'과 숙박시설과 관련된 '산림문화·휴양에 관한 법률'을 추가하였다. 이 외에도 관광산업의 변화에 발맞추어 최신 자료를 추가하거나 보완하였다.

이 책은 직접적인 관광법규 이외에도 관광산업과 연관성이 높은 관련 법령도 함께 소개하고 있다. 아무쪼록 관광법규를 공부하려는 학생들과 관광산업 현장에 종사하는 사람들, 그리고 관광에 관심 있는 분들에게 매우 유익한 저서가 되기를 바란다.

2024년 2월
임 형 택 씀

초판 머리말

관광학은 대체로 경영학 및 사회과학 분야와 관련이 깊다고 말할 수 있다. 더욱 구체적으로 구분하면, '서비스경영학'의 한 분야라고 할 수 있다. 또한 관광은 국제간의 인적 교류를 다루고 있어 외국어의 사용이 주요한 수단이 되고 있다. 그리고 거의 모든 나라에서 전략적으로 육성하고 있는 산업 분야이기 때문에 행정의 역할과 관련 법규의 운용 또한 중요하다.

일반적으로 관광은 다른 지역의 풍광·풍속·사적 등을 유람하는 일로서 영리추구의 목적이 아닌 휴양을 위한 일시적인 이동을 말한다. 이에 비해 여행은 견문, 휴양, 종교, 방문, 상용 등 다양한 목적을 가지고 한 지점에서 다른 지점으로 이동하는 것을 말하고 있다. 한편 세계관광기구(UNWTO; UN World Tourism Organization)에서는 관광객을 "여가, 사업, 방문 등의 목적을 위해 1년을 넘지 않은 기간에 원래 거주하고 있던 환경 밖의 장소에 머물러 여행하는 사람"이라고 정의하고 있다. 즉, 여행과 관광의 개념을 모두 포괄하고 있다.

관광사업은 이러한 관광 행위를 영위하려는 사람을 위하여 여러 가지 서비스를 제공하는 사업을 말한다. 관광진흥법에서도 이러한 관광사업에 대하여 "관광객을 위하여 운송·숙박·음식·운동·오락·휴양 또는 용역을 제공하거나 그 밖에 관광에 딸린 시설을 갖추어 이를 이용하게 하는 업"이라고 규정하고 있다. 따라서 관광사업의 범위는 점차 넓어지고 있고, 그 종류도 무척 다양해지고 있다.

현대 산업 사회는 모든 분야가 법률과 규정에 의해 운영되고 있는 것이 특징이다. 그리고 행정의 중요성이 강조되고 있고 그 역할도 늘어나고 있다. 관광산업 분야도 마찬가지로 각 국가가 주요 산업으로 설정하고 육성하기 시작하면서부터 관련 법률과 제도를 마련하게 되었다. 그러므로 관광법규에 대한 정확한 이해가 관광산업 전반에 대한 이해의 시작이라고 할 수 있다. 왜냐하면 관광법규는 국가의 관광 시책을 압축적으로 표현한 것이며, 관광사업체를 운영하거나 관광종사원이 되는데 있어서 필요한 각종 행정사항을 직접 규정하고 있기 때문이다.

국내에서 관광과 직접 관련된 법규는 1961년에 처음으로 등장하였다. 당시 경제개발이라는 시대적 상황과 외화획득의 수단으로 관광산업의 중요성이 인식됨에 따라 관련 법규를 마련하게 된 것이다. 좁은 의미에서 관광 법규는 국가의 관광 진흥을 위한 책임 및 임무에 대한 내용과 관광활동이 원활하게 이루어질 수 있도록 하기 위한 여건의 조성, 관광 자원의 개발, 관광사업의 지도와 육성, 관광자금의 지원 등 관광에 관한 제반 현상을 직접적인 내용으로 하는 법을 말한다. 그리고 관광 현상이 사회현상 전반을 포괄할 정도로 광범위하기 때문에 여러 가지 법률이 직·간접적으로 관광과 관련되어 있다고 할 수 있다. 즉, 넓은 의미에서의 관광 법규는 관광활동을 간접적으로 보호하고 촉진하는데 필요한 법을 말한다.

이 책은 관광법규를 쉽게 이해하기 위하여 주요한 법률 및 행정용어와 관광 관련 용어 및 관련내용에 대하여 주석을 달아 설명하였다. 그리고 책의 처음 부분에는 관광법규에 대한 세부적인 내용에 앞서서 일반적인 법률 이론을 포함시켰다. 또한 중요한 개념에 대한 이해를 돕기 위하여 한자와 영어를 적절하게 삽입하였다.

한편, 이 책은 현재 시행되고 있는 '관광기본법', '관광진흥개발기금법', '관광진흥법', '국제회의산업육성에 관한 법률', '한국관광공사법' 등 직접적인 관광 관련 법규 외에도, 관광산업과 관련성이 매우 높은 출입국에 대한 법률과 숙박 및 음식과 관련된 법도 아울러 포함시켰다. 특히 법률 배경 지식과 관련된 개념에 대하여 상세히 설명하였고, 필요한 현황 자료를 최대한 많이 담으려고 노력하였다.

아무쪼록 이 책이 관광법규를 공부하려는 사람들에게 꼭 필요한 교재가 되기를 진심으로 바란다. 또한 책이 나오기까지 편집과 출판의 노력을 아끼지 않은 한올출판사 관계자 여러분과, 세밀하게 책 교정을 보며 격려해준 아내에게도 감사를 표한다.

2013년 7월
임형택 씀

차 례

Part 04 관광 관련 법규 / 295

Appendix 부록 / 369

Part 01

관광법규론
서설

Chapter 01

법의 개념과 구조

제1절 법의 생성과 원리

1. 법의 생성배경

인간은 어떠한 형태로든 다른 사람들과 상호 관련을 맺으며 살아가고 있다. 따라서 인간은 사람들과의 관계를 이루는 사회를 떠나 존재할 수 없으며, 사회 또한 인간 없이는 무의미하다. 이처럼 인간이 다양한 형태로 사회생활을 하는 것은 인간 본연의 사회성(社會性)에 의한 것이지만, 인간의 이러한 사회생활을 현실적으로 유지시켜 주고 보호해 주는 것은 사회규범(社會規範)이다. 여기서 사회규범이란 그 사회를 구성하고 있는 다양한 구성원이 공동의 선(善)을 위하여 반드시 지켜야 하거나 또는 하지 말아야 할 일정한 행동규율(行動規律)을 의미한다.

모든 자연현상에는 순리에 따라 규칙적으로 움직이는 자연법칙(自然法則)이 존재하고 있다. 인간은 이러한 자연법칙에 맞추어 계획을 세울 수 있기 때문에 살아 갈 수 있는 것이다. 그러나 이와는 대조적으로 인간사회는 자연의 법칙처럼 순리대로 움직여지지 않는다. 본성(本性)이 다른 각양각색의 사람이 모여살고 있는 인간사회를 자연의 법칙과 같이 순리대로 움직이게 하기 위해서는 개개인이 지켜야 할 도리가 필요하게 되었다. 이것이 곧 규범(規範)이다. 규범(norm)은 사실에 대한 자연법칙과는 달리, 인간이 행동하거나 판단할 때 마땅히 따라야 할 법칙과 원리를 말한다. 따라서 자연의 법칙은 원래부터 자연계에 내재하는 '존재(存在)의 법칙'인데 대하여, 규범은 인간이 인위적으로 지켜야만 하는 '당위(當爲)의 법칙'이다.

1) 법이란 무엇인가?

사회규범은 강제의 정도에 따라 관습(慣習)규범, 도덕(道德)규범, 종교(宗敎)규범, 법(法)규범 등으로 구분해 볼 수 있다. 이 가운데 법규범은 가장 강력한 사회규범으로 이를 지키도록 하기 위하여 국가권력이 그 집행을 강제(强制)한다.

'사회가 있는 곳에 법이 있다'라는 격언(格言)은 시간과 장소를 초월하여 모든 사회에 적용되고 있다. 만약 법이 존재하지 않는다면, 사람들은 저마다 자신의 이익만을 주장하게 되고 서로의 의견이 조정되지 않아 사회가 큰 혼란에 빠질 수밖에 없다. 이처럼 법규범은 서로의 행동을 통제하고 사회 전체의 원만한 질서유지를 위해서 반드시 필요한 사항들을 문서화한 것이다. 그리고 사회 구성원이 문서화된 규범을 위반할 때에는 적절한 징벌(懲罰)을 부과하도록 약속하고 있다.

2) 정의란 무엇인가?

정의(正義, justice)는 사회를 구성하고 유지하는 공정한 도리라고 할 수 있다. 즉 모든 사항을 법으로는 규정할 수 없는 사람들의 올바른 도리와 행동의 기준이라고 할 수 있다. 그러나 사람들은 법을 정의(正義)를 실현하기 위한 중요한 수단으로 간주해 왔다. 정의는 공평하고 모두에게 좋은 것이라는 의미인데, 이를 실현하기 위해서는 사회적인 합의(合意)가 필요하다. 또한 최대한 많은 사람을 만족시킬 수 있는 행동지침이 되는 정의에 대한 만족기준은 모두가 다르므로 인간이 지켜야 할 최소한의 도덕관념에 반하는 것이어서는 안 된다.

법의 지배는 공동체 구성원들이 민주적인 입법과정에 의해 마련된 규범이 존재하고, 모든 구성원들이 그 규범을 존중하고 준수할 때에 이루어진다. 그러므로 공동체 구성원 중 누구라도 이 틀에서 벗어나려고 한다면 법의 지배는 이루어질 수 없다. 따라서 사회 지도층이나 고위 공직자 또는 대기업 경영자일지라도 법 위에 군림할 수 없으며, 이러한 것이 제대로 실현되는 것 또한 정의라고 할 수 있다.

2. 법의 기능

법체계(法體系)가 현대사회에서 담당하는 기능(機能)은 다양하지만 대체로 규범적(規範的) 기능과 사회적(社會的) 기능으로 대별된다. 규범적 기능이란 법이 일정한 행위를 수행(遂行)하거나 유보(留保)하는 것에 대한 이유를 제시함으로써 사람들의 행위의 지침이나 평가기준이 되도록 하는 것이다. 사회적 기능은 다수의 법규범에 의해 확립되고 규제되고 있는 여러 법적 제도에 의해 실현되는 것을 말한다.

1) 분쟁의 해결

법은 우선 분쟁(紛爭)을 해결(解決)해 주는 기능을 한다. 분쟁의 당사자들은 나름의 논리와 증거를 제시하면서 자신에게 유리한 방향으로 해결하고자 할 것이므로 판단기준은 객관적이고 공정해야 한다. 도덕이나 관습, 종교도 그 기준이 될 수 있겠지만 그 내용이 명확하지 않고 상대적인 경우가 많아서 일관되게 적용하기는 힘들다. 따라서 객관적인 분쟁처리 기준으로 사람의 이성(理性)에 따라 다수의 합의(合議)에 의해 제정된 법이 필요하게 된 것이다.

2) 질서의 유지

법은 사회의 평화와 질서(秩序)를 유지(維持)하도록 한다. 법을 통한 질서 유지 기능을 가장 잘 보여주는 것으로는 각종 범죄로부터 시민의 재산과 생명을 보호해 주는 형법(刑法)의 역할이 있다. 형법은 일차적으로 범죄 행위로부터 사회의 질서를 유지할 뿐만 아니라, 형벌권(刑罰權)을 국가가 독점함으로써 범죄의 피해자가 개인적으로 보복하려고 할 때 발생할 수 있는 혼란과 무질서도 막아준다. 또 민사법(民事法)은 사회의 경제 질서를 유지하도록 하고, 헌법(憲法)은 헌정 질서를 유지하는 기능을 수행한다.

3) 공익의 추구

법은 공익(公益)과 공공복리를 추구(追求)한다. 법치주의(法治主義)의 원리는 법을 마련하는 것 그 자체가 곧 공익을 달성하기 위한 가장 적합한 수단이라는 이념을 담고 있다. 법을 통해 공익을 추구하려는 발상은 과거의 특정 개인이나 소수 집단의 이익을 위해 공권력(公權力)이 남용(濫用)된 문제점을 극복하려고 했던 오랜 노력의 산물이라 할 수 있다.

4) 정의와 인권의 수호

법은 정의와 인권(人權)을 수호(守護)하는 기능을 한다. 일찍이 근대 시민 혁명에서 시민들이 정의와 인권을 법의 형식으로 약속받았던 것에서도 볼 수 있듯이 전통적으로 법의 역사는 인권 보장의 역사이기도 했다. 공권력에 의한 중대한 인권 침해에서부터 일상적인 거래 관계에서 발생할 수 있는 금전적 손해에 이르기까지 시민들은 공식적 절차에 따라 국가 권력기구로부터 정의와 인권을 보장받을 수 있다.

3. 법의 기본원리

법을 통해 이루고자 하는 이념은 정의(正義), 법적 안정성(安定性), 합목적성(合目的性) 등이라고 할 수 있다. 또한 이를 달성하기 위한 기본원리는 공법(公法)과 사법(私法)에 있어서 각각 존재하고 있다.

1) 비례의 원칙

비례(比例)의 원칙(原則)이라 함은 법적 목적을 달성하기 위하여 수단을 사용할 때 목적과 수단 사이에 합리적인 비례관계가 유지되어야 함을 말한다. 이를 '과잉(過剩) 금지의 원칙'이라고도 하며, 공법과 사법 전반에 걸쳐 널리 통용되는 법의 일반원칙이다. 두 이해관계가 충돌할 경우에 어느 한쪽에 치우치지 않고 균형 있게 양자를 보장하기 위한 원칙이다. 헌법재판소(憲法裁判所)[1]는 법률의 위헌 여부를 판단하는 기준의 하나로 이 원칙을 적용하고 있다.

---

1) 헌법재판소(Constitutional Court)는 헌법에서 규정하고 있는 독립적인 사법기관(司法機關)이다. 헌법 재판소에서는 법률의 위헌성(違憲性) 심판(審判), 탄핵(彈劾) 심판, 정당(政黨) 해산 심판, 권한 쟁의(爭議) 심판, 헌법 소원(訴願) 심판 등의 권한을 가지고 있다(헌법 제111조).

2) 적법절차의 원칙

적법절차(適法節次)의 원칙이란 법령의 내용은 물론 그 집행 절차도 정당하고 합리적이어야 한다는 원칙이다. 원래 이 원칙은 국가가 형벌권으로부터 국민의 신체의 자유를 보장하기 위한 목적에서 출발한 것이었지만, 오늘날에는 공권력과 관련된 모든 행위에서 꼭 지켜져야 할 기본 원리로 인정되고 있다.

3) 죄형법정주의 원칙

죄형법정주의(罪刑法定主義)란 아무리 사회적으로 비난받을 만한 행위라도 입법기관에서 제정한 법률이 그 행위를 범죄로 규정하고 있지 않으면 처벌할 수 없고, 범죄에 대해 법률이 규정한 형벌 이외에는 부과할 수 없다는 원칙이다. 이는 법치주의 국가에서 형법(刑法)의 기본원리로 작용하고 있다.

4) 신의성실의 원칙

신의성실(信義誠實)의 원칙은 개인 간의 관계와 거래를 규정한 민사법(民事法)의 기본 원리이다. 이 원리는 권리의 행사와 의무의 이행은 신의에 따라 성실하게 해야 되는 것으로 법을 공유하는 공동체 구성원들이 가져야 할 공동체 의식을 강조하는 것이라고 할 수 있다.

5) 권리남용금지의 원칙

권리남용금지(權利濫用禁止)의 원칙이란 겉으로는 권리를 행사하는 것으로 보이지만, 실제로는 타인에게 고통을 주기 위한 행위를 막기 위한 법규범의 원칙이다. 이 원칙을 준수하지 않은 권리행사는 법이 보장하지 않으며, 경우에 따라서는 권리행사 자체를 불법행위(不法行爲)로 보고 상대방에게 손해배상(損害賠償)을 하도록 한다.

제2절 법의 구조와 분류

1. 법의 구조

법으로서 존재하는 형식과 구조는 다른 의미로 법의 연원(淵源) 또는 법원(法源)이라고 한다. 이는 크게 성문법(written law)과 불문법(oral law)으로 구분해 볼 수 있다. 법의 제정 및 형성 과정을 살펴보면 불문법에서 시작하여 차츰 성문법으로 발전했다. 오늘날 법치국가는 성문법을 법원으로 하고 예외적으로 불문법을 함께 적용하는 것이 일반적이다. 성문법과 불문법을 구분하여 표현해 보면 [그림 1-1]과 같다.

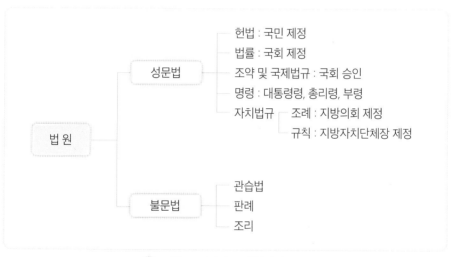

그림 1-1 **법의 존재형식과 구조**

1) 성문법

성문법(成文法)은 입법권을 가진 사람에 의해 만들어지고 그 내용이 문서로 작성되어 일정한 형식과 절차를 거쳐서 공포(公布)된 법률을 말한다. 이러한 성문법은 명확한 법률 체계(體系)를 가지고 있으며 하위의 법률은 반드시 상위의 법률에 따라야 한다.

(1) 헌법

헌법(憲法)은 국가의 기본적인 통치조직이며 중요한 행정작용이고 국가와 국민과의 관계 등에 대하여 규정하고 있는 국가의 최고법이다. 그리고 헌법의 개정(改正)은 일반 법률보다 절차와 요건이 훨씬 복잡하다.[2] 헌법에는 국민의 행복추구권 보장, 인간다운 생활을 할 권리, 국가의 사회복지 증진 의무, 환경권의 보장 등 하위법령에서 구현해야 할 근본적인 가치가 규정되어 있다.

(2) 법률

법률(法律)은 국가 입법기관이 헌법상의 절차에 따라 제정(制定)한 법이다. 헌법은 국민의 자유와 권리를 침해하거나 의무를 부과(賦課)하는 경우에는 법률에 의하도록 하고 있다. 즉, 법률은 헌법의 하위에 위치하므로 헌법에 위배되는 법률은 무효이다. 아울러 법률은 행정입법인 명령이나 자치법규보다 상위법이므로 법률에 저촉(抵觸)[3]되는 명령이나 자치법규는 효력을 유지할 수가 없다.

(3) 조약 및 국제법규

조약(條約)은 국가 간에 권리와 의무에 관하여 합의한 계약을 말한다. 조약 이외에 협약(協約), 협정(協定), 의정서(議定書), 각서(覺書) 등의 용어로도 사용되고 있다. 조약은 입법기관인 국회의 동의를 거쳐 체결된다. 그러므로 조약은 국내법과 같은 효력을 인정 받는다.

국제법규(國際法規)는 체약(締約) 당사국이 아니라 할지라도 국제사회에서 일반적으로 규범성이 인정되고 있기 때문에 국내법과 같은 효력을 갖는 국제관습법(國際慣習法)을 말한다.

(4) 명령

명령(命令)은 입법기관의 의결을 거치지 않고 행정기관이 제정하는 성문법규로서 법률의 하위 개념이다. 현대국가에서는 행정의 전문성을 요구하고 급변하는

---

2) 헌법의 개정(Amendment of the Constitution) : 헌법 제130조
　① 국회는 헌법개정안이 공고된 날로부터 60일 이내에 의결하여야 하며, 국회의 의결은 재적의원 3분의 2 이상의 찬성을 얻어야 한다. ② 헌법개정안은 국회가 의결한 후 30일 이내에 국민투표에 붙여 국회의원선거권자 과반수의 투표와 투표자 과반수의 찬성을 얻어야 한다.
3) 저촉(conflict, contravention)이라 함은 법률이나 규칙 등에 위반되거나 거슬리는 것을 말한다.

현실사회에 부응(副應)하는 법률을 매번 입법기관에서 제정하는 것이 어렵기 때문에, 법률은 중요한 사항과 일반적이고 추상적인 내용을 규정하고, 세부적인 사항은 행정부로 하여금 규정하도록 하고 있다. 시행령(施行令)은 어떤 법률을 시행하는 데 필요한 세부적인 사항을 법률에 의거하여 규정한 것으로 일반적으로 대통령령(大統領令)으로 제정된다. 그리고 시행규칙(施行規則)은 법률과 명령의 시행에 필요한 사항을 보다 더 상세히 규정한 것으로 총리령(總理令) 또는 부령(部令)으로 정한다.

(5) 자치법규

지방자치단체는 주민의 복지(福祉)에 관한 사무를 처리하고 재산을 관리하며, 법령(法令)[4]의 범위 내에서 자치에 관한 규정을 제정할 수 있다. 이러한 자치법규(自治法規)에는 조례와 규칙이 있다. 조례(條例)는 지방자치단체가 지방의회(地方議會)의 의결을 거쳐 제정한 것이고, 규칙(規則)은 지방자치단체의 장이 법령 및 조례에서 위임(委任)받은 사항을 제정한 것이다.

2) 불문법

불문법(不文法)은 성문법 이외의 것으로서 문서로 작성되거나 문자로 표현되지 아니하며, 일정한 절차와 형식에 의하여 제정되고 공포되지 않았지만, 법률로서 인정되고 있는 법을 말한다. 문자를 사용하여 법률을 만들기 이전부터 공동체의 규범이 존재해 왔을 것이므로, 성문법보다는 불문법이 인간생활을 규율하는 근본적인 규범이라고 할 수 있다.

(1) 관습법

관습법(慣習法)은 같은 사실이 오랫동안 이어지면서 사회의 관행(慣行)에 의하여 발생된 생활규범을 일반 국민이 준수하게 되어 법적 효력을 인정받게 된 것을 말한다. 또한 국가가 이를 준수할 것을 명시적(明示的) 또는 묵시적(黙示的)으로 승인한 것들이다.

---

4) 법령(law and decree)이라 함은 국회에서 제정한 법률과, 그에 따른 명령(시행령과 시행규칙)을 말한다.

(2) 판례

판례(判例)는 일정한 법률 문제에 관하여 동일 취지(趣旨)의 판결이 반복됨으로써 재판의 방향이 대체로 확정되었을 때에 성립되는 재판의 선례(先例)를 말한다. 또한 그 선례가 그 후의 판결에 직접적인 영향을 미칠 때에 이러한 판례는 법원(法源)이 되고 이를 판례법(判例法)이라고 한다.

(3) 조리

조리(條理)란 일반사회의 정의감에 비추어 반드시 그러하여야 할 것이라고 인정되는 이치를 말한다. 이는 정의(正義), 형평(衡平), 사회통념(社會通念), 사회적 타당성(妥當性), 신의성실(信義誠實), 선량(善良)한 풍속(風俗), 사회질서 경험법칙(經驗法則) 등으로 표현되기도 한다. 즉, 조리는 법령 해석에 의문이 있는 경우에 그 기본 원리로 작용하고, 법령에서 미리 갖추어 놓지 못한 점이 있는 경우에는 이를 보충한다. 따라서 조리는 법관(法官)의 재량권(裁量權)[5] 행사의 기준이 된다.

2. 법의 분류

역사적으로 법은 공법(公法)과 사법(私法)으로 구분된 상태에서 발달해 왔으며, 공법과 사법에 적용되는 원리도 독자적으로 형성되어 왔다. 그리고 사회법(社會法)은 자본주의 발달 과정에서 새롭게 도입된 개념이다. 이러한 법의 분류에 따라 도시(圖示)해보면 [그림 1-2]와 같다.

1) 공법

공법(公法)이란 국가와 일반국민 간의 관계 또는 공공단체 상호 간의 관계를 규율하는 법의 총칭이다. 따라서 공법은 상하관계(上下關係)를 규율하며 공익의 보호가 우선이다. 형법(刑法)은 가장 오래된 공법이며 국가와 행정부가 발달하면서

---

5) 재량권(discretion)은 법령이 허용하는 범위 안에서 선택이나 판단의 권한을 부여하는 것이다.

헌법(憲法), 행정법(行政法), 소송법(訴訟法)이 생겨났다. 한편 관광(觀光) 관련 법규는 공법에 해당하는 행정법이라 할 수 있다.

2) 사법

사법(私法)이란 개인과 개인 상호 간의 권리와 의무를 정한 법의 총칭이다. 따라서 사법은 개인의 이익보호가 우선이며, 평등관계(平等關係)를 규율한다. 사법에는 재산과 가족에 대해 일반적으로 규율하는 민법(民法)이 대표적이며, 상거래 등 특수한 거래에 적용되는 상법(商法)도 이에 속한다.

3) 사회법

사회법(社會法)은 기본적으로 사법에 속해야 하는 것이지만 자본주의의 진전에 따른 각종 폐해(弊害) 때문에 국가가 간섭하게 되면서 생성된 법이다. 따라서 사회법은 공법과 사법의 중간 영역(領域)에 속한다고 할 수 있다. 공공복리의 이념을 달성하기 위한 국가의 노력이 강화되어 감에 따라 사회법의 영역은 점차 확대되고 있다. 노동(勞動)과 관계된 법, 사회보장(社會保障)에 관련된 법, 그리고 독점규제(獨占規制) 및 공정거래(公正去來)에 관한 법률 등 경제활동을 규율하는 법들이 이에 속한다.

그림 1-2 **관계에 따른 법의 분류**

---

6) 실체법(substantive law)이란 권리와 의무의 실체 관계를 규율하는 법의 총칭이다.

7) 절차법(procedural law)이란 권리와 의무의 실질적 내용을 실현하기 위하여 취하여야 할 방법을 정하는 소송이나 재판절차에 관한 법이다. 민법(民法)은 개인 간의 관계를 규율하는 사법이지만 민사소송법(民事訴訟法)은 절차법으로 공법에 속한다.

8) 일반법(general laws)은 사람, 장소, 시간, 대상, 행위에 구별 없이 일반적으로 적용되는 법이다.

9) 특별법(special act)은 특정의 사람, 장소, 시간, 대상, 행위에 국한하여 적용되는 법을 말한다.

제3절 법의 효력과 적용

1. 법의 효력

법의 가장 기본적인 목적이 사회질서의 유지에 있으므로 현실적으로 법은 그 사회의 구성원에게 규범 능력을 가져야 한다. 즉, 법은 규범적 타당성(妥當性)과 사실적 실효성(實效性)을 지님으로써 그 사회에서 준수되어야 한다.

1) 법의 효력

법의 내용을 실현(實現)시키는 힘을 법의 효력(效力)이라고 한다. 법은 시간적(時間的), 공간적(空間的), 인적(人的) 범위 내에서 효력을 가져야 한다.

(1) 시간에 대한 효력

법은 시행일로부터 폐지될 때까지 효력을 가지는데 이를 법의 시행기간(施行期間)이라고 한다. 법의 시행일은 보통 법령의 부칙(附則)에서 규정하는데 시행일이 특별히 정해져 있지 아니한 때에는 공포한 날로부터 20일이 지나면 효력이 발생한다.

(2) 장소에 대한 효력

한 나라의 법은 그 나라 안에서만 효력을 가진다. 즉, 그 나라의 영토(領土), 영해(領海)10), 영공(領空)11)에서만 효력을 미친다. 그러나 그 나라 안이라도 예외적으로 외국공관(外國公館), 외국 군함(軍艦), 외국군인 주둔지역(駐屯地域) 등에서는 자국의 법 대신 해당 외국 국가의 법이 적용된다.

(3) 사람에 대한 효력

속인주의(屬人主義)란 국적을 기준으로 하여 그 나라 국민이면 국내외 어디에 있

---

10) 영해(territorial sea)는 한 나라의 주권이 미치는 해양 지역으로서 1982년 유엔해양법회의에서 채택한 국제해양법조약에 따라 영토에서부터 12해리(약 22km)로 규정하였다. 또 영해 외측(外側)에 200해리(약 370km)의 배타적 경제수역(經濟水域)을 설정할 수 있도록 합의하였다.

11) 영공(aerial domain)은 영토와 영해의 한계선에서 수직으로 올라간 내부공간을 말한다. 영공의 범위에 대한 국제조약은 없으며, 인공위성의 최저궤도인 대기권에 한정된다고 보는 것이 일반적이다.

든지 자기가 속한 나라의 법에 따르도록 하는 것이다. 그리고 속지주의(屬地主義)란 국가의 영토를 기준으로 하여 그 나라 영토 안에 있는 모든 사람은 국적을 가리지 않고 그 나라의 법을 따라야 하는 것이다. 일반적으로 현대 국가에서는 속지주의를 원칙으로 하며, 속인주의는 보충으로 적용하고 있다.

2) 법의 효력에 관한 원칙

법의 효력에 관하여 중요하게 적용되는 원칙은 다음과 같다.

(1) 법률불소급(法律不遡及)의 원칙

법의 효력은 시행일로부터 발생하는 것이기 때문에 그 법의 시행 이전에 발생한 사건에 대해서는 소급(遡及)[12]하여 적용할 수는 없다. 따라서 소급입법(遡及立法)도 원칙적으로 금지된다.

(2) 일사부재리(一事不再理)의 원칙

어떤 구체적 사건에 대하여 일단 판결을 내려 확정이 되면, 동일한 사건을 다시 심리(審理)하고 재판(裁判)하지 아니한다는 원칙을 말한다. 법의 안정성을 유지하기 위한 원칙이다.

(3) 신법 우선의 원칙

동일한 사건에 적용할 법으로써 새로 제정된 법과 기존의 법이 서로 충돌이 일어날 때에는 기존법인 구법(舊法)은 폐지된 것으로 보고 신법(新法)이 적용된다.

(4) 상위법 우선의 원칙

상위법(上位法)과 하위법(下位法)의 내용이 서로 모순되거나 상충(相衝)되는 경우에는 상위법의 내용이 우선적으로 적용된다는 원칙이다.

(5) 특별법 우선의 원칙

동일한 사건에 대하여 법을 적용하는 경우, 일반법(一般法)과 특별법(特別法)의 내용이 서로 부딪힐 때에는 특별법의 규정이 우선적으로 적용된다.

---

12) 소급(retroactivity)이라 함은 과거에까지 거슬러 올라가서 영향을 미치게 하는 것을 말한다.

2. 법의 적용

법의 적용(適用)이란 현실적으로 구체적 사실이 발생했을 때 어떤 법조문이 이에 해당되는지 판단하는 것을 말한다. 법의 적용에는 사실의 확정이 전제(前提)가 되어야 한다.

1) 입증

사실의 확정은 원칙적으로 객관적 증거인 물증(物證)에 의하여 입증(立證)되어야 한다. 이러한 물증은 재판에서 증거로 인정되는 형체가 있는 물리적 사물이나 상태이며, 목격자의 증언(證言)이나 당사자의 자백(自白)도 이에 해당한다. 그러나 입증이 어려운 경우에는 추정과 간주가 인정되고 있다.

2) 추정

추정(推定)은 일단 그렇다고 판정하여 편의상 사실을 가정(假定)하는 것을 말한다. 물증은 없으나 심증(心證)으로 법을 적용하는 경우이다. 추정은 절대로 그렇다고 단정하는 것이 아니므로 당사자의 반증(反證)으로 언제나 바뀔 수 있다.

3) 간주

간주(看做)란 그렇다고 보아 두는 것 또는 그렇게 여기는 것이라는 뜻이다. 사실이 다른 것을 법률적으로 동일한 것으로 취급하여 동일한 법적 효과를 인정해 주는 것이다. 즉, 법의 의제(擬制)[13]를 말하며, 실종선고(失踪宣告)[14] 제도가 한 예이다.

---

13) 의제(legal fiction)란 실체를 달리하는 것을 법률적으로 동일하게 취급하고 동일한 법률 효과를 부여하는 것을 일컫는다. 사망이라는 실체가 없는데도 행방불명자는 실종선고를 함으로써 법률상으로 사망과 같이 취급된다(민법 제28조). 의제는 보통 "…으로 본다."라는 조문의 규정 형식을 취한다.

14) 민법 제27조[실종의 선고(missing sentence)]: ① 부재자의 생사가 5년간 분명하지 아니한 때에는 법원은 이해관계인이나 검사의 청구에 의하여 실종선고를 하여야 한다. ② 전쟁(戰爭)지역에 임한 자, 침몰한 선박 중에 있던 자, 추락한 항공기 중에 있던 자, 기타 사망의 원인이 될 위난을 당한 자의 생사가 위난이 종료한 후 1년간 분명하지 아니한 때에도 제1항과 같다.

3. 권리와 의무의 주체

권리(權利)를 행사하고 의무(義務)를 부담하는 자를 권리·의무의 주체(主體)라고 한다. 권리의 주체가 될 수 있는 자격을 권리능력(權利能力)이라 하고, 이러한 자격이 인정되는 자를 법적 인격자라고 한다. 이에는 자연인(自然人)과 법인(法人)이 있다.

1) 자연인

사람은 생존하는 동안 권리와 의무의 주체가 되기 때문에 출생과 동시에 법적 인격자가 된다. 그러므로 태아(胎兒)는 현행법상 법적 인격자로 인정받지 못하고 있다.

이러한 권리능력을 가진 자가 권리를 변동시키기 위하여 하는 행위를 법률행위(法律行爲)라고 하고, 이러한 능력을 행위능력(行爲能力)이라고 한다. 행위능력이 없는 사람은 제대로 된 법률행위를 할 수 없으며, 부모나 후견인(後見人) 등 다른 사람의 도움을 받아야만 가능하다. 현행 민법에서는 이러한 경우에 해당되는 사람으로 만 19세가 안 된 미성년자(未成年者)와, 성년이 되었지만 법률행위를 할 만한 지적능력이 안 된다고 인정한 자에게 성년후견(成年後見) 개시(開始)를 심판하여 이를 제한하고 있다. 성년후견(adult guardianship)에 대하여 2013년 이전에 시행된 민법에서는 한정치산자(限定治産者)와 금치산자(禁治産者)라고 표현하였다. 개정 이후 한정치산자는 피한정후견인, 금치산자는 피성년후견인으로 바뀌었다.

2) 법인

법인(法人)은 일정한 목적으로 결합된 단체로 법적 인격이 부여된 것을 말한다. 법인은 공법인(公法人)과 사법인(私法人)으로 구분이 된다. 법인의 종류는 [그림 1-3]과 같다.

(1) 공법인

공법인(公法人)은 특정한 공공의 목적을 수행하기 위하여 공법(公法)의 규정으로 설립된 공익법인(公益法人)으로 각종 공공단체와 공공기관을 말한다. 공법인은 수익사업으로 얻은 이익을 구성원에게 분배하는 것을 목적으로 하지 않으므로 일반 회사와는 다르다.

(2) 사법인

민법 또는 상법과 같은 사법(私法)에 의하여 설립되고 사법의 적용을 받는 법인을 말한다. 사법인에는 사단법인(社團法人)과 재단법인(財團法人)이 있다.

① 사단법인

일정한 목적으로 결합된 사람들의 집합체인 단체(團體)로서 회원(會員)으로 구성되는데, 여기에는 영리법인(營利法人)과 비영리법인(非營利法人)이 있다. 대표적인 영리사단법인으로는 주식회사(株式會社)가 있으며, 비영리사단법인으로는 각종 협회(協會)가 있다.

② 재단법인

비영리사업을 목적으로 재산을 제공하고 그 재산(財産)을 운용하여 목적사업을 수행하는 단체로서 회원이 존재하지 않으며 영리행위도 할 수 없다. 주로 공익을 목적으로 하는 재단법인(財團法人)이 대부분이지만, 공익에 한하지 않고 비영리사업을 목적으로 하는 것이면 설립이 가능하다.[15]

한편, 특별법에 의하여 설립되는 재단법인으로 학교법인(學校法人), 사회복지법인(社會福祉法人), 의료법인(醫療法人) 등이 있다.

그림 1-3 **법인의 종류**

---

15) 민법 제32조(비영리법인의 설립과 허가) : 학술, 종교, 자선, 기예, 사교 기타 영리 아닌 사업을 목적으로 하는 사단 또는 재단은 주무관청의 허가를 얻어 이를 법인으로 할 수 있다.

16) 공기업(public enterprise)은 공공의 목적을 달성하기 위해 정부가 직·간접적으로 투자해 소유권을 갖거나 통제권을 행사하는 기업을 말한다. 공기업의 형태는 일반 행정조직과 같은 정부기업(governmental department)과, 회사법 규정에 의해 설립되며 정부가 그 주식의 전부 또는 일부를 소유하는 주식회사 형태(joint stock company) 공기업, 그리고 특별법에 의해 설립되는 공사(公社, public corporation)가 있다.

Chapter 02
관광법규와 체계

제1절 관광법규 성격 및 특성

1. 관광법규 성격

관광(觀光)은 항상 변화를 추구하는 인간의 욕구로 인해 자기의 생활범위를 벗어나 새로운 환경 속으로 이동하는 행위를 말한다. 관광법규(觀光法規)는 이와 같은 관광활동이 원활하게 이루어지도록 관광과 관련되는 여러 가지 여건을 조성하고, 관광사업을 육성하는 것과 관련되어 있다.

1) 행정법의 성격

관광에 관한 국가의 공권력을 집행하기 위한 관광행정은 관광활동의 질서유지를 위한 질서행정(秩序行政)과 국민에 대해서 혜택을 주는 급부행정(給付行政)으로 구분할 수 있다. 관광법규는 이와 같은 관광행정의 목적 실현을 위하여 제정된 행정법(行政法)이라고 할 수 있다.

특히 관광행정의 주체에 대하여는 모든 관광행정을 관광법규의 근거에 의하여 행하여지게 함으로써 행정권의 무원칙한 행사를 방지하고 자의적인 해석을 막는 역할을 하게 한다.

2) 특별법의 성격

관광법규는 관광에 관한 생활관계를 대상으로 하는 법으로 관광이라는 독립된 영역(領域)을 가지는 특별법(特別法)의 성격을 지니고 있다. 따라서 관광법규는 시대의 변천에 따라 변화하는 관광 관계에서의 특유한 수요를 고려하여 여기에 적합한 법체계(法體系)를 이루도록 모든 규정이 특별한 목적에 의하여 제정된 것이라 할 수 있다.

3) 육성법의 성격

관광법규는 관광사업자에 대하여 의무와 책임 및 혜택을 부여하는 내용이 있고 관광자원의 적극적인 보호와 개발을 위하여 국가가 공익적 차원에서 직접 참여하거나 지원함으로써 관광지 개발을 촉진하도록 한다. 이러한 점에서 관광법규는 육성법(育成法) 또는 조성법(造成法)으로서의 성질을 가진다고 할 수 있다.

4) 복지법의 성격

관광법규는 또한 여가활동을 통하여 국민의 삶을 풍요롭게 함으로써 복지를 실현하는 데 기여하는 복지법(福祉法)의 성격을 가지고 있다. 관광법규는 모든 사람이 관광을 즐길 수 있도록 관광 질서의 유지, 관광 기회의 확대, 관광 편의의 제공, 관광 자원의 개발 등 관광 환경을 지속적으로 개선해 나가도록 각종 정책을 제도화해 놓은 것이다.

2. 관광법규 특성

관광법규는 행정법의 하나이므로 행정법으로서의 특징 가운데 관광법규의 특징과 관련되어 있는 사항만을 설명해 본다.

1) 공익성

관광법규는 공익(公益)을 그 내용으로 하고 공익의 실현을 목적으로 한다. 공익은 공동체 구성원 전체의 이익을 의미한다. 그러므로 공익이 훼손되지 아니한 범위 내에서 사익(私益)과의 합리적인 조화를 이루어야 한다.

2) 우위성

관광법규는 관광 행정주체가 관광 행정행위를 함에 있어 공공성에 입각하여 관광행정 목적을 실효성 있게 수행할 수 있도록 관광사업자나 관광행위자에 대하여 우월(優越)한 위치에서 일방적으로 명령을 내리고 강제규정을 시행한다. 이를 권력성(勸力性) 또는 지배성(支配性)이라고도 한다.

3) 평등성

관광법규는 관련된 사람들에 대하여 공평(公平)하게 법적용이 이루어지도록 한다. 행정주체는 관광 진흥의 목적을 달성하기 위하여 관광사업자 또는 관광행위자를 평등하게 취급해야 한다.

4) 기술성

관광법규는 대부분 관광 행정목적을 실현하기 위한 행정과정에 관한 것이므로 기술적(技術的), 수단적(手段的) 성격을 갖는다. 즉, 관광법규는 관광 여건을 조성하고, 관광 자원을 개발하며, 관광사업을 지도·육성하는 등의 업무를 수행함에 있어 전문지식 및 기술을 필요로 한다.

5) 다양성

관광법규가 규율하는 관광분야는 사회현상 전체와 연관되어 있는 복합적(複合的)인 성격을 갖는다. 그렇기 때문에 다른 분야를 규율하는 행정법과 직·간접적으로 연관을 맺고 있다. 그러므로 관광법규에 다른 행정법에서 규정하고 있는 행정처분(行政處分)을 의제(擬制) 처리(處理)하는 사항이 많은 것도 관광산업이 그만큼 복합적인 산업이기 때문이다.

제2절 관광법규 입법 과정

1. 법률의 입법 절차

국민의 대표기관인 국회(國會)는 입법권(立法權)을 행사한다. 헌법에서도 입법권은 국회에 속한다고 규정하고 있다(헌법 제40조).

1) 법률안의 입법예고

모든 법률안(法律案)은 그 입법취지와 주요내용 등을 널리 알려 이해관계인과 일반국민의 의견을 수렴할 수 있도록 하고 있는데 이것이 입법예고(立法豫告) 제도이다. 예고기간은 특별한 사유가 없는 한 20일 이상이어야 하며 의원입법(議員立法)[17]인 경우 국회 소관(所管) 상임위원회(常任委員會)[18]에서 국회 공보(公報)에 게재한다. 현재 국회에서 관광 관련 사항은 '교육문화체육관광위원회(教育文化體育觀光委員會)'에서 담당한다. 정부제안 입법인 경우에는 관보(官報)[19]에 게재한다.

2) 법률안 제출

법률안은 국회의원과 정부가 제출할 수 있다(헌법 제52조). 현대사회는 고도로 분화되고 전문화되며 급속도로 변화하기 때문에 국회의원 외에 행정을 담당하고 있는 정부에서도 법률안을 제출할 수 있도록 하고 있다.

정부제안의 경우에는 해당 정부부처에서 확정하여 차관회의(次官會議)[20]와 국

---

17) 의원입법이란 국회의원이 법률안을 발의(發議)하여 입법하는 것을 말한다. 국회의원 10인 이상이 찬성하면 법률안을 제안할 수 있도록 규정하고 있다(국회법 제79조).

18) 상임위원회(standing committee)란 국회에서 위원을 각 전문 부분별로 나누어 조직한 상설위원회로 분과위원회(分科委員會)라고도 하며, 본회의에 부의(附議)하기에 앞서 의안(議案), 청원(請願) 등을 심사하는 일을 주로 한다.

19) 관보(official gazette)란 정부가 국민들에게 널리 알릴 사항을 편찬하여 간행하는 국가의 공식 기관지이다. 헌법 개정을 비롯하여 각종 법령·고시·예산·조약·서임(敍任)·사령(辭令)·국회사항·관청사항 등을 게재한다.

20) 차관회의(undersecretary conference)란 행정부 각 원(院), 부처(部處)의 차관(次官) 및 차장(次長)으로 구성되는 회의로 국무회의에 제출된 의안과 지시받은 사항에 대해 심의한다.

무회의(國務會議)[21]의 심의를 거쳐 국회에 제출하게 된다. 현재 관광 관련 업무를 담당하는 정부 부처는 '문화체육관광부(文化體育觀光部)'이다.

3) 법률안 심의·의결

국회의장(國會議長)은 국회에 제출된 법률안을 의원 각자에게 배부하며 본회의 (本會議)에 보고하고 소관 상임위원회에 회부(回附)한다. 해당 상임위원회는 해당 법률에 대해 심의(審議)·의결(議決)을 거쳐 국회 법제사법위원회(法制司法委員會)[22] 로 넘긴다. 이곳에서는 법의 체재 및 자구(字句) 심사와 의결을 거쳐 해당 상임위 원회로 되돌려 준다. 이때 해당 상임위원회 위원장은 법률안 심사보고서를 작성 하여 국회의장에게 제출하며 국회의장은 본회의에 부의(附議)[23]하게 된다.

국회 본회의에서 법률안을 의결할 때는 일반(一般) 정족수(定足數)[24]인 재적의원 (在籍議員) 과반수의 출석(出席)과 출석의원 과반수의 찬성으로 의결한다. 이렇게 의결된 법률안은 국회의장이 정부에 이송(移送)한다.

4) 법률의 확정 또는 거부

국회에서 의결된 법률안이 정부에 이송되면 대통령은 이 법률안을 국무회의의 심의를 거쳐 이에 서명함으로써 법률로서 성립된다. 그러나 대통령은 국회에서 의 결한 법률안에 이의(異議)가 있을 경우, 정부에 이송된 후 15일 이내에 국회에 환부 (還付)[25]하고 재의(再議)를 요구할 수 있다. 정부에서 환부된 법률안은 국회 본회의 에 재의에 부치고 재적의원 과반수의 출석과 출석의원 3분의 2 이상의 찬성으로

---

21) 국무회의(cabinet meeting)란 대통령과 국무총리 및 15인 이상 30인 이하의 국무위원(國務委 員)으로 구성되며 의장은 대통령이, 부의장은 국무총리가 맡는다(헌법 제88조). 국무회의는 대 통령에 대하여 법적인 구속력을 갖고 있지는 못하므로 의결기관(議決機關)은 아니다. 반면에 대통령과는 별도로 존재하는 헌법기관으로서 반드시 국무회의를 거치도록 되어 있는 사항들 이 헌법에 규정되어 있고, 중요한 정책들이 국무회의의 의결을 거쳐 대통령의 재가(裁可)를 얻 도록 되어 있는 만큼 순수한 자문기관(諮問機關)으로 보기도 어렵다.

22) 법제사법위원회(Legislation and Judiciary Committee)는 법제 및 사법에 관한 사항을 심의 하는 국회의 상임위원회이다.

23) 부의(refer a bill to a committee)라 함은 안건(案件)을 토의(討議)하도록 하는 것을 말한다.

24) 정족수(quorum)라 함은 적법하게 안건을 토의하고 의사(議事)를 행사하는 데 필요한 최저의 출석인원의 수 또는 비율을 말한다. 이것이 회의의 성립요건이 된다.

25) 환부(return)는 법원이나 행정기관에서 처분사항을 본래의 기관으로 돌려주는 것을 말한다. 대 통령이 재의를 요구하며 국회에 환부하는 것을 법률안거부권(法律案拒否權)이라고 한다.

의결을 하면, 그 법률안은 대통령이 거부(拒否)할 수 없이 법률로서 확정된다.

5) 법률의 공포와 효력발생

대통령은 정부에 이송된 법률안에 대해 15일 이내에 공포(公布)해야 한다. 만일 이 기간 내에 공포도 하지 않고 재의를 요구하지 아니한 때에는 그 법률안은 법률로서 확정된다. 그리고 법률은 특별한 규정이 없는 한 공포한 날로부터 20일을 경과함으로써 효력(效力)을 발생한다(헌법 제53조).

2. 행정입법

행정입법(行政立法)이란 국회가 아닌 행정부가 법률에 의거하여 세부적인 위임(委任)사항에 대하여 입법을 하는 것을 말한다. 이에는 법률시행령(法律施行令)과 법률시행규칙(法律施行規則) 등이 있다.

1) 대통령령의 입법 : 법률시행령

시행령(施行令, enforcement ordinance)은 어떤 법률을 실제로 시행하는 데 필요한 상세한 세부 규정을 담은 것으로, 법률에는 모든 상황을 규정할 수 없으므로 큰 원칙만 정해놓고 시행령을 통해 사례별로 자세한 실천방식을 규정한다. 시행령은 대통령령이라고 하며 대통령이 입법의 주체가 된다.

관광 업무 담당 정부 부서에서는 법률시행령 안(案)을 작성하여 국회 및 관련 중앙부처와 협의를 거쳐 20일 이상의 기간 동안 입법예고를 한다. 이 기간 동안 이해당사자와 일반국민으로부터 의견 수렴을 거치면서 최종 확정안을 마련한다. 확정안에 대하여 법제처(法制處)에서 심사를 완료한 이후 차관회의 및 국무회의 심의를 거치면 국무총리 및 관계 국무위원의 부서(副署)와 대통령의 재가(裁可)를 받고 관보에 게재함으로써 공포된다. 시행령은 공포 후 7일 이내에 국회에 통보한다.

2) 총리령 및 부령의 입법 : 법률시행규칙

시행규칙(施行規則, enforcement regulations)은 법령을 시행함에 있어 필요한 세부적 규정을 담은 법규명령이다. 시행령에 관하여 필요한 사항을 규정한 총리령(總理令) 및 부령(部令)을 말하는데, 시행세칙(施行細則)이라고 부르기도 한다.

부령(部令)은 관광 업무 담당 정부 부서에서 법률시행규칙 안(案)을 작성하여 관련 중앙부처와 협의를 거쳐 20일 이상의 기간 동안 입법예고한다. 이때 이해당사자나 일반국민으로부터 의견을 수렴한 후 최종안에 대해서 법제처의 심사를 받는다. 심사가 완료된 시행규칙안은 해당 장관의 결재(決裁)로 부령이 확정되고 관보에 게재함으로써 공포된다. 법령의 위임에 의하여 제정된 부령은 공포 후 7일 이내에 국회에 통보한다.

3) 행정규칙

행정입법 이외에도 행정주체가 제정한 훈령, 예규, 고시 등 행정규칙(行政規則)이 있다. 일반적으로 행정규칙은 법규(法規)가 아니므로 일반인을 직접적으로 구속하지는 않지만, 일부 법규의 성질을 가지고 있다고 여겨진다.

(1) 훈령

훈령(訓令, official order)은 상급 관청에서 하급 관청의 직무를 지휘·감독하기 위하여 내리는 명령을 말한다. 문화체육관광부 훈령으로는 '관광진흥개발기금 관리 및 운영 요령', '관광자원개발사업 국고보조금 지원지침', '관광불편신고센터운영에 관한 규정', 그리고 '중국관광객유치 전담여행사 업무시행 지침' 등이 있다.

(2) 예규

예규(例規, an established rule)란 행정 사무의 통일을 위하여 상급 관청이 하급 관청에 대하여 감독권의 발동으로서 발하는 행정 규칙의 한 형식이다. 반복적으로 행하는 행정 사무의 기준을 제시하는 것으로 특별 권력 기관 및 행정 조직 내부에 대해서만 효력이 있다.

(3) 고시

고시(告示, notice)라 함은 행정기관이 결정한 사항 또는 일정한 사항을 공식적으로 일반에게 널리 알리는 행위를 말한다. 고시(告示)는 원칙적으로 법규로서의 성질은 없으나 보충적으로 법규성을 가지는 일이 있다.

제3절 관광법규 종류 및 관련 법규

1. 관광법규 종류 및 변천

국내에서 관광과 관련된 법규는 1961년에 처음 등장하였다. 당시 경제개발이라는 시대적 상황과 외화획득의 수단으로 관광산업의 중요성이 인식됨에 따라 관련 법규를 마련하게 되었다. 좁은 의미에서 관광법규는 국가의 관광 진흥을 위한 책임 및 임무에 대한 내용과 관광활동이 원활하게 이루어질 수 있도록 하기 위한 여건의 조성, 관광 자원의 개발, 관광사업의 지도와 육성, 관광 자금의 지원 등 관광에 관한 제반 현상을 직접적인 내용으로 하는 법을 말한다.

현재 시행되고 있는 관광 관련 법률로는 '관광기본법', '관광진흥법', '관광진흥개발기금법', '국제회의산업 육성에 관한 법률', '한국관광공사법' 등이 있다. 그리고 각각의 법률에 대한 시행령과 시행규칙이 있다.

1) 관광사업진흥법(1961.8.22~1975.12.31)

'관광사업진흥법(觀光事業振興法)'은 관광여건을 조성하고 관광자원을 개발하며 관광사업을 육성함으로써 국가 관광 진흥에 기여함을 목적으로 최초로 제정된 관광법규이다. 관광사업을 여행알선업(旅行斡旋業), 통역안내업, 관광호텔업, 관광시설업, 토산품판매업, 관광교통업으로 구분하여 육성하도록 하였고, 관광통역안내원 및 관광호텔지배인 자격증을 실시하도록 하였다. 이 법은 1975년에 폐지되었으며, '관광기본법'과 '관광사업법'으로 나누어졌다.

2) 관광진흥개발기금법(1972.12.29~현재)

'관광진흥개발기금법(觀光振興開發基金法)'은 비록 법 제정의 순서가 뒤바뀌기는 하였으나 '관광기본법(제14조)'에 그 근거를 두고 있다. 이 기금(基金)[26]은 관광사

---

26) 기금(fund)이라 함은 국가가 특정한 목적을 위해 특정한 자금을 신축적으로 운용할 필요가 있을 때에 한해 법률로써 설치되는 특정 자금을 말한다. 기금은 예산 원칙의 일반적인 제약으로부터 벗어나 좀 더 탄력적으로 재정을 운용할 수 있도록 하기 위해 설치된다.

업체의 재정상 어려움을 타개(打開)하는 데 도움을 주고자 정책금융(政策金融)을 목적으로 마련되었다.

3) 관광기본법(1975.12.31~현재)

'관광기본법(觀光基本法)'은 관광산업 진흥을 위한 국가시책의 기본방향을 설정하고, 국가와 지방자치단체의 책임과 의무를 명시하고 있는 관광법규의 모법(母法)으로 현재에까지 이르고 있다. 여기에서 국민관광이라는 용어를 처음 사용하였고 정부의 관광진흥 계획 수립, 관광진흥개발기금의 설치와 관광정책을 실시하기 위해 필요한 별도의 법 제정을 의무화하고 있다.

4) 관광사업법(1975.12.31~1986.12.31)

'관광사업법(觀光事業法)'은 대중관광시대로 접어들고 관광산업의 규모가 확대됨에 따라 관광사업진흥법을 발전적으로 폐지하고 새롭게 만들어진 법이다. 이 법에서는 관광사업의 종류를 여행알선업, 관광숙박업, 관광객 이용시설업으로 단순화하였으며, 관광활동의 활성화로 관광산업의 육성과 질서유지 차원에서 규제가 강화되었다. 이 법과 함께 '관광기본법'을 근간으로 관광행정 법규 체계를 갖추게 되었으며, 1986년에는 '관광단지개발촉진법'과 통합되며 '관광진흥법'의 모체(母體)가 되었다.

5) 관광단지개발촉진법(1975.4.4~1986.12.31)

경주보문관광단지를 비롯하여 관광단지(觀光團地) 개발 사업을 촉진하고 관광사업 발전을 위한 기반을 확충하기 위하여 '관광단지개발촉진법(觀光團地開發促進法)'이 제정되었다. 그러나 이 법은 '관광사업법'과 일원화해야 할 필요성에 의하여 새로 제정된 '관광진흥법'에 흡수되면서 폐지되었다.

6) 관광숙박시설지원 등에 관한 법률

이 법은 관광호텔 시설의 건설과 확충을 촉진하고 관광호텔업 및 기타 숙박업의 서비스 개선을 위하여 각종 지원을 함으로써 국제행사의 성공적 개최와 관광산업의 발전에 기여할 목적으로 제정되었다. 또한 이 법은 한시법(限時法)[27]이며 특별법(特別法)적 성격을 지닌다.

(1) 올림픽대회 등에 대비한 관광숙박업의 지원에 관한 법률(1986.5.12~1988.12.31)

이 법은 제10회 서울아시아경기대회(1986년 개최)와 제24회 서울올림픽대회(1988년 개최) 등 대규모 국제행사를 원활히 개최하도록 하기 위하여 올림픽이 끝나는 해까지만 유효한 한시법이다.

(2) 관광숙박시설 지원 등에 관한 특별법(1997.1.13~2002.12.31)

이 법은 ASEM회의[28](2000년 개최)와 제17회 한·일 월드컵축구대회(2002년 개최), 그리고 제14회 부산아시아경기대회(2002년 개최) 등의 성공적 개최를 지원하기 위한 한시법으로 2002년 말까지만 시행되고 폐지되었다.

(3) 관광숙박시설 확충을 위한 특별법(2012.7.27~2016.12.31)

이 법은 2010년대 들어 중국인을 필두로 외국인관광객의 급증으로 인해 관광숙박시설의 건설과 확충(擴充)을 촉진하기 위한 각종 지원에 관한 사항을 규정함으로써 외국관광객 유치 확대와 관광산업의 발전 및 경쟁력 강화에 이바지하는 것을 목적으로 한다. 이 법은 관광호텔의 용적률(容積率)[29]과 부설주차장(附設駐車場)[30] 설치기준의 완화, 관광호텔업에 대한 특별 자금 지원에 대하여 규정하고 있다. 이에 따라 도심의 상업 및 사무실 시설이 호텔로 용도 변경되거나 관광호텔을 신축할 때 지원이 확대되어 호텔 공급이 늘어나게 되었다.

---

27) 한시법(temporary law)은 법을 제정할 때 부칙에 그 법의 유효기간을 명시한 법을 말하는데, 그 유효기간이 지나고 특별히 별도의 연장조치를 취하지 아니하면 그 법은 자동 폐지된다.

28) 아시아유럽정상회의(Asia Europe Meeting) : 한국, 중국, 일본 등 동북아 3개국과 동남아시아 ASEAN 회원국, 유럽연합(EU)이 참여하는 아시아와 유럽 간 정상회의이다. 국제정치질서가 미국과 소련의 양극, 냉전 체제에서 다극화된 체제로 변화함에 따라 아시아와 유럽 간의 관계 개선의 필요성이 생겼다. 이에 1994년 고촉통 싱가포르 수상이 아시아와 유럽의 협력관계 강화를 위해 제안하여 발족됐다.

29) 용적률(floor area ratio)은 대지 면적에 대한 건물 연면적의 비율을 말한다. 이에 비해 건폐율(建蔽率, building coverage)은 대지 면적에 대한 건물 바닥 면적의 비율을 말한다.

30) 부설주차장의 설치대상 시설물 종류 및 설치기준은 「주차장법」에서 정하고 있다. 동 법 시행령에서 숙박시설의 주차장은 시설면적 200m²당 1대로 정함.

7) 관광진흥법(1986.12.31~현재)

'관광진흥법(觀光振興法)'은 기존의 '관광사업법'의 내용을 수용하고 '관광단지 개발촉진법'을 흡수하여 제정된 법이다. '관광기본법(제5조)'에서 규정한 기본적이고 종합적인 관광 진흥 시책(施策)을 구체화한 법으로 현재 관광법규 가운데 관광사업자에게 가장 보편적으로 활용되고 있는 법이다. 동 법은 관광여건을 조성하고 관광자원을 개발하며 관광사업을 육성함으로써 관광진흥에 이바지함을 목적으로 한다. 이 책은 '관광진흥법'을 중점으로 설명하고 있다.

8) 국제회의산업 육성에 관한 법률(1996.12.30~현재)

이 법은 국제회의의 유치를 촉진하고 그 원활한 개최를 지원하며 국제회의산업을 육성·진흥함으로써 관광산업의 발전과 국민경제의 향상에 이바지할 목적으로 제정되었다. '관광진흥법'에서 관광사업의 일종으로 분류한 국제회의업이 이 법에서 규정한 국제회의산업(國際會議産業)이다. 이 법은 제정 당시 ASEM회의 등 대규모 국제행사의 원활한 개최를 위해 전문시설의 건립 등을 지원하기 위해 제정되었다. 그러나 장기적으로 국제회의산업을 육성하고 진흥하기 위한 제도적 장치를 마련하는 것이 근본적인 입법 취지(趣旨)라고 할 수 있다.

9) 한국관광공사법(1962.4.24~현재)

이 법은 한국관광공사(韓國觀光公社)라는 특수법인(特殊法人)[31]으로서 공공기관(公共機關)[32]을 설립·운영하기 위하여 제정된 특별법이다. 관광공사는 관광 진흥 및 국민경제 향상을 위해 설립되었으며, 1962년 제정될 당시에는 국제관광공사라고 칭하였으며, 1982년에 한국관광공사로 명칭을 변경하였다.

---

31) 특수법인(special corporation)이란 특정한 공익사업을 수행하기 위하여 특별법에 의하여 설립된 법인(法人)이다. 공사(公社), 공단(公團), 국책은행(國策銀行) 등이 그 예이다.

32) 「공공기관의 운영에 관한 법률」에 의거 국가·지방자치단체가 아닌 법인·단체 또는 기관으로 다음에 해당하는 기관을 공공기관(public organization)으로 지정할 수 있다. ① 법률에 따라 설립되고 정부가 출연한 기관 ② 정부지원액이 총수입액의 50%를 초과하는 기관 ③ 정부 단독, 정부와 공공기관, 공공기관 단독, 또는 두개 이상의 공공기관이 합하여 50% 이상의 지분을 가지고 있거나, 30% 이상의 지분을 가지고 임원 임명권한 행사 등을 통하여 당해 기관의 정책결정에 사실상 지배력을 확보하고 있는 기관 ④ 공공기관이 설립하고, 정부 또는 설립 기관이 출연한 기관 ⑤ 구성원 상호 간의 상호부조·복리증진·권익향상 또는 영업질서 유지 등을 목적으로 설립된 기관 ⑥ 지방자치단체가 설립하고, 그 운영에 관여하는 기관

2. 관광 인접 법규

관광 현상이 사회현상 전반을 포괄할 정도로 광범위하기 때문에 여러 가지 법이 직·간접적으로 관광과 관련되어 있다. 즉, 넓은 의미에서의 관광법규는 관광활동을 간접적으로 보호하고 촉진하는 데 필요한 법을 말한다.

1) 관광객 활동에 관한 법규

관광객 활동에 관한 법규로는 국경을 이동해야 하는 국제관광과 관련 있는 출입국 관련법과 관광객의 필수적인 활동과 관련 있는 숙박 및 음식과 관련된 법을 들 수 있다. 세부 내용은 이 책 뒤에서 별도로 설명한다.

(1) 출입국 관련법

국내외 관광객의 출국 및 입국과 관련되어 발생할 수 있는 사항으로 관련 법규는 다음과 같다.

① 여권법

'여권법(旅券法)'은 여권의 발급(發給) 및 효력(效力)과 그 밖에 여권에 필요한 사항을 규정한 법이다. 여권(旅券)은 외국을 여행할 때 가장 기본적이고 필수적인 신분증명서이기 때문에 이의 휴대 없이는 외국에서의 체재가 불가능하다. 또 여권에 기재된 영문명(英文名)이 항상 기준이 되므로 항공권과 기타 모든 문서에 표기되는 영문명은 이와 일치되어야 한다.

② 출입국관리법

'출입국관리법(出入國管理法)'에서는 내국인 및 외국인의 출입국 관리와 외국인의 체류(滯留) 관리 및 난민(難民)의 인정 절차 등에 관한 사항을 규정하고 있다. 국내로 입국하고자 하는 외국인은 자국에서 발급받은 유효한 여권과 한국 정부가 발급한 사증(査證)33)을 소지하여야 한다. 외국인이 체류기간을 초과하여 머무르고자 할 경우에는 그 기간 만료 전에 체류기간 연장허가를 받아야 한다.

---

33) 사증(visa)은 다른 나라로 입국할 때 자기 나라 또는 체재 중인 나라에서 입국하고자 하는 나라의 공관(公館)으로부터 여권의 검사를 받고 서명을 받는 일이다.

③ 관세법

'관세법(關稅法)'은 관세의 부과(賦課)·징수(徵收) 및 수출입 품목의 통관(通關)을 적정하게 하고 관세수입을 확보하여 국민경제의 발전에 기여함을 목적으로 한다. 내외국인 여행자가 일정기준 이상의 물품을 휴대(携帶)하고 입국할 때에는 이 법에 따라 관세를 납부하여야 한다.

④ 외국환거래법

'외국환거래법(外國換去來法)'은 외국 화폐 및 기타 대외 거래에 관한 법으로 환율(換率), 환전(換錢) 등 해외여행에서 필수적인 외화(外貨)와 관련된 것을 규정하고 있다.

⑤ 검역법

'검역법(檢疫法)'은 국내 또는 국외로 전염병(傳染病)이 번지는 것을 막기 위해 국내로 들어오거나 국내에서 나가는 운송 수단과 그 승객 및 승무원 또는 하물(荷物)에 대한 검역절차와 예방조치에 관한 사항을 규정한 법이다. 전염병이나 풍토병(風土病)에 대비하여 여행객에게 예방주사 접종(接種)을 실시하도록 하는 것도 이 법의 근거에 의해서이다. 교통수단의 발달과 국제교류의 증가로 인해 한 지역에서 발생한 전염성 질환(疾患)이 매우 짧은 기간에 전 세계로 퍼지는 사례가 발생하고 있어, 이에 대한 방역(防疫)의 중요성이 커지고 있다.

⑥ 병역법

'병역법(兵役法)'은 대한민국 국민의 병역의무에 관하여 규정함을 목적으로 한다. 이 법에 의해 만 25세 이상인 병역의무자로 아직 병역을 마치지 않은 자는 출국할 때 여권과 국외여행허가증명서를 갖추어 병무청에 출국신고를 하여야 하며 귀국할 때에도 귀국신고를 해야 한다.

(2) 숙식(宿食) 관련법

국내에 체류하는 외국인 및 내국인 관광객이 일상생활에서 접하게 되는 숙박과 음식에 대한 사항을 규율하고 있다.

① 공중위생관리법

관광객은 '공중위생관리법(公衆衛生管理法)'에서 규정한 공중위생시설(公衆衛生施設)[34]을 이용하는 경우가 무척 많다. 현재 숙박업은 동 법에 의한 신고 대상인 일반숙박업(여인숙, 모텔, 여관)과 관광진흥법의 등록 대상인 관광숙박업(호텔, 휴양콘도미니엄) 등 두 가지로 구분하고 있다.

② 식품위생법

'식품위생법(食品衛生法)'은 모든 음식물의 제조, 유통, 판매, 보존에 관하여 적용되는 법이므로 관광활동과 관련성이 무척 높다. 동 법에서 정하고 있는 식품접객업(食品接客業)에는 휴게음식점, 일반음식점, 단란주점, 유흥주점, 위탁급식, 제과점 영업 등이 있다. 관광유흥음식점업의 지정을 받고자 하는 자는 이 법에 의한 유흥주점 영업허가를 받아야 하고, 관광식당업의 지정을 받고자 하는 자는 미리 이 법에 의한 일반음식점 영업신고를 하여야 한다.

③ 농어촌정비법

농어촌 지역에서 민박사업을 경영하려는 자는 '농어촌정비법(農漁村整備法)'에 따라 민박사업자로 신고를 해야 한다. 농어촌 지역의 민박은 흔히 '펜션(pension)'이라고도 하는데 농어촌지역에서 주민이 실제 거주하는 주택으로 운영할 수 있다.

④ 산림문화·휴양에 관한 법률

'산림문화·휴양에 관한 법률'에 따른 자연휴양림(自然休養林)은 국민의 정서함양·보건휴양 및 산림교육 등을 위하여 조성한 산림을 말하며, 관련 시설을 둘 수 있다. 이러한 시설에는 숙박시설, 편익시설, 위생시설, 체험·교육시설 등이 있다.

⑤ 주류 면허 등에 관한 법률

주류(酒類) 면허(免許) 등에 관한 법률[35]은 주류 제조 및 판매업 면허에 대한 기준과 절차, 주류의 검정 등에 관한 사항을 규정함으로써 주류 거래의 안전과 원활한 주세(酒稅) 수입 확보를 목적으로 한다.

---

34) 공중위생시설(sanitation)이란 일반인을 대상으로 숙박, 목욕, 이용(理容), 미용(美容), 세탁 등 위생관리 서비스를 제공하기 위한 시설을 말한다.
35) 이 법과 별도로 주세법(酒稅法)에서는 주세의 과세 요건 및 절차를 규정하고 있다.

2) 교통 및 운수에 관한 법규

이동은 관광 행위에 있어서 가장 먼저 발생하는 필수적인 활동이다. 따라서 교통과 관련이 있는 관광사업자와 모든 여행자는 교통(交通) 및 운수(運輸)에 관련된 법의 적용을 받게 된다. 또한 이러한 법률은 자동차, 버스, 열차, 항공기, 선박 등 각종 교통수단에 따라 구분되어 있다.

자동차 및 도로와 관련된 것으로는 '도로법(道路法)', '도로교통법(道路交通法)', '여객자동차운수사업법(旅客自動車運輸事業法)' 등이 있으며, 열차 및 철로와 관련해서는 '철도사업법(鐵道事業法)', '궤도운송법(軌道運送法)' 등이 있다. 그리고 항공 운송과 관련하여 '항공법(航空法)', '항공운송사업진흥법(航空運送事業振興法)' 등이 있으며, 선박을 이용한 운송 및 레저 활동과 관련하여 '해운법(海運法)', '유선(遊船) 및 도선(渡船)사업법', '수상(水上)레저안전법(安全法)' 등이 있다. 교통 및 운수와 관련된 법은 범위가 넓고 분량이 방대하여 이 책에서 별도로 다루지 않는다.

3) 개발 및 이용에 관한 법규

관광지(觀光地)나 관광단지(觀光團地)를 개발(開發)하고자 할 때에는, 우선 '국토의 계획 및 이용에 관한 법률'의 적용을 받게 된다. 이 법에서는 국토를 용도에 따라 도시지역, 관리지역(管理地域)[36], 농림지역, 자연환경보존지역으로 나누고 있다. 그리고 도시지역은 다시 세부적으로 주거(住居)지역, 상업(商業)지역, 공업(工業)지역, 녹지(綠地)지역으로 구분한다. 그리고 '환경영향평가법(環境影響評價法)'에 의하여 사업시행자는 관광지 및 관광단지의 조성사업 면적 또는 관광 사업면적이 30만m² 이상인 경우 조성계획(造成計劃) 또는 사업계획(事業計劃) 승인 이전에 환경영향 평가를 받아야 한다. 또한 '자연재해대책법(自然災害對策法)'에 의하여 지방자치단체장은 관광지 및 관광단지의 부지(敷地) 면적 또는 관광 사업면적이 5천m² 이상인 경우 사업계획 승인 이전에, 관계행정기관과 자연재해의 피해 유발 가능성에 대하여 사전에 재해 영향성에 대한 검토협의를 거쳐야 한다. 또한 '도시교통정비촉진법(都市交通整備促進法)'에 의해 도시교통정비지역 안에서 일정규모 이

---

36) 관리지역(management area)이라 함은 인구와 산업을 수용하기 위하여 도시지역에 준해 체계적으로 관리하거나, 농림지역 및 보존지역은 아니지만 별도의 관리가 필요한 지역을 말한다.

상의 사업시행자는 교통영향평가(交通影響評價)를 받아야 한다.

관광지나 관광단지를 개발하고자 할 때에는 이외에도 '공익사업을 위한 토지 등의 취득(取得) 및 보상(補償)에 관한 법률', '하천법(河川法)', '농지법(農地法)', '산림기본법(山林基本法)', '산림문화휴양에 관한 법률' 등의 적용을 받는다. 또한 관광시설을 설치하여 관광사업을 운영할 때에는 '건축법(建築法)', '수도법(水道法)', '하수도법(下水道法)', '소방시설(消防施設) 설치 및 관리(管理)에 관한 법률' 등의 적용을 받게 된다.

4) 자원보전과 관리에 관한 법규

관광 자원과 관련된 법으로는 국립공원(國立公園)[37]과 도립공원(道立公園)[38]의 지정 및 관리에 관한 '자연공원법(自然公園法)'과 생활권 공원 및 주제공원 등의 설치 및 관리에 관한 '도시공원(都市公園) 및 녹지(綠地) 등에 관한 법률', 그리고 '수목원(樹木園)·정원(庭園)의 조성 및 진흥에 관한 법률'[39] 등이 있다. 그 밖에도 유형 및 무형 문화재의 지정 및 관리에 관한 '문화재보호법(文化財保護法)', '전통 사찰(寺刹) 보존 및 지원에 관한 법률', '야생동식물보호법(野生動植物保護法)', '온천법(溫泉法)' 등이 관광자원과 관련이 있다.

5) 국가기술자격 관련법

관광 분야와 관련하여 '국가기술자격법(國家技術資格法)'에서 규정하고 있는 것으로는 국제회의업에 종사할 '컨벤션기획사(2003년 시행)'와, 의료관광 종사원인 '국제의료관광코디네이터(2013년 시행)' 서비스기술자격이 있다. 한편 나머지 관광 종사원 국가자격은 '관광진흥법(觀光振興法)'에서 규정하고 있다.

---

37) 국립공원(national park)은 한 나라의 자연풍경을 대표하는 경승지를 국가가 법에 의하여 지정하고 이를 유지·관리하는 공원을 말한다. 최초로 지정된 지리산국립공원을 비롯하여 22개소가 있다. 이 가운데 산악(山岳)형 국립공원이 18개이고, 해상(海上) 및 해안(海岸)형이 3곳(한려해상, 다도해상, 태안해안), 그리고 사적(史蹟)형 공원으로 경주 일대가 지정되어 있다.

38) 도립공원(provincial park)은 국립공원에 준하는 자연풍경을 보호하고 이용할 목적으로 자연공원법에 따라 시·도지사가 지정한 자연공원이다. 1970년에 지정된 금오산도립공원을 비롯하여 현재 32개소가 지정되어 있다.

39) 이 법은 2015년 기존의 관련 법률에 정원(庭園)의 개념을 도입하고 정원 진흥정책을 추진하기 위하여 마련되었다. 동 법에 따라 순천만국가정원과 울산태화강국가정원이 지정되었다.

Chapter 03
관광 행정 및 기구

제1절 관광정책 및 행정

1. 관광정책

정책(政策)이란 관심 있는 문제 또는 사건을 행위자가 실행하고자 하는 목표지
향적인 행동과정이라고 할 수 있다. 또한 정책은 인간으로서의 존엄과 가치성 추
구, 행복 추구, 자유성과 평등성, 인류의 평화, 교육 및 교양적 성격, 인간성 회복
이라는 이념을 구현하기 위한 수단이 된다고 하겠다.

아울러 정책은 목표달성을 위한 정부의 행동이라고 정의되기도 한다. 정부개
입은 목표달성을 위한 촉진(促進) 기능과 문제해결을 위한 조정(調整) 기능이라는
양면적 기능의 균형이 요구되고 있다. 국가의 정책을 국책(國策)이라고 부르는데,
오늘날에는 정당을 비롯하여 노동조합이나 경영자 단체 또는 개인의 정책이라도
그 내용과 성질이 공공적인 것이라면 정책 또는 공공정책이라 부르고 있다. 따라
서 정책은 주어진 결과라기보다는 정책 환경과의 상호작용을 통해 만들어가는
일련의 과정이라고 할 수 있으며, 정책과정(政策過程)은 이러한 정책 개념의 단계
적 실현과정이라고 할 수 있다.

관광정책(觀光政策)이란 관광의 목적과 목표를 달성하기 위해 고안된 지침이나
결정이라고 정의할 수 있다. 그리고 관광정책의 실시범위와 목표에 따라 거시적

(巨視的) 측면과 미시적(微視的) 측면으로 구분된다. 거시적 측면의 관광정책은 관광현상과 관련이 있는 국가의 여러 가지 시책의 총체로서 파악하려는 경향이며, 미시적 측면은 국가의 경제적 이익을 전제로 한 관광산업 진흥에 관한 모든 시책을 일컫는다.

1) 정책의 특징

관광정책은 관광문제의 고유성으로 인해 일반적인 정책과는 구별되는 특징(特徵)을 지닌다. 관광정책은 여타 사회문제가 결합되어 있어 종합적이며, 협업(協業)적이고, 지원적 정책인 것이 특징이다. 다음은 정책의 특징에 대한 설명이다.

(1) 목적 지향성

정책은 정책주체(定策主體)가 의도하는 것을 실현시키기 위하여 선택한 행동의 지침이기 때문에 그것은 정책주체의 목적의지를 반영하고, 그러한 목적의지를 실현시키려는 성격을 가진다.

(2) 행동 지향성

정책은 정책주체의 목적의지를 실체적인 행동을 통하여 실현시키려고 하는 노력의 표현이다. 그러므로 정책은 실천적 행동을 유발시키는 성향을 지닌다. 정책의 행동 지향적인 성격 때문에 정책은 현실적으로 동원할 수 있는 자원의 한계 안에서 능률적인 행동을 합리적으로 기획하고 실현하려고 하는 성향을 가진다.

(3) 변화 지향성

정책은 불만족스러운 현실과 문제시되는 상황을 좀 더 바람직한 상황으로 개선하고 실현시키려고 하는 의지의 표현이다. 그러므로 정책은 변화를 유발시키려는 강력한 성향을 가진다.

(4) 미래 지향성

정책은 바람직한 미래의 상을 실현시키려고 하는 의지의 표현이다. 정책의 내용 속에 포함되는 행동이 일어나는 시점은 현재이지만, 정책이 의도하는 변화가 이루어질 수 있는 시점은 항상 미래이다. 그러므로 정책은 미래를 설계하고 구축하는 성질을 지닌다.

2) 관광정책 이념

관광정책의 목적은 관광을 통한 개인의 자아실현, 사회적 형평의 실현, 관광에 참여할 수 없는 계층의 참여기회 제공, 생활의 질 향상, 관광환경의 질 개선에 있다고 볼 수 있다. 따라서 관광정책의 이념은 다음과 같은 관점에서 이해할 필요가 있다.

(1) 공익성

관광자원의 개발과 관광정책 결정자의 도덕적 행위를 규정하는 최고의 규범으로서 우선 사회적·경제적 합리성의 추구가 요구된다. 따라서 관광정책은 국민 모두의 생활의 질 향상이라는 공익(公益)과 복지적 성격을 지닌다고 할 수 있다.

(2) 민주성

관광정책에 참여하는 참여주체, 참여범위, 참여방법과 관계뿐 아니라, 관광정책의 수립 및 시행에 있어서 공개성(公開性)과 투명성(透明性)이 요구된다.

(3) 효율성

효율성(效率性)이란 효과성(效果性)과 능률성(能率性)의 복합적 개념이다. 관광정책으로 설정된 목표가 실현되기까지에는 많은 비용과 노력이 소요되므로, 효율성을 높이며 관련 이해관계자와의 대응과 갈등을 조절해 나가야 한다.

(4) 지역성

관광정책이 제대로 실현되기 위해서는 지역주민의 협동정신과 지역에 대한 애착심이 요구된다. 그러나 지역성(地域性)은 지역이기주의(地域利己主義)와는 구별이 되어야 한다.

(5) 형평성

형평성(衡平性)이란 가치와 기회를 배분함에 있어 사회적 단층 현상을 제거하며 사회적 형평에 기초하여야 함을 말한다. 관광정책의 실현에 있어서 이러한 가치를 준수해야 한다. 또한 관광정책은 지역 간의 불균등적 요소를 해결하고 지역발전을 도모할 수 있는 방향으로 정책목표를 설정해야 한다.

2. 관광행정

행정에 관한 법적·제도적 개념은 근대 법치국가가 등장한 이래 권력분립(權力分立)의 이론을 배경으로 형성되었다. 그 이전에는 국가작용(作用)으로서 입법(立法), 사법(司法), 행정(行政)의 뚜렷한 분화가 없었다. 즉, 행정이라는 개념은 권력분립주의의 산물로서 근대 법치국가의 등장과 더불어 생성된 것으로, 일정한 성질을 가진 국가의 법 집행(執行)을 말한다.

1) 행정의 특징

행정이란 정치권력을 배경으로 공공정책의 형성 및 구체화를 이룩하려는 공공성을 띤 인간의 협동적인 집단행동이라고 할 수 있다. 따라서 행정은 다음과 같은 특성을 지닌다.

(1) 권력성

행정은 정치권력을 배경으로 하거나 수단으로 한다. 따라서 행정은 정치권력에 의한 강제력(强制力)과 정치적 상징조작(象徵操作)에 의한 정당성(正當性)이 뒷받침되어야 한다.

(2) 공공성

행정은 공공적 성격에 의하여 특징지어지며, 공공성(公共性)의 개념은 사회통합의 상징으로 이해된다. 따라서 행정은 공공성을 가진 이익, 즉 공익(公益)을 실현시키기 위한 작용이다.

(3) 정책결정과 집행

행정은 공공정책을 결정하고 집행(執行)한다. 행정은 본질적으로 정치성을 내포하고 있으며, 행정과정과 정치과정은 현실적으로 중첩되고 있다. 정책결정에는 소극적인 갈등의 조정과 적극적인 발전정책의 결정을 내포한다. 따라서 행정은 공공의 목적과 이익을 실현하기 위한 행동방안을 선택하고 결정하며, 그것을 구체적인 상황에 맞추어 집행하고 실현한다.

(4) 협동적 집단행동

행정은 협동적인 집단행동(集團行動)이다. 즉, 행정은 특정한 목표를 달성하기 위하여 두 사람 이상이 집단을 이루어 협동적으로 활동을 하는 것이다.

(5) 합리성

행정은 합리성(合理性)을 추구한다. 합리성이란 목표수립의 적합성(適合性)을 말한다. 행정은 달성해야 할 가치 혹은 목표를 정해 놓고, 그것을 달성하기 위한 수단을 마련해야 한다. 따라서 행정은 공공사무의 관리·집행에 있어서도 전체적으로 기술성(技術性)을 띠고 있으며, 최소의 비용과 노력으로 최대의 성과를 달성하려는 합리성을 중요시한다.

2) 관광행정

관광행정(觀光行政)이란 국가 또는 지방자치단체가 관광발전을 위해서 관광사업을 조정(調整), 촉진(促進)하거나 지도(指導), 감독(監督), 규제(規制)하는 제반 활동을 말한다. 따라서 관광행정은 관광발전을 목적으로 하며, 정부 또는 지방정부가 주최(主催)가 되어 관광시장, 관광사업, 관광대상 등을 객체(客體)로 하여 행정기능 및 역할을 수행하고 인적·물적 자원과 정보자원을 수단(手段)으로 하는 일종의 관리 체계(體系, system)라고 할 수 있다. 그리고 관광행정의 의사결정은 일반적으로 정책결정이라는 의미가 더 적절하며, 정책결정은 정부가 공공목표를 달성하기 위하여 두 가지 이상의 대안(代案) 가운데 하나를 의식적으로 선택하는 행위라고도 할 수 있다.

관광에 대한 정부의 개입은 관광이 가지고 있는 무한한 잠재력으로 인하여 관광자원과 시설이 풍부한 국가인 경우, 개발도상국가뿐 아니라 선진국조차도 정부가 관광에 적극 개입하고 있다. 또 저개발국가의 경우에도 관광이 갖고 있는 경제적 효용성을 바탕으로 정부가 개입하고 있다. 심지어 주민 통제가 심한 사회주의국가의 경우에도 문호개방과 개혁을 통한 관광기반의 조성을 위하여 적극적으로 정책을 펼치고 있다.

3. 행정기관 종류

행정기능을 수행하면서 행정조직을 구체적으로 구성하는 각 단위기관을 행정기관(行政機關)이라고 한다. 현대 국가에서는 복잡한 사회문제와 경제문제를 합리적으로 해결하기 위하여 행정기능을 확대하고 강화해 나가고 있다. 따라서 행정기관의 역할도 강화되고 그 규모의 확대와 함께 기능도 점차 분화되고 전문화되고 있다.

1) 행정관청

행정관청(行政官廳)이란 행정에 관한 국가의사를 결정하고 이를 대외적으로 표시하는 권한을 가진 행정기관을 말한다. 행정관청은 일반적으로 그의 보조기관과 물적 시설까지 포함한 의미로 쓰인다. 그리고 행정관청의 형태로는 단독제(單獨制)[40]와 합의제(合議制)[41] 관청이 있다.

2) 보조기관

보조기관(補助機關)이란 행정관청에 소속되어 행정에 관한 국가의사의 결정 및 대외적 표시에 보조적 기능을 수행하는 행정기관을 말한다. 정부 행정관청의 산하(傘下) 부서(部署)가 이에 속한다.[42]

3) 자문기관

자문기관(諮問機關)은 행정관청의 의사결정에 참고가 될 의견을 제공하는 기능을 수행한다. 자문기관의 의사는 행정관청에서 그대로 따르지 않아도 되지만, 현대 행정의 복잡성과 전문성에 따라 그 효용가치가 점차 높아지고 있다. 자문기관은 보통 자문위원회라고 부르며 그 밖에 심의회·협의회 등으로 불릴 때도 있다.

---

40) 단독제(single system)란 독임제(獨任制)라고도 하며 의사결정이나 집행기능을 한 사람이 맡는 제도를 말한다. 문화체육관광부장관, 시·도지사 등은 단독제의 형태이다.

41) 합의제(council system)라 함은 복수 구성원의 합의에 따라 의사를 결정하는 제도이다. 이러한 것으로 공정거래위원회, 선거관리위원회, 국민권익위원회 등이 있다.

42) 중앙행정기관의 보조기관이란 차관·차장·실장·국장을 말한다. 또한 중앙행정기관에는 그 기관의 장 및 보조기관 밑에 정책의 기획, 계획의 입안, 연구·조사, 심사·평가 및 홍보 등을 통하여 그를 보좌하기 위한 보좌기관을 둘 수 있다.

4) 심의기관

심의기관(審議機關)은 자문기관과 마찬가지로 행정관청을 기속(羈束)[43]하지 못하고 의사결정에 참고가 될 만한 의견을 제시하는 데 불과하지만, 법령에 의거하여 심의기관의 심의를 반드시 거쳐야 하는 점에서 자문기관과 차이가 있다. 즉, 심의기관의 심의는 반드시 필요한 절차가 되기 때문에 이를 생략하였을 때에는 그 행정행위가 잘못된 것이라고 할 수 있다.

현재 운용되고 있는 관광 관련 심의기관으로는 2017년 관광기본법 개정을 통해 설립된 국가관광전략회의가 해당된다. 동 회의기구는 관광진흥의 방향 및 주요 시책에 대한 수립·조정, 관광진흥계획의 수립 등에 관한 사항을 심의·조정하기 위하여 국무총리 소속으로 되어 있다. 그 밖에도 '관광진흥개발기금 운용위원회'와 '관광숙박업 및 관광객 이용시설업 등록심의위원회'가 있다.

이와 같은 위원회 제도는 행정업무를 처리하는 절차의 한 방법으로 합의제의 개념이다. 이는 정책결정을 함에 있어 한 사람이 하는 것이 아니고 위원회라는 조직체를 구성하여 정책결정에 관계되는 여러 사람이 참여하여 다수결 등의 방법으로 결정을 하는 것을 말한다. 이 제도는 다수로 구성된 위원회에서 여러 사람의 경험이나 전문지식을 활용할 수 있고, 이해관계가 다른 여러 사람이 참여하여 결정하므로 보다 많은 사람의 만족과 지지를 얻어 낼 수 있다.

5) 의결기관

의결기관(議決機關)은 행정관청이 의사를 결정하는 경우 의사결정의 전제조건으로 그 내용에 관하여 미리 의결을 하는 합의제 행정기관을 말한다. 즉, 의결기관에서 의결한 사항에 대해 해당 행정관청은 반드시 시행하여야 한다.

또한 의결기관은 그 단체의 의사를 결정하는 것이므로 의사기관(意思機關)이라고도 한다. 국가의 의결기관은 국회이며, 지방자치단체에서는 지방의회이다. 그 밖에 행정기관 중에도 의결권이 부여된 기관이 여러 곳 있다(국가인권위원회, 국민권익위원회, 일자리위원회 등). 의결기관은 내부적으로 국가·공공단체의 의사를 결정할 수 있을 뿐, 그것으로써 외부에 대하여 국가·공공단체를 대표할 수 없는 점에서 행정관청과 구별된다.

---

43) 기속(binding)이라 함은 구속(拘束)과 유사한 용어로 남을 강제로 얽어매어 자유를 빼앗는 것을 의미한다. 행정관청의 의사결정에 절대적인 영향을 미치는 것을 기속한다고 한다.

제2절 관광행정조직

1. 관광행정조직 변천

국내 관광행정의 역사를 살펴보면, 1954년 교통부(交通部) 육운국(陸運局)에 관광과(觀光課)를 설치함으로써 국가차원에서 관광에 관한 업무를 처음으로 시작하였고, 1963년에 교통부 직제개편으로 관광국이 독립되었다. 1994년에는 '정부조직법(政府組織法)'에 의하여 그동안 교통부장관이 관장(管掌)[44]하고 있던 관광업무가 문화체육부장관으로 이관되었다. 1998년에는 문화관광부로 개칭(改稱)되면서 '관광(觀光)'이라는 용어가 정부부처 명칭에 처음으로 들어가게 되었고, 2008년에는 문화체육관광부(文化體育觀光部)로 불리게 되었다. 이는 관광산업을 중요한 국가 전략산업으로 인식해 나가는 과정을 반영한 것이라고 볼 수 있다.

반면에 지방 관광행정조직은 그동안 중앙정부의 행정보조기관으로서 각종 인·허가 업무가 대부분일 정도로 매우 취약한 실정이었다. 그러나 1995년부터 지방자치제도가 시행되면서 점차 지역의 관광산업 육성을 위한 많은 노력과 함께 조직을 강화해 나가고 있다. 그러므로 관광행정업무는 중앙에는 문화체육관광부장관이, 지역에는 각 시·도지사가 수행한다고 볼 수 있다.

그리고 관광 업무는 여러 가지 사항이 복합되어 있으므로 하나의 행정기관이 단독으로 업무를 수행할 수는 없고 중앙 정부의 여러 부처에서 나누어 담당하고 있다.[45] 따라서 관광정책을 마련하고 시행하는 데 있어서 관계 행정관청과의 협력(協力)과 조정(調整)이 따라야 한다.

---

44) 관장(control)이라 함은 일을 맡아서 주관하는 것을 말한다. 관할(管轄), 주관(主管), 주장(主張), 감독(監督)과 비슷한 용어이다.

45) 정부 각 부처 관광 관련 업무 수행 내용: 여권 발급 및 관리(외교부), 사증 발급 및 출입국 관리(법무부), 관광 관련 정부출연금 및 보조금 등에 관한 사항(기획재정부), 국토건설계획의 입안 및 조정 등의 업무(국토교통부), 관광객의 보건위생 관리(보건복지부), 국립공원의 지정과 관리(환경부), 농촌관광 진흥(농림축산식품부), 어촌관광 활성화(해양수산부) 등

2. 중앙 관광행정조직

국가의 중앙 관광행정조직(中央觀光行政組織)은 헌법(憲法) 및 그에 의거한 '정부조직법', 그리고 관광에 관한 특별법인 '관광기본법' 및 '관광진흥법' 등에 따라 설치되어 있다.

이에 따라 국가원수이자 행정부 수반인 대통령(大統領)이 중앙 관광행정기관의 정점(頂點)이 되고, 그 아래에 심의기관인 국무회의(國務會議)가 있다. 그리고 국무총리(國務總理)[46]는 대통령의 명을 받아 정부 각 행정기관을 통할(統轄)하는 기능을 한다. 국무총리 밑에 관광행정의 주무관청인 문화체육관광부장관이 있고, 여러 보조기관과 자문기관이 설치되어 있다[그림 1-4 참고].

그림 1-4 **중앙 관광행정조직**

---

46) 국무총리(prime minister) : 대통령을 보좌하고, 대통령의 명을 받아 행정 각부를 통합하는 공무원으로 국회의 동의를 얻어 대통령이 임명한다.

1) 문화체육관광부장관

대통령과 국무총리는 관광행정에 대하여 문화체육관광부장관을 지휘·감독하고 상급관청으로서의 권한을 가지고 있지만 관광행정에 관한 실질적인 책임과 권한은 문화체육관광부장관에게 있다.

(1) 지위와 권한

문화체육관광부장관은 국무위원(國務委員)[47]으로서의 지위와 중앙행정기관의 장으로서의 지위를 갖는다. 따라서 국무위원의 자격으로서 관광과 관련된 법률안 및 대통령령의 제정·개정·폐지안을 작성하여 국무회의에 제출할 수 있으며, 관광행정에 관하여 법률이나 대통령령의 위임 또는 직권으로 부령(部令)을 제정할 수 있다.

정부조직법 제30조에 따르면 "문화체육관광부장관은 문화·예술·영상·광고·출판·간행물·체육·관광에 관한 사무와 국정에 대한 홍보 및 정부발표에 관한 사무를 관장한다."고 규정하고 있으므로 문화체육관광부장관이 관광행정에 관한 주무관청이 된다. 문화체육관광부장관은 관광행정사무를 통괄하고 소속 공무원을 지휘(指揮)·감독(監督)하며 관광행정사무에 관하여 지방행정기관의 장을 지휘·감독한다. 또한 관광행정사무에 관하여 정책을 수립하고 운용하며 중앙관서의 장으로서 관광에 관한 각종 재정에 관한 권한을 가진다.

(2) 보조기관

문화체육관광부장관의 관광행정에 관한 권한행사를 보조하는 것을 임무로 하는 보조기관(補助機關)으로는 문화체육관광부 제2차관, 관광정책국장, 관광산업정책관, 관광정책과장, 국내관광진흥과장, 국제관광과장, 관광기반과장, 관광산업정책과장, 융합관광산업과장, 관광개발과장 등이 있다. 특히 관광정책국장은 사실상 정부의 관광에 관한 종합적인 시책의 수립과 조정업무를 주도적으로 담당하고 있다.

---

47) 국무위원(cabinet members) : 정부의 최고 정책심의기관인 국무회의를 구성하는 별정직 공무원으로 행정부의 장관(長官)들이 그 구성원이 된다. 국무위원은 국정(國政)에 관하여 대통령을 보좌하며, 국무회의의 구성원으로서 국정을 심의한다(헌법 제87조).

(3) 주요 담당사항

문화체육관광부는 고품격의 한국관광 실현을 위하여 관광 진흥 정책을 추진하고 있다. 관광정책에 관한 주요한 담당사항은 다음과 같다.

- 국내 관광정책의 기본 방향 수립
- 국민 일반 및 사회적 취약 계층의 국내 관광 기회 확대
- 관광지 및 관광숙박시설 등 관광 인프라 확충 및 운영개선
- 국외관광객 유치 및 홍보
- 지속가능한 관광 자원 개발
- 주민참여형 지역관광공동체 육성
- 국내외 관광투자 유치 및 지자체 외자유치 지원

2) 관광진흥개발기금운용위원회

관광진흥개발기금운용위원회(基金運用委員會)는 관광진흥개발기금의 운용에 관한 종합적인 사항을 심의하기 위하여 문화체육관광부장관 소속하에 설치된 자문기관(諮問機關)이다. 위원회의 조직과 운영에 관하여는 '관광진흥개발기금법시행령'에 규정되어 있다.

3. 지방 관광행정조직

지방 관광행정조직은 지방자치단체(地方自治團體)의 조직과 같다. 그 종류로는 상급(上級) 자치단체로서 특별시(特別市), 광역시(光域市), 도(道), 특별자치도(特別自治道), 특별자치시(特別自治市)가 있고, 하급(下級) 자치단체로서 시(市), 군(郡), 자치구(自治區) 등이 있다. 그리고 각 지방행정조직에는 관광행정을 담당하는 보조기관이 각각 다른 이름으로 설치되어 있으며 조직 규모도 다양하다.

지방자치단체는 관할구역(管轄區域) 안에서 자치사무(自治事務)와 위임사무(委任事務)를 처리하는 것을 목적으로 한다. 여기서 자치사무란 지방자치단체의 존립목적이 되는 지방의 복리사무를 말하고, 위임사무는 국가 또는 지방자치단체로부터 위임된 사무를 말한다.

1) 관광행정 위임사무

지방자치단체의 관광행정은 주로 위임사무이며 이 업무를 처리할 때의 지방자치단체는 국가의 지방행정기관으로서 역할이 된다. 따라서 자치업무를 수행할 때에는 국가기관의 지휘·감독을 받지 않지만, 위임사항에 대해서는 상급 국가기관의 지휘·감독을 받게 된다. 그러므로 지방의회(地方議會)는 기관위임사무의 처리에 대하여 관여할 수 없게 된다.

보통 지방행정기관의 관광에 관한 권한과 임무는 두 가지로 분류할 수 있다. 첫째는 법률에서 명시적(明示的)으로 지방자치단체장의 권한으로 규정한 경우이고, 둘째는 법률상 문화체육관광부장관의 권한이지만 그 권한이 지방자치단체의 장에게 위임된 경우이다.

2) 관광행정 자치사무

지방자치단체는 관할 구역의 자치사무와 법령에 따라 지방자치단체에 속하는 사무를 처리한다(지방자치법 제9조). 관광 관련 자치사무로는 관광·휴양시설의 설치 및 관리, 관광 개발(開發) 사업과 관광 진흥(振興) 업무 등이 있다. 법에서 정하고 있는 지방자치단체의 사무는 아래와 같다.

- 지방자치단체의 구역, 조직 및 행정관리 등에 관한 사무
- 주민의 복지증진에 관한 사무
- 농림·상공업 등 산업 진흥에 관한 사무
- 지역개발과 주민의 생활환경시설의 설치·관리에 관한 사무
- 교육·체육·문화·예술의 진흥에 관한 사무
- 지역민방위 및 지방소방에 관한 사무

3) 관광숙박업 및 관광객 이용시설업 등록심의위원회

지방자치단체장은 관광숙박업, 관광객 이용시설업, 국제회의업 등의 등록을 하려면 사전에 등록심의위원회(登錄審議委員會)의 심의를 거쳐야 한다. 등록심의위원회는 행정법상 심의·자문기관에 불과하다. 그러나 동 위원회가 등록을 심의한 결과 등록기준에 적합하고 관계법령에 따른 인·허가 등의 요건을 구비(具備)하고 있다고 판단되는 경우, 등록관청은 위원회의 심의를 수용하는 것이 일반적이다.

제3절 관광전문기구

관광전문기구(觀光專門機構)는 국가 및 지역의 관광홍보 및 진흥업무를 수행하는 공공 및 민간 기구를 말한다. 국내에는 중앙정부차원의 한국관광공사와 지방자치단체에서 운영하는 전문기구가 있으며, 국제적으로도 정부 및 민간 차원의 관련 기구가 조직되어 활동하고 있다.

1. 한국관광공사

한국관광공사(韓國觀光公社)는 '한국관광공사법'에 의해 설립된 특수법인(特殊法人)으로, '공공기관의 운영에 관한 법률'을 적용받는 위탁집행형(委託執行形) 준(準)정부기관[48]이다. 또 공법상으로는 재단법인에 속한다. 당초에는 1962년 제정된 국제관광공사라는 명칭으로 창립되었으나, 1982년 한국관광공사로 바뀌어 오늘에 이른다.[49] 관광공사는 국내 유일의 국가관광기구(NTO; National Tourism Organization)[50]의 위치에 해당한다.

한국관광공사는 설립목적을 달성하기 위하여 다음과 같은 사업을 수행한다.

- 🔍 국제관광 진흥 사업
- 🔍 국민관광 진흥 사업
- 🔍 관광자원 개발 사업
- 🔍 관광산업의 연구·개발 사업
- 🔍 관광 관련 전문 인력의 양성과 훈련 사업
- 🔍 관광 사업의 발전을 위하여 필요한 부대사업

한국관광공사에 대해서는 뒤에 관련법을 근거로 자세히 설명하고 있다.

---

48) 공공기관은 공기업, 준정부기관, 기타공공기관 등으로 구분한다.

49) 한국관광공사의 영문 명칭은 당초 KNTC(Korea National Tourism Corporation)였으나, 1996년에 KNTO(Korea National Tourism Organization)로 바뀌었으며, 2008년부터는 KTO(Korea Tourism Organization)로 부르고 있다.

50) 국가관광기구(NTO)는 각국 정부에서 운영하고 있는 관광홍보 및 진흥업무를 수행하는 전담기구를 말한다. 국가 관광행정기구인 NTA(National Tourism Administration)와 구별되며 문화체육관광부가 이에 해당된다.

2. 한국문화관광연구원

한국문화관광연구원(KCTI ; Korea Culture & Tourism Institute)은 문화체육관광부 산하(傘下) 정책연구기관이다. 이 기구는 문화와 관광분야의 조사·연구를 통하여 체계적인 정책개발 및 정책대안을 제시하고 문화와 관광산업의 육성을 지원함으로써 국민의 복지증진 및 국가발전에 기여할 목적으로 설립되었다. 동 연구원은 민법(民法)에 의거 문화체육관광부장관의 설립허가를 받은 재단법인이다. 그러나 임원의 선임, 기능, 재정 등 실질적인 역할이나 운영 등은 사법인(私法人)이 아닌 공법인(公法人)의 성격을 갖추고 있다. 이 기구는 1994년에 설립된 한국문화정책개발원과 1996년 개원한 한국관광연구원이 2002년에 통합되어 운영되고 있다. 한국문화관광연구원의 기능과 역할은 다음과 같다.

- 문화 및 관광부문 국가 정책 수립 지원
- 문화 및 관광부문 조사·연구
- 국민 문화 및 관광 활동 관련 지식 기반 마련
- 문화 및 관광부문 전문 교육 및 자문
- 문화 및 관광부문 국제 교류 협력
- 정부기관 및 문화체육관광부장관이 위탁하는 사업

3. 지역관광기구

지방자치제도가 정착되어 가면서 지역의 관광을 전담하는 기구에 대한 필요성이 제기되면서 지역관광기구(地域觀光機構)[51]가 설립되어 운영되고 있다. 이 기구는 각 지역의 역사·문화·자연·생태자원 등을 체계적으로 개발하여 홍보하고 지역 관광산업의 효율성을 제고하여 지역경제 및 관광활성화에 기여할 것을 목적으로 하고 있다. 특히 지역관광기구는 한국관광공사와 공동으로 외국인 관광객 유치를 위한 해외홍보 및 마케팅, MICE 및 의료관광객 유치, 지역관광 활성화를

---

51) 지역관광기구는 중앙관광기구가 NTO(National Tourism Organization)로 불리는 것과 대비하여 RTO(Regional Tourism Organization)라고 부르고 있다.

위한 국내홍보 및 마케팅, 관광수용태세 및 인프라 개선 등에서 공동 협력을 추진한다. 지역관광기구는 관광산업 육성에 중점을 두는 광역 및 기초자치단체별로 설립되어 있으며, 공사 또는 재단의 형태로 운영되고 있다. 다음은 대표적인 광역자치단체의 관광전담기구이다.

1) 경상북도문화관광공사

경상북도문화관광공사(慶尙北道文化觀光公社)는 1975년 '관광단지개발촉진법'에 따른 경주보문관광단지 개발사업을 수행하기 위하여 경주관광개발공사로 설립된 것이 그 시초(始初)가 되었는데, 한국관광공사 소속(所屬)인 정부재투자기관(政府再投資機關)[52]이었다. 이후 1999년에 경북 북부지역의 유교문화권 개발사업의 필요에 의해 경북관광개발공사로 확대·개편되었다. 마침내 2012년에 경상북도가 한국관광공사로부터 인수(引受)하여 출범한 지방공기업(地方公企業)[53]이다.

2) 경기관광공사

경기관광공사(京畿觀光公社)는 2002년에 경기도 조례(條例)에 의거 설립된 관광전문 지방공기업이다. 특히 경기관광공사는 지방화 시대에 부응하여 국내에서 최초로 지방자치단체가 설립한 지역관광 전문기구로, 관광을 통한 지역경제 발전과 관광산업 육성 및 주민복리 증진을 목표로 하고 있다.

3) 서울관광재단

'서울관광재단(서울觀光財團)'은 국제 관광도시 서울의 위상을 더욱 공고히 하고자 '지방자치단체 출자·출연기관의 운영에 관한 법률', '민법' 및 '공익법인의 설립·운영에 관한 법률'에 의거하여 2018년에 설립되었다. 동 재단은 서울의 관광홍보 활동을 수행하기 위하여 2008년에 '서울관광마케팅'이라는 명칭의 주식회사(株式會社) 형태로 출범한 것이 모태(母胎)가 되었다.

---

52) 정부재투자기관은 정부투자기관에서 전액 출자한 자회사(子會社)를 말한다.
53) 지방공기업은 '지방공기업법(地方公企業法)'에 의해 지방자치단체 산하기구로 설립된 지방공사(地方 公社)로서 공법상의 재단법인이다.

4) 인천관광공사

인천관광공사(仁川觀光公社)는 인천광역시에 의해 2006년 발족하였으나, 2011년에는 인천도시개발공사와 통합되어 인천도시공사로 운영되고 있었다. 마침내 2015년 다시 독립기관으로 출범하였다. 인천관광공사는 새롭게 출범하면서 인천국제교류재단과 인천시의료관광재단을 통합하였다.

5) 제주관광공사

제주관광공사(濟州觀光公社)는 '제주특별자치도 설치 및 국제자유도시 조성을 위한 특별법'에 의거하여 2008년에 설립된 지방공기업이다. 한편 제주도에는 제주관광공사와 별도로 사단법인 제주컨벤션뷰로(2005년 설립)가 운영되고 있다.

6) 대전마케팅공사

'대전마케팅공사'는 엑스포과학공원과 대전컨벤션뷰로를 통합하여 대전광역시 산하 공기업으로 2011년에 발족하였다. 대전마케팅공사는 지역문화와 경제를 활성화하고 도시 정체성을 확립하는 것을 목적으로 한다. 이를 위해 도시 마케팅 사업을 수행하면서 대전컨벤션센터와 대전무역전시관을 함께 운영하고 있다.

7) 부산관광공사

부산관광공사(釜山觀光公社)는 부산지역의 관광 진흥 업무를 총괄하여 추진하는 기구로 2012년 말에 발족하였다. 부산관광공사는 관광객 유치 마케팅과 컨벤션 유치를 비롯하여, 지역관광 인프라 구축을 위한 관광개발사업 등을 추진한다.

8) 강원도관광재단

강원도관광재단(江原道觀光財團)은 강원도 지역의 관광전담기구의 역할을 수행하기 위하여 2020년에 설립되었다. 강원도관광재단은 관광 콘텐츠 발굴 및 관광객 유치 활성화 등 관광시장에 탄력적으로 대응하여 지역의 관광 진흥을 추진한다.

9) 충남문화관광재단

충남문화관광재단(忠南文化觀光財團)은 2023년에 설립되었다. 충남 도민의 문화예술 활동을 지원하고 지역의 관광산업 진흥과 관광경쟁력 강화를 위하여 힘쓴다.

4. 국제관광기구

관광 진흥 활동을 효과적으로 수행하기 위해서는 국가 간 협력활동 또는 국제 관광기구와의 참여활동이 필요하다. 더욱이 오늘날과 같이 국제적으로 개방된 시대에 있어서 국제협력활동의 중요성은 더욱 강조되고 있다. 국제관광기구는 각국 정부가 가입되어 있는 국제기구와 민간 기업이 활동하고 있는 국제기구로 구분해 볼 수 있다.

1) 공공기구

관광 관련 국제공공기구는 각국 정부 또는 공공기관이 가입되어 국제협력활동 을 수행하고 있는 기구를 말한다.

(1) UNWTO(유엔세계관광기구)

유엔세계관광기구(UNWTO ; UN World Tourism Organization)는 세계 각국 정부의 관광행정기관이 가입되어 있는 유일한 정부 간 관광기구이다. UNWTO는 1947 년에 조직된 국제관광기구(IUOTO ; International Union of Official Travel Organization) 가 1975년에 정부 간 관광협력기구로 개편되어 설립되었다. 현재 159개 정부기 관이 정회원(正會員)으로 가입되어 있으며, 2003년에 UN 조직의 일원이 되었다. 아프리카 지역, 아메리카 지역, 아시아 및 태평양 지역, 유럽 지역, 그리고 중동지 역 등 5개 지역위원회로 구성되어 있으며, 본부는 스페인 마드리드에 있다. 이 기 구는 관광의 진흥과 개발, 국제여행의 편이(便易)성 증대, 관광통계조사 및 연구, 개발도상국 관광분야 지원을 위한 국제협력 사업을 수행하고 있다. 국내에서는 문화체육관광부가 정회원으로 가입되어 있고, 2011년에 경주에서 UNWTO 연차 총회를 개최한 바 있다.

(2) OECD(경제협력개발기구)

경제협력개발기구(OECD ; The Organization for Economic Cooperation and Development)는 유럽경제협력기구(1947년 설립)를 모체(母體)로 1961년 선진 20개 국을 회원국으로 하여 설립되었다. 회원국의 경제성장 도모, 자유무역 확대, 개발 도상국 원조 등을 주요 임무로 하고 있다. OECD는 현재 38개 회원국으로 구성

되어 있으며, 프랑스 파리에 본부를 두고 있다. OECD는 12개 분야별로 각각 분과위원회(分科委員會)를 두고 있는데 관광분과위원회는 관광분야에 대한 각국의 관광 진흥 정책연구를 주요 기능으로 하며, 관광 관련 국가 지원 사업, 관광 관련 통계 작업을 하고 있다. 한국은 정부 차원에서 1996년에 29번째로 정회원으로 가입하였고, 정부부처들은 각 분과위원회에서 활발히 활동하고 있다.

(3) APEC(아시아·태평양 경제협력체)

아시아·태평양 경제협력체(APEC ; Asia-Pacific Economic Cooperation)는 무역과 투자의 증대, 비즈니스 환경 조성, 경제 및 기술 협력 등 지역 내 경제협력관계 강화를 주목적으로 하면서, 1989년에 12개 회원국으로 발족하였다. APEC은 현재 21개 회원국으로 확대되었으며 싱가포르에 본부가 있다.

APEC은 4개 위원회와 11개 실무(實務)그룹(Working Group)으로 구성되었으며, 관광실무그룹은 역내 관광발전을 저해(沮害)하는 각종 제한조치의 완화, 지속가능한 관광개발 등의 주제를 다루고 있다. 한국은 동 기구의 창립(創立) 국가로 참여하였으며, 2005년에는 부산에서 총회를 개최하였다.

2) 민간기구

관광과 관련된 대부분의 국제기구는 관광사업체를 운영하는 민간기업이 가입되어 국제협력활동 및 교육훈련, 정보교류 활동을 수행한다. 한편 공공 및 민간기업이 함께 가입하여 활동하고 있는 기구도 있다.

(1) PATA(아시아·태평양 관광협회)

아시아·태평양 관광협회(PATA ; Pacific Asia Travel Association)는 아시아, 태평양 지역의 관광 진흥 활동, 관광객 유치를 통한 지역 발전을 도모하기 위하여 1951년에 설립되었다. 현재 전 세계에 6개 지역본부(地域本部, Division)와 41개의 PATA 지부(支部, Chapter)가 결성(結成)되어 있으며, 88개의 국가 및 도시의 공공 관광진흥기구와, 다양한 분야에서 1,000여 개의 민간 관광기업이 함께 회원으로 가입되어 있다. 즉, 민(民)과 관(官)의 합동기구라고 할 수 있다.

PATA는 회원들을 위한 마케팅 개발 및 교육사업과 각종 정보자료 발간사업을 하고 있다. 한국은 1963년에 정부회원으로 가입하였으며, PATA 한국 지부는

1968년에 설립돼 현재 120여 회원이 소속돼 있다. 1965년, 1979년, 1994년, 2004년, 그리고 2018년에 PATA 세계총회를 한국에서 개최한 바 있다.

(2) ASTA

미주여행업자협회(ASTA ; American Society of Travel Agents)는 미주지역 여행업자의 권익보호와 안전도모를 목적으로 1931년에 설립되었다. 현재는 미주지역이라는 거대한 시장을 배경으로 170개국 26,500여 개 회원을 가지고 있는 세계 최대의 여행업협회이며 여행업자의 권익보호와 교육사업을 전개하고 있다.

ASTA는 여행업자가 정회원으로 가입하여, 전 세계에 120개 지부가 결성되어 있으며 미국 버지니아주 알렉산드리아에 본부가 있다. 1979년에 ASTA 한국지부가 결성되었으며, 1983년과 2007년에 세계연차총회를 한국에서 개최하였다.

(3) UFTAA

여행업자협회세계연맹(UFTAA ; Universal Federation of Travel Agents' Associations)은 여행업계의 발전과 권익보호를 목적으로 1966년에 창립되었다. 각국의 여행업자협회의 국제조직기관의 설립을 목표로 종래의 관련 기구들을 병합하였으며, 본부는 벨기에 브뤼셀에 있다. UFTAA는 유럽 중심의 역할을 하고 있어, 미주 중심의 ASTA와 대립하는 양상을 보이고 있다. 항공사 단체인 국제항공운송협회(IATA)는 여행업자 단체의 교섭(交涉) 상대로 동 협회를 인정하고 있다.

(4) IATA

국제항공운송협회(IATA ; International Air Transport Association)는 1945년 쿠바 아바나에서 설립되었다. IATA는 항공 안전과 신뢰, 항공사 간의 협력과 소비자의 경제적 이익을 도모하는 것을 목적으로 하며 전 세계 120개국 300여개 대형 항공사가 회원으로 가입되어 있다. 항공사 간 항공운송에 관한 국제적인 기구로 항공산업의 상업운송 기준들을 발전시켜 왔으며, 여객(旅客) 및 화물(貨物) 등 국제선 항공운송의 84%를 차지하고 있다. IATA에서 부여하는 세 문자의 공항 코드와 두 문자로 된 항공사 코드는 전 세계에서 보편적으로 사용하고 있다.

IATA는 전 세계에 63개의 지부(Local office)가 있으며, IATA 한국지부는 1990년에 설립되었다. 국내에서는 대한항공이 1989년, 아시아나항공이 2002년 정회

원으로 가입하였다. 한편 제75차 IATA 연차총회가 2019년에 서울에서 개최된 바 있다.

(5) ICAO

국제민간항공기구(ICAO; International Civil Aviation Organization)는 1944년에 체결된 국제 민간항공(民間航空) 협정에 따라 1947년 UN산하 전문기구로 설립되었다. ICAO는 민간 항공의 안전을 위한 국제 협력기구로서 항공기·비행장·항공로 관제(管制) 등에 대한 세계적 기준을 마련하고, 국제민간항공법의 통일 및 법제화, 국제민간항공의 운임 설정 및 부정기항공기 운항 조정 등의 업무를 수행하고 있다. 본부는 캐나다 몬트리올에 있고 현재 193개국이 가입되어 있으며 한국은 1952년에 가입했다.

3) 한국 주재 외국관광기구

관광산업을 주력으로 삼고 있는 국가들은 국가관광전문기구(NTO ; National Tourism Organization) 해외사무소를 운영하고 있다. 이 기구는 해외에서 자국 및 지역을 관광 목적지로 홍보하여 관광객을 유치하고, 관광 상품의 개발과 관광사업체의 마케팅 활동을 지원하고 있다. 또한 이 해외사무소는 해당 정부에서 직접 주재원을 파견하여 운영하는 형태와 주재지역 홍보·마케팅 전문회사를 통한 업무대행(業務代行) 방식이 있는데 점차 대행 형태로 전환해 나가고 있다.

주한외국관광청협회(ANTOR KOREA: Association of National Tourist Offices and Representatives in Korea)는 한국에 주재(駐在)하고 있는 국가 및 지역 정부의 관광청 사무소와 홍보 대행 사무소를 중심으로 1992년에 설립되었다. ANTOR KOREA에 소속된 회원 사무소는 공동 또는 개별적으로 한국 거주자들을 대상으로 자국의 관광 홍보 활동을 전개하고 있다.[54]

---

54) ANTOR Korea: 호주, 오스트리아, 영국, 벨기에, 중국, 홍콩(중국), 마카오(중국), 프랑스, 이탈리아, 일본, 말레이시아, 뉴질랜드, 노르웨이, 필리핀, 포르투갈, 사우디아라비아, 스페인, 카탈루냐(스페인), 스위스, 대만, 태국, 마리아나(미국), 하와이(미국) 등 24개 회원

Part 02

관광 기본 법규

Chapter 04
관광 진흥 기본방향과 시책

제1절　관광기본법

1. 관광기본법 제정배경 및 성격

1975년 12월 31일부터 시행(施行)되고 있는 '관광기본법(觀光基本法)'은 최초의 관광법규인 '관광사업진흥법'을 폐지하고 제정되었다. '관광기본법'과 함께 '관광사업법'이 함께 제정되어 본격적으로 관광 관련 법규의 체계(體系)를 갖추게 되었다.

1) 제정배경

국내에서 관광행정(觀光行政)이 본격화되기 시작한 것은 1961년 '관광사업진흥법'이 발효(發效)되면서부터이다. 이 법에 따라 관광사업을 육성시키고 국제관광의 진흥을 위한 제반 시책이 마련되기 시작하였다. 1961년에 한국을 방문한 외국인 관광객은 11,000여명에 불과하였고, 관광을 통한 외화획득은 135만 달러에 그쳤다. 또한 내국인의 국내관광은 요양(療養) 등의 목적으로 극히 제한적으로 이루어졌으며, 내국인의 해외관광은 상상하기도 어려운 실정이었다.

1960년대부터 시작된 경제개발 정책에 힘입어 국민소득이 늘어나고, 국민 의식수준이 향상되어 감에 따라 관광에 대한 인식이 달라지기 시작하였다. 특히

1965년의 한국과 일본의 국교(國交) 정상화로 일본인 관광객의 한국방문이 급격히 늘어나면서 국제관광 부분이 먼저 활성화되기 시작하였다. 여기에 점차 국민 복지증진과 지역 경제개발이라는 차원에서 국민관광 문제가 대두되어 관광에 대한 정부의 인식도 변화되기에 이르렀다. 1970년대 중반에 이르러서는 관광산업을 통하여 벌어들이는 외화가 국가 경제발전의 밑거름이 된다는 인식으로 정부는 관광산업을 국가 전략산업의 하나로 선정하게 되었다. 이에 따라 '관광기본법(觀光基本法)'을 제정하여 정부가 관광 진흥을 위한 제반 시책을 강구하고 정부의 책임과 임무를 다하도록 법제상의 조치를 취하게 하였다. 또한 관광산업을 수출산업에 준하여 금융(金融), 세제(稅制), 행정(行政) 지원을 하도록 하였다.

2) 관광기본법 성격

현재의 관광법규의 체계는 선언적(選言的) 의미의 법으로서 '관광기본법'과 관광 분야의 핵심적(核心的) 법규인 '관광진흥법(觀光振興法)'으로 구성되어 있다.

(1) 기본법

'관광기본법'은 관광 진흥의 방향과 시책에 관한 사항을 정한 기본법으로서의 성격을 가지고 있다. 기본법이란 대부분 특정한 분야에 대한 정책방향을 정한 선언적 의미의 법률로 제정되는 것이 보통이다. 또한 기본법은 형식적으로는 하나의 법률에 지나지 않지만, 실질적으로는 해당 분야에 대한 정책과 예산 또는 법률의 제정까지도 일정한 방향으로 이끌어 갈 것을 목적으로 제정되기 때문에, 기본법은 해당 분야의 다른 법률보다 우월한 지위가 부여되고 있다.

(2) 임무법

'관광기본법'은 일반적으로 제정되는 국민의 권리·의무에 관한 법이 아니고, 국가나 지방자치단체 등 관광행정의 주체가 관광 진흥을 위하여 수행하여야 할 책임과 의무 등 정부에게 임무(任務)를 부여한 법이다. 과거에는 국가의 주된 임무가 질서유지에 있었기 때문에 행정 또한 국민의 자유에 대한 규제(規制)와 국민의 의무에 관한 사항이 대부분이었다. 그러나 현대 행정은 모든 국민이 인간다운 생활을 할 권리를 행사할 수 있도록 바뀌어 가고 있는 추세에 따라 사회행정(社會行政), 급부행정(給付行政), 복지행정(福祉行政) 체제로 변해가고 있다.

(3) 조성법

'관광기본법'은 또한 관광 진흥을 위한 정부의 재정지원 및 국내 관광여건 조성(造成)에 정부가 노력하도록 규정하고 있다. 따라서 이 법은 관광에 관한 조성행정을 위한 근거가 되는 법으로서 성격을 지니고 있으며, 특히 관광 진흥을 위한 여건 조성에 필수불가결한 관광시설의 개선, 관광종사원의 자질향상을 위한 교육훈련, 관광지 개발 및 관광사업에 대한 세제 및 재정지원에 관한 사항을 포함하고 있으며, 특히 국가와 지방자치단체의 책임과 역할을 강조하고 있다.

2. 관광기본법 제정목적

관광기본법은 15개 조항(條項)[55]으로 구성되었으며, 1975년에 제정(制定)된 이후 다섯 차례(2000년, 2007년, 2017년, 2018년, 2020년)의 개정(改正)이 있었다. 관광기본법 제1조는 이 법의 제정목적을 명백히 하고 동시에 관광 진흥의 방향과 시책의 기본을 제시함으로써 정부가 관광의 중요성을 인식하고 능동적으로 관광산업을 진흥할 것을 선언적으로 규정한 것이라 할 수 있다.

> **제1조 (목적)**
> 이 법은 관광 진흥의 방향과 시책에 관한 사항을 규정함으로써 국제친선을 증진하고 국민경제와 국민복지를 향상시키며 건전한 국민관광의 발전을 도모하는 것을 목적으로 한다.

1) 국제친선의 증진

국제친선(國際親善)이란 외국과의 사회적, 경제적, 문화적 교류를 통하여 국가 간 또는 국민 간의 상호 이해와 협력을 돈독하게 함으로써 국제사회의 평화정착에 기여하는 선린우호(善隣友好) 관계를 유지해 나가는 것을 말한다. 특히 오늘날과 같이 교통과 통신의 발달, 최신 정보의 활발한 교류 등으로 인해 국경의 장벽

---

55) 조항(article, stipulation)이라 함은 법률이나 협정, 협의서 등에 있는 조목(條目)이나 항목(項目)을 말한다.

이 점차 허물어지고 있어 국제친선이야말로 모든 국가가 관광정책에서 최우선으로 내세워야 할 목표라고 할 수 있다.

그리고 관광은 평화정착을 위한 사람들의 자유로운 왕래이기도 하다. UNWTO의 전신(前身)인 IUOTO에서 1967년을 '국제관광의 해(International Tourist Year)'로 선포하고, "여행을 통한 이해는 세계평화를 향한 여권(旅券)이다(Understanding through travel is a passport to the peace)"라고 선언하기도 하였다. 이 표어(標語)는 현재에도 세계 많은 나라에서 관광정책의 상징으로 사용되고 있다. 실제로 관광 활성화를 통해 이전보다 지역 및 국가 간의 분쟁이 훨씬 줄어들었고 물적 교류는 증대되었다.

2) 국민경제의 향상

국제관광은 외화(外貨) 획득의 주요한 수단으로써 수출에 준하는 경제적 효과가 있기 때문에 관광산업을 '무형(無形)의 수출산업', '굴뚝 없는 공장'이라고 표현하기도 한다. 관광을 통하여 획득하는 외화는 국가의 경제발전을 위한 투자재원이 될 뿐만 아니라, 국제수지(國際收支)의 개선에도 중요한 몫을 차지한다. 그래서 세계 대부분의 나라들은 관광을 국가의 전략산업으로 육성하고 있다.

세계여행관광협회(世界旅行觀光協會)[56]에 따르면, 2018년 기준으로 넓은 범위에서 볼 때 여행 및 관광 분야의 산업규모가 국내총생산(GDP; Gross Domestic Products)에서 차지하는 비율은 세계 평균 10.4%이며, 일자리에 대한 총 기여도는 세계 전체적으로 9.8%를 차지하고 있다고 밝혔다. 이를 보면 관광산업은 단일산업으로 규모가 무척 크며, 고용창출에서도 다른 산업보다 월등히 앞서는 것을 알 수 있다. 특히 부존자원(賦存資源)이 부족하고 내수시장(內需市場)이 취약한 국가와 지역에서는 관광산업 육성에 더 집중할 필요가 있다. 한편, 2012년에 처음으로 한국을 방문한 외국인 관광객 수가 1천만 명을 넘었고, 2019년에는 그 수가 1,750만 명을 넘었으며 관광외화수입은 215억 달러 이상으로 나타났다.[57] 코로나19 대확산 이후 잠시 침체된 관광산업은 2023년에 이르러 대부분 국가는 2019년 수준으로 거의 회복되었다.

---

56) 세계여행관광협회(World Travel & Tourism Council, WTTC): https://www.wttc.org
57) 자료: 관광지식정보시스템(tour.go) (문화체육관광부)

3) 국민복지의 향상

현대국가는 종전의 질서유지 기능으로부터 국민의 복지를 증진시키는 것을 그 주된 기능으로 변모하였다. 자본주의의 고도의 발달과 급속한 사회의 변화는 사회적 불평등과 이로 인한 사회 갈등을 심화시켜 이를 방치할 수 없기 때문이다. 따라서 국가가 적극적으로 복리행정 기능을 통하여 소외계층을 포용하는 국민복지(國民福祉) 정책(定策)을 펼치게 된 것이다. 관광도 그 주된 대상의 하나가 되고 있다.

'관광기본법'은 정부로 하여금 관광시설의 개선, 관광자원의 보호, 관광종사원의 자질향상, 관광 진흥을 위한 재정지원 등 필요한 시책을 강구하게 하고 있다. 이를 통해 관광 분야에 있어 국민의 사회적·문화적 생활영역을 확대시켜 결과적으로 국민의 복지를 향상시키게 된다. 관광기본법에서 국민복지관광에 대한 언급은 1차 개정(2000년)에서 추가되었다.

4) 건전한 국민관광의 발전

오늘날 많은 국가에서의 관광형태는 국민 모두가 참여하는 국민관광(國民觀光) 형태라고 할 수 있다. 국민관광이란 국민 누구나 일정 한도의 관광을 즐기는 것으로 국내관광과 국외관광을 포함한다. 그러므로 국민관광은 대중관광(大衆觀光) 또는 대량관광(大量觀光)이라고 부르기도 한다. 이러한 관광형태는 국가의 경제적, 사회적 발전과 국민생활의 안정에서 그 원인을 찾아볼 수 있다.

내국인의 국내관광의 경우 경제의 발전과 교통의 발달, 여가문화의 확산 등으로 인해 점차 증가해 왔다. 문화체육관광부에서 발간한 '2022년도 기준 관광동향에 관한 연차보고서'에 따르면, 내국인 국내여행(國內旅行)[58] 경험 비율은 94.2%로 나타났다. 이 가운데 숙박 경험은 76.9%이며 당일 여행은 90.6%로 나타났다. 아울러 내국인 국외관광은 1989년에 전 국민 해외여행 완전 자유화 조치 이후 본격적으로 시작되었다.[59] 2019년의 국민 해외여행자수는 2,871만 명으로 역대 최고를 나타냈다. 해외에서 지출한 여행경비는 289억 달러로 밝혀졌다. 이에 따

---

58) 국내여행은 행정구역상 현 거주지를 벗어나 다른 지역을 다녀온 모든 여행을 의미한다. 단, 직장이나 거주지 근처의 일상적이며 규칙적인 여가활동을 위해 행정구역을 벗어난 경우는 제외한다.

59) 국민 해외여행 자유화 조치 과정: 50세 이상 허용(1983.1.1), 45세 이상 허용(1987.9.16), 40세 이상 허용(1988.1.1), 30세 이상 허용(1988.7.1), 연령제한 폐지(1989.1.1)

라 관광수지는 74억 달러의 적자를 기록하였다. 한편, 한국을 방문한 외국인 관광객은 1인당 평균 1,229달러를 지출하였고, 해외여행에서 한국인은 1인당 평균 1,005달러를 지출하는 것으로 나타났다.

3. 관광 진흥 기본 시책

'관광기본법'은 제1조에서 규정한 목적 달성을 위하여 이하 조항에서는 관광 진흥을 위한 정부의 시책(施策)을 강구(講究)할 것을 촉구하고, 관광 진흥을 위하여 주요 분야별로 실질적인 시책을 마련할 것을 요구하고 있다.

> 제2조 (정부의 시책)
> 정부는 이 법의 목적을 달성하기 위하여 관광 진흥에 관한 기본적이고 종합적인 시책을 강구하여야 한다.

1) 관광 시책의 강구

'관광기본법' 제2조에서 관광 진흥을 위한 정부의 시책(施策) 마련을 규정하고 있다. 관광은 그 특성상 사회현상 전체와 연관되어 있기 때문에 범정부 차원의 기본적이고 종합적인 시책이 강구되지 아니하면 효율적인 관광 진흥은 기대하기 어렵다. 여기서 관광 진흥을 위한 시책이란 관광 진흥을 도모하기 위하여 정부가 지향하는 기본방향의 설정 및 실시에 관하여 계획을 수립하고 조정하는 관광 경영의 종합적 행동계획이라고 말할 수 있다.

(1) 관광 진흥 계획의 수립

> 제3조 (관광진흥계획의 수립)
> 정부는 관광진흥의 기반을 조성하고 관광산업의 경쟁력을 강화하기 위하여 관광진흥에 관한 기본계획을 5년마다 수립·시행하여야 한다.

2017년에 개정이 이루어진 관광기본법 제3조에서는 정부에서 관광진흥의 기반을 조성하고 관광산업의 경쟁력을 강화하기 위하여 관광진흥에 관한 기본계획(基本計劃)을 5년마다 수립·시행하여야 한다고 선언하고 있다. 계획(計劃)60)이란 바람직한 목표를 달성하기 위한 수단을 탐색하고 개발하여 설계한 문서로서 지침서(指針書)와 같은 것이다.

동 기본계획은 동 법 제16조에서 정하고 있는 국가관광전략회의의 심의(審議)를 거쳐 확정하며, 정부는 기본계획에 따라 매년 시행계획(施行計劃)을 수립하여 시행하고 그 추진실적을 평가하여 기본계획에 반영하여야 한다고 규정하고 있다. 또한 동 기본계획에는 다음 사항이 포함되도록 하고 있다.

- 관광진흥을 위한 정책의 기본방향
- 국내외 관광여건과 관광 동향에 관한 사항
- 관광진흥을 위한 기반 조성에 관한 사항
- 관광진흥을 위한 관광사업의 부문별 정책에 관한 사항
- 관광진흥을 위한 재원 확보 및 배분에 관한 사항
- 관광진흥을 위한 제도 개선에 관한 사항
- 관광진흥과 관련된 중앙행정기관의 역할 분담에 관한 사항
- 관광시설의 감염병 등에 대한 안전·위생·방역 관리에 관한 사항61)
- 그 밖에 관광진흥을 위하여 필요한 사항

(2) 관광동향 연차보고

> **제4조 (연차보고)**
> 정부는 매년 관광 진흥에 관한 시책과 동향에 대한 보고서를 정기국회가 시작하기 전까지 국회에 제출하여야 한다.

---

60) 계획(plan)의 유사개념으로 기획(planning), 사업계획(program), 단위 사업계획(project)이 있다. 이들 개념을 상·하위 개념으로 표시하면 기획 > 계획 > 사업계획 > 단위사업계획으로 표시해볼 수 있다. 기획은 계획을 수립하는 절차와 과정을 말하고, 계획은 기획을 통하여 산출되는 결과물이지만, 보통 기획과 계획을 동일개념으로 부르는 경우가 많다.

61) 코로나바이러스감염증-19와 같은 감염병의 대규모 확산에 따른 관광시설의 안전·위생·방역 관리에 관한 사항이 관광 진흥에 관한 기본계획에 포함되도록 하려는 것이다.

정부로 하여금 관광 시책과 동향(動向)에 관한 연차보고서(年次報告書)[62]를 국회에 제출하도록 하는 것은 정부의 책임행정을 확보하는 데 근본취지가 있다. 그리고 이러한 시책은 행정행위에 대하여 국민의 대표기관인 국회의 감시와 통제를 받는 것은 물론 국민에게 지난 한 해 동안의 관광행정의 실적과 동향을 보고하도록 하기 위함이다. 또한, 정기국회는 다음 연도의 정부예산을 심의·의결하는 예산국회이므로 관광 분야 예산심의에 도움을 주고 협조를 구할 수 있으며, 관광 관련 법규의 입법 참고자료로 활용할 수 있게 하기 위함이다.

보고서의 내용은 관광 진흥에 관한 시책과 국내외 동향이다. 여기에는 주요 관광정책 성과, 관광환경의 변화와 동향, 국민관광 및 국제관광의 진흥, 관광자원의 개발, 관광산업의 육성, 관광교통의 발전, 국제기구와의 활동, 지방자치단체 관광진흥 사업 등에 관하여 지난 한 해 동안의 추진실적(推進實績)과 다음 해의 추진계획(推進計劃)이 포함되어 있다.

(3) 법제상의 조치 등

> **제5조 (법제상의 조치)**
> 국가는 제2조에 따른 시책을 실시하기 위하여 법제상·재정상의 조치와 그 밖에 필요한 행정상의 조치를 강구하여야 한다.

관광기본법 제2조에 근거하여 정부가 수립한 관광 진흥에 관한 기본적이고 종합적인 시책을 실시하는 데 필요한 법제(法制), 재정(財政), 행정(行政)에 관하여 필요한 조치(措置)를 강구하도록 국가(國家)에 의무를 부여하고 있다. 이러한 일련의 조치들에 대한 의무를 정부로 하지 않고 국가로 한 것은 법을 만들거나 예산을 확보하는 일은 행정부 단독으로 처리할 수 없고 국회의 협조를 얻어야 하기 때문이다.

① 법제상의 조치

먼저 법제상(法制上)의 조치로는 관광 진흥 시책을 실시하는 데 필요한 여러 가

---

[62] '관광동향에 관한 연차보고서'는 매년 문화체육관광부에서 정기국회가 개회되는 9월 1일 이전에 국회에 제출해야 한다. 일반적으로 매년 8월에 보고서가 발간되며 국내 관광분야의 백서(白書, white paper)에 해당된다.

지 관련 법률을 제정할 수 있는 근거를 마련한 것이라고 할 수 있다. 또한 이것은 직접적인 관광법규뿐 아니라, 관광과 연관된 인접(隣接) 법규도 포함된다고 할 수 있다. 그리고 행정입법도 근거법률이 없으면 제정할 수가 없으므로 궁극적으로 법률은 국회만이 제정할 수 있다.

② 재정상의 조치

정부가 재정상(財政上)의 조치를 취할 수 있는 것도 정부가 제출한 예산안이 국회에서 의결되어야 가능하다. 또한 재정 지원이나 보조금(補助金) 지급, 그리고 각종 기금(基金)의 조성 및 운영 등에 관한 사항 등도 근거법률이 국회에서 제정되어야 정부에서 추진할 수 있다.

호텔, 휴양시설 등 관광시설은 다른 산업에 비해 고정자본(固定資本)의 비율이 높고 투하자본(投下資本)의 회수기간(回收其間)이 길어 민간자본의 유치가 어려운 실정이다. 그러므로 정부는 민간투자(民間投資)를 활성화하기 위해 재정(財政), 금융(金融), 세제(稅制) 지원을 할 필요가 있다.

③ 행정상의 조치

행정상(行政上)의 조치라 함은 민원인의 편의를 위하여 관광행정 사무 처리절차를 간소화하거나 관광사업에 대한 규제 완화, 관광객을 위한 출입국절차 개선, 관광종사원의 교육훈련 지원 등 관광과 관련되는 모든 행정조치들을 말한다.

(4) 지방자치단체의 협조 의무

> **제6조 (지방자치단체의 협조)**
> 지방자치단체는 관광에 관한 국가시책에 필요한 시책을 강구하여야 한다.

관광기본법이 지향하고 있는 목적을 달성하기 위해서는 국가가 수립한 관광시책을 시행함에 있어서 지방자치단체에서 적극적으로 협조(協助)해야 한다. 실제로 중앙정부가 관광시책을 수립하여 직접 시행하는 경우가 있긴 하지만, 대부분의 경우 국가가 기본시책을 수립하면 지방자치단체는 이것에 근거하여 지역실정에 맞는 세부추진시책을 수립하여 집행하는 것이 일반적이다. 그리고 지방자치단체는 그 관할구역 안의 자치사무(自治事務)와 위임사무(委任事務)를 처리하고 있다. 관광에 관한 국가 시책이라 함은 국가로부터 위임받은 사무를 집행하는 데 필요한 시책뿐 아니라, 주민의 복리증진을 위하여 지자체에서 수립한 지역 내 관광 진흥 시책을 모두 포함한다고 하겠다.

(5) 관광진흥개발기금의 설치

> **제14조 (관광진흥개발기금)**
> 정부는 관광진흥을 위하여 관광진흥개발기금을 설치하여야 한다.

관광진흥개발기금(觀光振興開發基金)은 정부의 출연금(出捐金), 이용자 납부금(納付金), 그리고 기금운용에서 얻어지는 수익금(收益金) 등으로 조성되고 있다. 이 기금은 각종 관광시설과 관광교통수단 및 관광발전을 위한 기반시설 등의 건설(建設), 개수(改修) 또는 보수(補修) 등의 용도에 대여(貸與)되고 있다. 일반적으로 관광시설 및 기반시설 건설에는 초기 투자비가 막대하게 소요(所要)된다. 이러한 관광사업의 어려운 자금사정을 해결하는 데 기여하고, 또 관광외화 수입증대를 위한 관광진흥 사업을 전개하는 등 정책적인 필요에 의해 정책금융(政策金融)으로 관광진흥개발기금을 설치하여 운용하도록 하였다.

이에 대한 세부적인 내용은 관광진흥개발기금법에서 다루기로 한다.

(6) 국가관광전략회의

> **제16조 (국가관광전략회의)**
> 관광진흥의 방향 및 주요 시책에 대한 수립·조정, 관광진흥계획의 수립 등에 관한 사항을 심의·조정하기 위하여 국무총리 소속으로 국가관광전략회의를 둔다.

2017년 관광기본법 개정을 통해 국가관광전략회의(國家觀光戰略會議) 설립 규정을 신설하였다. 이는 2000년 법 개정에서 폐지된 관광정책심의위원회와 성격상 매우 유사하다고 볼 수 있다. 이 회의기구는 관광진흥의 방향 및 주요 시책에 대한 수립·조정, 관광진흥계획의 수립 등에 관한 사항을 심의·조정하기 위한 국무총리 소속의 범부처 회의체이다. 동 국가관광전략회의의 구성 및 운영 등에 필요

한 사항은 대통령령으로 정한다고 하였다.

① '국가관광전략회의 구성 및 운영에 관한 규정' 제정 이유

관광기본법(제16조)에 따라, 국가관광전략회의의 기능 및 구성 등 법률에서 위임된 사항을 규정하기 위하여 '국가관광전략회의 구성 및 운영에 관한 규정'이 대통령령으로 제정(制定)되었다.(대통령령 제28480호 2017.12.19.)

② 국가관광전략회의 기능

국가관광전략회의는 연 2회, 반기에 1회씩 개최하는 것을 원칙으로 하되, 의장은 필요에 따라 그 개최 시기를 조정할 수 있다. 전략회의에서는 다음 사항을 심의·조정한다.

🔍 관광진흥의 방향 및 주요 시책의 수립·조정
🔍 「관광기본법」 제3조에 따른 관광진흥에 관한 기본계획의 수립
🔍 관광 분야에 관한 관련 부처 간의 쟁점 사항
🔍 그 밖에 전략회의의 의장이 필요하다고 인정하여 회의에 부치는 사항

③ 국가관광전략회의 구성

국가관광전략회의의 의장은 국무총리가 되고 의장은 전략회의에 상정할 안건을 선정하여 회의를 소집하고 이를 주재(主宰)한다. 회의 구성원은 의장 이외에 기획재정부장관, 교육부장관, 외교부장관, 법무부장관, 행정안전부장관, 문화체육관광부장관, 농림축산식품부장관, 보건복지부장관, 환경부장관, 국토교통부장관, 해양수산부장관, 중소벤처기업부장관 및 국무조정실장이 되도록 한다. 전략회의의 사무를 처리하기 위한 간사는 문화체육관광부 제2차관이 된다.

④ 차관조정회의 운영

국가관광전략회의의 의장은 전략회의의 효율적 운영을 위하여 전략회의 전에 차관조정회의(次官調整會議)를 거치도록 할 수 있으며, 차관조정회의는 전략회의의 상정 안건과 관련하여 전략회의가 위임한 사항과, 그 밖에 의장이 관련 부처 간에 사전 협의가 필요하다고 인정하는 사항을 협의·조정하도록 한다. 차관조정회의의 의장은 문화체육관광부 제2차관이 되며, 구성원은 해당 안건과 관련되는 부처의 차관급 공무원이 된다.

2) 관광 진흥 시책

관광기본법은 정부로 하여금 관광산업 육성을 위하여 관광진흥계획 수립 등 기본적인 시책 수립 외에도, 관광 발전을 위하여 각 분야별(分野別)로 진흥시책을 마련하도록 하고 있다.

(1) 국민관광의 발전

> **제13조 (국민관광의 발전)**
> 정부는 관광에 대한 국민의 이해를 촉구하여 건전한 국민관광을 발전시키는 데에 필요한 시책을 강구하여야 한다.

국민관광(國民觀光)이란 관광을 통하여 국민 대중의 건전한 여가활동을 유도하여 국민의 정서를 함양하고, 노동자의 재생산 의욕을 고취하는 한편, 지역 간의 균형개발(均衡開發)과 생활환경을 개선해 나갈 수 있도록 하는 것이다. 그리고 건전(健全)한 국민관광을 발전시킨다 함은 관광지에서 빈발하고 있는 불건전한 관광 질서 파괴행위를 바로잡아 대중관광을 건실하게 정착시켜 나간다는 의미이다. 여기에는 내국인(內國人)의 국내관광(國內觀光)[63]뿐 아니라, 내국인의 국외관광(國外觀光)[64]에서의 불건전한 관광행태까지 포함된다. 이와 관련하여 정부에서 강구해야 할 시책으로는 관광에 대한 국민의 이해를 촉구시키는 일이다. 즉, 국민관광을 건전하고 생산적인 방향으로 유도하고 발전시켜 나가기 위하여 국민에게 관광의 참뜻을 이해시키고 관광의 중요성에 대한 인식을 높일 필요가 있다. 그리고 오늘날 국민관광은 국민 모두가 즐길 수 있는 인간의 기본권으로 인식되고 있으므로, 관광 소외계층(疎外階層)에 대한 관광활동의 지원도 필요하다.

---

63) 내국인의 국내관광을 Domestic Tour라고 한다. 이를 통해 국내여행기업의 발전, 지역 간의 이동 증대로 인한 문화 교류 활성화, 관광시설 설치 및 지역고용 증대를 통한 지역 균형발전 효과를 가져 올 수 있다. 또한 Domestic tour는 지역에 관광여건 조성을 통하여 외지인의 수용 태세를 갖추도록 함으로써 궁극적으로 외국인의 국내관광으로까지 유도할 수가 있다.

64) 내국인의 국외관광을 Outbound tour라고 한다. 이를 통해 국민들의 국제화 수준을 높여 국가 경쟁력을 높이고, 국제 비즈니스 활성화, 외국과의 교류 활성화를 통한 국제 우호선린관계 유지를 도모할 수 있다.

한국은 그동안 외화획득의 목적으로 외국인(外國人)의 국내관광(國內觀光)[65]에 우선 정책을 추구하여 왔기 때문에 사회복지 차원에서 국민관광 육성을 등한시해 온 것이 사실이다. 따라서 앞으로는 관광선진국과 같이 튼튼한 국민관광의 기반 위에서 국제관광이 동시에 발전할 수 있도록 정부가 국민관광 발전에 더 많은 관심을 기울여야 하겠다.

(2) 외국 관광객 유치

제7조 (외국 관광객의 유치)
정부는 외국 관광객의 유치를 촉진하기 위하여 해외 홍보를 강화하고 출입국 절차를 개선하며 그 밖에 필요한 시책을 강구하여야 한다.

외국인 관광객의 유치는 그들에게 자국의 문화를 소개하고 외화를 획득할 수 있어 국위선양(國威宣揚)과 함께 경제발전에도 기여하는 역할을 한다. 따라서 세계 각국은 외국인 관광객을 겨냥한 유치활동에 전력을 다하고 있으며, 이와 관련된 정책수립에도 심혈을 기울이고 있는 실정이다. 한국은 1960년대 초부터 경제개발계획의 수립과 함께 외국인 관광객 유치활동에 전력을 다해 왔다. 1962년에 1만 5천 명에 불과하던 외국인 관광객은 마침내 1978년에 100만 명을 돌파하였다. 이러한 외국인 관광객 유치는 계속 증가하여 1988년에 올림픽을 계기로 200만 명을 넘었으며, 2000년에는 500만 명을 넘어섰다. 마침내, 2012년에 1,000만 명을 훌쩍 뛰어 넘어 1,114만 명에 이르게 된 이후 2019년 그 수가 1,750만 명으로 집계됨으로써 역대 최고치를 기록했다. 이러한 증가 추세는 앞으로도 한류(韓流)[66]의 영향, 중국 관광객의 증대 등으로 인해 당분간 지속될 것으로 보인다.[67]

---

65) 외국인의 국내관광을 Inbound tour라고 한다. 이를 통해 외국과의 문화 교류를 유도하여 국제 경쟁력을 높이고, 외화획득을 통한 국제수지의 개선, 고용 증대 및 기반시설 건립을 통한 국가 경제 활성화를 도모할 수 있다.

66) 한류(Korean Stream)라 함은 1990년대 말부터 일본을 비롯하여 중국, 동남아시아 등지에서 일기 시작한 한국 대중문화의 선풍적인 인기 현상을 가리키는 신조어(新造語)이다.

67) 역대(歷代) 외국인 관광객 국내 유치 현황(100만 명 단위 달성 연도): 100만 명(1978년), 200만 명(1988년), 300만 명(1991년), 400만 명(1998년), 500만 명(2000년), 600만 명 (2005년), 700만 명(2009년), 800만 명(2010년), 900만 명(2011년), 2012년 1,000만 명 돌파(1,114만 명)

① 해외 홍보의 강화

해외 홍보란 해외의 관광객 배출시장을 대상으로 국내의 관광환경과 관광매력을 소개하여 그들로 하여금 관광욕구와 관광동기를 유발하게 하는 일체의 판촉활동을 말한다. 각국은 국가와 민간 차원에서 다양한 형태로 이와 같은 활동을 펼치고 있다. 한국을 해외에 소개하는 경로는 무척 많다. 우선 해외에 설치되어 있는 재외공관(在外公館)[68]과 한국문화원(韓國文化院)[69] 등의 국가기관 외에도, 공공법인인 한국관광공사, 대한무역투자진흥공사(KOTRA)[70], 한국국제협력단(KOICA)[71], 한국국제교류재단(Korea Foundation)[72] 등이 있다. 그 외에도 호텔, 여행사 등 관광 관련 기업체의 판촉활동과, 각종 단체와 개인 등 다양한 민간 차원의 자원봉사 활동도 이에 해당된다. 그러나 현재 해외 관광홍보 활동은 공기업인 한국관광공사가 주도적 위치에서 전문적이고 집중적으로 실시해 오고 있다.

② 출입국 절차의 개선

다른 나라에 입·출국(入出國)하기 위해서는 국제적으로 통용되는 신분증인 여권(旅券)을 자국에서 발급받고, 타국 정부로부터 입국허가 증명서인 사증(査證)을 발급받아야 한다. 공항(空港), 항만(港灣), 또는 육로(陸路)로 국경(國境)을 출입하는 모든 사람은 세관(稅關, Customs), 출입국관리(Immigration) 및 검역(檢疫, Quarantine)

---

68) 재외공관(diplomatic offices)이라 함은 그 나라 밖, 즉 외국에 있는 공관을 말한다. 재외공관은 '대한민국재외공관설치법'에 의하며 설치하며, '외교부 소관의 외교 및 영사 사무를 외국에서 수행하기 위해 외교부장관 소속하에 해외에 둔 기관'이라고 정의한다. 그 종류로는 '대사관(大使館), 대표부(代表部), 총영사관(總領事館), 공사관(公使館), 영사관(領事館)' 등이 있다. 상대방 국가를 대상으로 외교교섭을 하거나, 해외에 있는 자국 국민의 보호 및 관련 국가의 정보의 취득 등 외교와 영사업무를 수행하기 위함이다.

69) 해외문화홍보원(KOCIS ; Korea Culture and Information Service)이라고 칭하고 있으며, 문화체육관광부 소속기관이다. 이 기관은 국가이미지 홍보와 문화교류 활동, 홍보콘텐츠 제작, 현지 미디어 홍보활동을 전개하고 있다.

70) 대한무역투자진흥공사(Korea Trade-Investment Promotion Agency)는 KOTRA로 더 잘 알려져 있다. 이 기구는 산업통상자원부 산하 준공기관으로 해외시장 개척, 해외 투자 진출, 외국인 투자 유치, 중소기업 국제화 지원 등의 업무를 수행하고 있다.

71) 한국국제협력단(Korea International Cooperation Agency ; KOICA)은 외교부 산하의 공공법인이다. KOICA는 개발도상국 및 저개발국의 빈곤 감소와 삶의 질 향상으로 사회경제적 발전을 도모하고 국제사회와의 상호 조화를 통해 범지구적 개발문제를 해결하는 데 목적이 있다.

72) 한국국제교류재단(Korea Foundation ; KF)은 외교부 산하의 공공법인이다. 대한민국과 외국 간의 각종 교류사업을 통해 국제사회에서 한국에 대한 올바른 인식과 이해를 도모하고 우호친선을 증진하기 위하여 설치되었으며, 해외 한국학 진흥사업과 문화교류 사업을 추진하고 있다.

에 대한 심사를 받게 되는데, 영문 첫 자를 따서 이를 'CIQ 심사(審査)'라고 한다. 이 가운데 출입국 심사가 핵심사항이다.

출입국 관리는 외국인 관광객에게 있어서는 매우 번잡하고 불편하기 때문에 몇몇 국가는 외국관광객 유치를 위하여 관광 목적의 단기(短期) 체류자(滯留者)에 대한 비자를 면제하는 등 출입국 절차 간소화에 애쓰고 있다. 한국은 남북(南北)의 대치상황이라는 특수한 여건과, 불법체류자(不法滯留者) 유입 우려로 인해 대폭적으로 간소화하는 데에는 한계가 있다. 그리고 일반관광객에게는 출입국의 불편으로 인한 국가의 인상이 흐려지지 않도록 비자신청 서류의 간소화, 비자 심사 절차의 개선, 출입국 심사 서비스 개선 등 다각적인 시책을 강구해야 한다. 그리고 한국은 국제교류가 많고 불법체류 가능성이 낮은 나라와 사증면제협정(査證免除協定)을 체결하고 있으며, 이를 계속 늘려나가고 있다. 대한민국과 사증면제협정을 맺고 있는 나라와는 보통 90일 동안 비자 없이 체류가 허용된다.

③ 그 밖의 시책

외국인 관광객을 유치하기 위해서는 모든 관광활동에 필수적인 관광 인프라의 구축이 가장 절실하다. 다양한 교통시설과 교통수단, 관광 숙박시설과 이용시설, 각종 편의시설과 휴양시설 등을 확충(擴充)하는 것이 필요하다. 그리고 여기에 더하여 관광안내 체계를 구축하고 지속적으로 관광 서비스를 개선해 나갈 뿐 아니라 사회 각 분야에서 안전 의식을 높이고 불안요소를 제거하는 노력이 필요하다.

3) 관광 수용여건 개선

관광 진흥에 대한 목적을 달성하기 위해서는 내외국인 관광객에 대한 수용태세(受容態勢)를 갖추도록 하는 것이 핵심사항이라고 할 수 있다.

(1) 관광자원의 보호 및 개발

> **제9조 (관광자원의 보호 등)**
> 정부는 관광자원을 보호하고 개발하는 데에 필요한 시책을 강구하여야 한다.

관광자원(觀光資源)이란 관광객의 관광욕구를 충족시키고 관광객을 유인할 수 있는 관광매력을 지닌 모든 자원을 말한다. 관광자원을 대략 분류해 보면 자연(自

然) 관광자원, 문화(文化) 관광자원, 사회(社會) 관광자원, 산업(産業) 관광자원, 위락(慰樂) 관광자원 등으로 구분할 수 있는데, 결국 우리 주변에 있는 모든 것이 관광자원이라고 할 수 있다

관광자원 중에는 관광객에 의해 훼손(毁損)될 수가 있고, 훼손되면 해당 관광자원은 물론이고 주변 환경까지 파괴되는 경우가 많으므로 정부의 보호시책이 필요하게 된다. 특히 원상회복이 불가능하거나 오랜 기간을 요하는 문화재(文化財)[73]나 자연자원에 대해서는 철저한 보호 시책이 항상 가동되고 있어야 한다.

한편, 관광자원은 보호와 함께 개발(開發)에 필요한 시책도 강구되어야 한다. 관광자원의 개발은 이에 대한 매력을 높여 관광객을 유인하는 수단이 되고 숨겨져 있는 관광자원을 드러내 보이는 것이다. 관광자원은 그 내용을 고급화하고 전문화하여 관광객의 취향에 맞게 함으로써 그 매력을 더욱 높일 수 있다. 또 숨겨져 있는 관광자원은 교통망이나 숙박시설 등을 정비하여 관광객이 쉽게 접근할 수 있도록 여건을 조성하면 된다. 그러나 이러한 개발도 자연생태계가 상당한 수준으로 파괴되는 것은 철저히 금지되어야 한다. 따라서 최근에는 정부의 관광 시책에서 '지속가능(持續可能)한 관광개발'의 개념이 도입되었고, 환경보존을 의식하는 관광 개념인 생태관광(生態觀光)이 이루어질 수 있는 방향으로 개발이 이루어져야 한다.

(2) 관광지의 지정 및 개발

제12조 (관광지의 지정 및 개발)
정부는 관광에 적합한 지역을 관광지로 지정하여 필요한 개발을 하여야 한다.

관광지(觀光地)에 대하여 관광진흥법(제2조)에서는 "자연적 또는 문화적 관광자원을 갖추고 관광객을 위한 기본적인 편의시설을 설치하는 지역으로서, 법에 의해 지정된 곳"이라고 규정하고 있다. 관광지로 지정될 대상지의 선정기준(選定基準)은 우선 자연경관이 수려하고 인접 관광자원이 풍부하여 관광객이 많이 이용

---

73) 문화재보호법(文化財保護法)에 의하여 문화재청장이 문화재위원회의 심의를 거쳐 지정한 중요 문화재로는 국보(國寶), 보물(寶物), 국가무형(國家無形)문화재, 사적(史蹟), 명승(名勝), 천연(天然)기념물, 국가민속문화재, 보호물 및 보호구역 등이다.

하고 있거나 이용이 예상되는 지역이어야 한다. 또 교통수단의 이용이 편리하고 이용객의 접근이 용이한 지역이어야 한다. 그리고 개발대상지역이 국유지(國有地) 또는 공유지(公有地)이거나 가급적 사유지(私有地)나 농경지 및 장애물이 적어야 하고, 다른 법령에 의한 개발제한요인이 적은 지역이어야 한다. 관광지는 문화체육관광부령에 정하는 바에 따라, 시장·군수·구청장의 신청에 의거, 시·도지사가 지정(指定)하도록 되어 있다.

관광지의 개발은 관광자원의 특성에 따라 관광객의 편의를 증진하고 관광객의 유치와 관광소비의 증대를 통하여 지역개발을 촉진할 목적으로 행해지는 사업을 말한다. 이는 관광자원의 이용 확대를 도모하는 것인데 관광자원을 물리적으로 개발하는 것뿐 아니라, 교통시설, 이용시설, 편의시설을 정비하여 관광객의 편리와 안전을 확보하기 위한 종합적인 서비스 체제를 구축하는 것을 말한다.

(3) 관광 여건의 조성

제8조 (관광 여건의 조성)
정부는 관광 여건 조성을 위하여 관광객이 이용할 숙박·교통·휴식시설 등의 개선 및 확충, 휴일·휴가에 대한 제도 개선 등에 필요한 시책을 마련하여야 한다.

관광활동에 있어서 필수적인 것은 숙박시설, 교통시설, 휴식시설이라 할 수 있는데, 이들 시설(施設)을 개선(改善)하거나 확충(擴充)하지 않고는 관광 진흥 시책의 목적을 달성하기가 어렵다. 또한 이들 시설은 정부의 지원 없이 관광사업자의 힘만으로는 달성하기가 어렵기 때문에 이 법에서는 정부로 하여금 이들 관광시설의 개선과 확충에 필요한 시책을 강구하도록 하고 있다.

정부는 과거 대형 국제행사가 있을 때에 부족한 숙박시설의 확충과 서비스 개선을 위하여 특별법(特別法)을 제정하여 관광숙박시설의 건설이나 개보수에 필요한 지원을 해 왔다. 또 교통시설 가운데 관광지 접근 도로의 개설, 관광객을 수송하는 공항과 철도의 확충, 국제 크루즈 및 관광 유람선과 여객선이 이용하는 항만과 같은 교통 기반시설은 그 사업의 성격상 정부가 담당하여야 할 분야이다.

또한 정부는 학교의 재량(裁量)휴업 제도, 대체(代替)공휴일 제도, 임시(臨示)공휴일 제도 등을 도입하여 관광 여건을 조성하고 있지만 이를 위한 체계적인 시책

마련이 제대로 이루어지고 있지 않은 상황이었다. 이에 2018년 관광기본법 개정을 통해 관광 여건 조성을 위하여 휴일(休日)·휴가(休暇)에 대한 제도 개선 등에 필요한 시책을 마련하도록 함으로써 국민경제와 국민복지 향상에 이바지하려는 기반을 마련하였다.

(4) 관광사업의 지도·육성

> **제10조 (관광사업의 지도·육성)**
> 정부는 관광사업을 육성하기 위하여 관광사업을 지도·감독하고 그 밖에 필요한 시책을 강구하여야 한다.

관광사업(觀光事業)에 대하여 관광진흥법(제2조)에서는 "관광객을 위하여 운송, 숙박, 음식, 운동, 오락, 휴양 또는 용역(用役)을 제공하거나 그 밖에 관광에 딸린 시설을 갖추어 이를 이용하게 하는 업"이라고 정의하고 있다. 이러한 관광사업은 경영의 건전화, 서비스의 질적인 향상과 사업자 상호 간에 건전한 경쟁에 의한 경영기술의 향상에 의해 관광사업자 스스로의 노력으로 성장해 나가야 함이 원칙이다. 그러나 다른 분야와 마찬가지로 관광사업도 사업자들만의 노력으로 효과적인 성과를 거두기 어렵기 때문에 정부가 관광사업에 대한 지도(指導)와 감독(監督) 및 필요한 시책을 강구하도록 하고 있다.

여기에서 행정지도(行政指導)는 행정기관이 행정객체인 사업자 및 일반인에 대하여 권력적 또는 법적 행위에 의하지 않고 행정목적을 달성하기 위한 규제와 유도의 수단으로써 협력을 구하는 일을 말한다. 행정객체에 대한 조언(助言), 요청(要請), 권장(勸獎), 주의(注意), 경고(警告), 통고(通告) 등의 여러 가지 명칭이 이에 대한 목적으로 사용되고 있다. 따라서 행정지도는 관광사업을 육성하기 위하여 관광사업자의 동의 아래 정부가 실현하려고 하는 행정행위의 일종이다.

이에 비해 행정감독(行政監督)은 행정관청이 하급 행정기관 또는 특별한 감독 관계에 있는 자에 대해 행정질서의 유지 또는 법 목적의 보장을 위해 행하는 감독을 말한다. 특별한 감독 관계에 있는 사업자에 대하여 행정감독은 의무부과(義務賦課), 검사(檢査), 허가취소(許可取消), 업무정지(業務停止) 등으로 나타난다. 따라서 행정감독은 구체적인 법적 근거를 요구하며, 동시에 상대방이 응하지 않을 때는 법

에 의해 처벌을 받게 된다. 이러한 행정지도와 행정감독 이외에 관광사업의 육성을 위하여 정부가 강구해야 할 시책으로는 관광사업체에 대한 금융지원이나 세제혜택 및 관광사업자와 사업자단체에게 보조금을 지급하는 경우가 있다. 이러한 관광사업 육성을 위한 장려정책인 급부행정(給付行政)도 행정의 중요한 기능에 속한다.

(5) 관광종사원의 자질 향상

> **제11조 (관광종사자의 자질 향상)**
> 정부는 관광에 종사하는 자의 자질을 향상시키기 위하여 교육훈련과 그 밖에 필요한 시책을 강구하여야 한다.

관광서비스의 질을 높이고 관광을 발전시키기 위해서는 유능한 관광종사자를 양성하고 그 자질을 향상시켜 나가야 한다. 여기에서 관광종사자(觀光從事者)란 관광사업자와 관광종사원 모두를 포함한다고 볼 수 있다. 고객을 직접 접하는 관광종사원의 자세와 자질이 관광사업의 존립기반에 가장 큰 영향을 끼친다. 따라서 관광종사원의 자질향상을 위한 교육(敎育)과 훈련(訓練)은 관광사업을 육성하고 관광을 진흥시키기 위한 중요한 수단이 된다.

관광종사원의 자질 향상을 위해서는 교육훈련만으로는 충분한 효과를 기대하기 어렵다고 여겨지기 때문에, 정부는 이를 보완하기 위한 시책으로 관광종사원을 대상으로 국가에서 발급하는 자격제도(資格制度)를 운용하고 있다. 관광종사원의 자격제도는 일정 수준 이상의 전문지식과 기술을 갖춘 사람으로 하여금 관광업무를 담당하게 함으로써 관광산업의 서비스의 질과 신뢰도를 향상시켜 관광진흥에 이바지하게 한다는 취지에서 운영되고 있다.

또한 많은 정규교육기관에서 신규 관광 전문인력을 양성하고 있는 것도 이러한 정부 시책의 일환이라고 할 수 있다. 정규 교육 과정을 마치고 나면 바로 관광산업의 현장에 투입될 수 있도록 실무지식과 기술을 익히도록 하고 기업체 현장근무 실습 제도 등을 통한 산학(産學) 연계 체계를 갖추어 나가는 것도 중요하다.

제2절 관광진흥개발기금법

1. 기금 목적 및 설치

관광 진흥을 위한 여러 가지 시책을 실시하기 위해서는 우선 막대한 자금이 소요되는데, '관광기본법(제14조)'에서는 정부에게 이를 위한 자금조달 방법의 하나로 관광진흥개발기금을 설치(設置)할 것을 촉구하고 있다. 이에 정부는 '관광진흥개발기금법(觀光振興開發基金法)(이하 '기금법')'을 제정하고 정책금융(政策金融)으로 관광진흥개발기금(이하 '기금')을 설치하여 운용(運用)하고 있다. 한편 기금(fund)은 특정한 목적 달성을 위한 사업이나 계획을 위해 적립하여 두는 자금으로 세금(tax)과는 달리 적립과 운용 방법이 구분된다.

그러나 이 법은 관광기본법이 시행되기 이전인 1972년 12월 29일부터 시행되었으며, 나중에 '관광기본법'에 그 근거(根據)를 마련하게 되었다. 동 법은 시대상황에 따라 여러 차례의 개정(改正) 과정을 거쳐 왔으며, 현재 본문 13개 조항으로 구성된 기금법(基金法)과 동 법 시행령(施行令), 그리고 동 법 시행규칙(施行規則)으로 구성되어 있다.

1) 기금의 목적

이 법의 제정목적은 관광사업을 효율적으로 발전시키고 관광을 통한 외화수입(外貨輸入)의 증대에 이바지하기 위한 것이다(기금법 제1조). 관광 진흥을 위해서는 관광 여건 조성을 위한 기반시설을 우선 확충해야 한다. 그러나 이러한 관광기반시설은 다른 산업에 비하여 고정자산(固定資産)[74]에 대한 투자비율이 높아 막대한 비용이 소요되고, 투자회수기간(投資回收期間)[75]도 길어 초기 투자비를 민간자본

---

74) 고정자산(fixed assets)은 회계 이론상 일 년 이상 기업 내에 체류하는 자산으로 유동자산(流動資産)에 대응되는 개념이다. 고정자산은 유형고정자산, 무형고정자산, 투자와 기타 자산의 3종류로 이루어져 있다.

75) 투자회수기간(payback period)이란 투자에 소요된 자금을 그 투자로부터 발생하는 현금흐름으로부터 모두 회수하는 데 걸리는 기간을 말한다.

만으로 충당하기에는 한계가 있다. 따라서 정부는 외국인 관광객 유치를 촉진하여 관광 외화수입을 증대하기 위하여 국제수준의 관광숙박시설의 건설과 관광기반시설의 확충 등에 대한 투자를 촉진하기 위한 목적으로 관광산업 분야에 대한 금융상의 지원정책으로 관광진흥개발기금을 설치하여 운용하도록 한 것이다.

2) 기금의 설치

정부는 이 법의 목적을 달성하는 데에 필요한 자금을 확보하기 위하여 관광진흥개발기금을 설치한다(기금법 제2조). 동 기금이 설치된 초기에는 정부에서 국고(國庫)[76]를 출연하여 조성하였다. 처음으로 이루어진 정부의 출연금(出捐金)은 1973년에 2억 원이었으며, 이후 계속 출연을 하여 1982년까지 총 401억 원이 되었다. 그 이후에는 정부의 출연금은 없었으며, '관광진흥법'과 동 기금법에 의거 1995년부터는 카지노사업자의 납부금(納付金)과, 1997년부터는 내외국인의 출국 납부금 등으로 조성 규모가 대폭 증가되었다.

2. 기금 재원

기금은 다음의 재원(財源)으로 조성한다(기금법 제2조).

- 정부로부터 받은 출연금
- 카지노 사업의 허가를 받은 카지노사업자의 납부금
- 공항 및 항만을 통하여 출국하는 사람이 납부하는 출국 납부금
- 보세판매장 특허수수료
- 기금의 운용에 따라 생기는 수익금과 그 밖의 재원

1) 정부의 출연금

정부 출연금(出捐金)이란 국가가 해야 할 사업이지만 여건상 정부가 직접 수행하기 어렵거나 또는 민간이 이를 대행하는 것이 보다 효과적이라고 판단될 경우,

---

76) 국고(national treasury)란 중앙은행에 설치된 정부의 예금계정(預金計定)을 말하며, 보통 정부의 일반회계(一般會計)로 운용한다. 국가가 특정한 목적을 위해 특정한 자금을 신축적으로 운용할 필요가 있을 때에 한해 법률로써 설치되는 기금(基金)과는 구별된다.

국가가 재정상 원조(援助)를 할 목적으로 법령에 근거하여 민간에게 반대급부(反對給付) 없이 금전적으로 행하여지는 경우을 말한다. 출연은 사업을 수행하는 데 필요한 자본에 대한 금전적 급부행위를 말하는 출자(出資)와는 구별이 된다.

2) 카지노사업자의 납부금

카지노사업자의 납부금(納付金)[77]에 대하여 '관광진흥법' 제30조에서 정하고 있는 내용을 보면, "카지노사업자는 총매출액(總賣出額)[78]의 100분의 10의 범위에서 일정비율에 해당하는 금액을 관광진흥개발기금에 내야 한다."라고 규정하고 있다. 카지노영업의 연간 총매출액은 고객으로 받은 총금액에서 고객에게 지불한 총금액을 공제한 금액을 말한다. 총매출액 규모에 따른 기금 납부금의 징수(徵收) 비율은 다음과 같다(관광진흥법 시행령 제30조).

- 연간 총매출액이 10억원 이하인 경우: 총매출액의 100분의 1
- 연간 총매출액이 10억원을 초과하고 100억원 이하인 경우: 1천만원 + 총매출액 중 10억원을 초과하는 금액의 100분의 5
- 연간 총매출액이 100억원을 초과하는 경우: 4억6천만원 + 총매출액 중 100억원을 초과하는 금액의 100분의 10

3) 출국 납부금

국내 공항(空港)과 항만(港灣)을 통하여 출국하는 자로서 대통령령으로 정하는 자는 1만원의 범위에서 대통령령으로 정하는 금액을 기금에 납부하여야 한다(기금법 제2조). 기금 납부금은 1만원으로 하며, 다만 선박(船泊)을 이용하는 경우에는 1천원으로 한다(기금법 시행령 제1조의2). 이 법령에 따르면 국외로 출국하는 내국인 및 외국인은 면제(免除) 대상자가 아닌 경우에는 모두 출국 납부금을 내야 한다. 1997년 출국 납부금이 도입(導入) 될 당시에는 내국인만이 납부를 했으나,

---

77) 납부금(payment)은 이에 해당하는 사람이 납부해야 하는 돈을 말하며, 납입금(納入金), 불입금(拂入金)과 같은 의미로 쓰인다.

78) 매출액(sales account)은 기업의 주요 영업활동 또는 경상적 활동으로부터 얻는 수익으로서 상품 등의 판매 또는 용역의 제공으로 실현된 금액을 말한다.

2004년 법을 개정하여 외국인도 납부하도록 하였다.[79] 이러한 출국 납부금을 내지 않아도 되는 대상자는 다음과 같다(기금법 시행령 제1조의2).

- 외교관여권이 있는 자
- 2세(선박을 이용하는 경우에는 6세) 미만인 어린이
- 국외로 입양(入養)되는 어린이와 그 호송인(護送人)
- 대한민국에 주둔하는 외국의 군인 및 군무원(軍務員)[80]
- 입국이 허용되지 아니하거나 거부되어 출국하는 자
- '출입국관리법'에 따른 강제퇴거 대상자 중 국비로 강제 출국되는 외국인
- 공항 통과 여객으로서 다음 어느 하나에 해당되어 보세구역(保稅區域)[81]을 벗어난 후 출국하는 여객

  - 항공기 탑승이 불가능하여 당일이나 그 다음 날 출국하는 경우
  - 공항이 폐쇄되거나 기상이 악화되어 항공기의 출발이 지연되는 경우
  - 항공기의 고장·납치, 긴급환자 발생 등 부득이한 사유로 항공기가 불시착한 경우
  - 관광을 목적으로 보세구역을 벗어난 후 24시간 이내에 들어오는 경우

- 국제선 항공기 및 국제선 선박을 운항하는 승무원(乘務員)과 승무교대를 위하여 출국하는 승무원

출국 납부금의 면제 대상자는 기금의 납부금 부과(賦課)[82] 또는 징수(徵收)[83]권

---

79) 출국 납부금이 도입된 계기는 1997년 하반기부터 시작된 외화부족 등의 경제위기로 인한 국제통화기금(IMF ; International Monetary Fund) 관리체제에서 관광 분야의 대량 실업사태에 대비하기 위해 마련되었다. 즉, 근로자의 실업대책 사업실시에 필요한 '근로복지진흥기금'에 출연할 재원을 마련하기 위하여 출국 납부금이 처음으로 도입되었다.

80) 군무원(civilian employees)은 군의 전문 분야와 지원 분야에서 군무(軍務)의 일익을 담당하는 특정직 공무원으로 군부대에 근무하는 군인 이외의 공무원을 말한다.

81) 보세구역(bonded area)은 외국물건 또는 일정한 내국물건에 대하여 관세법에 의하여 관세(關稅)의 부과(賦課)가 유보(留保)되는 공항 및 항만 내 특정지역을 말한다.

82) 부과(imposition)란 국가나 공공단체 등이 행정목적 달성을 위해서 국민들에게 세금이나 책임·일 따위를 부담하게 하는 것을 말한다.

83) 징수(assessment)란 국가나 공공단체 등이 행정목적 달성을 위해서 국민들로부터 조세·수수료·현품 등을 강제적으로 거두어들이는 것을 말한다.

자로부터 출국 전에 납부금 제외대상 확인서를 받아 출국할 때 제출하여야 한다. 다만, 선박을 이용하여 출국하는 자와 승무원은 출국 시 부과권자의 확인으로 갈음할 수 있다. 또, 공항통과 여객이 납부금 제외 대상 확인서를 받으려는 경우에는 항공운송사업자가 항공기 출발 1시간 전까지 그 여객에 대한 납부금의 부과 제외 사유를 서면으로 부과권자에게 제출하여야 한다(기금법 시행령 제1조의3).

4) 보세판매장 특허수수료

2017년 법률 개정을 통해 관광진흥개발기금의 재원으로 보세판매장(保稅販賣帳) 특허수수료(特許手數料)[84]를 포함했다. 이는 관광사업의 효율적인 발전과 외국인 관광객의 적극적 유치를 위하여 「관세법(關稅法)」에 따른 보세판매장 특허수수료의 100분의 50을 관광진흥개발기금의 재원으로 추가하려는 것이다.

5) 운용수익금 및 기타 재원

기금의 여유자금은 금융기관(金融機關) 또는 체신관서(遞信官署)[85]에 예치(預置)하거나, 국채(國債)[86]와 공채(公債)[87] 등 유가증권(有價證券)의 매입(買入), 그 밖의 금융상품의 매입 등의 방법을 통해 운용할 수 있다(기금법 시행령 제3조의2). 한편, 2007년에 관광복권(觀光福券) 제도가 폐지되기 전까지 시행되던 관광복권의 발행에 따른 판매수익금도 기금에 귀속시켰다.

---

84) 관세법 제174조제2항에 '특허보세구역을 설치·운영하는 자는 기획재정부령으로 정하는 바에 따라 수수료를 납부하여야 한다'고 규정하고 있다. 이에 따라 면세점 매출금액의 0.05%(중소기업 0.01%)를 거두고 있다.

85) 정보통신부 장관의 관장 아래 체신 업무를 맡아 하는 관서. 우체국(郵遞局)이 그 예이다.

86) 국채(national bonds)란 중앙정부가 자금조달이나 정책집행을 위해 발행하는 만기가 정해진 채무증서를 말한다. 즉, 국채는 조세와 함께 중요한 국가재원의 하나이다.

87) 공채(public loan)는 국가 또는 지방자치단체가 재원조달을 목적으로 하는 채무증서이다. 공채는 넓은 의미에서는 국가, 공공단체와 정부투자기관을 포함하는 정부부문의 금전적 채무 전부를 말하지만, 좁은 의미에서는 그 금전적 채무 중에서 재원조달을 목적으로 하는 재정공채(財政公債)만을 뜻한다. 공채는 일반적으로 국채(國債)와 같은 개념으로 사용된다.

3. 기금 용도

기금은 법령에 의거 대여(貸與)[88], 보조(補助)[89], 출자(出資)[90] 또는 출연(出捐)[91] 할 수 있다.

1) 기금의 대여

기금은 다음 각 사항의 하나에 해당하는 용도로 대여할 수 있다(기금법 제5조).[92]

🔍 호텔을 비롯한 각종 관광시설의 건설 또는 개수(改修)[93]

🔍 관광을 위한 교통수단의 확보 또는 개수

🔍 관광사업의 발전을 위한 기반시설의 건설 또는 개수

🔍 관광지, 관광단지 및 관광특구에서의 관광 편의시설의 건설 또는 개수

2) 기금의 보조

동 기금에서 관광정책에 관하여 조사·연구하는 법인의 기본재산 형성 및 조사·연구사업, 그 밖의 운영에 필요한 경비를 출연 또는 보조할 수 있다. 또한 기금은 다음 사항의 어느 하나에 해당하는 사업에 대여하거나 보조할 수 있다.

---

88) 대여(loan)란 계약에 의하여 당사자 일방이 금전 기타의 물건 또는 유가증권을 상대방에게 교부하여 소비 또는 사용하게 하고, 일정한 시기에 반환(返還)할 것을 약속하는 것을 말한다. 여기서 대여는 대부(貸付) 또는 융자(融資)와 같은 개념이다.

89) 보조(subsidization)란 보조금과 같은 의미인데, 보조금이라 함은 국가 외의 자가 행하는 사무 또는 사업에 대하여 국가가 이를 조성하거나 재정상의 원조를 하기 위하여 교부하는 것으로 민간경상보조(民間經常補助)라고도 한다.

90) 출자(investment)는 사업경영의 자본이 되는 재산·노무 또는 신용을 법인이나 조합에 지급하는 것이다. 투자(投資)와 유사한 개념이다.

91) 출연(contribution)은 어떤 사람 또는 기관이 금품을 내놓거나 의무를 부담하는 것을 말한다. 여기에서는 정부가 기금 또는 국가 예산의 일정액을 다른 기금으로 확보해 두는 경우이다.

92) 기금의 대여는 관광시설 확충자금(擴充資金)(건설 및 개보수)과 관광사업체 운영자금(運營資金) 용도로 사용이 가능하다. 운영자금으로 융자가 가능한 관광사업체와 신청기관은 다음과 같으며, 해당 협회에서는 문화체육관광부장관의 위임을 받아 융자 신청에 대하여 심사하여 선정을 한다. ① 국내여행업, 국내외여행업, 관광식당업: 한국관광협회중앙회, 시·도 관광협회, ② 종합여행업: 한국여행업협회, 시·도 관광협회, ③ 호텔업: 한국관광호텔업협회, 시·도 관광협회, ④ 카지노업: 한국카지노업관광협회, ⑤ 국제회의업: 한국MICE협회, ⑥ 종합유원시설업, 일반유원시설업: 한국종합유원시설협회

93) 개수(improve and repair)란 개축과 같은 의미이며 건물이나 길 등의 잘못된 것을 고쳐 수선하는 것을 말함

최근 관광진흥개발기금의 보조사업 범위와 규모는 지속적으로 확대되고 있다. 특히 전통문화나 공연 및 문화 예술을 활용하여 관광 상품을 개발하고 외래관광객 유치 증진에 기여하기 위한 사업에 기금의 보조가 점차 늘고 있다.

- 국외 여행자의 건전한 관광을 위한 교육 및 관광정보의 제공사업
- 국내외 관광안내체계의 개선 및 관광홍보사업
- 관광사업 종사자 및 관계자에 대한 교육훈련사업
- 국민관광 진흥사업 및 외래 관광객 유치 지원사업
- 관광상품 개발 및 지원사업
- 관광지·관광단지 및 관광특구에서의 공공 편익시설 설치사업[94]
- 국제회의의 유치 및 개최사업
- 장애인 등 소외계층에 대한 국민관광 복지사업
- 전통(傳統) 관광자원(觀光資源) 개발 및 지원사업[95]
- 감염병 확산 등으로 관광사업자에게 발생한 경영상 중대한 위기 극복을 위한 지원사업[96]
- 관광사업의 발전을 위하여 필요한 것으로서 대통령령으로 정하는 사업
  - 종합여행업자, 카지노사업자의 해외지사 설치
  - 관광사업체 운영의 활성화
  - 관광 진흥에 기여하는 문화예술사업
  - 지방자치단체나 관광단지개발자 등의 관광지 및 관광단지 조성사업
  - 관광지·관광단지 및 관광특구의 문화·체육시설, 숙박시설, 상가시설로서 관광객 유치를 위하여 필요하다고 인정하는 시설의 조성
  - 관광 관련 국제기구의 설치

---

94) 관광지 공공 편익시설 가운데 화장실 개선 사업의 일부에 동 기금의 지원이 이루어졌다. 이를 통해 전국의 주요 관광지에 깨끗한 화장실이 건립되었고, 시설 개선이 이루어져 관광객 수용 태세 개선에 크게 기여하였다.

95) 동 사업은 전통사찰에서 불교문화를 체험할 수 있는 템플스테이(temple stay)와 같은 전통 관광자원의 개발을 적극 지원하려는 것이다. 템플스테이는 2002년 한일 월드컵축구대회 당시 부족한 외래 관광객의 숙박문제를 해결하기 위하여 시작된 것으로 한국의 전통문화와 불교문화가 결합된 숙박시설이다.

96) 관광진흥개발기금의 용도에 감염병 확산 등으로 관광사업자에게 발생한 경영상 중대한 위기 극복을 위한 지원사업을 포함하도록 하여 이러한 위기 상황에서도 관광사업의 피해를 최소화하고 관광업계를 지원할 수 있는 법적 근거를 마련하려는 것이다.

3) 기금의 출자

기금은 민간자본의 유치를 위하여 필요한 경우 다음에 해당하는 사업이나 투자조합에 출자할 수 있다(기금법 제5조).

🔍 관광지 및 관광단지의 조성사업(造成事業)

🔍 국제회의시설의 건립 및 확충사업

🔍 관광사업에 투자하는 것을 목적으로 하는 투자조합(投資組合)

🔍 관광사업의 발전을 위하여 필요한 것으로서 대통령령으로 정하는 사업[97]

　• 집합투자기구(集合投資機構)[98], 사모(私募)집합투자기구 또는 부동산투자회사(不動産投資會社)[99]가 투자하는 관광지 및 관광단지 조성사업, 국제회의시설의 건립 및 확충 사업

결국 관광지 및 관광단지의 조성사업과 국제회의시설의 건립 및 확충사업은 기금에서 직접 투자할 수도 있고 집합투자기구, 사모집합투자기구, 부동산투자회사를 통하여 투자할 수도 있다.

4) 기금의 출연

기금은 신용보증(信用保證)을 통한 대여를 활성화하기 위하여 예산의 범위에서 다음의 기관에 출연(出捐)할 수 있다.

🔍 「신용보증기금법」에 따른 신용보증기금

🔍 「지역신용보증재단법」에 따른 신용보증재단중앙회

2018년 관광진흥개발기금법 개정을 통해 동 조항을 신설하였다. 문화체육관광부는 관광사업체를 육성하기 위하여 관광진흥개발기금 융자(融資)제도를 운용하고 있다. 그러나 융자 취급은행에서 융자금 미회수에 따른 위험을 방지하기 위

---

97) 동 규정은 2018년 평창 동계올림픽의 개최를 계기로 예상되는 관광산업 분야의 재정수요에 대비한 것으로, 투자기구와 투자회사에 출자를 확대하기 위한 법적 근거를 마련한 것이다.

98) 집합투자기구라 함은 2인 이상에게 모은 금전 등으로 투자 대상 재산을 취득, 처분하여 그 결과를 투자자에게 배분하는 기능을 수행하는 기구이다. 투자신탁, 투자회사, 투자조합 등의 형태가 있다.

99) 부동산투자회사란 자산을 부동산에 투자하여 운용하는 것을 목적으로 법에 적합하게 설립된 회사를 말한다.

하여 담보(擔保) 위주로 융자 대상자를 확정하여 대출하는 관행(慣行)에 따라 담보
능력이 부족한 중소 관광사업체는 융자를 원활히 받을 수 없는 실정이다. 또한,
메르스(MERS)와 신종(新種) 코로나바이러스(Coronavirus) 등 감염병(感染病) 발생,
사드(THAAD) 배치 등 사회·정치적 이슈가 발생할 경우 중소 관광사업체는 일시
적인 경기 급락에 따른 매출액 부진 등으로 경영에 어려움을 겪고 있지만, 대부
분이 영세사업체이기 때문에 신용보증기관으로부터 신용보증서를 발급받지 못
하는 사례가 빈번하게 발생하고 있다. 이에 기금을 예산의 범위에서 신용보증기
관에 출연할 수 있도록 함으로써 담보 능력이 부족한 중소 관광사업체가 신용보
증기관으로부터 신용보증서를 발급받아 기금 융자를 보다 원활히 받을 수 있도
록 하려는 것이다.

4. 기금 관리 및 운영

문화체육관광부장관은 기금의 관리(管理) 및 운영(運營)을 담당한다. 문화체육관
광부는 매년 관광진흥개발기금의 운용계획(運用計劃)[100]을 수립한다. 세부 사업
비 중에서 관광사업체 융자지원금이 가장 높은 비중을 차지한다. 그 외 관광진흥
개발기금의 사업비 항목은 대부분 관광자원 활성화, 관광안내체계 구축지원, 관
광인프라 조성, 관광행사 및 프로그램 지원, 관광상품 육성지원, 국내관광 육성지
원, 해외관광객 유치활동사업, 해외관광문화센터 건립지원, 국제문화협력을 통한
외래관광객 유치, 공연예술 및 문화시설 활용 외래관광객 유치 등이다.

1) 기금의 관리

기금의 관리(管理)는 문화체육관광부장관이 한다. 문화체육관광부장관은 기금
의 집행·평가·결산 및 여유자금 관리 등을 효율적으로 수행하기 위하여 10명 이
내의 민간 전문가를 고용하며, 이 경우 필요한 경비는 기금에서 사용할 수 있다

---

100) 2023년도 관광진흥개발기금의 운용 규모는 1조 7,293억 원이었다. 이 가운데 법정부담금 수
입이 5,894억 원이며, 사업비 지출은 관광사업체 융자액 4,491억 원을 포함하여 1조 574억
원이었다.

(기금법 제3조). 기금의 회계연도(會計年度)[101]는 정부의 회계연도에 따른다.

문화체육관광부장관은 기금의 대여(貸與) 업무를 한국산업은행(韓國産業銀行)으로 하여금 취급하게 하기 위하여 한국산업은행에 기금을 대여할 수 있다(기금법 시행령 제3조). 따라서 한국산업은행은 현재 기금을 대하(貸下)[102]받아 대여 업무를 취급하고 있는데, 관광사업체 운영자금은 시중은행(市中銀行)에 전대(轉貸)[103]하여 시중은행으로 하여금 대여 업무를 취급하게 하고 있다.

2) 기금의 운용

기금의 운용에 관한 종합적인 사항을 심의하기 위하여 문화체육관광부장관 소속으로 기금운용위원회(基金運用委員會)를 둔다(기금법 제6조). 문화체육관광부장관은 매년 기금운용계획안을 수립하여야 하며, 기금운용계획안을 수립하거나 기금운영계획을 변경하려면 동 위원회의 심의를 거쳐야 한다(기금법 제7조).

(1) 기금운용위원회의 구성

기금운용위원회는 위원장 1명을 포함한 10명 이내의 위원으로 구성한다. 위원장은 문화체육관광부 제1차관이 되고, 위원은 기획재정부 및 문화체육관광부의 고위공무원단에 속하는 공무원, 관광 관련 단체 또는 연구기관의 임원, 공인회계사의 자격이 있는 사람, 그 밖에 기금의 관리·운용에 관한 전문지식과 경험이 풍부하다고 인정되는 사람 중에서 문화체육관광부장관이 임명(任命)[104]하거나 위촉(委囑)[105]한다(기금법 시행령 제4조).

---

101) 회계연도(fiscal year)는 국가나 지방자치단체의 세입(歲入)·세출(歲出)을 구분하기 위하여 설정되는 일정한 기간을 말한다. 한국의 예산회계법은 회계연도를 매년 1월 1일에 시작하여 12월 31일에 종료한다고 규정하고 있다. 외국의 경우 한국과 같은 1~12월제(프랑스, 독일, 이탈리아, 멕시코, 러시아 등), 즉 역년제(曆年制)를 채택한 나라도 있으나, 4~3월제(일본, 영국, 인도, 덴마크 등), 7~6월제(오스트레일리아, 이집트, 스웨덴, 필리핀 등), 10~9월제(미국, 타이, 미얀마 등) 등 종류가 다양하다.

102) 대하란 상급 관청에서 하급 관청 혹은 민간에게 금품(金品)을 빌려주는 것을 말한다.

103) 전대(sublease)란 외부에서 빌린 것을 다시 남에게 꾸어주는 것을 말한다.

104) 임명(appointment)은 일정한 지위나 임무를 남에게 맡기는 것을 말한다. 일반적으로 공무원이나 회사에서 상급자가 하급자에게 직을 명하는 것으로 임용(任用)과 유사한 개념이다.

105) 위촉(entrusting)은 사무의 처리를 타인에게 의뢰한다는 뜻으로 위탁(委託)과 같다. 정부기관이 민간에게 또는 같은 정부기관이라도 대등한 위치에서 어떤 직무나 직책을 부여하는 것을 일컫기도 한다.

(2) 기금운용위원회의 기능

동 위원회는 기금운용에 관한 종합적인 사항을 심의(審議)하고, 기금운용계획안의 수립 및 계획의 변경사항을 심의한다. 또한 기금의 대하 및 대여 이자율, 대여 기간 및 연체이자율에 대한 심의는 문화체육관광부장관이 기획재정부장관과 협의하여 정한다.

(3) 위원의 해임 및 해촉

문화체육관광부장관은 위원이 다음 어느 하나에 해당하는 경우에는 해당 위원을 해임(解任)하거나 해촉(解囑)할 수 있다.

- 심신장애로 인하여 직무를 수행할 수 없게 된 경우
- 직무와 관련된 비위 사실이 있는 경우
- 직무태만, 품위손상이나 그 밖의 사유로 인하여 위원으로 적합하지 아니하다고 인정되는 경우
- 위원 스스로 직무를 수행하는 것이 곤란하다고 의사를 밝히는 경우

3) 기금의 목적 외 사용금지

기금을 대여받거나 보조받은 자는 지정된 목적(目的) 외(外)의 용도에 기금을 사용하지 못한다(기금법 제11조)[106]. 기금을 당초 목적 외의 용도에 사용하였을 때에는 대여 또는 보조를 취소하고 이를 회수(回收)한다. 또 기금의 대여를 신청한 자 또는 기금의 대여를 받은 자가 적절하지 않거나 부당한 요청이 있을 경우에는 그 대여 신청을 거부하거나, 그 대여를 취소하고 지출된 기금의 전부 또는 일부를 회수한다. 기금을 목적 외의 용도에 사용한 자이거나, 거짓이나 그 밖의 부정한 방법으로 기금을 받은 자는 5년 이내에 기금을 대여받거나 보조받을 수 없다.

---

106) 목적 외 사용금지(prohibition of use of station for other purpose)는 예산의 원칙 가운데 하나로 세출예산에서 정한 목적 이외의 경비로 사용할 수 없고 세출예산에서 정한 분야·부문·정책 간에 융통하여 사용할 수 없음을 의미한다. 이에 대한 예외로는 예산의 전용, 이체 등이 있다.

4) 납부금 부과 및 징수 업무의 위탁

문화체육관광부장관은 기금 납부금의 부과(賦課)·징수(徵收)의 업무를 대통령령으로 정하는 바에 따라 관계 중앙행정기관의 장과 협의하여 지정하는 자에게 위탁(委託)할 수 있다(기금법 제12조). 이에 따라 인천국제공항공사(仁川國際空港公社)[107] 및 한국공항공사(韓國空港公社)[108]는 항공편을 이용한 출국자를 대상으로 출국 납부금을 부과하여 징수하고 있다. 그리고 지방해양수산청(地方海洋水産廳)[109] 및 항만공사(港灣公社)[110]에 위탁하여 여객선을 이용한 출국자를 대상으로 납부금을 징수하고 있다. 출국 납부금의 부과·징수 업무를 위탁한 경우에는 업무 수탁자(受託者)에 이에 소요되는 경비를 보조할 수 있다.

5) 제주관광진흥기금 설치 및 운용

제주도 지역은 "제주특별자치도 설치 및 국제자유도시 지정을 위한 특별법(特別法)"에 의하여 제주관광진흥기금을 설치하여 운용하도록 하고 있다. 동 기금의 재원(財源)은 국가 또는 특별자치도의 출연금, 제주도 소재 카지노사업자의 납부금, 제주도 소재 국제공항 및 항만의 출국납부금으로 한다. 제주특별자치도지사가 운영의 주체이며 기금 관리에 필요한 사항은 제주도 조례(條例)로 정한다. 그리고 기금의 관리와 감독은 지방자치단체기금관리기본법에 따른다.

---

107) 인천국제공항공사(Incheon International Airport Corporation)는 1999년에 인천국제공항 건설 및 운영을 위해 설립된 공기업(公企業)이다. 인천국제공항은 국내 최대 규모의 공항으로 1992년에 착공되어 2001년부터 운영되었다. 인천국제공항은 2019년에 연간 이용객이 7천만 명을 넘어 이용객 측면에서 세계 5위 규모의 공항이 되었다.

108) 한국공항공사(Korea Airports Corporation)는 공항의 효율적인 건설·관리·운영을 위해 1980년에 설립된 공기업이다. 현재 인천공항을 제외한 김포, 김해, 제주, 대구, 청주, 무안, 양양 등 7개의 국제공항과 울산, 광주, 여수, 포항, 사천, 군산, 원주 등 7개의 국내공항의 운영과 관리를 담당하고 있다.

109) 지방해양수산청(Regional Office of Oceans and Fisheries)은 해운과 항만의 운영 및 건설에 관한 사무, 그리고 수산 환경 인프라 구축업무를 관장하게 하기 위하여 해양수산부 산하에 설치된 행정기관이다. 부산, 인천, 여수, 마산, 울산, 동해, 군산, 목포, 포항, 평택, 대산항 등 11개 항구에 설치되어 있다.

110) 지방항만공사(Port Authority)는 항만공사법에 의해 설립된 공기업으로, 항만시설의 개발 및 관리·운영에 관한 업무와 관련 사업을 담당하기 위해 설치되었다. 현재 부산, 인천, 여수광양, 경기 평택, 울산, 당진 등 6곳에 설치되어 운용되고 있다.

Part 03

관광진흥법

Chapter 05
관광진흥법 개요

제1절　관광진흥법 총칙

1. 관광진흥법 구성

'관광진흥법(觀光振興法)'을 제정하게 된 1980년대 중반은 그동안의 지속적인 경제성장에 따른 국민소득의 증가와 함께 국민관광(國民觀光)에 대한 욕구가 도출되고 있던 시기였다. 또한 대외 무역 교역량의 대폭적인 증가로 인해 국제교류가 활발하게 이루어졌으며, 아시안게임(1986년 개최) 및 서울올림픽대회(1988년 개최)와 같은 대형 국제행사의 개최로 국제사회에서 국가 이미지가 크게 향상되어 외국인의 국내관광이 빠르게 성장하였다. 그리고 1983년부터 시작된 내국인의 국외여행 자유화 정책에 따라 내국인의 국외관광이 늘어나는 등 국제관광(國際觀光)이 급속하게 증가하여 관광산업 규모가 대폭 확대되었다.

이렇게 새롭게 발생하는 관광 수요와 관광 여건의 변화에 대처하기 위한 필요성이 대두되어 관광법규에 대한 전면적인 개편이 이루어졌다. 종전의 '관광사업법'은 사업자에 대한 규제(規制) 중심으로 되어 있었고, 관장(管掌)하는 사업도 한정되어 있어서 당시의 관광 진흥 현황을 수용하고 관광사업을 실질적으로 육성하기에는 한계가 있었다. 이에 따라 정부는 종전의 '관광사업법'을 폐지하고 '관광단지개발촉진법'을 흡수·통합하여 '관광진흥법'을 제정하였다(1986년 12월 31일시행). 이에 따라 관광 관련 법규는 선언적(選言的) 규정인 '관광기본법'과 실질적(實質的)인 근간(根幹)이 되는 '관광진흥법'으로 체계를 갖추게 되었다.

'관광진흥법'은 본문 86개 조항으로 구성되었으며 당시 상황 및 여건에 따라 그 동안 수 십차례 이상의 개정 과정을 거쳐 왔다. 현재 시행되고 있는 관광진흥법은 제1장 총칙(總則)[111], 제2장 관광사업, 제3장 관광사업자 단체, 제4장 관광의 진흥과 홍보, 제5장 관광지 등의 개발, 제6장 보칙(補則)[112], 제7장 벌칙(罰則)[113]으로 구성되어 있으며, 그리고 마지막에는 부칙(附則)[114]이 있다. 또한 시행령(施行令)과 시행규칙(施行規則)이 동 법을 실행하기 위한 세부적인 내용을 규정하고 있다. 관광진흥법의 구성내용은 다음 [표 3-1]과 같다.

2. 관광진흥법 목적

관광진흥법 제1조에서 이 법의 제정(制定) 목적(目的)에 대하여, "이 법은 관광여건을 조성하고 관광자원을 개발하며 관광사업을 육성하여 관광(觀光) 진흥(振興)에 이바지하는 것을 목적으로 한다."고 규정하고 있다.

따라서 이 법의 궁극적인 목적은 관광 진흥에 기여하는 것이다. 관광 진흥이란 관광발전에 기여할 수 있는 모든 수단과 방법을 추진하는 행위를 말한다.

1) 관광여건의 조성

관광여건(觀光興件)이란 관광객이 관광활동을 하는 데 필요한 교통수단과 교통시설, 숙박시설과 식음료시설, 관광편의시설, 위락시설, 그리고 관광객 이용 판매시설 등을 포괄적으로 일컫고 있다. 이러한 관광여건은 일정한 범위로 한정할 수

---

111) 총칙(general rules)이라 함은 전체를 포괄하는 규칙이나 법칙을 말한다. 이와 대비되는 것을 각칙 (各則)이라 한다.

112) 보칙(supplementary rules)은 법령의 기본 규정을 보충하고자 만든 규칙을 말한다. 보칙에는 권한의 위임과 위탁, 수수료, 보고 및 검사 등의 규정을 포함하고 있다.

113) 벌칙(penal regulations)은 법규를 어긴 행위에 대한 처벌을 정하여 놓은 규칙을 말한다.

114) 부칙(additional rules)은 법령에서 주된 내용을 담고 있는 본칙(本則)에 대해 부수하는 필요사항을 기재하는 부분을 말한다. 일반적으로 부칙에서는 해당 법령의 시행시기(施行時期)에 관한 내용, 해당 법령과 다른 관계 법령과의 관계, 해당 법령의 개정 전 법률과의 충돌되는 규정들에 대한 경과규정(經過規定)을 담고 있다.

없기 때문에 홍보 및 안내 체계, 출입국 관리 등 관광과 관련되는 모든 사항이 포함된다고 보아야 한다. 심지어 그 나라의 정치적 상황이나 치안(治安) 문제, 보건위생(保健衛生) 상황까지도 관광여건에 속한다고 할 수 있다. 따라서 관광진흥법은 이러한 여러 가지 관광에 핵심적인 기본요건을 확충해 나가고 개선해 나감으로써 관광여건을 조성하여 관광 진흥에 기여한다는 것이다.

📋 표 3-1 관광진흥법의 구성 내용

구 분		내 용
제1장 총칙		제정 목적, 용어 정의
제2장 관광사업	제1절 통칙	관광사업의 종류, 등록, 허가와 신고, 지정, 결격사유, 사업의 양수 등, 보험 가입 등, 관광표지의 부착, 관광시설의 타인 경영 등
	제2절 여행업	기획여행의 실시, 의료관광 활성화, 국외여행인솔자, 여행계약 등
	제3절 관광숙박업 및 관광객 이용시설업 등	사업계획의 승인, 승인시의 인허가 의제, 등록심의위원회, 등록시의 신고·허가 의제, 숙박업자 준수사항, 관광숙박업의 등급, 분양 및 회원모집, 야영업자 준수사항
	제4절 카지노업	허가요건, 결격사유, 시설기준, 조건부 영업허가, 기구의 규격 및 기준, 영업종류와 방법, 지도와 명령, 사업자 준수사항, 이용자 준수사항, 기금 납부
	제5절 유원시설업	조건부 영업허가, 유원시설업자 준수사항, 유원시설 관리, 안전성 검사, 사고보고 의무 및 사고조사, 영업질서 유지
	제6절 영업에 대한 지도와 감독	등록취소 등, 폐쇄조치 등, 과징금의 부과
	제7절 관광종사원	관광종사원의 자격 등, 교육, 자격취소 등
제3장 관광사업자 단체		한국관광협회중앙회 설립, 정관, 업무, 지역별·업종별 관광협회
제4장 관광의 진흥과 홍보		관광정보 활용, 관광통계, 장애인·고령자 관광 활동의 지원, 관광 취약계층의 관광복지 증진, 여행이용권의 지급 및 관리, 국제협력 및 해외진출 지원, 관광산업 진흥 사업, 스마트관광산업의 육성, 관광홍보 및 관광자원 개발, 지역축제 등, 지속가능한 관광활성화, 관광체험교육프로그램 개발, 문화관광해설사의 선발 및 활용, 지역관광협의회 설립, 한국관광 품질 인증, 일·휴양연계관광산업의 육성
제5장 관광지 등의 개발	제1절 관광지 및 관광단지의 개발	관광개발기본계획, 권역계획, 관광지의 지정, 조성계획의 수립 및 시행, 관광단지 시설 설치, 인허가의 의제, 준공검사, 공공시설 등의 귀속, 관광지의 처분, 법의 준용, 수용 및 사용, 입장료의 징수와 사용, 관광지의 관리
	제2절 관광특구	관광특구의 지정, 진흥계획, 지원 내용, 특구 평가, 다른 법률에 대한 특례
제6장 보칙		재정지원, 청문, 보고 및 검사, 수수료, 권한의 위임 및 위탁
제7장 벌칙		벌칙, 양벌규정, 과태료
부칙		시행일, 다른 법률의 개정

2) 관광자원의 개발

관광자원(觀光資源)이란 관광객을 유인하는 관광의 매력물 또는 목적물로서 관광동기의 유발이나 관광행동을 일으키게 하는 유형 또는 무형의 대상물(對象物)을 말한다. 일반적으로 자연관광자원, 문화관광자원, 사회관광자원, 산업관광자원, 위락관광자원으로 구분하고 있으나, 그 범위가 한정되어 있지 아니하고 관광행태의 변화에 따라 매우 다양하게 분류할 수 있다. 또한 그 종류 및 대상이 점차 확대되어 가고 새로운 관광자원이 지속적으로 개발되고 있다.

관광자원의 개발이란 이러한 관광자원을 효율적으로 보호(保護)하고 보전(保全)하는 한편, 관광객의 이용편의를 증진하기 위한 행위를 말한다. 대표적인 관광자원 개발은 관광단지 및 관광지의 개발이나 자연공원 내의 집단시설지구의 개발이다. 아울러 문화유적의 발굴과 보전, 무형문화재의 계승(繼承) 발전, 전통 민속예술의 보존, 토산품이나 민속품의 제작기술 계승 등도 넓은 의미에서 관광개발에 포함된다. 최근에는 지역별 특성을 활용한 관광 축제의 개최, 전통시장의 육성, 특산품 개발, 먹거리 및 살거리의 개발 등도 관광자원 개발에 포함되는 경우가 많다.

3) 관광사업의 육성

관광사업(觀光事業)은 영리추구를 위하여 설립된 기업체(企業體)의 경영활동을 말한다. 그러나 관광사업은 민간 기업이 관광 수요에 따라 스스로 관광시설을 건설하고 자유경쟁에 의한 시장가격에 따라 거래가 형성되는 것이 원칙이지만, 관광사업은 단지 영리추구만을 목적으로 하는 사업이라고 볼 수 없다. 즉, 기업의 경제적인 이익과 함께 공익성(公益性)을 추구해야 한다.

관광사업은 외국인을 대상으로 하는 경우가 많기 때문에 외화획득이라는 수출산업으로서의 역할과, 국가홍보와 민간외교의 역할을 하고 국민여가 활동의 증대에 기여하는 등 사회·문화적 효과도 있기 때문에 건전한 육성을 위하여 정부가 지도·육성 정책을 전개하고 있다. 관광사업을 아무런 규제(規制)와 통제(統制) 없이 자유방임한다면 오히려 관광발전에 역행(逆行)하는 결과가 초래될 수도 있다.

3. 용어 정의

관광진흥법 제2조에서는 이 법에서 사용하는 용어를 정의하고 있다.

1) 관광사업

관광사업(觀光事業)이란 관광객을 위하여 운송(運送)·숙박(宿泊)·음식(飮食)·운동(運動)·오락(娛樂)·휴양(休養) 또는 용역(用役)을 제공하거나 그 밖에 관광에 딸린 시설(施設)을 갖추어 이를 이용하게 하는 업(業)을 말한다. 이에 따라 이 법에서는 관광사업을 여행업, 관광숙박업, 관광객 이용시설업, 국제회의업, 카지노업, 유원시설업, 관광 편의시설업 등 7종류로 구분하고 각 업종 내에서 다시 세분하고 있다.

2) 관광사업자

관광사업자(觀光事業者)란 관광사업을 경영하기 위하여 등록(登錄)[115]·허가(許可)[116] 또는 지정(指定)[117]을 받거나 신고(申告)[118]를 한 자(者)를 말한다. 이 법에서 관할 행정관청에 등록을 하여야 하는 업종은 여행업, 관광숙박업, 관광객 이용시설업과 국제회의업이고, 허가를 받아야 하는 업종은 카지노업, 종합 및 일반 유원시설업이며, 관광 편의시설업은 지정을 받아야 하고, 기타 유원시설업은 신고를 해야 한다. 따라서 이 법에서 정하고 있는 등록, 허가, 지정 및 신고를 하지 아니한 자는 관광사업과 유사한 사업을 경영한다고 해도 관광사업자라고 볼 수 없다.

---

115) 등록(registration)은 행정법상 일정한 법률사실 또는 법률관계를 행정청 등 특정한 등록기관에 비치된 장부에 기재하는 일을 말한다. 등록은 어떤 사실이나 법률관계의 존재를 공적으로 공시(公示) 또는 증명하는 공증(公證) 행위에 속한다.
116) 허가(permission)는 법령에 의하여 일반적으로 금지되어 있는 행위를 특정의 경우에 특정인에 대하여 해제하는 행정처분(行政處分)을 말한다. 법령상으로는 허가(許可)·면허(免許)·인가(認可) 등의 용어가 함께 사용되고 있다.
117) 지정(designation)은 법률에 의거하여 관공서(官公署)에서 어떤 사람 또는 사물에게 특별한 자격을 부여하는 것을 말한다.
118) 신고(notification)란 법률의 규정에 의하여 행정관청에 법률사실이나 어떤 사실에 대해 서면으로 작성된 서류를 제출하는 행위를 말한다.

관광사업을 경영하기 위한 일종의 허가 절차로서 등록, 허가, 신고 및 지정 등으로 구분하고 있는 것은 해당 사업의 안전성(安全性) 문제와 사회 파급효과(波及效果)에 따른 것이다. 즉, 이것이 크다고 여겨지는 사업은 허가를 받도록 하고 있고, 통제 및 지도·감독을 할 필요성이 적은 순서로 등록, 신고, 지정의 순으로 행정절차를 거치도록 하고 있다.

3) 기획여행

기획여행(企劃旅行)이란 여행업을 경영하는 자가 국외여행을 하려는 여행자를 위하여 여행의 목적지와 일정, 여행자가 제공받을 운송 또는 숙박 등의 서비스 내용과 그 요금 등에 관한 사항을 미리 정하고 이에 참가하는 여행자를 모집하여 실시하는 여행을 말한다. 따라서 기획여행은 고객주문여행(顧客注文旅行)[119]과 구별되는 개념으로, 통상 모집관광(募集觀光) 또는 패키지투어(package tour)라고 한다.

기획여행을 실시하려는 여행업자는 여행목적지와 경유지, 여행기간 동안의 일정, 관광객이 이용할 운송수단, 관광객이 투숙할 숙박시설의 등급, 제공되는 식사 등에 관한 여행서비스의 내용을 명시하고 그에 따른 여행요금을 산출하여 미리 정한 후에 이에 참가할 여행자를 모집하여야 한다.

4) 회원

회원(membership)이란 관광사업의 시설을 일반이용자보다 우선적으로 이용하거나 유리한 조건으로 이용하기로 해당 관광사업자와 약정(約定)한 자를 말한다. 회원모집(會員募集)을 할 수 있는 관광사업은 휴양 콘도미니엄업 및 호텔업, 관광객 이용시설업 중 제2종 종합휴양업으로 한정하고 있다(관광진흥법 시행령 제23조). 회원모집은 사업계획의 승인을 받은 직후부터 가능하지만, 이 중 호텔업은 등록을 완료한 이후에야 회원모집이 가능하다.

관광사업에서 회원 제도는 휴양콘도미니엄에서 가장 먼저 도입되었다. 일정한 요건을 갖춘 사람들끼리 공동으로 출자(出資)하여 숙박시설이나 골프장 같은 시설을 건설한 후에 회원들끼리 공동으로 이용하기 시작한데서 비롯된 것이다.

---

119) 고객주문여행은 고객이 자신의 필요에 맞추어 여행사에 주문해서 만드는 고객 주도하의 여행상품이다. 여행업계에서는 이를 인센티브투어(incentive tour) 상품이라고 한다.

5) 소유자 등

소유자(所有者) 등이란 단독 소유나 공유(共有)의 형식으로 관광사업의 일부 시설을 관광사업자로부터 분양(分讓)[120]받은 자를 말한다. 회원모집과 마찬가지로 분양을 허용하는 관광사업은 휴양 콘도미니엄업 및 호텔업, 관광객 이용시설업 중 제2종 종합휴양업으로 한정하고 있다. 관광시설의 소유자는 회원과 마찬가지로 관광시설을 일반이용자보다 우선적으로 이용하거나 유리한 조건으로 이용하기로 해당 관광사업자와 약정을 하였기 때문에 해당 관광시설에 대한 소유권을 가진 것 외에는 관광시설을 이용함에 있어서는 회원과 유사하다.

6) 관광지

관광지(觀光地)란 자연적 또는 문화적 관광자원을 갖추고 관광객을 위한 기본적인 편의시설을 설치하는 지역으로서 관광진흥법에 따라 지정(指定)된 곳을 말한다. 이와 같은 관광지에는 관광객의 이용에 편리하도록 개발된 관광지뿐만 아니라, 관광자원을 갖추고 있으나 관광객을 위한 기본적인 편의시설이 갖추어지지 아니한 미개발 관광지도 포함된다. [그림 3-1]과 같이 전국적으로 224개소의 관광지가 지정되어 있다.

7) 관광단지

관광단지(觀光團地)란 관광객의 다양한 관광 및 휴양을 위하여 각종 관광시설을 종합적으로 개발하는 관광 거점(據點) 지역으로서 관광진흥법에 따라 지정된 곳을 말한다. 관광지 및 관광단지는 시장·군수·구청장(기초자치단체장)의 신청에 의하여 시장·도지사(광역자치단체장)가 지정한다. 시장·도지사는 관광지 및 관광단지의 지정 신청을 받은 경우에는 개발 필요성과 타당성, 관광지·관광단지의 구분기준 그리고 관광개발기본계획 및 권역별 관광개발계획에 적합한지 등을 종합적으로 검토하여야 한다. 이와 같은 관광단지는 관광지보다 규모가 크고 관광시설이 더 많이 설치되는 곳으로서 관할 지자체장이 개발하는 것이 원칙이지만, 필요할 경우 한국관광공사, 한국관광공사가 출자한 법인, 한국토지주택공사(韓國土地住宅公社),

---

120) 분양(sale of land)이라 함은 전체를 여러 부문으로 나누어 주는 것으로, 주로 토지나 건물 등을 나누어서 파는 것을 말한다.

지방공사(地方公社) 및 지방공단(地方工團) 등 민간개발자가 개발할 수 있도록 하고 있다. 현재 관광단지는 경주보문관광단지, 제주중문관광단지 등 전국에 49개소가 지정되어 있다([그림 3-1] 참고).

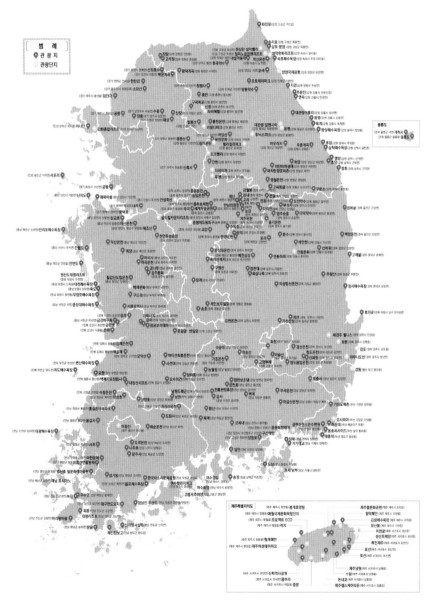

그림 3-1 관광지 및 관광단지 현황도

8) 민간개발자

민간개발자(民間開發者)란 관광단지를 개발하려는 개인이나, 상법(商法) 또는 민법(民法)에 따라 설립된 법인을 말한다. 이러한 민간개발자에는 특별법에 의해 설립된 공법인도 포함된다. 그리고 상법에 의해 설립된 법인인 주식회사(株式會社)[121]도 관광지 개발에 참여하는 것이 가능하다.

관광단지에 있는 시설들은 공공적 성격을 띠고 있는 시설도 있지만, 숙박시설이나 상점 등 민간경영이 불가피한 시설도 많기 때문에 공법인 외에도 민간 기업이나 개인이 개발할 수 있도록 허용하고 있다.

9) 조성계획

조성계획(造成計劃)이란 관광지나 관광단지의 보호 및 이용을 증진하기 위하여 필요한 관광시설의 조성과 관리에 관한 계획을 말한다. 관광지의 조성계획은 그 관광지를 관할하는 시장·군수가 작성하여 해당 광역시장·도지사의 승인을 받아야 한다.

관광단지의 경우에는 관할 시장·군수 또는 민간개발자가 조성계획을 수립하여 시장·도지사의 승인을 얻을 수 있다. 이와 같은 조성계획에는 해당 관광지 또는 관광단지에 대한 토지이용계획, 시설물 배치계획, 교통 편의시설 설치계획, 상업시설 유치계획, 조경(造景) 계획, 오수(汚水) 및 폐수(廢水) 처리계획, 투자재원 조달계획, 관광지 관리계획 등이 포함되어야 한다.

10) 지원시설

지원시설(支援施設)이란 관광지나 관광단지의 관리·운영 및 기능 활성화에 필요한 관광지 및 관광단지 안팎의 시설을 말한다. 이러한 지원시설로는 진입도로와 구내도로, 가로등, 주차장, 상하수도 시설, 전기 및 통신시설, 화장실, 하수처리장 등의 공동시설(共同施設)을 말한다.

---

121) 주식회사(company limited by shares)는 주식(株式)의 발행으로 설립된 회사로 사단법인(社團法人)이며 영리를 목적으로 한다. 주주(株主)의 출자로 이루어지며, 권리·의무의 단위인 주식으로 나눠진 일정한 자본금을 갖는다. 모든 주주는 그 주식의 인수가액을 한도로 하는 출자의무를 부담할 뿐 회사 채무에 아무런 책임도 지지 않는다.

11) 관광특구

관광특구(觀光特區)란 외국인 관광객의 유치 촉진 등을 위하여 관광활동과 관련된 관계 법령의 적용이 배제되거나 완화되고, 관광활동과 관련된 서비스·안내 체계 및 홍보 등 관광여건을 집중적으로 조성할 필요가 있는 지역으로 관광진흥법에 따라 지정된 곳으로 관광(觀光) 특별(特別) 구역(區域)을 말한다. 관광특구는 관광지나 관광단지 또는 외국인 관광객이 주로 이용하는 지역 중에서 관할 시장·군수의 신청에 의하여 당해 시·도지사가 지정한다. 현재 관광특구로 지정된 곳은 서울의 명동·남대문지역, 이태원, 동대문 패션타운, 부산의 해운대, 인천 월미, 대전 유성, 충남 아산온천 지역, 통일동산 등 34개소가 있다.

12) 여행이용권

여행이용권(旅行利用券)은 관광 취약계층이 관광 활동을 영위할 수 있도록 금액이나 수량이 기재된 증표(證票)[122]를 말한다. 이는 장애인 관광 활동의 지원과 관광취약계층의 관광복지 증진 시책을 강구하도록 규정 한 2014년 법률 개정 때 포함되었다.

13) 문화관광해설사

문화관광해설사(文化觀光解說師)란 관광객의 이해와 감상, 체험 기회를 제고(提高)하기 위하여 역사·문화·예술·자연 등 관광자원 전반에 대한 전문적인 해설을 제공하는 사람을 말한다. 이는 문화관광해설사를 체계적이고 효과적으로 양성하여 활용하기 위하여 그 법적 근거를 마련한 것으로 2011년 관광진흥법 개정으로 추가되었다.

---

122) 증표(voucher, token)는 증명이나 증거가 될 만한 표를 뜻한다.

제2절 관광사업의 종류 및 등록

1. 관광사업의 종류

시대의 변화에 따라 관광의 형태가 다양화되어 가며 관광객의 관광성향도 전문화되어 가고 있다. 이러한 변화에 맞추어 관광사업의 종류도 확대 조정되어 왔다. 1961년 '관광사업진흥법'이 제정될 당시에는 관광사업을 여행알선업, 관광호텔업, 통역안내업, 관광휴양업, 토산품판매업, 관광교통업, 관광시설업 등 일곱 개로 구분하였다. 그리고 1975년 '관광사업법'에서는 이를 여행알선업, 관광숙박업, 관광객 이용시설업의 세 가지로 크게 나누었다. 그러나 1986년부터 시행된 '관광진흥법'에서는 관광사업을 여행업, 관광숙박업, 관광객 이용시설업, 국제회의용역업, 관광 편의시설업 등 다섯 개 업종으로 구분하였다. 이후 동 법은 몇 차례 개정(改定)을 통해 관광사업을 여행업, 관광숙박업, 관광객 이용시설업, 국제회의업, 카지노업, 유원시설업, 관광 편의시설업 등 일곱 가지로 분류하며 이를 다시 세부적으로 구분하고 있다(표 3-4 참고). 현재 전국적으로 각종 관광사업체는 총 39,799개 업체가 등록되어 있다.[123]

표 3-4 **관광진흥법의 관광사업 구성내용**

분류(관광진흥법 제3조)		세부분류(관광진흥법 시행령 제2조)
여행업		종합여행업, 국내외여행업, 국내여행업
관광숙박업	호텔업	관광호텔업, 수상관광호텔업, 한국전통호텔업, 가족호텔업, 호스텔업, 소형호텔업, 의료관광호텔업
	휴양콘도미니엄업	
관광객 이용시설업		전문휴양업, 종합휴양업(제1종, 제2종), 야영장업(일반야영장업, 자동차야영장업), 관광유람선업(일반관광유람선업, 크루즈업), 관광공연장업, 외국인관광 도시민박업, 한옥체험업
국제회의업		국제회의시설업, 국제회의기획업

---

123) 자료: 한국관광협회중앙회 집계 발표 '2023년 9월 말 기준 전국 관광사업체 현황'

분류(관광진흥법 제3조)	세부분류(관광진흥법 시행령 제2조)
카지노업	
유원시설업	종합유원시설업, 일반유원시설업, 기타유원시설업
관광 편의시설업	관광유흥음식점업, 관광극장유흥업, 외국인전용 유흥음식점업, 관광식당업, 관광순환버스업, 관광사진업, 여객자동차터미널시설업, 관광펜션업, 관광궤도업, 관광면세업, 관광지원서비스업

1) 여행업

관광진흥법에서는 여행업(旅行業)에 대해 "여행자 또는 운송시설·숙박시설, 그 밖에 여행에 딸리는 시설의 경영자 등을 위하여 그 시설 이용의 알선(斡旋)[124]이나 계약 체결의 대리(代理), 여행에 관한 안내, 그 밖의 여행 편의를 제공하는 업(業)"이라고 규정하고 있다. 여행자의 여행목적지 또는 여행자의 구분에 따라 관광진흥법 시행령(제2조)에서는 종합여행업, 국내외여행업, 국내여행업으로 세분하고 있다. 현재 전국적으로 21,240개 업체가 여행업으로 등록되어 있다.[125]

(1) 종합여행업

종합여행업(一般旅行業)이란 국내외를 여행하는 내국인 및 외국인을 대상으로 하는 여행업을 말한다. 즉, 내국인의 국외여행(outbound tour)과 국내여행(domestic tour), 그리고 외국인의 국내여행(inbound tour) 등 여행과 관련된 모든 업무를 취급하고 있다.

(2) 국내외여행업

국내외여행업(國內外旅行業)은 국내외를 여행하는 내국인을 대상으로 하는 여행업을 말한다. 즉, 국내에 거주하는 내국인의 국외여행 뿐 아니라 내국인의 국내여행도 함께 취급할 수 있다. 따라서 국내외여행업자는 외국인의 국내여행 업무는 취급할 수 없으며, 이러한 업무는 종합여행업으로 등록해야 가능하다.

---

124) 알선(arrangement)이라 함은 분쟁의 해결 또는 계약의 성립을 위하여 제3자가 관련 당사자들을 매개로 하여 합의를 이끌어 내는 것을 말한다.
125) 이 가운데 종합여행업은 7,746개, 국내외여행업은 9,386개, 국내여행업은 4,108개 업체 등록

(3) 국내여행업

국내여행업(國內旅行業)이란 국내를 여행하는 내국인을 대상으로 하는 여행업을 말한다. 즉, 내국인의 국내여행만을 취급하는 여행사이다. 국내여행업은 국내여행상품의 개발 및 판매, 타 여행사의 패키지 상품 판매, 국내 교통 및 숙박권 판매, 행사 및 이벤트 입장권 판매, 전세 차량 수배 등의 업무를 수행하고 있다. 그리고 전세버스업(chartered bus)을 겸하고 있는 업체가 많이 등록되어 있다.

2) 관광숙박업

관광숙박업(觀光宿泊業)은 호텔업과 휴양콘도미니엄업으로 구분되며, 호텔업은 관광호텔업, 수상(水上)관광호텔업, 한국전통호텔업, 가족호텔업, 호스텔업, 소형호텔업, 의료관광호텔업 등으로 나누어진다. 현재 전국적으로 2,620개(객실 약 25만개)의 관광숙박업체가 등록되어 운영되고 있다.

(1) 호텔업

호텔업이란 "관광객의 숙박(宿泊)에 적합한 시설을 갖추어 이를 관광객에게 제공하거나 숙박에 딸리는 음식·운동·오락·휴양·공연 또는 연수(研修) 등에 적합한 시설[이하 '부대시설(附帶施設)[126]'이라 함] 등을 함께 갖추어 이를 이용하게 하는 업"을 말한다. 특기할 사항은 종전에는 가족호텔업에 한해서만 회원모집이 가능했으나, 2008년 법령 개정 이후 사업계획 승인을 받은 모든 호텔업도 회원모집이 가능하게 되었다. 전국에 2,367개의 호텔이 등록되어 있다.[127]

① 관광호텔업

관광호텔업은 관광객의 숙박에 적합한 시설을 갖추어 관광객에게 이용하게 하고 숙박에 딸린 부대시설을 함께 갖추어 이용하게 하는 업이다. 관광객이 일반적으로 가장 많이 이용하는 형태의 호텔이다.

---

126) 부대시설이라 함은 기본이 되는 건축물 따위에 덧붙어 있는 시설을 말한다. 주택법상의 용어로, 전기·도로·상하수도 기타 이에 준하는 것으로서, 통신시설, 가스공급시설, 보안등, 관리사무실 등의 시설 또는 설비를 부대시설이라고 한다.

127) 이 가운데 관광호텔은 1,073곳이며, 한국전통호텔업은 9곳, 가족호텔은 161곳, 호스텔은 1,069곳, 소형호텔은 55곳이 등록되어 있다.

② 수상관광호텔업

수상관광호텔업은 수상(水上)에 구조물 또는 선박을 고정하거나 매어 놓고 관광객의 숙박에 적합한 시설을 갖추거나 부대시설을 함께 갖추어 관광객에게 이용하게 하는 업이다. 수상관광호텔은 해상이나 내수면에 운항이 불가능한 유람선, 크루즈 등의 선박(船泊)을 고정하고 호텔로 개조한 것인데, 해외에 이와 같은 사례가 많지만 국내에는 운영되고 있는 곳은 없다.

③ 한국전통호텔업

한국전통호텔업은 한국(韓國) 전통(傳統)의 건축물에 관광객의 숙박에 적합한 시설을 갖추거나 부대시설을 함께 갖추어 관광객에게 이용하게 하는 업이다. 한국전통호텔은 외관을 기와집으로 하는 등 한국 고유의 건축미와 온돌과 창호를 갖추어 외국인들에게 한국 전통 숙박시설을 체험할 수 있도록 한 것이다.

④ 가족호텔업

가족호텔업은 가족(家族) 단위 관광객의 숙박에 적합한 시설 및 취사도구(炊事道具)를 갖추어 관광객에게 이용하게 하거나 숙박에 딸린 음식·운동·휴양 또는 연수에 적합한 시설을 함께 갖추어 관광객에게 이용하게 하는 업이다. 가족호텔은 오락이나 공연시설을 갖출 수 없는 중저가의 호텔로 종전의 국민호텔업과 합친 것이다. 가족 단위 관광객이 이용하는 점을 감안하여 객실별 취사시설과 층별로 공동취사장을 갖추어야 하고 외국인에게 서비스제공이 가능한 체제를 갖추어야 한다. 따라서 가족호텔업의 시설이나 이용형태는 휴양콘도미니엄과 비슷하지만, 가족호텔은 시설이 소박하고 이용가격도 저렴하여 국민대중이 이용할 수 있도록 운영하고 있다.

⑤ 호스텔업

호스텔업은 배낭여행객 등 개별 관광객의 숙박에 적합한 시설로서 샤워장, 취사장 등의 편의시설과 외국인 및 내국인 관광객을 위한 문화·정보 교류시설 등을 함께 갖추어 이용하게 하는 업이다. 호스텔(hostel)[128]은 과거의 유스호스텔(Youth

---

128) 호스텔(hostel)이란 숙박시설의 하나로 이용자에게 저렴한 가격으로 숙소를 제공한다. 대부분의 경우 커다란 공동침실에서 여러 명이 투숙하며, 샤워실과 주방은 호스텔 이용객 전원이 공동으로 사용한다.

Hostel)[129] 또는 청소년호텔과 유사한 것으로 청소년 또는 개별여행자를 위한 것이며, 가족호텔업과 같이 오락, 공연시설을 갖출 수 없는 중저가급 호텔이다.

⑥ 소형호텔업

소형호텔업은 관광객의 숙박에 적합한 시설을 소규모로 갖추고 숙박에 딸린 음식·운동·휴양 또는 연수에 적합한 시설을 함께 갖추어 관광객에게 이용하게 하는 업을 말한다. 일반적으로 관광호텔은 30실 이상인데, 소형호텔은 20~30실 정도의 소규모(小規模) 숙박시설이다. 이 업종은 최근 저가(低價) 숙박시설을 선호하는 개별 외국인 관광객의 증가추세에 따라 2014년 시행령 개정을 통해 새롭게 추가되었다.

⑦ 의료관광호텔업

의료관광호텔업은 의료관광객의 숙박에 적합한 시설 및 취사도구를 갖추거나 숙박에 딸린 음식·운동 또는 휴양에 적합한 시설을 함께 갖추어 주로 외국인 관광객에게 이용하게 하는 업을 말한다. 이를 메디텔(medi-tel)이라고도 하는데, 의료관광(醫療觀光)의 활성화에 따른 관광 환경의 변화에 부응하기 위하여 신설된 업종이다. 소형호텔업과 마찬가지로 2014년 시행령 개정을 통해 추가되었다.

(2) 휴양콘도미니엄업

휴양(休養)콘도미니엄업(業)이란 "관광객의 숙박(宿泊)과 취사(炊事)에 적합한 시설을 갖추어 이를 그 시설의 회원(會員)이나 소유자 등, 그 밖의 관광객에게 제공하거나 숙박에 딸리는 음식·운동·오락·휴양·공연 또는 연수에 적합한 시설 등을 함께 갖추어 이를 이용하게 하는 업"을 말한다. 휴양 콘도미니엄(condominium)[130]은 관광호텔과 비슷한 시설을 갖추고 있으나, 주된 이용대상으로 그 시설의 회원이나 공유자에게 우선권을 준다는 점과 객실에 취사시설을 갖추고 있는 점이 관광호텔과 구별된다. 또 주로 가족단위로 이용하기 때문에 가족

---

129) 유스호스텔(Youth Hostel)은 청소년이 자연과 친숙해지고 건전한 야외활동을 갖게 하기 위하여 비영리적인 숙박시설을 갖추고 적극적으로 자연과 사귐을 촉진하는 운동, 또는 그 숙박시설이다. 1909년 독일에서 처음 운영된 이래 전 세계로 보급되었다.

130) 콘도미니엄(condominium)은 1950년대 유럽의 중소기업들이 종사원의 후생복지 목적으로 국민관광 차원에서 시작되었다. 공공건물에 개별적으로 소유권을 행사하면서 저당설정과 양도가 가능하며 그 시설관리·서비스는 별도의 독립된 회사에 의해 행해지는 숙박형태이다.

호텔과 유사하지만, 시설이 고급화되어 있고 각종 휴양 및 오락시설 등 대규모 시설로 운영되고 있어 가족호텔보다 가격이 훨씬 높게 형성되어 있다. 현재 전국적으로 249개의 콘도미니엄이 운영되고 있다.

3) 관광객 이용시설업

관광객 이용시설업(觀光客利用施設業)이란 "관광객을 위하여 음식·운동·오락·휴양·문화·예술 또는 레저(leisure)[131] 등에 적합한 시설을 갖추어 이를 관광객에게 이용하게 하는 업"을 말한다. 그리고 "대통령령으로 정하는 2종 이상의 시설과 관광숙박업의 시설 등을 함께 갖추어 이를 회원이나 그 밖의 관광객에게 이용하게 하는 업"도 포함하고 있다. 현재 관광객 이용시설업에는 전체 8,249개의 업체가 등록되어 영업을 하고 있다.[132]

(1) 전문휴양업

전문휴양업(專門休養業)은 관광객의 휴양이나 여가 선용을 위하여 숙박시설(宿泊施設)[133]이나 음식점시설(飲食店施設)[134]을 갖추고, 전문휴양시설(專門休養施設) 중 한 종류의 시설을 갖추어 관광객에게 이용하게 하는 업이다.

'관광진흥법 시행령' 별표(別表)[135]1에서 정한 전문휴양시설의 종류로는 민속촌, 해수욕장, 수렵장, 동물원, 식물원, 수족관, 온천장, 동굴자원, 수영장, 농어촌휴양시설, 활공장, 체육시설(體育施設)[136], 산림휴양시설, 박물관, 미술관 등이 있다.

---

131) 레저(leisure)란 생활시간 이외의 자유로운 시간으로 여가(餘暇)라고도 한다. 레저는 생계를 위한 필요성이나 의무가 따르지 않고 스스로 만족을 얻기 위한 자유로운 활동으로서 활동을 행하는 것 자체가 목적이다.

132) 이 중 전문휴양업은 157개, 종합휴양업은 30개, 야영장업은 3,591개, 관광유람선업은 37개(일반관광유람선업), 관광공연장업은 10개, 외국인관광 도시민박업은 2,546개, 한옥체험업은 1,878개가 등록되어 있다.

133) '관광진흥법'에서 정한 관광숙박시설, '공중 위생관리법'에서 정하고 있는 숙박시설, '농어촌정비법'에 따른 농어촌민박시설, '산림문화·휴양에 관한 법률'에 따라 자연휴양림 안에 설치된 숙박시설을 모두 포함하는 개념이다.

134) 전문휴양업과 종합휴양업에서 정하고 있는 음식점시설에는 '식품위생법'에서 정하고 있는 휴게음식점, 일반음식점, 제과점 영업시설을 말한다.

135) 별표(attached table)는 법령에서 따로 붙인 표나 도표를 말한다.

136) 전문휴양시설에 속하는 체육시설에는 '체육시설의 설치 및 이용에 관한 법률'에서 정하고 있는 스키장, 요트장, 골프장, 조정장, 카누장, 빙상장, 자동차경주장, 승마장 또는 종합체육시설을 말한다.

(2) 종합휴양업

종합휴양업(綜合休養業)은 전문휴양시설과 숙박시설 및 음식점시설, 그리고 유원시설 등을 갖추어 관광객을 대상으로 운영하는 곳이다. 시설의 종류와 규모에 따라 제1종과 제2종으로 구분하며 제2종의 규모가 더 크다. 종합휴양업에 대해서는 일반적으로 리조트(resort)[137] 라고도 부른다.

① 제1종 종합휴양업

제1종(第一種) 종합휴양업은 관광객의 휴양이나 여가 선용을 위하여 숙박시설 또는 음식점시설을 갖추고 전문휴양시설 중 두 종류 이상의 시설을 갖추어 관광객에게 이용하게 하는 업이나, 숙박시설 또는 음식점시설을 갖추고 전문휴양시설 중 한 종류 이상의 시설과 종합유원시설업의 시설을 갖추어 관광객에게 이용하게 하는 업이다. 제1종 종합휴양업의 숙박시설은 '공중위생관리법'에서 규정하는 일반숙박시설도 가능하다.

② 제2종 종합휴양업

제2종(第二種) 종합휴양업은 관광객의 휴양이나 여가 선용을 위하여 관광숙박업의 등록에 필요한 시설과 제1종 종합휴양업의 등록에 필요한 전문휴양시설 중 두 종류 이상의 시설 또는 전문휴양시설 중 한 종류 이상의 시설 및 종합유원시설업의 시설을 함께 갖추어 관광객에게 이용하게 하는 업이다. 따라서 제2종 종합휴양업은 관광숙박업 시설이므로 회원모집 및 분양이 가능하다.

(3) 야영장업

가족 단위로 야영(野營)하는 여행자의 증가에 따라 야영장의 수가 증가하고 있음에도 불구하고 자동차야영장업만을 관광사업으로 등록하도록 하고 있어 야영장에 대한 종합적 관리가 어려웠다. 이에 야영장 이용객들이 안전하고 위생적으로 야영장을 이용할 수 있도록 2014년 법령 개정을 통해 자동차야영장업 외의 일반야영장업도 관광사업으로 등록하도록 하였다.

---

137) 리조트는 여가 시설과 체류 시설을 함께 갖춘 체류형 휴양시설을 말하는 일반 명칭이다. 리조트는 위치에 따라 도심형, 산악형, 해안형으로 구분되기도 한다.

① 일반야영장업

일반야영장업(一般野營場業)은 야영장비 등을 설치할 수 있는 공간을 갖추고 야영에 적합한 시설을 함께 갖추어 관광객에게 이용하게 하는 업이다.

② 자동차야영장업

자동차야영장업(自動車野營場業)은 자동차를 주차하고 그 옆에 야영장비 등을 설치할 수 있는 공간을 갖추고 취사 등에 적합한 시설을 함께 갖추어 자동차를 이용하는 관광객에게 이용하게 하는 업이다.

(4) 관광유람선업

관광유람선업(觀光遊覽船業)은 일반관광유람선업과 크루즈(cruise)[138]업으로 구분하고 있다. 그리고 유람선(遊覽船, cruise)이 관광 목적인 것과 달리, 여객선(旅客船, ferry)은 이동이 목적인 해상교통수단을 말한다.

① 일반관광유람선업

일반관광유람선업(一般觀光遊覽船業)은 '해운법(海運法)'에 따른 해상여객운송사업의 면허를 받은 자나 '유선(遊船) 및 도선(渡船) 사업법'에 따른 유선사업의 면허를 받거나 신고한 자가 선박을 이용하여 관광객에게 관광을 할 수 있도록 하는 업이다.

② 크루즈업

크루즈업(業)은 '해운법'에 따른 순항(順航) 여객운송사업이나 복합 해상여객운송사업의 면허를 받은 자가 해당 선박 안에 숙박시설, 위락시설 등 편의시설을 갖춘 선박을 이용하여 관광객에게 관광을 할 수 있도록 하는 업이다.

---

138) 크루즈는 항해를 통한 휴양을 목적으로 사용되는 여객선으로, 항해 자체와 선박시설 이용도 관광의 한 부분이다. 크루즈는 유럽과 북아메리카 지역이 가장 활발하며, 점차 아시아와 태평양 지역으로 시장이 확대되고 있다. 크루즈선(cruise ship)에는 수영장, 바, 식당, 공연장, 면세점 등 시설이 있고 대체로 수천 명 이상 승선이 가능하여 떠다니는 호텔 또는 리조트라고도 한다. 현재 국내에서 등록하고 운영하는 크루즈 업체는 없으며, 국내에 운항 중인 크루즈는 다른 나라의 크루즈선을 임대하여 일시적으로 운항하거나 해외 출발 크루즈가 국내에 기항하는 경우이다.

(5) 관광공연장업

관광공연장업(觀光公演場業)은 관광객을 위하여 적합한 공연시설을 갖추고 공연물을 공연하면서 관광객에게 식사와 주류를 판매하는 업이다.[139]

(6) 외국인관광 도시민박업

'외국인관광(外國人觀光) 도시민박업(都市民泊業)'은 도시지역에서 주민이 자신이 거주하고 있는 주택(住宅)[140]을 이용하여 외국인 관광객에게 한국의 가정 문화를 체험할 수 있도록 적합한 시설을 갖추고 숙식(宿食) 등을 제공하는 업이다. 이는 외국인 관광객으로 하여금 한국 가정 체험을 통해 교류를 증대하고 부족한 도시 숙박시설에 대처하기 위하여 2011년부터 관광 편의시설업으로 지정할 수 있도록 하였고, 2016년에 시행령 개정을 통해 관광객 이용시설업으로 등록하도록 하였다. 관광 편의시설업은 지정 요건이 간소하고 지정요건을 위반해도 제재(制裁) 사항이 없었다. 그러나 외국인관광 도시민박업은 별도로 관리할 필요성이 있어 관광객 이용시설업으로 변경하게 되었다. 한편, '농어촌정비법'에 따른 '농어촌민박(農漁村民泊)'은 외국인에게만 숙박이 허용되는 도시민박업과 달리 숙박 대상은 내·외국인 모두 제한이 없다.

(7) 한옥체험업

한옥체험업(韓屋體驗業)은 한옥에 관광객의 숙박 체험에 적합한 시설을 갖추고 관광객에게 이용하게 하거나, 전통 놀이 및 공예 등 전통문화 체험에 적합한 시설을 갖추어 관광객에게 이용하게 하는 업이다. 여기에서 한옥은 주요 구조가 기둥·보 및 한식지붕틀로 된 목구조로서 전통양식이 반영된 건축물 및 그 부속 건축물을 말한다. 문화체육관광부는 그동안 관광 편의시설업으로 분류되었던 한옥체험업을 관광객 이용시설업으로 재분류하여 한옥의 양식, 면적 제한 및 편의시설 설치 등을 등록기준으로 신설함으로써 한옥체험업을 보다 효율적으로 운영·관리할 수 있도록 하였다.

---

139) 최초의 관광공연장이었던 쉐라톤워커힐호텔 내 워커힐시어터의 '워커힐쇼'는 1963년 개장 이후 50년 동안 대표적인 관광공연장으로 명맥을 유지해 왔으나, 난타, 점프 등 새로운 공연이 외국인 관광객에게 인기를 끌면서 외국인 유치의 어려움으로 2012년 말에 폐장하였다.

140) 외국인 숙박에 활용할 수 있는 주택은 건축법 시행령에 따른 단독주택, 다가구주택, 아파트, 연립주택 또는 다세대주택을 포함한다.

4) 국제회의업

국제회의업(國際會議業)이란 "대규모 관광 수요를 유발하는 국제회의(세미나, 토론회, 전시회·기업회의 등을 포함)를 개최할 수 있는 시설을 설치·운영하거나, 국제회의의 기획·준비·진행 및 그 밖에 이와 관련된 업무를 위탁받아 대행하는 업"을 말한다. 한편 국제회의업의 육성을 비롯한 국제회의업에 관한 구체적인 내용은 '국제회의산업(國際會議産業) 육성(育成)에 관한 법률(法律)'[141]에서 별도로 규정하고 있다.

(1) 국제회의시설업

국제회의시설업(國際會議施設業)은 대규모 관광 수요를 유발하는 국제회의를 개최할 수 있는 시설을 설치하여 운영하는 업이다. 일반적으로 이러한 국제회의 시설을 컨벤션센터(Convention Center)라고 부르고 있다. 국내 최초의 컨벤션센터인 코엑스(2000년 건립)를 비롯하여 현재 전국적으로 주요 대도시를 중심으로 60곳의 전문 국제회의시설이 등록되어 있다.

(2) 국제회의기획업

국제회의기획업(國際會議企劃業)은 대규모 관광 수요를 유발하는 국제회의의 계획(計劃), 준비(準備), 진행(進行) 등의 업무를 위탁받아 대행(代行)하는 업이다. 전문 국제회의 기획업체를 PCO(Professional Convention Organizers)라고 하며, 현재 전국에 1,361개 업체가 등록되어 활동을 하고 있다.

5) 카지노업

카지노업(業)이란 "전문 영업장을 갖추고 주사위·트럼프·슬롯머신 등 특정한 기구 등을 이용하여 우연(偶然)의 결과에 따라 특정인에게 재산상의 이익(利益)을 주고 다른 참가자에게 손실(損失)을 주는 행위 등을 하는 업"이라고 규정하고 있

---

141) 동 법률(法律)은 1996년에 제정되었으며, 동법 시행령과 시행규칙을 제정하여 국내 국제회의 산업 육성을 위한 법률적 토대가 되고 있다. 동법은 이 책 후반부에서 자세히 다루게 된다.

다. 카지노(casino)[142]는 종전에는 사행행위(射倖行爲)의 하나로 보고 경찰관청에서 관리하였으나 1994년에 관광진흥법이 개정되어 관광사업으로 전환되었다. 그리고 원칙적으로 카지노 업장에는 외국인의 출입만 허용하며, 내국인의 출입은 금지되고 있다. 그러나 '폐광지역개발(廢鑛地域開發) 지원에 관한 특별법(特別法)'[143]에 의해 설립된 ㈜강원랜드에서 운영하는 카지노에 한해 내국인의 출입이 허용되고 있다. 이 법률 외에도 카지노 사업을 허가할 수 있는 법률로는 '제주도특별자치도 설치 및 국제자유도시 조성을 위한 특별법'과 '기업도시개발 특별법', 그리고 '경제자유구역의 지정 및 운영에 관한 특별법'이 있지만 아직 허가 사례는 없다. 한편 현재 국내에는 17개의 카지노 업체가 허가를 받아 운영을 하고 있다.[144]

6) 유원시설업

유원시설업(遊園施設業)이란 "유기시설(遊技施設)이나 유기기구(遊技機具)를 갖추어 이를 관광객에게 이용하게 하는 업"을 말하고, "다른 영업을 경영하면서 관광객의 유치 또는 광고 등을 목적으로 유기시설이나 유기기구를 설치하여 이를 이용하게 하는 경우도 포함"하고 있다. 유원시설업은 종전에는 '공중위생법'에서 관장(管掌)하였으나, 1999년 '관광진흥법'을 개정하면서 관광사업으로 분류되었다. 현재 전국에 2,708개의 유원시설업체가 등록되어 있다.[145]

(1) 종합유원시설업

종합(綜合)유원시설업은 유기시설이나 유기기구를 갖추어 관광객에게 이용하게 하는 업으로서, 대규모의 대지 또는 실내에서 안전성(安全性) 검사 대상인 유기시설 또는 유기기구(遊技器具) 여섯 종류 이상을 설치하여 운영하는 업이다.

---

142) 카지노는 '작은 집'이라는 의미의 이탈리아어 카자(casa)가 어원으로, 르네상스 시대 귀족들이 소유하였던 사교·오락 목적의 별관(別館)을 뜻하였다. 오늘날은 관광지, 휴양지 등에 설치되어 있는 일반 옥내 도박장을 말한다.

143) 동법은 1995년에 석탄산업(石炭産業)의 사양화(斜陽化)로 낙후된 폐광지역의 경제를 진흥시켜 지역 간의 균형발전과 주민의 생활향상을 도모하기 위해 제정한 법이다. 당초 2005년까지만 시행되는 한시법 (限時法)이지만 2045년까지 시행종료 시기가 연장되었다.

144) 현재 운영되고 있는 카지노는 서울(3), 부산(2), 인천(1), 대구(1), 강원(2), 제주(8) 등 17곳이다. ㈜강원랜드 카지노를 제외하고 내국인의 출입은 금지되어 있다.

145) 이 중 종합유원시설업에는 롯데월드와 에버랜드를 포함하여 47곳이 등록되어 있으며, 일반 유원시설업에는 336곳이, 그리고 기타유원시설업으로 2,305곳이 등록되어 운영되고 있다.

(2) 일반유원시설업

일반(一般)유원시설업은 유기시설이나 유기기구를 갖추어 관광객에게 이용하게 하는 업으로서, 안전성 검사 대상인 유기시설 또는 유기기구 한 종류 이상을 설치하여 운영하는 업이다.

(3) 기타유원시설업

기타(其他) 유원시설업은 유기시설이나 유기기구를 갖추어 관광객에게 이용하게 하는 업으로서, 안전성 검사 대상이 아닌 유기시설 또는 유기기구를 설치하여 운영하는 업이다.

7) 관광 편의시설업

관광 편의시설업(觀光便宜施設業)은 앞에서 언급한 관광사업 외에, 관광 진흥에 이바지할 수 있다고 인정되는 사업이나 시설 등을 운영하는 업을 말한다. 관광진흥법 시행령(제2조)에 관광유흥음식점업, 관광극장유흥업, 외국인전용유흥음식점업, 관광식당업, 관광순환버스업, 관광사진업, 여객자동차터미널시설업, 관광펜션업, 관광궤도업, 한옥체험업, 관광면세업, 관광지원서비스업 등이 규정되어 있으며, 관광 편의시설업 전체 지정업체 수는 3,544개이다.[146]

(1) 관광유흥음식점업

관광유흥음식점업은 '식품위생법'에 따른 유흥주점 영업의 허가를 받은 자가, 관광객이 이용하기 적합한 한국 전통 분위기의 시설을 갖추어 그 시설을 이용하는 자에게 음식을 제공하고 노래와 춤을 감상하게 하거나 춤을 추게 하는 업이다.

(2) 관광극장유흥업

관광극장유흥업(觀光劇場遊興業)은 '식품위생법'에 따른 유흥주점 영업의 허가를 받은 자가, 관광객이 이용하기 적합한 무도(舞蹈)시설을 갖추어 그 시설을 이용하는 자에게 음식을 제공하고 노래와 춤을 감상하게 하거나 춤을 추게 하는 업이다.

---

146) 이 중 관광유흥음식점업에 11개, 관광극장유흥업에 96개, 외국인전용유흥음식점업에 315개, 관광식당업에 1,669개, 관광순환버스업에 61개, 관광사진업에 16개, 여객자동차터미널시설업 2개, 관광펜션업에 856개, 관광궤도업에 25개, 관광면세업에 77개, 관광지원서비스업에 397개 그리고 기타 관광편의시설업에 19개 업체가 지정되어 있다.

(3) 외국인전용 유흥음식점업

외국인전용(外國人專用) 유흥음식점업(遊興飮食店業)은 '식품위생법'에 따른 유흥주점 영업의 허가를 받은 자가, 외국인이 이용하기 적합한 시설을 갖추어 그 시설을 이용하는 자에게 주류(酒類)나 그 밖의 음식을 제공하고 노래와 춤을 감상하게 하거나 춤을 추게 하는 업이다. 이곳의 출입은 원칙적으로 외국인으로 한정되어 있지만, 예외적으로 외국인을 동반할 경우에는 내국인 출입도 허용된다.

(4) 관광식당업

관광식당업(觀光食堂業)은 '식품위생법'에 따른 일반음식점 영업의 허가를 받은 자가, 관광객이 이용하기 적합한 음식 제공시설을 갖추고 관광객에게 특정(特定) 국가의 음식을 전문적으로 제공하는 업이다. 관광식당은 지역 관광 활성화를 위해 각 시·군·구청에서 일반음식점으로 영업허가를 받은 식당 중에서 일정한 조리사 자격증을 가진 자를 채용한 식당이 각 시·도별 관광협회에 신청서를 제출하면 관광협회는 주변여건과 시설 등을 감안하여 지정(指定)을 한다.

(5) 관광순환버스업

관광순환버스업(觀光循環버스業)은 '여객자동차운수사업법'에 따른 여객자동차운송사업의 면허를 받거나 등록을 한 자가, 버스를 이용하여 관광객에게 시내와 그 주변 관광지를 정기적으로 순회(巡廻)하면서 관광할 수 있도록 하는 업이다. 시내 및 주변관광지를 순회하고 다시 출발지로 돌아오는 이와 같은 관광 형태를 흔히 시티투어(City Tour)라고도 부른다. 그동안 시내순환관광업으로 불렀으나 2016년 법령 개정으로 관광순환버스업으로 명칭이 바뀌었다.

(6) 관광사진업

관광사진업(觀光寫眞業)은 외국인 관광객과 동행(同行)하며 기념사진을 촬영하여 판매하는 업이다. 즉, 외국인 관광객의 국내투어에 동행하거나, 고궁 등 관광지에서 외국인 관광객을 상대로 사진촬영을 하여 판매하는 사업이다.

(7) 여객자동차터미널시설업

여객자동차(旅客自動車)터미널시설업(施設業)은 '여객자동차운수사업법'에 따른 여객자동차터미널사업의 면허를 받은 자가, 관광객이 이용하기 적합한 여객자동차터미널시설을 갖추고 이들에게 휴게시설, 안내시설 등 편익(便益) 시설을 제공하는 업이다.

(8) 관광펜션업

관광(觀光)펜션업(業)은 숙박시설을 운영하고 있는 자가, 자연 및 문화 체험(體驗) 관광에 적합한 시설을 갖추어 관광객에게 이용하게 하는 업이다. 관광펜션(pension)은 2003년 관광진흥법 개정으로 관광사업 분야에 새롭게 추가된 업종인데, 소규모의 호텔 수준 민박시설을 말한다. 이 업종은 '제주도 특별법'[147]을 적용받는 지역인 제주도에서는 적용되지 않는다(관광진흥법 시행령 제2조).

(9) 관광궤도업

관광궤도업(觀光軌道業)은 '궤도운송법(軌道運送法)'[148]에 따른 궤도사업의 허가를 받은 자가, 주변의 관람(觀覽)과 운송(運送)에 적합한 시설을 갖추어 관광객에게 이용하게 하는 업이다. 이러한 시설로는 케이블카(Cable Car), 모노레일(Mono Rail), 노면전차(Street Car, Tram Car) 등이 있다.

(10) 관광면세업

'관광면세업(觀光免稅業)'은 '관세법'에 따른 보세판매장(duty free shop)의 특허를 받은 자와 '외국인관광객 등에 대한 부가가치세 및 개별소비세 특례규정'에 따라 면세판매장(tax refund shop)의 지정을 받은 자가 판매시설을 갖추고 관광객에게 면세 물품을 판매하는 업을 말한다. 면세산업은 방한 외래관광객의 쇼핑 편의를 도모하고 관광 활성화 차원에서 법률적 지원 및 관리 근거를 마련하기 위하여 관광사업으로 지정할 수 있도록 하였다.

(11) 관광지원서비스업

'관광지원서비스업(觀光支援서비스業)'은 주로 관광객 또는 관광사업자 등을 위하여 사업이나 시설 등을 운영하는 업이다. 문화체육관광부장관이 「통계법」에 따라 관광 관련 산업으로 분류한 쇼핑업, 운수업, 숙박업, 음식점업, 문화·오락·

---

147) '제주도 특별법' 제174조에 의하면 제주도에서 휴양펜션업을 하고자 할 때에는 도지사에게 사업계획 승인을 얻어 등록하면 되는데, 등록한 업체는 분양 또는 회원모집이 가능하다.

148) 동법은 이전의 '삭도(索道, cable way) 및 궤도(軌道, track)법'이 '궤도운송법'으로 명칭이 변경되었다. 따라서 '관광진흥법'에서도 관광삭도업을 관광궤도업으로 변경하였다.

레저스포츠업, 건설업, 자동차임대업 및 교육서비스업 등이다. 다만, 등록·허가 또는 지정을 받거나 신고를 해야 하는 기존의 관광사업은 제외한다. 이것은 관광 환경의 변화와 기술의 발전에 따라 나타나는 운송, 쇼핑 등 관광과 밀접한 관련 이 있는 새로운 유형의 사업을 관광사업의 한 종류에 포함하여「관광진흥법」에 따른 관련 지원을 받을 수 있도록 하기 위함이다.

2. 관광사업 등록 및 허가

관광사업을 경영하고자 하는 자는 관광사업의 종류별로 법령에서 규정한 바에 따라 행정관청에 등록(登錄) 또는 신고(申告)를 하거나, 허가(許可)나 지정(指定)을 받아야 한다. 제주특별자치도의 경우 '제주도 특별법'에 의거, 관광사업의 등록 및 변경등록, 허가 및 변경허가, 신고 및 변경신고, 지정 및 변경지정 등에 관하여 관광진흥법 시행령이나 시행규칙으로 정하도록 되어 있는 사항들을 모두 제주도 조례(條例)로 정할 수 있게 하였다.

모든 관광사업은 총 용지(用地) 면적이 30만m² 이상인 경우 등록, 허가, 신고, 지정 전에 '환경영향평가법(環境影響評價法)'에 의해 "환경영향평가"를 받아야 하 고, 사업계획 승인 대상 업종인 관광숙박업, 전문휴양업, 종합휴양업, 국제회의시 설업은 그 부지(敷地) 면적이 5천m² 이상인 경우 '자연재해대책법(自然災害對策法)' 에 의거하여 "사전 재해 영향성 검토"를 실시하여야 한다. 그리고 관광숙박업 중 건축 연면적(延面積)이 도시교통정비지역(都市交通整備地域)[149]에서는 4만m² 이상 인 시설과, 교통권역(交通權域)[150]에서는 6만m² 이상인 시설에 대해서는 '도시교 통정비 촉진법(都市交通整備 促進法)'에 의거 "교통영향분석 및 개선대책"의 심의(審 議)를 받아야 한다.

1) 관광사업의 등록

관광사업 가운데 여행업, 관광숙박업, 관광객 이용시설업 및 국제회의업을 경 영하려는 자는 특별자치시장·특별자치도지사·시장·군수·구청장에게 등록(登錄)

---

149) 도시교통정비지역은 상주인구 10만 이상의 도시 등을 말한다.
150) 교통권역은 같은 교통생활권에 있는 2개 이상의 인접한 도시교통정비지역을 말한다.

하여야 한다. 그리고 등록을 하려는 자는 대통령령으로 정하는 자본금(資本金)[151], 시설 및 설비 등을 갖추어야 하며, 등록한 사항 중 대통령령으로 정하는 중요(重要)사항을 변경하려면 변경등록을 하여야 한다(관광진흥법 제4조).

등록관청은 요건을 갖춘 자에게는 등록을 거부하지 못하는 것이 원칙이다. 그리고 관광사업은 등록에 앞서 행정절차(行政節次)[152]를 거쳐야 하는 업종이 많다. 즉, 모든 관광숙박업과 관광객 이용시설업 중 전문휴양업 및 종합휴양업, 관광유람선업, 그리고 국제회의업 중 국제회의시설업의 경우에는 '등록심의위원회(登錄審議委員會)'의 심의를 거친 후에 등록을 한다. 또 이미 등록한 경우라도 상호 및 대표자 변경, 소재지 및 시설 변경 등 중요사항을 변경하게 되면, 그 변경사유가 발생한 날로부터 30일 이내에 해당 등록관청에 변경등록(變更登錄)[153]을 해야 한다.

등록관청은 관광사업의 등록을 받은 자가 관광사업자의 결격사유(缺格事由)[154]에 해당된 때에는 반드시 등록을 취소하여야 한다. 또 그 밖의 등록취소 사유에 해당되는 때에는 사안에 따라 그 등록을 취소할 수 있다.

2) 관광사업의 허가

카지노업을 경영하려는 자는 전용 영업장 등 문화체육관광부령으로 정하는 시설과 기구를 갖추어 문화체육관광부장관의 허가(許可)를 받아야 한다. 그리고 유원시설업 중 종합유원시설업 및 일반유원시설업을 경영하려는 자는 문화체육관광부령으로 정하는 시설과 설비를 갖추어 특별자치시장·특별자치도지사·시장·군수·구청장의 허가를 받아야 한다.

---

151) 여기서 자본금(capital)은 법인의 경우에는 납입자본금을 말하고, 개인의 경우에는 등록하려는 사업에 제공되는 자산의 평가액을 말한다.

152) 행정절차(administrative procedure)는 행정기관이 행정권을 행사하는 과정에서 거쳐야 하는 사전절차를 말한다.

153) 변경등록 사항(시행령 제6조): ① 사업계획의 변경승인을 받은 사항 ② 상호 또는 대표자의 변경 ③ 객실 수 및 형태의 변경(휴양 콘도미니엄업을 제외한 관광숙박업만 해당) ④ 부대시설의 위치·면적 및 종류의 변경(관광숙박업만 해당) ⑤ 여행업의 경우에는 사무실 소재지의 변경 및 영업소의 신설, 국제회의기획업의 경우에는 사무실 소재지의 변경 ⑥ 부지 면적의 변경, 시설의 설치 또는 폐지(야영장업만 해당) ⑦ 객실 수 및 면적의 변경, 편의시설 면적의 변경, 체험시설 종류의 변경(한옥체험업만 해당)

154) 결격사유(disqualification)라 함은 법률상 어떠한 자격을 상실하게 되는 사유를 말한다.

또한, 위와 같이 허가받은 사항 중 문화체육관광부령으로 정하는 중요사항을 변경하려면 변경허가를 받아야 한다(관광진흥법 제5조). 허가는 등록과 달리, 허가관청의 판단에 따라 얼마든지 거부(拒否)할 수 있다. 즉, 카지노업과 같이 사행산업을 운영하려는 경우에는 사회적 파급효과를 감안해야 하고, 안전성 검사가 필요한 유기기구를 갖춘 유원시설업의 경우에는 보다 더 정밀한 심의가 필요하기 때문이다.

3) 관광사업의 신고

유원시설업 중 기타 유원시설업을 경영하려는 자는 문화체육관광부령으로 정하는 시설과 설비를 갖추어 특별자치시장·특별자치도지사·시장·군수·구청장에게 신고(申告)하여야 한다. 신고한 사항 중 소재지 및 영업장 면적 등 중요사항을 변경하려는 경우에도 또한 같다. 그리고 카지노, 유원시설업 등 허가받은 사항 중 경미(輕微)한 사항[155]을 변경하려면 변경신고를 하여야 한다(관광진흥법 제5조). 관할관청은 신고 또는 변경신고를 받은 경우 그 내용을 검토하여 이 법에 적합하면 신고를 수리(受理)[156]하여야 한다. 또한 신고에 필요한 절차와 서식은 미리 정해 놓아야 한다.

4) 관광사업의 지정

관광 편의시설업을 경영하려는 자는 문화체육관광부령으로 정하는 바에 따라 특별시장·광역시장·특별자치시장·도지사·특별자치도지사 또는 시장·군수·구청장의 지정(指定)을 받아야 한다(관광진흥법 제6조).

2017년 법률 개정을 통해 관광 편의시설업을 경영하려는 자는 반드시 지정을 받도록 의무화하였다. 또한 관광 편의시설업 지정 기준의 위임(委任) 근거를 명시하며, 지정 기준에 부적합한 경우 지정 취소 등 행정처분(行政處分)을 할 수 있는 근거를 마련하였다.

관광유흥음식점업, 관광극장유흥업, 외국인전용 유흥음식점업, 관광순환버스업, 관광펜션업, 관광궤도업 및 관광면세업의 지정 및 지정취소는 시장·군수·구

---

155) 경미한 변경은 법률상의 효과에 크게 영향을 주지 않을 정도의 변경을 말한다. 해당되는 법률마다 다르지만 관광진흥법에서는 시설계획면적 전체의 20% 이내의 변경을 말한다.
156) 수리(accept, receive)란 서류를 받아서 처리하는 것을 말한다.

청장이 처리하고, 관광식당업, 관광사진업 및 여객자동차터미널시설업의 지정 및 지정취소는 지역별 관광협회가 담당한다(관광진흥법 시행규칙 제15조). 지정기관은 관광 편의시설업의 지정을 받은 자가 관광사업자의 결격사유에 해당된 때에는 반드시 지정을 취소하여야 한다. 또 그 밖의 지정취소 사유에 해당되는 때에는 그 지정을 취소할 수 있다. 그리고 시·도지사로부터 관광 편의시설업의 지정 업무를 위탁(委託)받아 수행하는 지역별 관광협회의 임·직원은 업무수행 과정에서 범법행위(犯法行爲)[157]가 있을 경우 '형법(刑法)'의 적용에 있어서 공무원으로 간주(看做)된다. 이상에서 살펴본 관광사업의 행정처분(行政處分)[158]과 관련된 사항을 요약하면 다음 [표 3-5]와 같다.

📋 표 3-5 **관광사업별 등록 등 행정처분**

행정처분	행정처분 관청		
	문화체육관광부장관	특별자치시장·특별자치도지사·시장·군수·구청장	지역별 관광협회
등록 (변경등록, 등록취소 포함)		· 여행업 · 관광숙박업 · 관광객 이용시설업 · 국제회의업	
허가 (변경허가, 허가취소 포함)	· 카지노업	· 종합유원시설업 · 일반유원시설업	
신고 (변경신고, 신고취소 포함)	· 카지노업 허가사항 중 경미한 사항의 변경	· 기타 유원시설업 · 종합유원시설업 및 일반유원시설업 허가사항 중 경미한 사항의 변경	

지정
(변경지정,
지정취소 포함)
		· 관광 편의시설업 중
		  - 관광유흥음식점업
		  - 관광극장유흥업
		  - 외국인전용유흥음식점업
		  - 관광순환버스업
		  - 관광펜션업
		  - 관광궤도업
		  - 관광면세업
		  - 관광지원서비스업
			· 관광 편의시설업 중
			  - 관광식당업
			  - 관광사진업
			  - 여객자동차 터미널 시설업

---

157) 범법행위(irregularity)는 법을 어기는 행위를 말하며, 공무수행 과정에서 수뢰(受賂), 뇌물제공(賂物提供), 부정처사(不正處事), 알선수뢰(斡旋收賂) 등을 말한다.

158) 행정처분(administrative disposition)은 법령에 의거하여 행정관청이 행하는 구체적인 사실에 관한 집행으로서의 공권력의 행사 또는 그 거부와 이에 준하는 행정작용을 말한다.

제3절 관광사업의 운영

1. 관광사업자 자격과 결격사유

관광사업체를 운영하기 위해서는 등록 등을 하여야 하며, 관광사업자로 적절하지 않은 자가 운영하는 관광사업체는 결격사유에 해당되어 등록을 취소하고 영업장을 폐쇄한다.

1) 관광사업자 자격

관광사업자는 관광사업을 경영하기 위하여 등록·허가·지정(이하 '등록 등'이라함)을 받거나 신고를 한 자를 말한다. 따라서 사업계획 승인을 받은 자라 하더라도 등록 등의 절차를 완료하기 전에는 관광사업자라고 볼 수 없다. 관광진흥법 제7조에서는 "다음 각 호의 어느 하나에 해당하는 자는 관광사업의 등록 등을 받거나 신고를 할 수 없고, 사업계획의 승인을 받을 수 없다. 법인(法人)의 경우 그 임원 중 다음 각 호의 어느 하나에 해당하는 자가 있는 경우에도 또한 같다."라고 규정하고 있다. 따라서 관광사업을 경영하려는 자는 법적인 하자(瑕疵)[159]가 없어야 한다. 관광사업자에게 이러한 자격을 요구하는 것은 관광사업은 공적인 기능이 강하고, 외국인을 상대해야 하는 사업의 특성을 반영한 것이라고 볼 수 있다.

2) 결격사유 해당자

결격사유(缺格事由)라 함은 일정한 법적 자격을 취득하는 데 필요한 요건이 결여되어 있는 경우를 말한다. 즉, 관광사업자의 결격사유는 관광사업자로서 법적 결함(結銜)이 있는 상태를 말한다. 그리고 관광진흥법에서는 모든 관광사업자에 대한 결격사유를 규정하면서, 별도로 카지노사업자에게 해당된 결격사유를 규정하고 있다. 카지노업의 특수성을 반영하여 더 강화된 규정을 두려는 목적이라고 할수 있다. 여기서는 모든 관광사업자에 해당되는 것만 우선 서술(敍述)한다.

---

159) 하자(flaw)라 함은 법률절차, 문서 또는 당사자가 정상적인 상태를 충족하지 못하는 흠이나 결함이 있는 경우에 쓰이는 말이다.

(1) 행위무능력자

　행위능력(行爲能力)이란 단독으로 완전하고 유효한 법률행위를 할 수 있는 지위 또는 자격을 말하고, 그렇지 못한 자를 행위무능력자(行爲無能力者)라고 말한다. 과거 민법(民法)은 행위무능력자를 미성년자, 한정치산자(限定治産者), 금치산자(禁治産者)로 규정하였다. 그러나 2013년 7월 1일부터 시행되고 있는 현행 민법에서는 행위무능력자를 미성년자(未成年者)[160], 피한정후견인(被限定後見人), 피성년후견인(被成年後見人) 등으로 명칭과 개념을 변경하였다.[161] 미성년자는 판단 능력이 불완전하지만 행위무능력자인 피성년후견인 및 피한정후견인과 구별되며 법률상 제한능력자로 인정되어 행위능력을 일부 제한받는다.

　피성년후견인(과거 법률의 금치산자)은 가정법원(家庭法院)에서 질병, 장애, 노령, 그 밖의 사유로 인한 정신적 제약으로 사무를 처리할 능력이 지속적(持續的)으로 결여(缺如)된 사람에 대하여 본인(本人), 배우자(配偶者), 4촌(四寸) 이내의 친족(親族)[162], 후견인(後見人)[163], 검사(檢事) 또는 지방자치단체장(地方自治團體長)의 청구(請求)에 의하여 성년후견개시의 심판(審判)을 한다(민법 제9조). 피한정후견인(과거 법률의 한정치산자)은 가정법원에서 질병, 장애, 노령, 그 밖의 사유로 인한 정신적 제약으로 사무를 처리할 능력이 부족(不足)한 사람에 대하여, 이들의 청구에 의하여 한정후견개시의 심판을 한다(민법 제12조). 이러한 행위무능력자의 법률행위는 취소할 수 있다. 이처럼 관광진흥법에 피성년후견인과 피한정후견인은 권리와 의무의 행위능력이 없으므로 관광사업자가 되지 못하게 하였다.

---

160) 민법 제4조에서 "사람은 19세로 성년에 이르게 된다."고 규정하고 있다. 여기서 19세란 태어난 지 만 19년이 되는 날을 말한다. 다만 「형법」은 14세 되지 않는 자를 형사미성년자라 하여 그 행위를 벌하지 않는다. 미성년자를 무능력자로 하여 법정대리인을 두는 것은 각국의 입법이 일치하나, 성년의 시기는 서로 다르다.

161) 현행 민법에서는 '한정치산자 선고'에 대하여 '한정후견개시의 심판'으로 내용을 개정하였다. 또한 '금치산자 선고'에 대해서도 '성년후견개시의 심판'으로 내용이 바뀌었다.

162) 민법 제767조에서 "배우자, 혈족(血族) 및 인척(姻戚)을 친족(親族)으로 한다."고 규정하고 있다. 여기서 자기의 직계존속과 직계비속을 직계혈족(直系血族)이라 하고, 자기의 형제자매와 형제자매의 직계비속, 직계존속의 형제자매 및 그 형제자매의 직계비속을 방계혈족(傍系血族)이라 한다. 그리고 혈족의 배우자, 배우자의 혈족, 배우자의 혈족의 배우자를 인척으로 한다.

163) 후견인(guardian)은 미성년자에 대하여 친권자가 없거나 친권자가 법률행위의 대리권 및 재산관리권을 행사할 수 없는 때, 또는 금치산이나 한정치산의 선고가 있는 때에, 그 미성년자·금치산자 및 한정 치산자를 보호하기 위한 제도이다.

(2) 파산선고를 받고 복권되지 아니한 자

파산(破産)[164]은 채무자(債務者)가 그 채무를 모두 갚지 못할 상태에 빠진 경우에 채무자의 총재산을 모든 채권자(債權者)에게 공평히 변제(辨濟)함을 목적으로 하는 절차를 말한다. 파산은 채권자 또는 채무자의 파산 신청에 의해 법원이 파산선고(破産宣告)를 하게 된다(채무자 회생 및 파산에 관한 법률).

법원으로부터 파산선고를 받은 파산자(破産者)는 법원의 허가를 받아야 거주지를 떠날 수 있고, 필요하다고 인정할 경우에는 구인(拘引)할 수도 있으며, 많은 개별 법률에서 자격을 인정하지 않는 경우가 있다. 따라서 파산선고를 받고 복권(復權)되지 아니하면 관광사업을 운영할 수가 없다.

(3) 등록 등 또는 사업계획의 승인이 취소되거나 영업소가 폐쇄된 후 2년이 지나지 아니한 자

대체로, 관광사업의 등록·허가·지정 및 사업계획의 승인이 취소되거나 영업소가 폐쇄(閉鎖)된 자는 그 전력(前歷)에 비추어 볼 때 또다시 관련법을 위반할 개연성(蓋然性)이 높다. 그러므로 위법행위(違法行爲)를 통해 영업의 취소 및 정지라는 행정처분(行政處分)을 받은 자에게는 일정한 기간 동안 관광사업을 운영할 수 없도록 할 필요성이 있다.

(4) 징역 이상의 실형을 선고받고 그 집행이 끝나거나, 집행을 받지 아니하기로 확정된 후 2년이 지나지 아니한 자, 또는 형의 집행유예(執行猶豫)[165] 기간 중에 있는 자

관광진흥법 또는 다른 법률을 위반한 행위로 인하여 형사(刑事) 처벌(處罰)을 받은 경우에는, 일정한 기간 동안 관광 사업 분야에 종사하지 못하게 함으로써 건전한 관광산업 육성을 도모하고자 하는 취지라고 할 수 있다.

---

164) 파산(bankruptcy)은 재산을 모두 잃어버리고 망한 경우로, 개인과 기업에 모두 해당된다. 개인의 경우, 재정적 어려움으로 인해 파탄에 직면한 개인채무자의 채무를 법원이 강제로 재조정해 파산을 구제하는 개인회생제도(個人回生制度)가 있다.

165) 집행유예(probation, a stay of execution)란 3년 이하의 징역 또는 금고에 해당하는 유죄(有罪)의 판결을 한 뒤 형의 선고를 함에 있어서 정상(情狀)에 의하여 일정한 기간 동안 그 형의 집행을 유예(猶豫)하는 제도이다. 이 기간 중 특정한 사고 없이 그 기간을 경과한 때에는 선고한 유죄의 판결 자체의 효력을 상실하게 하여 형의 선고가 없었던 것과 동일한 효과를 발생하게 하는 제도이다.

3) 결격사유 해당자 행정조치

관광사업의 등록 등을 받거나 신고를 한 자 또는 사업계획의 승인을 받은 자가 결격사유에 해당하게 되면, 등록기관 등의 장은 3개월 이내에 해당 행정처분을 취소하거나 영업소를 폐쇄하여야 한다. 다만, 법인의 임원(任員) 중 결격사유에 해당하는 자가 있는 경우에는 3개월 이내에 그 임원을 바꾸어 임명한 때에는 그러하지 아니하다(관광진흥법 제7조).

2. 관광사업자의 권리와 의무

관광사업자는 영리를 위해 사업을 경영할 권리를 가지고 있지만, 사업경영에 있어서 '신의성실(信義誠實)의 원칙(原則)'[166]에 따라 공익에 위배되거나 관련법규를 위반하지 않아야 할 의무가 있다. 관광진흥법에서는 관광사업자를 통한 관광진흥의 도모를 위하여 관광사업자에게 특별한 의무를 부과하고 있다.

1) 지위 변동 신고 의무

관광사업은 영리추구를 목적으로 개인 간의 거래를 바탕으로 경영하는 사업이므로 계약자유(契約自由)의 원칙(原則)에 따라 그 사업체를 사고파는 것은 자유롭게 할 수 있다. 그러나 관할관청에서는 원활한 지도와 감독을 위하여 이런 변동사항을 파악하고 있어야 하므로, 관광사업자는 지위(地位)[167]의 변동이 발생하면 반드시 신고를 해야 한다(관광진흥법 제8조).

(1) 관광사업의 양도와 양수

관광사업을 양수(讓受)한 자 또는 관광사업을 경영하는 법인이 합병(合倂)한 때에는 합병 후 존속하거나 설립되는 법인은 그 관광사업의 등록·허가·지정 또는 신고에 따른 관광사업자의 권리와 의무를 승계(承繼)[168]한다. 이때 분양이나 회원

---

166) 신의성실의 원칙(principle of good faith)은 인간이 법률생활을 함에 있어서 신의와 성실을 가지고 행동하여 상대방의 신뢰와 기대를 배반해서는 안 된다고 하는 조리에 근거한 원칙이다.

167) 지위(status)란 어떤 단체나 조직, 사회에서 차지하는 직위나 위치를 말하는데, 신분과 동일하다.

168) 승계(succession)란 권리의 내용은 변동 없이 그 주체(당사자)가 변경되는 것을 말한다.

모집을 한 경우에는 그 관광사업자와 소유자 또는 회원 간에 약정한 사항을 포함한다. 이렇게 함으로써 관광사업자의 변경이 있어도 사업에 관련된 모든 권리와 의무가 그대로 승계되게 하여 관광사업 자체에는 영향을 미치지 않게 하고, 소유자나 회원의 권리가 보호되도록 할 필요가 있다. 또한 관광숙박업과 전문휴양업 및 종합휴양업, 그리고 국제회의시설업 등에 대한 사업계획의 승인을 받은 자에 대해서도 사업계획승인 자체를 양도·양수하고 권리와 의무에 대한 지위를 승계할 수 있게 하였다.

(2) 관광사업자의 지위승계

'민사집행법'에 따른 경매(競賣)[169], '채무자 회생 및 파산에 관한 법률'에 따른 환가(換價)[170], '국세징수법', '관세법' 또는 '지방세기본법'에 따른 압류재산의 매각(賣却)[171], 그 밖에 이에 준하는 절차에 따라 관광사업 시설의 전부를 인수(引受)한 자는 그 관광사업자의 지위(地位)를 승계한다. 이때 분양이나 회원모집을 한 경우에는 그 관광사업자와 소유자 또는 회원 간에 약정한 권리 및 의무사항을 포함한다.

(3) 행정처분의 승계

관광사업자가 관광사업의 등록취소, 사업정지 처분 또는 개선명령을 받은 경우 그 처분 또는 명령의 효과는 관광사업자의 지위를 승계한 자에게 이어지며, 그 절차가 진행 중인 때에는 새로운 관광사업자에게 그 절차를 계속 진행할 수 있다. 다만, 그 승계한 관광사업자가 양수나 합병 당시 그 처분·명령이나 위반 사실을 알지 못하였음을 증명하면 그러하지 아니하다. 이것은 관광사업을 승계한 선의(善意)의 승계자에게 피해가 없도록 한 것이다. 그리고 관광사업자의 지위를 승계한 자는 승계한 날부터 1개월 이내에 관할 등록기관의 장에게 신고하여야 한다.

(4) 관광사업의 휴업 또는 폐업

관광사업의 전부 또는 일부를 휴업(休業)하거나 폐업(閉業)한 자는 휴업 또는 폐

---

169) 경매(public auction)란 권리자의 요청에 의하여 법원 또는 집행관이 재산을 공매하는 방법이다.
170) 환가(conversion)는 집이나 토지 따위를 바꿀 때 치르는 값 또는 값으로 환산하다라는 뜻이다.
171) 매각(disposal)은 땅이나 주식 따위를 돈을 받고 남에게 넘기는 것을 말한다.

업을 한 날부터 30일 이내에 관광사업 휴업 또는 폐업통보서를 등록기관 등의
장에게 제출하여야 한다.

2) 보험 가입

관광사업자는 해당 사업과 관련하여 사고가 발생하거나 관광객에게 손해가 발
생하면 문화체육관광부령으로 정하는 바에 따라 피해자에게 보험금을 지급할 것
을 내용으로 하는 보험(保險)[172] 또는 공제(共濟)[173]에 가입하거나 영업보증금(營業
保證金)을 예치(預置)하여야 한다(관광진흥법 제9조). 동법 시행규칙에서 여행업에 대
해서 이 법령에 따르도록 하고 있다. 관광사업 중에 여행업에 한해서만 이와 같
은 제도를 운영하고 있는데, 이는 여행업이 특별한 시설이나 장비 또는 자산을
가지고 물적 서비스를 함께 제공하는 것이 아니라, 전적으로 인적(人的) 서비스만
을 내용으로 하기 때문에 그 영업활동으로 인한 사고(事故)가 발생할 경우에 여행
업자가 손해를 배상(賠償)할 능력이 부족하다고 보아 도입한 제도이다.

3) 관광표지의 부착

관광사업자는 사업장에 문화체육관광부령으로 정하는 관광표지(觀光標紙)를 붙
일 수 있다. 관광사업자는 사실과 다르게 관광표지를 붙이거나 관광표지에 기재
되는 내용을 사실과 다르게 표시 또는 광고하는 행위를 하여서는 아니 된다. 그
리고 관광사업자가 아닌 자는 관광표지를 사업장에 붙이지 못하며, 관광사업자
로 잘못 알아볼 우려가 있는 경우에는 관광사업의 명칭 중 전부 또는 일부가 포
함되는 상호(商號)를 사용할 수 없다(관광진흥법 제10조).

(1) 관광표지

관광사업장을 표시하는 증표(證票)로는 관광사업장 표지, 관광사업 등록증 또는
관광 편의시설업의 지정증, 호텔 등급 표지, 관광식당 표지가 있다.

---

172) 보험(insurance)은 같은 종류의 사고를 당할 위험성이 있는 많은 사람이 미리 금전을 갹출(醵
出)하여 공동준비재산을 형성하고, 사고를 당한 사람이 이것으로부터 재산적 급여를 받는 경
제제도이다.

173) 공제(mutual aid)란 공제조합(共濟組合)을 말한다. 공제조합은 조합원이 상부상조하기 위하
여 자주적으로 만든 상호부조(相互扶助) 단체이다. 보험을 조합의 형태로 운영하는 것이다.

① 관광사업장 표지

관광사업자가 관광사업장마다 관광업체임을 표시하기 위해 붙이는 '관광사업장 표지'는 다음 [그림 3-2]의 서식으로 제작해야 한다.

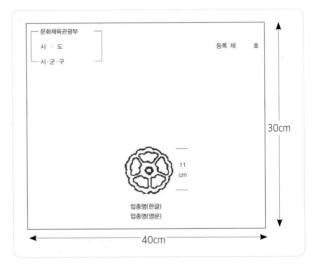

🏛 그림 3-2 **관광사업장 표지**

가로 40cm와 세로 30cm의 규격에 소재는 놋쇠로 하며, 그림을 제외한 바탕색은 녹색(綠色)으로 하고, 표지의 두께는 5mm로 해야 한다.

② 호텔 등급 표지[174]

호텔 등급(等級) 표지(標識) 제도는 1971년에 국내에 처음 도입되었으며 모든 관광호텔은 3년마다 등급 평가를 의무적으로 받도록 되어있다. 그리고 2015년부터 국내 호텔의 등급표시가 현행 '무궁화'를 대신해 국제적으로 통용되는 '별(★)' 모양으로 바뀌게 되었다(관광진흥법시행령 개정, 2014.12.10). 국내 호텔 등급제도는 그동안 특1·2급, 1·2·3급으로 구분하고, 무궁화 개수와 색깔로 표시해왔던 것을

---

174) 호텔 등급 표지는 유럽을 포함한 대부분의 국가에서는 별(star, ★)의 개수로 호텔의 등급을 표시하고 있으며, 미국에서는 다이아몬드 개수, 영국에서는 왕관의 개수로 호텔 등급을 구분한다. 서비스, 시설, 고객 만족도 등 호텔의 전반적인 항목들을 평가해 호텔 등급을 결정하게 된다. 전 세계에서 보편적으로 인정되고 있는 호텔 분류 등급은 별 5개 등급까지이며 5성급(星級)이 가장 높은 수준의 호텔이다. 그리고 6성급 이상 호텔은 공식적인 호텔 등급이 아니라 마케팅에서 활용하는 타이틀일 뿐이다. 또한, 세계 최고급 호텔로 평가받는 7성급 호텔도 있는데 두바이의 버즈알아랍(Burj Al Arab)과 브루나이의 엠파이어호텔(The Empire Hotel) 등이 알려져 있다.

특1급→5성급(별5개), 특2급→4성급(별4개), 1급 → 3성급(별3개), 2급 → 2성급(별2개), 3급 → 1성급(별1개)으로 변경하였다. 호텔 등급 결정에 관한 규정은 뒤에서 설명한다.

A. 표시: 5성급, 4성급, 3성급, 2성급, 1성급

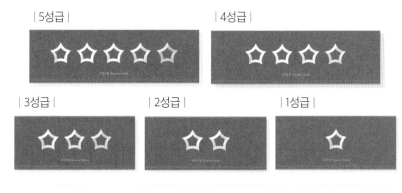

　그림 3-3 호텔 등급 표지

B. 크기

　🔍 4-5성급은 가로: 600(mm), 세로: 186(mm)로 한다.

　🔍 1-3성급은 가로: 430(mm), 세로: 186(mm)로 한다.

　[문화체육관광부 고시 제2015-16호, 2015.5.8, 제정]

③ 관광식당 표지

관광식당임을 표시하는 '관광식당 표지'는 다음 [그림 3-4]과 같은 서식으로 제작한다. 제작 방법은 흰색 바탕에 원은 오렌지색으로 하고 글씨는 검은색으로 한다. 또 지정권자의 표기는 한글, 영문 또는 한문 중 하나를 선택하여 사용한다.

　그림 3-4 관광식당 표지

(2) 관광사업자가 아닌 자에 대한 금지사항

관광사업자와 관광사업자가 아닌 자는 관광진흥법 제10조에서 정한 관광표지의 부착에 관한 규정을 준수해야 한다. 만일 이를 위반할 경우에는 관할 등록기관의 장으로부터 과태료(過怠料) 처분을 받게 된다. 관광사업자가 아닌 자는 업종(業種) 구분에 따른 명칭을 포함하는 상호를 사용할 수 없다.

4) 관광시설의 타인경영 및 처분과 위탁경영

관광사업자는 다음의 시설 및 기구 외의 부대시설(附帶施設)을 위탁경영(委託經營)[175]하도록 하거나, 그 용도로 계속하여 사용하는 것을 조건으로 타인에게 처분(處分)할 수 있다.(관광진흥법 제11조)

- 관광숙박업의 등록에 필요한 객실(客室)[176]
- 전문휴양업의 개별기준에 포함된 시설
- 카지노업의 허가를 받는 데 필요한 시설과 기구
- 안전성검사를 받아야 하는 유기시설 및 유기기구

이것은 허가나 등록을 받은 사업장은 자기 명의로 본인이 경영하는 것이 원칙이지만, 관광사업은 여러 종류의 업종을 복합하여 운영하므로 관광사업자가 이를 모두 직영(直營) 체제로 운영하는 것은 경영효율성 면에서 부적절할 수가 있다. 따라서 관광사업장의 핵심시설을 제외하고 부대사업장은 다른 사람에게 임대(賃貸)할 수 있게 되었다. 그러나 이 규정은 분양(分讓)을 하여 다른 용도로 사용하는 것을 허용하는 것은 아니기 때문에, 임대하는 경우에도 관광사업자로 등록 등을 하여 운영하여야 한다.

---

[175] 위탁경영(management contract)이란 기업체가 경영에 관한 노하우를 가지고 있는 제3자에게 회사 경영을 위탁하는 것이다. 일반적으로 위탁경영은 소유회사와 경영회사가 위탁경영계약을 체결함으로써 경영을 전문으로 하는 회사가 경영전권을 맡고 소유회사는 자산관리에만 전념하게 된다. 이러한 위탁경영은 병원, 호텔, 급식업체 등에서 많이 도입되어 있다.

[176] 다만, 관광사업자는 관광숙박업의 객실을 타인에게 위탁하여 경영하게 할 수 있다. 이 경우 해당 시설의 경영은 관광사업자의 명의로 하여야 하고, 이용자 또는 제3자와의 거래행위에 따른 대외적 책임은 관광사업자가 부담하여야 한다.

Chapter 06

관광사업(1)

제1절 여행업

1. 여행업의 등록

여행업(旅行業)이란 여행자 또는 운송시설과 숙박시설, 그 밖에 여행에 딸리는 시설의 경영자 등을 위하여 그 시설 이용의 알선(斡旋)이나 계약 체결의 대리(代理), 여행에 관한 안내(案內), 그 밖의 여행 편의를 제공(提供)하는 업을 말한다(관광진흥법 제3조). 즉, 여행업은 여행객이 국내 또는 국외를 여행할 때 필요한 교통수단의 확보, 숙박시설의 예약, 탐방 장소 예약, 비자 발급, 여행 보험, 예방 접종, 방문국가 문화 및 정보, 환전 및 세관수속 등 여행에 필요한 각종 수속과 준비를 통해 고객의 편의제공을 위해 서비스하는 일이다. 다시 말하면 여행업이란 여행자와 여행관련업자(principal)[177] 사이에서 여행에 관한 시설의 예약, 수배, 알선 등의 서비스를 제공하고 일정한 대가를 받는 영업활동이다. 여행업은 신용을 바탕으로 관광객과의 계약사항을 책임 있게 운영할 수 있는 상태를 유지하여 관광객에게 일정 수준 이상의 서비스를 제공하여야 한다. 그리고 외국관광객을 유치하여 국제관광 진흥 및 국제 경쟁력을 강화해야 한다. 이러므로 여행업에 대한 등

---

177) 여행관련업체는 항공, 해운, 철도, 버스, 렌트카 등 운송업자와 숙박업자 및 음식점 등 여행자를 대상으로 사업을 영위하는 업체를 말한다.

록기준과 절차를 마련해 놓을 필요가 있다. 관광진흥법에서는 대통령령으로 여행업의 등록 또는 변경등록의 기준 및 절차에 관한 사항을 정하도록 하고 있다.

1) 등록기준

관광진흥법에서는 여행업을 수행가능한 영업범위에 따라 종합여행업(一般旅行業), 국내외여행업(國內外旅行業), 국내여행업(國內旅行業)으로 구분하고 있다. 종합여행업은 외국인과 내국인의 국내외 여행에 관한 업무를 취급하고, 국내외여행업은 국내외를 여행하는 내국인을 대상으로 하는 여행업을 말하며, 그리고 국내여행업은 국내를 여행하는 내국인을 대상으로 한다. 여행업의 등록기준은 다음 [표 3-6]과 같이 정하고 있다.

📋 표 3-6 **여행업 등록기준**

구분	자본금(개인의 경우에는 자산평가액)	사무실
종합여행업	5천만원 이상	소유권 또는 사용권이 있을 것
국내외여행업	3천만원 이상	소유권 또는 사용권이 있을 것
국내여행업	1천5백만원 이상	소유권 또는 사용권이 있을 것

2) 신규 등록

여행업의 등록을 하려는 자는 '관광사업 등록신청서(登錄申請書)'[178]에 다음 서류를 첨부(添附)하여 특별자치도지사·시장·군수·구청장에게 제출하여야 한다. 다만, 금고 이상의 실형을 선고받고 그 집행이 끝나거나 집행을 받지 아니하기로 확정된 후 2년이 지나지 아니한 자 또는 형의 집행유예 기간 중에 있는 자는 여행업의 등록을 할 수 없다.

🔍 사업계획서

🔍 신청인(법인의 경우에는 대표자 및 임원)이 내국인인 경우에는 성명 및 주민등록번호를 기재한 서류

🔍 신청인이 외국인인 경우에는 관광사업자 결격사유(관광진흥법 제7조)에 해당하지 아니함을 증명하는 서류(書類)[179] (다만, 다른 법령에 따라 인·허가 등을 받

---

178) 등록, 변경등록, 재발급 등에 관한 신청서는 관광진흥법 시행규칙의 [별지 서식]에서 규정

아 사업자등록을 하고 해당 사업을 영위하고 있는 자는 해당 사업의 인·허가증과 최근 1년 이내에 소득세(법인은 법인세)를 납부한 사실을 증명하는 서류를 제출하는 경우에는 제출하지 아니할 수 있음)

🔍 부동산의 소유권 또는 사용권을 증명하는 서류 (부동산의 등기사항증명서를 통하여 부동산의 소유권 또는 사용권을 확인할 수 없는 경우만 해당)

🔍 '외국인투자촉진법'에 따른 외국인투자를 증명하는 서류(외국인투자기업만 해당)

🔍 공인회계사 또는 세무사가 확인한 등록신청 당시의 대차대조표(개인의 경우에는 영업용 자산명세서 및 그 증명서류)

여행업의 등록신청서를 제출받은 담당공무원은 '전자정부법(電子政府法)'에 따른 행정정보의 공동이용을 통하여 법인등기사항증명서와 부동산의 등기사항증명서를 확인하여야 하고, 신청내용이 여행업의 업종별 등록기준에 맞으면 여행업 등록증을 신청인에게 발급한다. 그리고 관광사업자 등록대장에 여행업자의 상호 또는 명칭, 대표자의 성명 및 주소, 사업장의 소재지와 자본금을 기재(記載)하고 등록대장(謄錄臺帳)을 관리하고 보존하여야 한다.

3) 변경 등록

여행업의 등록을 한 자가 등록사항 중 상호 또는 대표자의 변경, 사무실 소재지의 변경 및 영업소의 신설사항을 변경하려는 경우에는 그 변경사유가 발생한 날부터 30일 이내에 '변경등록(變更登錄)신청서'에 변경사항을 증명하는 서류를 첨부하여 등록관청에 제출하여야 한다. 다만, 변경등록사항 중 사무실 소재지를 변경한 경우에는 변경등록신청서를 새로운 소재지의 관할관청에 제출한다.

여행업의 등록을 한 자가 발급받은 등록증을 잃어 버렸거나 그 등록증을 헐어 못쓰게 되는 경우에는, '등록증(登錄證)재발급(再發給)신청서'를 관할관청에 제출하여 등록증을 다시 발급받을 수 있다.

---

179) 이에 해당되는 서류로는 ㉮해당 국가의 정부나 그 밖의 권한 있는 기관이 발행한 서류 또는 공증인이 공증(公證)한 신청인의 진술서로서 「재외공관 공증법」에 따라 해당 국가에 주재하는 대한민국공관의 영사관이 확인한 서류 ㉯「외국공문서에 대한 인증의 요구를 폐지하는 협약」을 체결한 국가의 경우에는 해당 국가의 정부나 그 밖의 권한 있는 기관이 발행한 서류 또는 는 공증인이 공증한 신청인의 진술서로서 해당 국가의 아포스티유(Apostille) 확인서 발급 권한이 있는 기관이 그 확인서를 발급한 서류

2. 여행업자의 보험 가입

여행업의 등록을 한 자는 그 사업을 시작하기 전에 여행계약의 이행과 관련한 사고로 인하여 관광객에게 피해를 준 경우 그 손해를 배상(賠償)[180]할 것을 내용으로 하는 보증보험(保證保險) 또는 한국관광협회중앙회의 공제(共濟)에 가입하거나 업종별 또는 지역별 관광협회에 영업보증금(營業保證金)을 예치(預置)하고 그 사업을 하는 동안 계속하여 이를 유지하여야 한다. 그리고 종합여행업 및 국내외여행업자 중에서 기획여행(企劃旅行)을 실시하려는 자는 위의 사항 외에, 추가(追加)로 기획여행과 관련한 사고로 인하여 관광객에게 피해를 준 경우 그 손해를 배상할 것을 내용으로 하는 보증보험 등에 가입하거나 영업보증금을 예치하고 그 기획여행 사업을 하는 동안 계속하여 이를 유지하여야 한다. 이와 같이 기획여행에 대하여 별도로 보증보험 등에 가입하도록 하는 것은 기획여행은 일반적으로 여행객의 수가 많거나 실시횟수가 빈번하여 사고가 발생할 우려가 많고, 그 손해배상 규모가 커질 우려가 있기 때문이다.

보증보험 등의 가입금액 또는 영업보증금의 예치금액은 직전 사업연도의 매출액(賣出額)[181] 규모에 따라 다음 [표 3-7]과 같이 한다.

표 3-7 **여행업의 보증보험 등의 가입기준**

(단위: 천원)

직전 사업연도 매출액	국내여행업	국내외여행업	종합여행업	기획여행업
1억원 미만(사업개시연도 포함)	20,000	30,000	50,000	200,000
1억원~5억원 미만	30,000	40,000	65,000	
5억원~10억원 미만	45,000	55,000	85,000	
10억원~50억원 미만	85,000	100,000	150,000	
50억원~100억원 미만	140,000	180,000	250,000	300,000
100억원~1,000억원 미만	450,000	750,000	1,000,000	500,000
1,000억원 이상	750,000	1,250,000	1,510,000	700,000

---

180) 배상(compensation, reparation)은 어떤 사실로 남에게 손해(損害)를 끼쳤을 경우, 그 손해를 갚아 주는 것으로 손해배상이라고 한다. 이에 비해 보상(報償, consideration)은 어쩔 수 없이 상대방에게 손실을 끼쳤을 때, 그 손실을 갚아주는 것인데 주로 손실보상이라고 한다.

181) 매출액(sales account)은 기업의 주요 영업활동 또는 경상적 활동으로부터 얻는 수익으로서 상품 등의 판매 또는 서비스의 제공으로 실현된 금액을 말한다.

한편, 영세사업자(零細事業者)로 손익계산서를 작성하지 아니한 '간편장부(簡便帳簿) 대상자(對象者)'[182]의 경우와 직전 사업연도의 매출액이 없는 사업개시 연도의 경우에는 보증보험 등 가입금액 또는 영업보증금 예치금액을 직전 사업연도 매출액이 1억원 미만인 경우에 해당하는 금액으로 한다. 또한 여행업과 함께 다른 사업을 병행하는 여행업자인 경우에는 직전 사업연도 매출액을 산정할 때에 여행업에서 발생한 매출액만으로 산정한다. 그리고 종합여행업의 경우 직전 사업연도 매출액을 산정할 때에, 외국인 관광객에게 공급하는 관광알선용역으로서 그 대가를 받은 금액은 매출액에서 제외한다. 보증보험 등에 가입하거나 영업보증금을 예치한 자는 그 사실을 증명하는 서류를 지체 없이 등록관청에 제출하여야 한다.

3. 기획여행 및 여행계약

여행업의 등록을 한 자는 법령의 기준에 따라 기획여행(企劃旅行)을 실시할 수 있다. 그리고 여행업자가 내국인의 국외여행을 실시할 경우 여행자의 안전 및 편의 제공을 위하여 자격요건에 맞는 여행인솔자(旅行引率者)를 둘 수 있다. 또한 여행업자는 여행자에게 그 서비스에 관한 내용을 적은 여행계약서(旅行契約書)를 제공하여야 한다(관광진흥법 제12~14조).

1) 기획여행의 실시

기획여행이란 여행업자가 국외여행을 하려는 여행자를 위하여 여행의 목적지, 여행일정, 여행자가 제공받는 서비스내용과 그 요금 등에 관한 사항을 미리 정해 놓은 여행상품을 만들어 이에 참가하는 여행자를 모집하여 실시하는 것을 말한다. 통상 모집관광 또는 패키지투어(Package Tour)라고 부른다. 이러한 기획여행을 실시하고자 하는 종합여행업자나 국내외여행업자는 직전 사업연도 매출액에 따라 추가로 2억 원에서 7억 원까지의 보증보험 또는 공제에 가입하거나 영업보

---

182) 간편장부대상자(the subject of simple ledger)는 사업자가 '간편장부'를 비치하고 그 사업에 관한 거래사실을 성실히 기재한 경우에는 복식부기에 의한 회계장부를 비치, 기장한 것으로 보는데, 당해 연도 신규개업자나 직전 연도 수입금액이 일정규모 미만인 사업자를 말한다.

증금의 예치를 하고 이를 유지할 경우에는, 별도로 신고할 필요 없이 기획여행을 실시할 수 있다. 기획여행을 실시하는 자가 광고(廣告)를 하려는 경우에는 다음 사항을 표시하여야 한다. 다만, 두 개 이상의 기획여행을 동시에 광고하는 경우에는 내용이 동일한 것은 공통으로 표시할 수 있다.

- 여행업의 등록번호, 상호, 소재지 및 등록관청
- 기획여행 명칭, 여행일정 및 주요 여행지
- 여행 경비, 최저 여행인원
- 교통·숙박 및 식사 등 여행자가 제공받을 서비스의 내용
- 보증보험 또는 공제의 가입 또는 영업보증금의 예치 내용
- 여행일정 변경 시 여행자의 사전 동의 규정
- 여행 목적지의 여행경보단계

2) 국외여행인솔자

여행업자가 내국인의 국외여행을 실시할 경우 여행자의 안전 및 편의 제공을 위하여 그 여행을 인솔(引率)하는 사람(Tour Conductor ; TC)[183]을 둘 때에는 자격요건(資格要件)에 맞는 사람을 두어야 한다(관광진흥법 제13조). 국외여행인솔자 자격을 갖추기 위한 소양교육에 대한 교육내용이나 교육기관의 지정기준 및 절차, 그 밖의 지정에 필요한 사항은 문화체육관광부장관이 정하여 고시하고 있다. 한편, 국외여행인솔자 자격증은 종전에는 그 자격요건만 갖추면 되었으나, 2011년 관광진흥법 개정으로 국가자격증으로 변경하고 자격등록이나 발급에 대해서는 다른 관광종사원 자격증과 같다. 이에 대해서는 관광종사원 부분에서 다루게 된다.

3) 여행계약

여행업자는 여행자를 보호하기 위하여 법령의 규정에 따라 여행계약(旅行契約)을 체결해야 한다. 여행계약에는 여행지에 대한 안전정보가 서면으로 제공되어

---

183) 이러한 업무를 수행하는 자를 국외여행인솔자라고 하며 Tour Conductor, Tour Escort, Tour Manager, Tour Leader로 불리며 여행일정 동안 여행자와 함께 동반한다. 지역안내원(Local Guide)은 특정 목적지를 방문하는 여행객들에 대한 현지의 안내 및 관광지 해설을 담당한다.

야 하고, 여행계약서를 내주어야 하며, 여행 일정이 변경될 경우에는 여행자의 동의가 있어야 한다.

(1) 여행지에 대한 안전정보 제공

여행업자는 여행자와 계약을 체결할 때에는 여행자를 보호하기 위하여 다음 사항에 해당되는 여행지에 대한 안전정보(安全情報)를 제공하여야 한다. 해당 여행지에 대한 안전정보가 변경된 경우에도 또한 같다.

- '여권법'에 따라 여권의 사용을 제한하거나 방문·체류를 금지하는 국가 목록 및 그에 따른 벌칙
- 외교부 해외안전여행 인터넷홈페이지에 게재된 여행목적지의 여행경보단계 및 국가별 안전정보
- 해외여행자 인터넷 등록 제도에 관한 안내

(2) 여행계약서 교부

여행업자는 여행자와 여행계약을 체결하였을 때에는 그 서비스에 관한 내용을 적은 여행계약서(旅行契約書) 및 보험 가입 등을 증명할 수 있는 서류를 여행자에게 내주어야 한다. 동 계약서에는 여행일정표(旅行日程表)와 약관(約款)[184]이 포함되어야 한다.

(3) 여행일정 변경 시 여행자의 동의

여행업자는 여행계약서에 명시된 숙식, 항공 등 여행일정을 변경하는 경우 해당 날짜의 일정을 시작하기 전에 여행자로부터 서면으로 동의를 받아야 한다. 동 서면동의서(書面同意書)에는 변경일시, 변경내용, 변경으로 발생하는 비용 및 여행자 또는 단체의 대표자가 일정변경에 동의한다는 의사를 표시하는 자필서명이 포함되어야 한다. 이는 여행업자로부터 여행자의 권익을 보장하기 위하여 마련된 제도이다.

---

184) 약관(stipulation)이란 계약의 당사자가 다수의 상대편과 계약을 체결하기 위하여 일정한 형식에 의하여 미리 마련한 계약의 내용을 말한다. 이것은 시설과 서비스의 이용 및 영업에 통일성을 보장하고 개별 거래상의 불편이 없도록 하는 것이며, 사업자의 우월한 지위를 남용하지 못하도록 소비자 보호를 위한 제도이기도 하다.

4. 외국인 의료관광 지원

의료관광(醫療觀光)[185]은 국내 의료기관의 진료(診療), 치료(治療), 수술(手術) 등 의료서비스를 받는 환자와 그 동반자가 의료서비스와 병행(竝行)하여 관광하는 것을 말한다. 즉, 의료관광은 의료서비스와 관광서비스가 결합된 상품으로, 지난 2009년 '의료법(醫療法)'의 개정으로 외국인환자의 국내 의료기관으로의 유치가 허용되면서 새롭게 도입된 개념이다. 이후 의료 해외진출과 외국인환자의 권익 및 국내 의료 이용편의 증진을 지원하여 외국인이 안전하고 수준 높은 보건의료서비스를 받을 수 있도록 하는 별도 법률의 필요성에 의해 「의료 해외진출 및 외국인환자 유치 지원에 관한 법률」(약칭: 국제의료사업지원법)이 2015년 제정(制定)되었다. 여기서 국제의료란 의료관광과 의료수출을 포함하는 개념이다.

국제의료사업지원법의 핵심 내용은 외국인환자 대상 의료광고와 원격진료(遠隔診療) 부분 허용, 해외진출 의료기관 및 외국인환자 유치지원 사업에 대한 국가 지원, 전문 인력 양성 등이다. 이외에도 동법에 따라 외국인환자를 진료하는 병원은 '의료사고 배상(賠償) 책임보험'에 가입해야 한다. 또한, 병원은 환자에게 진료 내용과 부작용(副作用), 진료비 등을 충분히 설명해야 한다. 원격진료 부문은 법안 발의 때부터 논란이 있던 항목이다. 해외 환자에 대한 원격진료를 허용할 경우 국내 원격진료가 허용되면서 의료 민영화의 발판이 될 것이란 우려가 있었기 때문이다. 이에 따라 정부는 해외 환자에 대한 원격진료를 사후 관리 차원의 원격 모니터링 시행으로 법안 내용을 수정했다. 외국인 대상 의료광고 역시 과도한 경쟁 우려로 그동안 금지되었으나 동법의 통과로 허용되었다.

1) 의료관광 유치 및 지원 관련 기관

관광진흥법(12조의2)에서는 외국인 의료관광의 활성화를 위하여 외국인 의료관광의 유치 및 지원 관련 기관에 관광진흥개발기금을 대여하거나 보조할 수 있게

---

185) 의료관광(medical tourism)은 건강관광(health tourism)이라는 개념과 함께 사용하고 있다. 엄밀히 구분하면 수술 후 입원을 하는 중증(重症) 환자는 의료관광의 형태라 할 수 있고, 간단한 시술 및 진단만을 하는 경증(輕症) 환자는 건강관광의 형태로 볼 수 있다. 따라서 건강관광은 환자라는 개념보다는 관광객이라는 개념과 보다 더 가깝다. 실제 국내 외국인환자 유치 통계에 의하면 후자의 경우가 90% 정도 해당된다.

하였다. 외국인 의료관광의 유치 및 지원 관련 기관으로는 다음 사항의 어느 하나에 해당하는 것을 말한다.

- '의료해외진출 및 외국인환자 유치지원에 관한 법률'에 따라 등록한 외국인환자 유치 의료기관(醫療機關)[186] 또는 외국인환자 유치업자(留置業者)[187]
- '한국관광공사법'에 따른 한국관광공사
- 그 밖에 의료관광의 활성화를 위한 사업 추진실적이 있는 보건·의료·관광 관련 기관 중 문화체육관광부장관이 고시하는 기관

2) 의료관광 지원사업

문화체육관광부장관은 외국인 의료관광을 지원하기 위하여 다음과 같은 행정조치를 취할 수 있다.

- 의료관광 전문(專門)인력(人力)을 양성하는 전문교육기관 중에서 우수 전문 교육기관이나 우수 교육과정을 선정하여 지원
- 외국인 의료관광 안내에 대한 편의를 제공하기 위하여 국내외에 외국인 의료관광 유치 안내센터 설치·운영
- 의료관광의 활성화를 위하여 지방자치단체의 장이나 외국인 환자 유치 의료기관 또는 유치업자와 공동으로 해외마케팅사업 추진

3) 의료관광코디네이터

의료관광코디네이터는 의료관광 홍보 및 마케팅, 외국인 환자 상담, 의료 통역, 병원 및 관광 안내 업무를 수행하고 있다. 국가기술자격법에서는 '국제의료관광코디네이터'라는 명칭으로 서비스 분야의 국가기술자격(國家技術資格)을 부여하고 있으며, 2013년부터 자격 검정(檢定) 시험을 시행하고 있다(국가기술자격법 시행령 제12조의2). 이에 대한 세부사항은 뒤에서 다룬다.

---

186) 외국인환자 유치 의료기관으로 등록하기 위해서는 유치하고자 하는 진료과목의 전문의(專門醫) 1인 이상을 갖춘 의료법에 의해 등록된 의료기관이면 된다.

187) 외국인환자 유치업자는 외국인환자의 진료를 목적으로 병원에 유치하는 행위를 수행하는 업체로 1억 원 이상의 자본금과 1억 원 이상의 보증보험에 가입하고 국내에 사무실을 두어 보건복지부에 등록하면 된다.

제2절 관광숙박업 및 관광객 이용시설업

1. 등록기준

관광숙박업, 관광객 이용시설업 및 국제회의시설업의 등록을 하려는 자는 기본적인 등록 서류 외에 업종에 따라 추가로 서류를 첨부(添附)해야 한다. 사업계획이 승인된 내용에 대한 변경이 없는 경우에는 그와 관련된 서류를 제출하지 않는다. 관광숙박업과 관광객 이용시설업 중 일부는 등록을 하기 전에 해당 관광숙박시설이 소재(所在)하는 행정관청에서 사업계획의 승인을 얻어야 한다. 또한 등록에 앞서 '등록심의위원회'의 심의를 거쳐야 한다. 관광숙박업과 관광객 이용시설업의 업종별 등록기준(登錄基準)은 다음과 같다.

1) 관광숙박업 등록기준

관광숙박업으로 등록하는 호텔과 휴양콘도미니엄은 일부 업종을 제외하고 욕실이 갖추어진 객실을 30실 이상 확보하고 있어야 하고, 회원모집이 가능하다. 그리고 대지 및 건물의 소유권(所有權) 또는 사용권(使用權)을 확보하고 있어야 한다. 다만, 회원을 모집하는 경우에는 소유권을 확보하고 있어야 한다.

(1) 호텔업 등록기준

모든 호텔업은 공통적으로 외국인에게 서비스를 제공할 수 있는 체제를 갖추고 있어야 한다.

① 관광호텔업, 수상관광호텔업, 가족호텔업 등은 모두 욕실이나 샤워시설을 갖춘 객실(客室)을 30실 이상 갖추고 있어야 한다.
② 수상관광호텔이 위치하는 수면은 '공유수면 관리 및 매립에 관한 법률' 또는 '하천법'에 따라 관리청으로부터 점용허가를 받아야 하며, 수상오염을 방지하기 위한 오수 저장·처리시설과 폐기물처리시설을 갖추고 있어야 한다.
③ 한국전통호텔업의 건축물의 외관은 전통가옥의 형태를 갖추고 있어야 하지만, 욕실이나 샤워시설을 갖춘 객실 수에 있어서는 특별한 제한이 없다.

④ 가족호텔업은 가족단위 관광객이 이용할 수 있는 취사(炊事)시설이 객실별로 설치되어 있거나 층별로 공동취사장이 설치되어 있어야 하며, 객실별 면적이 19m² 이상이어야 한다.

⑤ 호스텔업은 배낭여행객 등 개별 관광객의 숙박에 적합한 객실을 갖추어야 하며, 객실 수의 최소제한은 없다. 또한 이용자의 불편이 없도록 화장실, 샤워장, 취사장 등의 편의시설을 갖추고 있어야 하며, 이러한 편의시설은 공동으로 이용하게 할 수 있다. 그리고 외국인 및 내국인 관광객에게 서비스를 제공할 수 있는 문화와 정보 교류시설을 갖추고 있어야 한다.

⑥ 소형호텔업은 욕실이나 샤워시설을 갖춘 객실을 20실 이상 30실 미만으로 갖추고 있어야 하며, 부대시설의 면적 합계가 건축 연면적의 50퍼센트 이하여야 한다. 또한 두 종류 이상의 부대시설을 갖추어야 하지만 단란주점영업과 유흥주점영업 및 사행행위를 위한 시설은 둘 수 없다. 아울러 조식을 제공하고 외국어 구사인력을 고용하는 등 외국인에게 서비스를 제공할 수 있는 체제를 갖추고 있어야 한다.

⑦ 의료관광호텔업은 의료관광객이 이용할 수 있는 취사시설이 객실별로 설치되어 있거나 층별로 공동취사장이 설치되어 있어야 하며, 욕실이나 샤워시설을 갖춘 객실이 20실 이상으로 객실별 면적이 19m² 이상이어야 한다. 또한 외국어 구사인력을 고용하는 등 외국인에게 서비스를 제공할 수 있는 체제를 갖추고 있어야 하며, 동 시설은 의료기관 시설과 분리되어야 한다. 아울러 의료관광호텔업을 등록하려는 자[188]는 외국인환자 유치 의료기관의 개설자 또는 유치업자이여야 한다.

(2) 휴양콘도미니엄업 등록기준

관광숙박업에 대해 공통으로 적용되는 등록기준 이외에 휴양콘도미니엄업의 등록기준은 다음과 같다.

🔍 같은 단지(團地) 안에 객실(客室)이 30실 이상일 것

---

188) 의료관광호텔업 등록 요건: ① 외국인환자 유치 의료기관의 개설자로 전년도의 연(連)환자수 또는 등록신청일 기준으로 직전 1년간의 연환자수가 500명을 초과할 것. 다만 외국인환자 유치 의료기관 중 1개 이상이 서울시에 있는 경우에는 연환자수가 3,000명 초과. ② 유치업자로 전년도의 실(實)환자수 또는 등록신청일 기준으로 직전 1년간의 실환자수가 200명을 초과할 것

🔍 관광객의 취사(炊事)·체류(滯留) 및 숙박에 필요한 설비를 갖추고 있을 것

🔍 매점이나 간이매장이 있을 것. 다만, 단지 안에 공동으로 설치 가능

🔍 단지 안에 공연장·전시관·미술관·박물관·수영장·테니스장·축구장·농구장, 그 밖에 관광객이 이용하기 적합한 문화체육공간을 1개소 이상 갖출 것

2) 관광객 이용시설업 등록기준

관광객 이용시설업 가운데 전문휴양업, 종합휴양업, 관광유람선업은 등록 전에 사업계획 승인을 받을 수 있다.

(1) 전문휴양업 등록기준

모든 전문휴양업(專門休養業)은 공통적으로 숙박시설이나 음식점시설이 있어야 하고, 주차시설·급수시설·공중화장실 등의 편의시설과 휴게시설이 있어야 한다. 전문휴양업의 종류에 따른 개별기준(個別基準)은 다음과 같다.

① 민속촌(民俗村): 한국고유의 건축물이 20동(棟) 이상으로서 각 건물에는 전래되어 온 생활도구가 갖추어져 있거나 한국 또는 외국의 고유문화를 소개할 수 있는 축소된 건축물 모형 50점 이상이 적정한 장소에 배치되어 있을 것

② 해수욕장(海水浴場): 수영을 하기에 적합한 조건을 갖춘 해변이 있고, 수용인원에 적합한 간이목욕시설 및 탈의장, 인명구조용 구명보트·감시탑 및 응급처리 설비, 담수욕장을 갖추고 있고, 인명구조원을 배치하고 있을 것

③ 수렵장(狩獵場): '야생 동·식물보호법'에 따른 시설을 갖추고 있을 것

④ 동물원(動物園): '박물관 및 미술관 진흥법'에 따른 시설을 갖추고, 있을 것

⑤ 식물원(植物園): '박물관 및 미술관 진흥법'에 따른 시설을 갖추고 있고, 온실면적은 2,000m^2 이상이며, 1,000종 이상의 식물이 있을 것

⑥ 수족관(水族館): '박물관 및 미술관 진흥법'에 따른 시설과, 2,000m^2 이상의 건축연면적, 100종 이상의 어종(魚種)이 있을 것

⑦ 온천장(溫泉場): 온천수를 이용한 대중목욕시설이 있을 것. 그 밖에 정구장·탁구장·볼링장·활터·미니골프장·배드민턴장·롤러스케이트장·보트장 등의 레크리에이션 시설 중 두 종류 이상의 시설을 갖추거나 유원시설업 시설이 있을 것

⑧ 동굴자원(洞窟資源): 관광객이 관람할 수 있는 천연동굴이 있고 편리하게

관람할 수 있는 시설이 있을 것

⑨ 수영장(水泳場): '체육시설의 설치·이용에 관한 법률'에 따른 신고체육시설업 중 수영장시설을 갖추고 있을 것

⑩ 농어촌(農漁村) 휴양시설(休養施設): '농어촌 정비법'에 따른 농어촌 관광휴양단지 또는 관광농원의 시설을 갖추고 있고, 2천m² 이상의 넓이에 관광객의 관람이나 휴식에 이용될 수 있는 특용작물·나무 등을 재배하거나 어류·희귀동물 등을 기르고 있을 것

⑪ 활공장(滑空場): 이륙장, 착륙장 등 활공을 할 수 있는 장소가 있고, 인명구조원을 배치하고 응급처리를 할 수 있는 설비를 갖추고 있을 것. 그 외에 행글라이더·패러글라이더·열기구 또는 초경량 비행기 등 두 종류 이상의 관광비행사업용 활공 장비를 갖추고 있을 것

⑫ 체육시설업(體育施設業): '체육시설의 설치·이용에 관한 법률'에 따른 스키장·요트장·골프장·조정장·카누장·빙상장·자동차경주장·승마장 또는 종합체육시설 등 9종의 등록 및 신고 체육시설업에 해당되는 체육시설을 갖추고 있을 것

⑬ 산림 휴양시설(休養施設): '산림문화·휴양에 관한 법률'에 따른 자연휴양림, 치유의 숲 또는 '수목원·정원 조성 및 진흥에 관한 법률'에 따른 수목원의 시설을 갖추고 있을 것

⑭ 박물관(博物館): '박물관 및 미술관 진흥법'에 따른 종합박물관 또는 전문박물관의 시설을 갖추고 있을 것

⑮ 미술관(美術館): '박물관 및 미술관 진흥법'에 따른 미술관 시설을 갖추고 있을 것

(2) 종합휴양업 등록기준

종합휴양업(綜合休養業)은 '제1종 종합휴양업'과 '제2종 종합휴양업'으로 구분하고 있다. 종합휴양업의 등록기준은 다음과 같다.

① 제1종 종합휴양업
- 숙박시설 또는 음식점시설을 갖추고 전문휴양시설 중 2종류 이상의 시설을 갖추고 있거나,

- 숙박시설 또는 음식점시설을 갖추고 전문휴양시설 중 1종류 이상의 시설과 종합유원시설업의 시설을 갖추고 있을 것

② 제2종 종합휴양업
- 면적: 단일부지로서 50만m² 이상일 것
- 시설: 관광숙박업 등록에 필요한 시설과 제1종 종합휴양업 등록에 필요한 전문휴양시설 중 2종류 이상의 시설 또는 전문휴양시설 중 1종류 이상의 시설과 종합유원시설업의 시설을 함께 갖추고 있을 것

(3) 야영장업 등록기준

야영장은 '일반야영장'과 '자동차야영장'으로 구분되어 있으며, 공통적으로 적용되는 등록 기준은 다음과 같다.

- 침수, 유실, 고립, 산사태, 낙석의 우려가 없는 안전한 곳에 위치할 것
- 시설 배치도, 이용방법, 비상 시 행동 요령 등을 이용객이 잘 볼 수 있는 곳에 게시할 것
- 비상 시 긴급 상황을 이용객에게 알릴 수 있는 시설 또는 장비를 갖출 것
- 야영장 규모를 고려하여 소화기를 적정하게 확보하고 눈에 띄기 쉬운 곳에 배치할 것
- 긴급 상황에 대비하여 야영장 내부 또는 외부에 대피소와 대피로를 확보할 것
- 비상 시의 대응요령을 숙지하고 야영장이 개장되어 있는 시간에 상주하는 관리요원을 확보할 것
- 야영장 시설은 자연생태계 등의 원형이 최대한 보존될 수 있도록 토지의 형질변경을 최소화하여 설치할 것
- 야영장에 설치되는 건축물의 바닥면적 합계가 야영장 전체 면적의 100분의 10 미만일 것. 다만, 「폐교재산의 활용촉진을 위한 특별법」에 따라 폐교(廢校) 재산을 활용하여 야영장업을 하려는 경우는 그렇지 않다.
- 「국토의 계획 및 이용에 관한 법률」에 따른 보전관리지역 또는 보전녹지지

역에 야영장을 설치하는 경우에는 다음의 요건(要件)을 모두 갖출 것[189]

① 일반야영장업
- 야영용 천막을 칠 수 있는 공간은 천막 1개당 15m² 이상을 확보할 것
- 야영에 불편이 없도록 하수도 시설 및 화장실을 갖출 것
- 긴급상황 발생 시 이용객을 이송할 수 있는 차로를 확보할 것

② 자동차야영장업
- 차량 1대당 50m² 이상의 야영공간을 확보할 것
- 야영에 불편이 없도록 수용인원에 적합한 상·하수도 시설, 전기시설, 화장실 및 취사시설을 갖출 것
- 야영장 입구까지 1차선 이상의 차로를 확보하고, 1차선 차로를 확보한 경우에는 적정한 곳에 차량의 교행(交行)이 가능한 공간을 확보할 것

야영장업의 등록을 한 자는 문화체육관광부령으로 정하는 안전(安全)·위생(衛生) 기준을 지켜야 한다. 이에 대한 세부 내용은 시행규칙(별표7)에서 정하고 있다. 그리고 야영장에 설치할 수 있는 시설로는 기본시설, 편익시설, 위생시설, 체육시설, 안전·전기·가스시설 등이 있다.(시행규칙 별표1) 그리고 최근 폐교(廢校) 재산을 교육용 시설인 야영장으로 사용할 수 있도록 하는 등의 내용으로 「폐교재산의 활용촉진을 위한 특별법」이 개정됨에 따라, 폐교 재산을 활용하여 야영장업을 하려는 경우 야영장에 설치되는 건축물의 면적 제한 등을 완화하여 폐교재산의 야영장 활용을 촉진하고 있다.

그리고 야영장업의 등록을 한 자는 그 사업을 시작하기 전에 야영장 시설에서 발생하는 재난 또는 안전사고로 인하여 야영장 이용자에게 피해를 준 경우 그 손해를 배상할 것을 내용으로 하는 책임보험 또는 공제에 가입해야 한다. 보험 또는 공제에 대한 기준은 시행규칙에서 세부적으로 정하고 있다.(시행규칙 제18조7항)

---

189) 설치 요건: ① 야영장 전체면적이 1만m² 미만일 것 ② 야영장에 설치되는 건축물의 바닥면적 합계가 300m² 미만이고, 야영장 전체면적의 100분의 10미만일 것 ③ 배수구역의 하수를 공공하수도에 유입시킬 것 ④ 자연환경 및 경관에 대한 영향을 최소화 할 것 ⑤ 비탈면 붕괴, 토사 유출 등의 피해가 발생하지 않도록 할 것. 이와 같은 요건에도 불구하고, 「폐교재산의 활용촉진을 위한 특별법」에 따라 폐교재산을 활용하여 야영장업을 하려는 경우로서 건축물의 신축 또는 증축을 하지 않고 야영장 입구까지 진입하는 도로의 신설 또는 확장이 없을 때에는 그렇지 않다.

(4) 관광유람선업 등록기준

관광유람선업(觀光遊覽船業)은 일반관광유람선업과 크루즈업으로 나뉜다. 이들의 등록기준은 다음과 같다.

① 일반관광유람선업
- 「선박안전법」에 따른 구조 및 설비를 갖춘 선박일 것
- 이용객의 숙박 또는 휴식에 적합한 시설을 갖추고 있을 것
- 수세식화장실과 냉·난방 설비를 갖추고 있을 것
- 식당·매점·휴게실을 갖추고 있을 것
- 수질오염을 방지하기 위한 오수 저장·처리시설과 폐기물 처리시설을 갖추고 있을 것

② 크루즈업
- 일반관광유람선업에서 규정하고 있는 관광사업의 등록기준을 충족할 것
- 욕실이나 샤워시설을 갖춘 객실을 20실 이상 갖추고 있을 것
- 체육시설, 미용시설, 오락시설, 쇼핑시설 중 2종류 이상의 시설을 갖추고 있을 것

(5) 관광공연장업 등록기준

관광공연장(觀光公演場) 설치장소는 관광지, 관광단지 또는 관광특구 안에 있거나 이 법에 따른 관광사업 시설 안에 있어야 한다. 실외(室外) 관광공연장의 경우 관광숙박업, 관광객 이용시설업 중 전문휴양업과 종합휴양업, 국제회의업, 유원시설업에 한한다. 그리고 관광공연장은 '식품위생법'에 따른 식품접객업 중 일반음식점 영업허가를 받아야 하며, 70m² 이상의 무대를 갖춰야 한다.

① 실내관광공연장
- 출연자가 연습하거나 대기 또는 분장할 수 있는 공간을 갖추고 있을 것
- 출입구는 「다중이용업소의 안전관리에 관한 특별법」에 따른 설치기준에 적합할 것
- 공연으로 인한 소음이 밖으로 전달되지 아니하도록 방음시설을 갖추고 있을 것

② 실외관광공연장

 • 남녀용으로 구분된 수세식 화장실을 갖추고 있을 것

(6) 외국인관광 도시민박업 등록기준

'외국인관광(外國人觀光) 도시민박업(都市民泊業)'에 등록하기 위해서는 관련법에 따른 주택의 연면적(延面積)이 230m² 미만이고, 외국어 안내 서비스가 가능한 체제를 갖추고 있어야 한다. 또한 소화기를 1개 이상 구비하고, 객실마다 단독 경보형 감지기 및 경보기가 설치되어 있어야 한다.

문화체육관광부에서는 동 법에 의해 등록한 외국인관광 도시민박업 운영업체 가운데 평가를 통해 "코리아스테이"[190]로 인증(認證)하여 운영을 지원하고 있다. 또한 전 세계 숙박공유사이트인 "에어비엔비(airbnb)"[191]는 이와 같은 숙소를 인터넷으로 연결한 서비스 모델이다.

(7) 한옥체험업 등록기준

한옥체험업(韓屋體驗業)에 등록하기 위해서는 다음과 같은 기준에 적합해야 한다.

「한옥 등 건축자산의 진흥에 관한 법률」에서 정한 기준에 적합한 한옥[192]

객실 및 편의시설 등 숙박 체험에 이용되는 공간의 연면적이 230m² 미만일 것

숙박 체험을 제공하는 경우에는 이용자의 불편이 없도록 욕실이나 샤워시설 등 편의시설을 갖출 것

객실 내부 또는 주변에 소화기를 1개 이상 비치하고 객실마다 화재 감지기 및 경보기를 설치할 것

취사시설을 설치하는 경우에는 관계 법령에서 정하는 기준에 적합하게 설치·관리할 것

---

190) 코리아스테이(Korea Stay)는 우수도시민박브랜드로 숙박환경, 편리성, 청결성, 안전성, 외국어서비스를 평가기준으로 하고 있다. 한국관광공사를 통해 인증을 받게 되면, 운영 물품과 예약 및 홍보 지원 등의 서비스를 제공받게 된다.

191) 에어비앤비는 '에어베드 앤드 브렉퍼스트(Air bed and Breakfast)'의 약자로 침대(bed)와 아침식사(breakfast)를 제공한다는 의미를 담고 있다. 인터넷을 통해 집주인이 공유하려는 집을 내어놓으면 고객이 원하는 조건에 예약·지불하는 방식으로 계약이 이루어진다.

192) 다만 「문화재보호법」에 따라 문화재로 지정·등록된 한옥 및 「한옥 등 건축자산의 진흥에 관한 법률」의 우수건축자산으로 등록된 한옥의 경우에는 그렇지 않다.

🔍 수돗물 또는 먹는 물의 수질 기준에 적합한 먹는 물 등을 공급할 수 있는 시설을 갖출 것

🔍 월 1회 이상 객실·접수대·로비시설·복도·계단·욕실·샤워시설·세면시설 및 화장실 등을 소독할 수 있는 체제를 갖출 것

🔍 객실 및 욕실 등을 수시로 청소하고, 침구류를 정기적으로 세탁할 수 있는 여건을 갖출 것

🔍 환기를 위한 시설을 갖출 것, 다만, 창문이 있는 경우는 예외

🔍 욕실의 원수(原水)는 목욕물의 수질기준에 적합할 것

🔍 한옥을 관리할 수 있는 관리자를 영업시간 동안 배치할 것

🔍 숙박 체험을 제공하는 경우에는 접수대 또는 홈페이지 등에 요금표를 게시하고, 게시된 요금을 준수할 것

2. 사업계획 승인

관광숙박업을 경영하려는 자는 등록을 하기 전에 그 사업에 대한 사업계획(事業計劃)을 작성하여 특별자치시장·특별자치도지사·시장·군수·구청장의 승인(承認)을 받아야 한다. 한편, 관광객 이용시설업과 국제회의시설업을 경영하려는 자는 등록을 하기 전에 그 사업에 대한 사업계획을 작성하여 관할 행정관청의 승인을 받을 수 있다. 승인을 받은 사업계획 중 부지(敷地)[193], 대지(垈地)[194] 면적, 건축 연면적(延面積)[195]의 일정 규모 이상의 변경 등의 경우에도 또한 같다(관광진흥법 제15조).

위에서 정한 관광사업에 대하여 등록을 하기 전에 사업계획을 승인받도록 하는 것은 이들 업종은 비교적 넓은 면적의 부지를 확보하여야 영업이 가능하고, 막대한 시설투자비가 소요되거나 그 시설기준이 비교적 복잡하기 때문이다. 또한 이들 사업은 여러 가지 업종을 복합하여 영업을 하게 되므로 해당 업종에 대

---

193) 부지(plottage)란 집이나 공장 따위의 건물을 짓거나 도로를 만드는 데에 쓰이는 땅을 말한다.
194) 대지(ground)는 집터로서의 땅을 말한다.
195) 연면적(gross floor area)은 대지에 들어선 건축물의 각 층의 바닥면적을 모두 합한 넓이를 말한다. 총면적(總面積)이라고도 한다.

하여 관련 행정기관으로부터 개별적으로 인가(認可)[196]나 허가(許可)를 받기 위한 행정절차도 매우 번잡하다.

1) 사업계획 승인

관광진흥법과 하위 법령은 등록을 하기 전에 사업계획 승인을 받아야 하는 업종과 승인절차에 대하여 상세하게 규정하고 있다. 이때 사업예정장소의 관할(管轄)[197] 특별자치시장·특별자치도지사·시장·군수·구청장이 등록 행정관청이 된다.

(1) 승인 대상

관광호텔업, 수상관광호텔업, 한국전통호텔업, 가족호텔업, 호스텔업, 소형호텔업, 의료관광호텔업과 휴양콘도미니엄업 등 관광숙박업의 모든 업종은 등록을 하기 전에 반드시 해당 사업에 대한 사업계획서를 작성하여 사업예정지역을 관할하는 행정관청에 사업계획 승인을 받아야 한다. 한편, 관광객 이용시설업 중 전문휴양업, 종합휴양업, 관광유람선업, 그리고 국제회의업 중 국제회의시설업은 등록을 하기 전에 해당 사업에 대한 사업계획서를 작성하여 사업예정지역을 관할하는 행정관청에 사업계획 승인을 받을 수 있다. 따라서 이들 업종 중 사업계획승인이 필요하지 않을 경우에는 사업계획승인을 받지 아니하고 해당 관광사업의 시설을 갖추어 곧바로 등록신청을 할 수 있다.

(2) 승인 신청 절차

관광사업의 사업계획 승인을 받으려는 자는 '사업계획 승인신청서(承認申請書)'를 작성하여 등록관청에 제출하여야 한다. 사업계획 승인신청서에는 다음에 해당하는 서류를 첨부하여 제출하여야 한다.

🔍 다음 각 항목의 사항이 포함된 건설계획서[198]

---

196) 인가(authorization)는 행정관청이 어떤 법률관계 당사자의 법률행위에 대한 효력을 완성시켜 주는 행정행위를 말한다. 승인(承認)과 같은 개념이다.

197) 관할(govern, control)은 행정기관이 일정한 권한을 가지고 통제하거나 관리하는 것을 말한다.

198) 건설계획서 포함 사항: ① 건설장소, 총부지 면적 및 토지이용계획 ② 공사계획 ③ 공사자금 및 그 조달방법 ④ 시설별·층별 면적 및 시설내용 ⑤ 조감도(鳥瞰圖, Bird's eyes view) ⑥ 전문휴양업 및 종합휴양업의 경우에는 사업예정지역의 위치도 및 현황도, 시설배치계획도, 토지명세서, 하수처리계획서, 녹지 및 환경조성계획서 [*조감도: 높은 곳에서 아래를 내려다보았을 때의 모양을 그린 그림이나 지도를 말한다. 주로 관광안내도 및 조경공사계획 등에 쓰인다.]

- 신청인(법인의 경우에는 대표자 및 임원)의 성명·주민등록번호를 기재한 서류
- 부동산의 소유권 또는 사용권을 증명하는 서류
- 분양 및 회원모집계획 개요서(분양 및 회원을 모집하는 경우만 해당)
- 법 제16조 제1항 각 호에 따른 인·허가 등의 의제(擬制)를 받거나 신고를 하려는 경우에는 해당 법령에서 제출하도록 한 서류
- 법 제16조 제1항 각 호에서 규정한 신고를 이미 하였거나 인·허가 등을 받은 경우에는 이를 증명하는 서류

사업계획의 승인신청서를 접수한 행정관청은 해당 관광사업이 인·허가 등이 의제되는 사업인 경우에는 소관 행정기관의 장과 협의하여야 한다. 이러한 협의 요청을 받은 소관 행정기관의 장은 협의 요청을 받은 날부터 30일 이내에 그 의견을 제출하여야 한다. 이러한 행정절차를 통해 관광숙박업 등을 경영하고자 하는 자의 시간과 노력 및 경비를 크게 절감시켜 준다. 해당 행정관청의 장은 신청한 사업계획을 승인하는 경우에는 사업계획 승인을 신청한 자에게 지체 없이 통보하여야 한다. 또한 협의를 실시한 소관 행정기관에도 승인사실을 통보하여야 한다.

(3) 승인기준

관광숙박업 및 관광객 이용시설업 등에 대한 사업계획의 승인기준(承認基準)은 다음과 같다.

- 사업계획의 내용이 관계 법령의 규정에 적합할 것
- 사업계획의 시행에 필요한 자금을 조달할 능력 및 방안이 있을 것
- 일반 주거지역(住居地域)의 관광숙박시설 및 그 시설 안의 위락시설은 주거환경을 보호하기 위하여 다음 각 항목(項目)의 기준에 맞아야 하고, 준주거지역의 경우에는 다목의 기준에 맞을 것. 다만, 일반 주거지역에서의 사업계획의 변경승인의 경우에는 가목의 기준을 적용하지 아니하고, 일반 주거지역의 호스텔업의 시설의 경우에는 라목의 기준을 적용하지 아니한다.
  - 다음의 구분에 따라 대지가 도로에 연접(連接)할 것.[199]

---

199) 연접 기준: ① 관광호텔업, 수상관광호텔업, 한국전통호텔업, 가족호텔업, 의료관광호텔업 및 휴양 콘도미니엄업 등은 대지가 폭 12미터 이상의 도로에 4미터 이상 연접 ② 호스텔업 및 소형호텔업은 대지가 폭 8미터 이상의 도로에 4미터 이상 연접

- 건축물 각 부분의 높이는 그 부분으로부터 인접 대지를 조망할 수 있는 창이나 문 등의 개구부(開口部)가 있는 벽면에서 직각 방향으로 인접된 대지의 경계선까지의 수평거리의 두 배를 초과하지 아니할 것
- 소음 공해를 유발하는 시설은 지하층에 설치하거나 그 밖의 방법으로 주변의 주거환경을 해치지 아니하도록 할 것
- 대지 안의 조경은 대지면적의 15퍼센트 이상으로 하되, 대지 경계선 주위에는 다 자란 나무를 심어 인접 대지와 차단하는 수림대(樹林帶)를 조성할 것

🔍 의료관광호텔업의 경우 연간 내국인 투숙객 수가 객실의 연간 수용가능 총인원의 40퍼센트를 초과하지 아니하여야 한다.

(4) 착공 및 준공

관광사업의 사업계획 승인을 받은 자가 정당한 사유 없이 다음의 기간 내에 착공(着工)[200] 또는 준공(竣工)[201]을 하지 않으면 아니 된다.

2011년 6월 30일 이전에 사업계획 승인을 받은 경우에는 착공기간은 사업계획승인을 받은 날로부터 4년, 준공기간은 착공한 날로부터 7년으로 한다. 그리고 그 이후에 사업계획승인을 받은 경우에는 착공기간은 사업계획승인을 받은 날로부터 2년, 준공기간은 착공한 날로부터 5년으로 한다.

2) 사업계획 변경승인

관광사업의 사업계획을 받은 자가 사업계획의 변경승인을 받으려고 하면 '사업계획 변경승인신청서(變更承認申請書)'를 작성하여 등록관청에 제출하여야 한다. 변경승인의 기준과 절차(節次)는 사업계획 승인과 동일하다.

(1) 관광숙박업의 변경승인

관광숙박업의 사업계획 승인을 받은 사항 중, 다음에 해당하는 부지, 대지면적, 건축 연면적, 객실 수 및 객실면적, 그리고 업종을 변경하려는 경우에는 사업계획 변경승인을 받아야 한다.

---

200) 착공(commencement of work)은 공사 시공자(施工者)가 공사에 착수하는 것을 말하며, 토목이나 건축에서는 일반적으로 터파기 공사에 착수하는 것을 말한다.

201) 준공(completion)은 건설의 전공사가 완료되는 것을 말한다. 신청을 필요로 하는 공사에서는 공사 완료 후 건축주는 공사 완료계를 담당 관청에 제출하여 검사를 받아야 한다.

🔍 부지 및 대지면적을 변경할 때에 그 변경하려는 면적이 당초 승인받은 계획면적의 100분의 10 이상이 되는 경우

🔍 건축 연면적을 변경할 때에 그 변경하려는 연면적이 당초 승인받은 계획면적의 100분의 10 이상이 되는 경우

🔍 휴양콘도미니엄업의 객실 수 또는 객실면적을 변경하려는 경우

🔍 변경하려는 업종의 등록기준에 맞는 경우로서, 호텔업과 휴양콘도미니엄업 간의 업종 변경 또는 호텔업 종류 간의 업종 변경

등록 행정관청은 휴양 콘도미니엄업의 규모를 축소하는 사업계획에 대한 변경 승인신청을 받은 경우에는 다음 사항의 어느 하나의 감소 비율이 당초 승인한 분양 및 회원 모집 계획상의 피분양자(被分讓者) 및 회원(會員) 총 수에 대한 사업계획 변경승인 예정일 현재 실제로 미분양 및 모집 미달(未達)이 되고 있는 잔여 회원 등 총 수의 비율을 초과하지 아니하는 한도에서 그 변경승인을 하여야 한다.[202] 다만, 사업자가 이미 분양받거나 회원권을 취득한 회원 등에 대하여 그 대지면적 및 객실면적의 감소분에 비례하여 분양가격 또는 회원 모집가격을 인하하여 해당 회원 등에게 통보한 경우에는 미분양률(未分讓律)을 초과하여 변경승인을 할 수 있다.

(2) 관광객 이용시설업과 국제회의시설업 변경승인

전문휴양업, 종합휴양업, 관광유람선업, 그리고 국제회의시설업의 사업계획 승인을 얻었지만, 다음과 같은 사업계획의 변경이 있을 때에는 변경승인을 받아야 한다.

🔍 전문휴양업이나 종합휴양업의 경우 부지, 대지면적 또는 건축 연면적을 변경할 때에 그 변경하려는 면적이 당초 승인받은 계획면적의 100분의 10 이상이 되는 경우

🔍 국제회의업의 경우 국제회의시설 중 다음 각 목의 어느 하나에 해당하는 경우[203]

---

202) 변경승인 사항: ① 당초 승인한 사업계획상의 대지면적에 대한 변경계획상의 대지면적 감소 비율 ② 당초 승인한 사업계획상의 객실 수에 대한 변경계획상의 객실 수 감소비율 ③ 당초 계획상의 전체 객실면적에 대한 변경계획상의 전체 객실면적 감소 비율

203) 변경승인 경우: ① '국제회의산업 육성에 관한 법률 시행령' 제3조에 따른 전문회의시설의 회의실 수 또는 옥내 전시면적을 변경할 때에 당초 승인받은 계획의 100분의 10 이상 변경 ② 동 시행령 제3조에 따른 전시시설의 회의실 수 또는 옥내 전시면적을 변경할 때에 당초 승인받은 계획의 100분의 10 이상 변경

3) 승인 시의 인허가 의제

관광사업에 대한 사업계획의 승인을 받을 때에는 관계 법률에 의한 인가 및 허가 등의 의제(擬制)나 기타 특전(特典)을 받을 수 있다.

물론 의제받게 되는 사항과 관련되는 서류는 사업계획 승인을 신청할 때 함께 제출하여야 한다. 이러한 제도는 민원인이 해당 행정관청을 일일이 찾아다니면서 인·허가를 받아야 하는 번거로움을 없게 하여 국민에게 행정적 편의를 제공하는 봉사(奉仕) 행정(行政)이라 할 수 있다.

(1) 의제를 받게 되는 사항

관광숙박업, 관광객 이용시설업, 국제회의시설업 등의 사업계획 승인을 받은 때에는, 다음 각 사항의 허가(許可) 또는 해제(解除)를 받거나 신고(申告)를 한 것으로 본다.

- ‘농지법(農地法)’에 따른 농지(農地) 전용(轉用)[204]의 허가
- ‘산지관리법(山地管理法)’에 따른 산지 전용 허가 및 신고, 산지 일시사용 허가 및 신고, ‘산림자원의 조성 및 관리에 관한 법률’에 따른 입목(立木) 벌채(伐採) 등의 허가 및 신고
- ‘사방사업법(砂防事業法)’에 따른 사방지(砂防地)[205] 지정의 해제
- ‘초지법(草地法)’에 따른 초지 전용의 허가
- ‘하천법(河川法)’에 따른 하천공사 등의 허가 및 실시계획의 인가, 하천 점용(占用)[206] 허가 및 실시계획의 인가
- ‘공유수면(公有水面)[207] 관리 및 매립에 관한 법률’에 따른 공유수면의 점용·사용허가 및 점용·사용 실시계획의 승인 또는 신고
- ‘사도법(私道法)’에 따른 사도 개설(開設)의 허가

---

204) 전용(diversion)이란 예정되어 있는 곳에 쓰지 아니하고 다른 데로 돌려서 사용하는 것을 말한다. 전환(轉換) 또는 유용(流用)이란 용어와 유사하다.
205) 사방지(erosion control site)는 장마가 올 때 산사태가 발생하는 취약지역을 보강하기 위하여 지정한 곳이다.
206) 점용(private use)은 자기의 생활이나 사업을 위해 어떤 물건을 독점적으로 사용하는 것을 말한다. 즉, 일정한 지역 또는 수역 등을 차지하여 사용하는 것을 이른다.
207) 공유수면(public waters)은 바다, 하천, 호소(湖沼) 등 공공용으로 사용되는 국가 소유의 수면(水面) 또는 수류(水流)를 말한다.

🔍 '국토의 계획 및 이용에 관한 법률'에 따른 개발행위의 허가

🔍 '장사(葬事) 등에 관한 법률'에 따른 분묘(墳墓)의 개장(改葬) 신고 및 허가

등록관청은 위에 해당하는 사항이 포함되어 있는 사업계획을 승인하려면 미리 소관 행정기관의 장과 협의하여야 한다. 또한 사업계획의 변경승인을 하려는 경우 건축물의 용도변경이 포함되어 있으면, 미리 소관 행정기관의 장과 협의하여야 한다. 이때 관광숙박업자가 사업계획의 변경승인을 받은 경우에는 '건축법'에 따른 용도변경의 허가를 받거나 신고를 한 것으로 본다.

(2) 관광숙박시설 건축지역

사업계획의 승인 또는 변경승인을 받은 경우 그 사업계획에 따른 관광숙박시설 및 그 시설 안의 위락시설로서 '국토의 계획 및 이용에 관한 법률'에 따라 지정된 다음의 용도지역(用度地域)[208]의 시설에 대하여는 건축금지나 용도 및 규모의 제한을 받지 아니한다. 다만, 주거지역에서는 주거환경의 보호를 위하여 사업계획승인기준에 맞는 경우에 한정한다.

🔍 상업(商業)지역

🔍 주거지역(住居地域) 중 일반(一般)주거지역 및 준(準)주거지역

🔍 공업지역(工業地域) 중 준(準)공업지역

🔍 녹지(綠地)지역 중 자연(自然)녹지지역

(3) 학교 환경위생 정화구역 내 관광숙박시설의 설치

사업계획의 승인 또는 변경승인을 받은 경우 그 사업계획에 따른 관광숙박시설로서 다음에 적합한 시설에 대해서는 학교 환경위생 정화구역에 관한 '학교보건법'을 적용하지 아니한다.

🔍 관광숙박시설에서 '학교보건법'에 따른 행위 및 시설이 없을 것

🔍 관광숙박시설의 객실이 100실 이상일 것

🔍 서울시와 경기도 지역 내에 위치할 것

---

208) 용도지역(land use area)이란 토지의 이용과 건축물의 용도(用途), 건폐율(建蔽率), 용적률(容積率), 높이 등을 제한함으로써 토지를 경제적·효율적으로 이용하고 공공복리를 증진하기 위한 정책이다. 관련 법률에 따라 국토를 도시지역, 관리지역, 농림지역, 자연환경보전지역 등 4종류로 구분하고, 이 중 도시지역은 다시 주거지역, 상업지역, 공업지역, 녹지지역 등으로 분류한다.

🔍 투숙객이 차량 또는 도보 등을 통하여 해당 관광숙박시설에 드나들 수 있는 출입구, 주차장, 로비 등의 공용공간을 외부에서 조망할 수 있는 개방적인 구조일 것

🔍 학교 출입문 또는 학교설립예정지 출입문으로부터 직선거리로 75미터 이상에 위치할 것

위 사항에 따른 관광숙박시설을 설치하려는 자는 '건축법'에 따른 건축위원회의 교육환경 저해여부에 관한 심의를 받아야 한다. 등록 행정관청의 장은 사업계획의 승인 또는 변경승인을 하려는 경우에는 교육환경 보호 및 교통안전 보호조치를 취하도록 하는 조건을 붙일 수 있다. 여기에서 규정한 사항 외에 의제의 기준 및 효과 등에 관하여는 「행정기본법」[209]을 준용(準用)한다.

4) 등록심의위원회 심의

대규모 시설과 다양한 업종을 갖추어 영업활동을 하는 관광사업은 등록을 하기 전에 관할 행정관청에서 심의위원회를 구성하여 심의(審議) 과정을 거치도록 하고 있다(관광진흥법 제17조).

(1) 등록심의위원회 설치

관광숙박업과 관광객 이용시설업 중 전문휴양업, 종합휴양업, 관광유람선업, 그리고 국제회의시설업의 등록 및 변경등록에 관한 사항을 심의하기 위하여 관할 행정관청의 장 소속으로 '관광숙박업 및 관광객 이용시설업 등록심의위원회(登錄審議委員會)'를 둔다. 이 제도는 심의 대상 업종의 경우, 여러 가지의 시설과 업종을 복합하여 경영하고 있어 모든 업종의 등록을 위해 개별적으로 해당 행정관청에서 신고 및 허가를 받아야 하는 행정력의 낭비와 민원인의 시간과 비용을 줄여 주고자 하는 행정 편의를 위한 것이다.

(2) 등록심의위원회 구성 및 운영

동 위원회는 위원장(委員長)과 부위원장(副委員長) 각 1명을 포함한 위원(委員) 10명 이내로 구성하되, 위원장은 등록 행정관청의 부지사·부시장·부군수·부구청

---

209) 행정기본법(行政基本法)은 행정법 분야의 집행 원칙과 기준을 정하고 주요 행정·법 제도에 관한 통일적인 규정을 마련하여 국민 중심의 행정법 체계를 실현하기 위하여 제정되었다.

장이 되고, 부위원장은 위원 중에서 위원장이 지정하는 사람이 되며, 위원은 신고 또는 인·허가 등의 소관 기관의 직원(職員)이 된다.

위원장은 위원회를 대표하고, 위원회의 직무를 총괄한다. 부위원장은 위원장을 보좌하고, 위원장이 부득이한 사유로 직무를 수행할 수 없을 때에는 그 직무를 대행(代行)한다. 위원회의 서무를 처리하기 위하여 위원회에 간사(幹事)[210] 1명을 둔다.

위원장은 동 위원회의 회의를 소집하고 그 의장이 되며, 회의는 재적위원 3분의 2 이상의 출석과 출석위원 3분의 2 이상의 찬성으로 의결한다. 그리고 위원장은 위원회의 심의사항과 관련하여 필요하다고 인정하면 관계인 또는 안전(安全)·소방(消防) 등에 대한 전문가를 출석시켜 그 의견을 들을 수 있다. 그 밖에 위원회의 운영에 필요한 사항은 위원회의 의결을 거쳐 위원장이 정한다.

(3) 등록심의위원회 심의사항

등록심의위원회는 관광숙박업, 관광객 이용시설업 중 전문휴양업, 종합휴양업, 관광유람선업과 국제회의시설업의 등록기준(登錄基準) 등에 관한 사항과, 등록하고자 하는 사업이 관계 법령상 신고 또는 인·허가 등의 요건(要件)에 해당하는지에 관한 사항에 대하여 심의한다. 그리고 '학교보건법'을 적용받지 아니하고 관광숙박시설을 설치하려는 경우에 사업계획 승인 또는 변경승인을 받고 관광사업 등록을 신청한 경우 해당 법적 요건을 충족하는지에 관한 사항을 심의한다.

등록 행정관청의 장은 위의 업종에 대한 등록을 하려면 미리 동 위원회의 심의를 거쳐야 한다. 다만, 심의사항의 변경 중 관계되는 기관이 둘 이하인 경우와 같은 경미(輕微)한 사항에 관하여는 동 위원회의 심의를 거치지 아니할 수 있다.

(4) 등록 시 신고 및 허가 의제

등록 행정관청의 장이 동 위원회의 심의를 거쳐 등록을 하면 그 관광사업자는 위원회의 심의를 거친 사항에 대해서는 다음 사항의 신고를 하였거나 인·허가 등을 받은 것으로 본다(관광진흥법 제18조).

> 🔍 '공중위생관리법(公衆衛生管理法)'에 따른 숙박업·목욕장업·이용업·미용업 또는 세탁업의 신고

---

210) 간사(assistant administrator)란 단체나 기관의 사무를 담당하여 처리하는 직무나 또는 그런 일을 하는 사람을 말한다.

    🔍 '식품위생법(食品衛生法)'에 따른 식품접객업으로서 휴게음식점영업·일반음식점영업·제과점영업의 신고, 단란주점영업·유흥주점영업의 허가

    🔍 '주류(酒類) 면허 등에 관한 법률'에 따른 주류 판매업의 면허 또는 신고

    🔍 '외국환거래법(外國換去來法)'에 따른 환전업무의 등록

    🔍 '담배사업법(事業法)'에 따른 담배 소매인의 지정

    🔍 '체육시설(體育施設)의 설치·이용에 관한 법률'에 따른 신고체육시설업의 신고[211]

    🔍 '해상교통안전법(海上交通安全法)'에 따른 해상 레저 활동의 허가

    🔍 '의료법(醫療法)'에 따른 부속의료기관의 개설신고 또는 개설허가

관할 등록관청은 동 위원회의 심의를 거쳐 관광사업의 등록을 한 때에는 지체없이 신고 또는 인·허가 등의 소관 행정기관의 장에게 그 내용을 통보하여야 한다. 사업계획 승인을 받을 때 의제받는 사항이 주로 건물의 건축과 관련되는 사항인 데 비하여, 등록과 관련된 의제사항은 사업을 경영하는 데 필요한 조치들이다.

3. 관광숙박업 등의 등급결정

문화체육관광부장관은 관광숙박시설 이용자의 편의를 돕고, 관광숙박시설 및 야영장 서비스의 수준을 효율적으로 유지하고 관리하기 위하여 관광숙박업자 및 야영장업자의 신청을 받아 등급(等級)을 정할 수 있다(관광진흥법 제19조).[212]

1) 등급결정 대상 및 구분

등급을 정할 수 있는 관광숙박업은 호텔업으로 관광호텔업, 수상관광호텔업, 한국전통호텔업, 가족호텔업, 소형호텔업 또는 의료관광호텔업의 등록을 한 자

---

211) 동법 제10조에서 체육시설업을 등록체육시설업과 신고체육시설업으로 구분한다. 등록체육시설업에는 골프장업, 스키장업, 자동차경주장업이 있으며, 신고체육시설에는 요트장업, 조정장업, 카누장업, 빙상장업, 승마장업, 종합체육시설업, 수영장업, 체육도장업, 골프연습장업, 체력단련장업, 당구장업, 썰매장업, 무도학원업, 무도장업, 체육교습업 등이 있다.

212) 야영장에서의 빈번한 사고와 부실시설로 인해 소비자 피해가 늘어남에 따라 야영장에도 등급제를 도입할 수 있는 법률적인 근거가 마련되었다. 야영장 등급제는 위생시설, 편의시설, 안전시설, 야영장 사이트 등으로 구분하여 평가할 필요가 있다.

이다. 다만, 호스텔업의 등록을 한 자는 등급결정을 신청하지 아니할 수 있다.[213] 호텔업의 등급은 5성급, 4성급, 3성급, 2성급, 1성급으로 구분한다.

관광숙박업에 대하여 등급을 정하도록 한 것은, 숙박비는 여행자가 지불하는 관광비용 중 높은 비중을 차지하므로, 숙박시설, 서비스, 각종 요금(料金)을 등급수준에 맞도록 유지·관리하게 하여 이용자가 자기의 경제적 능력에 맞게 선택하여 이용하게 할 필요가 있기 때문이다. 또한 호텔업 경영자로 하여금 호텔의 홍보활동을 할 때 자기 호텔의 수준과 특징을 인정받도록 하기 위한 것이라고 볼 수 있다.

2) 등급결정 사유

호텔업의 등록을 한 자는 다음의 구분에 따른 기간 이내에 문화체육관광부장관으로부터 등급결정권을 위탁받아 고시된 법인에 등급결정을 신청하여야 한다.

- ✎ 호텔을 신규 등록한 경우: 호텔업 등록을 한 날부터 60일
- ✎ 호텔업 등급결정의 유효기간이 만료되는 경우: 유효기간 만료 전 150일부터 90일까지
- ✎ 시설의 증축(增築), 개축(改築) 또는 서비스 및 운영실태 등의 변경에 따른 등급 조정사유가 발생한 경우: 사유가 발생한 날부터 60일
- ✎ 호텔업 등급결정의 유효기간이 연장된 경우: 연장된 유효기간 만료일까지

3) 등급 결정권자

호텔업의 등급결정에 관한 권한(權限)은 문화체육관광부장관에게 있다. 호텔업의 등급결정권을 문화체육관광부장관이 정하여 고시한 법인에 위탁(委託)한다.

4) 등급결정 기준 및 절차

등급결정 수탁(受託)기관은 등급결정 신청을 받은 경우에는 문화체육관광부장관이 정하여 고시(告示)하는 호텔업 등급결정의 기준에 따라 신청일부터 90일 이내에 해당 호텔의 등급을 결정하여 신청인에게 통지해야 한다. 다만, 부득이한 사유가 있는 경우에는 60일의 범위에서 등급 결정 기간을 연장할 수 있다.

---

213) 호스텔은 주로 배낭여행객 등 개별관광객을 위한 저렴한 숙박시설이어서 등급의 필요성이 높지 않기 때문이다.

등급결정을 하는 경우에는 다음 요소를 평가하여야 하며, 그 세부적인 기준 및 절차는 문화체육관광부장관이 정하여 고시한다.

🔍 서비스 상태

🔍 객실 및 부대시설의 상태

🔍 안전 관리 등에 관한 법령 준수 여부

등급결정 수탁기관은 평가의 공정성을 위하여 필요하다고 인정하는 경우에는 평가를 마칠 때까지 평가의 일정 등을 신청인에게 알리지 아니할 수 있다. 즉, 등급 평가는 평가원이 사전에 통보하고 방문하는 '현장 평가'와 예고 없이 방문하여 조사하는 '암행(暗行) 및 불시(不時) 평가'로 이루어진다. 이에 대하여 평범한 손님으로 가장하고 해당업장을 방문하여 업장의 상태와 직원의 서비스를 평가하는 사람이라고 하여 미스터리쇼퍼(mystery shopper)라고도 한다. 등급결정 수탁기관은 평가한 결과 등급결정 기준에 미달하는 경우에는 해당 호텔의 등급결정을 보류하여야 한다.

📋 표 3-8 **호텔업의 등급결정 기준(관광진흥법 시행규칙 제25조 관련)**

구분		5성급	4성급	3성급	2성급	1성급
등급평가 기준	현장평가	700점	585점	500점	400점	400점
	암행평가/ 불시평가	300점	265점	200점	200점	200점
	총 배점	1,000점	850점	700점	600점	600점
결정 기준	공통기준	1. 등급별 등급평가기준 상의 필수항목[214]을 충족할 것 2. 점검 또는 검사가 유효할 것				
	등급별 기준	평가점수가 총 배점의 90% 이상	평가점수가 총 배점의 80% 이상	평가점수가 총 배점의 70% 이상	평가점수가 총 배점의 60% 이상	평가점수가 총 배점의 50% 이상

214) 호텔 등급 평가 기준 필수항목: ① 공용 공간 서비스 부문: 호텔 안내 및 주차시설, 현관 및 로비, 프런트 데스크, 복도 및 계단 관리 ② 객실 및 욕실 부문: 객실 종류 및 면적, 객실의 안락도 및 편의성, 객실의 전기·통신시설, 욕실 부문 ③ 식음료 및 부대시설 부문: 식음료 시설 및 관리, 비즈니스센터 설치·운영 상태 ④ 부가점수: ⓐ가점 항목(에너지 절감을 위한 경영, 전문 한식당 운영, 종사원 교육 및 유자격자 고용 상태) ⓑ감점 항목(호텔 내 화재 발생 여부, 범죄 발생 여부, 영업상 행정조치 여부, 고객 불편신고 처리 상태, 공정거래 위반 적발, 허위표시 및 광고, 차등요금제 광고 실시)

5) 등급결정의 재신청

등급결정 보류(保留)의 통지를 받은 신청인은 60일 이내에 신청한 등급과 동일한 등급 또는 낮은 등급으로 호텔업 등급결정의 재신청을 하여야 한다. 재신청을 받은 등급결정 수탁기관은 해당 호텔의 등급을 결정하거나 해당 호텔의 등급결정을 보류한 후 그 사실을 신청인에게 통지하여야 한다. 동일한 등급으로 호텔업 등급결정을 재신청하였으나 다시 등급결정이 보류된 경우에는 60일 이내에 신청한 등급보다 낮은 등급으로 등급결정을 신청하거나 등급결정 수탁기관에 이의(異議)를 신청하여야 한다.

이의 신청을 받은 등급결정 수탁기관은 고시 절차에 따라 신청일부터 90일 이내에 이의 신청에 이유가 있는지 여부를 판단하여 처리하여야 한다. 이의 신청을 거친 자가 다시 등급결정을 신청하는 경우에는 당초 신청한 등급보다 낮은 등급으로만 할 수 있다.

6) 등급결정의 유효기간

문화체육관광부장관은 등급 결정 결과를 분기별로 문화체육관광부의 인터넷 홈페이지에 공표하여야 하고, 필요한 경우에는 그 밖의 효과적인 방법으로 공표할 수 있다. 또한 호텔업 등급결정의 유효기간은 등급결정을 받은 날부터 3년으로 한다. 다만, 통지 전에 호텔업 등급결정의 유효기간이 만료된 경우에는 새로운 등급결정을 받기 전까지 종전의 등급결정이 유효한 것으로 본다. 문화체육관광부장관은 기존의 등급결정의 유효기간을 '재난 및 안전관리 기본법'에 따른 경계 이상의 위기경보가 발령된 날부터 2년의 범위에서 문화체육관광부장관이 정하여 고시하는 기한까지 연장할 수 있다.

4. 분양 및 회원모집

관광숙박업과 관광객 이용시설업 중 제2종 종합휴양업을 등록한 자 또는 그 사업계획의 승인을 받은 자는 그 관광시설에 대하여 분양(分讓) 또는 회원모집(會員募集)을 할 수 있다(관광진흥법 제20조).

1) 분양 및 회원모집 대상 업종 및 금지행위

관광숙박업 중 호텔업과 제2종 종합휴양업은 회원모집이 가능하며, 휴양콘도미니엄업은 분양과 회원모집이 모두 가능하다. 그리고 이들 업종을 제외하고 다음 사항에 해당하는 행위를 하여서는 아니 된다.

- 분양 또는 회원모집을 할 수 없는 자가 이와 유사한 명칭을 사용하여 분양 또는 회원모집을 하는 행위를 하여서는 아니 된다.
- 관광숙박시설과 관광숙박시설이 아닌 시설을 혼합 또는 연계하여 이를 분양하거나 회원을 모집하는 행위를 하여서는 아니 된다. 다만, 관광숙박업의 등록을 받은 자 또는 그 사업계획의 승인을 얻은 자가 '체육시설의 설치·이용에 관한 법률'에 따라 골프장의 사업계획을 승인받은 경우에는 관광숙박시설과 해당 골프장을 연계하여 분양하거나 회원을 모집할 수 있다.[215]
- 소유자 또는 회원으로부터 관광사업의 시설에 관한 이용 권리를 양도(讓渡)받아 이를 이용할 수 있는 회원을 모집하는 행위를 하여서는 아니 된다.

2) 분양 및 회원모집 기준

휴양콘도미니엄업 시설의 분양 및 회원모집 기준과 호텔업 및 제2종 종합휴양업 시설의 회원모집 기준은 다음과 같다. 다만, 제2종 종합휴양업 시설 중 등록 체육시설업 시설에 대한 회원모집에 관하여는 '체육시설의 설치·이용에 관한 법률'에서 정하는 바에 따른다. 이들 업종은 설치공사 공정이 30% 이상 진행될 때부터 회원모집이 가능하다.

- 다음 사항에 해당되는 소유권(所有權) 등을 확보(確保)할 것. 이 경우 분양 또는 회원모집 당시 해당 휴양콘도미니엄업, 호텔업 및 제2종 종합휴양업의 건물이 사용 승인된 경우에는 해당 건물의 소유권도 확보하여야 한다.[216]

---

215) 동 규정은 관광숙박시설과 골프장을 연계하여 회원모집을 가능하게 함으로써, 사업자 및 이용자의 요구를 반영한 상품 구성이 가능하고 관광 사업이 효율적으로 운영될 것으로 기대되어 이를 허용하게 되었다.

216) 소유권 확보 경우: ① 휴양콘도미니엄업 및 호텔업의 관광숙박시설이 건설되는 대지(垈地)의 소유권 ② 수상관광호텔의 구조물 또는 선박의 소유권 ③ 제2종 종합휴양업 시설이 건설되는 부지(敷地)의 소유권 또는 사용권

🔍 대지·부지 및 건물이 저당권(抵當權)[217]의 목적물로 되어 있는 경우에는 그 저당권을 말소(抹消)할 것.[218]

🔍 분양 인원: 분양을 하는 경우 한 개의 객실당(當) 분양인원은 5명 이상으로 하되, 가족(家族)[219]만을 수분양자(受分讓者)[220]로 하지 아니한다. 다만, 소유자가 법인(法人)이거나 외국인인 경우에는 그러하지 아니하다. 이는 관광숙박업 시설이 가족의 주거공간으로 사용되는 것을 방지하기 위함이다.

🔍 연간 이용일수: 소유자 또는 회원의 연간 이용일수는 365일을 객실당 분양 또는 회원모집 계획 인원수로 나눈 범위 이내이어야 한다.

🔍 주거용(住居用)으로 분양 또는 회원모집을 하지 아니할 것

3) 분양 및 회원모집 시기

휴양콘도미니엄업, 호텔업 및 제2종 종합휴양업의 분양 또는 회원을 모집하는 경우 그 시기 등은 다음과 같다.

(1) 휴양콘도미니엄업 및 제2종 종합휴양업의 경우

해당 시설공사의 총 공사 공정(工程)이 20% 이상 진행된 때부터 분양 또는 회원모집을 하되, 분양 또는 회원을 모집하려는 총 객실 중 공정률에 해당하는 객실을 대상으로 분양 또는 회원을 모집하여야 한다. 그리고 공정률에 해당하는 객실 수를 초과하여 분양 또는 회원을 모집하려는 경우에는 분양 또는 회원모집과 관련한 사고로 인하여 분양을 받은 자나 회원에게 피해를 주는 경우 그 손해를 배상할 것을 내용으로 공정률을 초과하여 분양 또는 회원을 모집하려는 금액에 해당하는 보증보험에 관광사업의 등록 시까지 가입하여야 한다.

---

217) 저당권(mortgage)이라 함은 채권자가 물건을 점유하지 않고 이것을 채권의 담보로 하여 채무자가 변제를 하지 않을 때 그 물건으로부터 우선변제를 받는 권리이다.
218) 다만, 공유제(共有制)일 경우에는 분양받은 자의 명의로 소유권이전등기를 마칠 때까지, 회원제일 경우에는 저당권이 말소될 때까지 분양 또는 회원모집과 관련한 사고로 인하여 분양을 받은 자나 회원에게 피해를 주는 경우 그 손해를 배상할 것을 내용으로 저당권 설정금액에 해당하는 보증보험(保證保險)에 가입한 경우에는 그러하지 아니하다.
219) 민법에서 가족(family)은 부부(夫婦) 및 직계존속(부모) 및 직계비속(자녀)을 말한다.
220) 수분양자란 분양을 받은 자를 말한다. 분양계약은 분양회사와 수분양자 사이에 이루어진다.

(2) 호텔업의 경우

관광사업의 등록 이후부터 회원을 모집하여야 한다. 다만, 제2종 종합휴양업에 포함된 호텔업의 경우에는 위의 규정을 적용한다.

4) 분양 및 회원모집 절차

분양 또는 회원을 모집하려는 자는 '분양 또는 회원모집 계획서(計劃書)'를 관할 행정관청의 장에게 제출하여야 한다. 이때 제출한 분양 또는 회원모집계획서의 내용이 사업계획 승인 내용과 다른 경우에는 사업계획 변경승인신청서를 함께 제출하여야 한다. 분양 및 회원모집 계획서에 첨부할 서류는 다음과 같다.

- '건축법'에 따른 공사 감리자(監理者)가 작성하는 건설공정에 대한 보고서 또는 확인서(공사 중인 시설의 경우만 해당)
- 보증보험 가입증서(필요한 경우만 해당)
- 객실 종류별, 객실당 분양인원 및 분양가격(회원제의 경우 회원수 및 입회금)
- 분양 또는 회원모집계약서와 이용 약관(約款)
- 분양 또는 회원모집 공고안(公告案)[221]
- 관광사업자가 직접 운영하는 휴양콘도미니엄 또는 호텔의 현황 및 증빙서류

분양 또는 회원모집계획서를 제출받은 관할 행정관청의 장은 이를 검토한 후 지체 없이 그 결과를 상대방에게 알려야 한다.

5) 소유자 및 회원의 권익보호

분양 또는 회원모집을 한 자는 소유자 및 회원의 권익(權益)을 보호(保護)하기 위하여 다음 각 호의 사항을 지켜야 한다.

---

221) 공고안(public notice)에 포함되어야 할 사항(관광진흥법 시행규칙 제27조): ① 대지면적 및 객실당 전용면적·공유면적, ② 분양가격 또는 입회금 중 계약금·중도금·잔금 및 그 납부시기, ③ 분양 또는 회원모집의 총 인원과 객실별 인원, ④ 연간 이용일수 및 회원의 경우 입회기간, ⑤ 사업계획승인과 건축허가의 번호·연월일 및 승인·허가기관, ⑥ 착공일, 공사완료예정일 및 이용예정일, ⑦ 관광사업자가 직접 운영하는 휴양콘도미니엄 또는 호텔의 현황

(1) 공유지분(共有持分) 또는 회원자격의 양도·양수

공유지분 또는 회원자격의 양도(讓渡)·양수(讓受)를 제한하면 안 된다. 다만, 휴양 콘도미니엄의 객실을 분양받은 자가 해당 객실을 법인이 아닌 내국인에게 양도하려는 경우에는 양수인(讓受人)이 분양기준에 적합하도록 하여야 한다.

(2) 시설의 이용

소유자 또는 회원이 이용하지 아니하는 객실만을 소유자 또는 회원이 아닌 자에게 이용하게 해야 한다. 이 경우 객실이용계획을 수립하여 소유자·회원의 대표기구와 미리 협의하여야 하며, 객실이용명세서를 작성하여 소유자·회원의 대표기구에 알려야 한다.

(3) 시설의 유지·관리에 필요한 비용의 징수

해당 시설을 선량한 관리자로서의 주의의무를 다하여 관리하되, 시설의 유지(維持)·관리(管理)에 드는 비용 외의 다른 비용을 징수(徵收)하지 아니하여야 한다. 시설의 유지와 관리 비용의 징수에 관한 사항을 변경하려는 경우에는 소유자·회원의 대표기구와 협의하고, 그 협의결과를 소유자 및 회원에게 공개하며, 그 사용명세를 매년 소유자·회원의 대표기구에 공개하여야 한다.

(4) 회원 입회금(入會金)[222]의 반환

회원의 입회기간 및 입회금의 반환은 관광사업자 또는 사업계획승인을 받은 자와 회원 간에 체결한 계약에 따르되, 회원의 입회기간이 끝나 입회금을 반환해야 하는 경우에는 입회금 반환을 요구받은 날부터 10일 이내에 반환하여야 한다.

(5) 회원증의 발급과 확인

소유자나 회원에게 해당 시설의 소유자나 회원임을 증명하는 회원증(會員

---

222) 입회금(entrance fee)은 회원자격을 부여받은 대가로 회원을 모집하는 자에게 지급하는 비용을 말한다.

證)²²³⁾을 문화체육관광부령으로 정하는 '회원증확인자(會員證確認者)'²²⁴⁾로부터 확인받아 발급하여야 한다. 회원증을 발급하려는 경우에는 미리 분양 또는 회원모집 계약 후 30일 이내에 회원증 확인자로부터 그 회원증과 분양 또는 회원모집계획서가 일치하는지를 확인받아야 한다. 그리고 회원증 확인자의 확인을 받아 회원증을 발급한 관광사업자는 소유자 및 회원 명부에 회원증 발급사실을 기록(記錄)·유지(維持)하여야 한다. 그리고 회원증 확인자는 6개월마다 특별자치도지사·시장·군수·구청장에게 회원증 발급에 관한 사항을 통보하여야 한다.

(6) 소유자·회원의 대표기구 구성 및 운영

20명 이상의 소유자·회원으로 대표기구(代表機構)를 구성하여야 하며, 이 경우 그 분양 또는 회원모집을 한 자와 그 대표자 및 임직원은 대표기구에 참여할 수 없다. 이에 따라 대표기구를 구성하는 경우에는 그 소유자·회원 모두를 대상으로 전자우편 또는 휴대전화 문자메시지로 통지하거나 해당 사업자의 인터넷 홈페이지에 게시하는 등의 방법으로 그 사실을 알리고 대표기구의 구성원을 추천받거나 신청받도록 해야 한다. 그리고 소유자·회원의 권익에 관한 사항은 대표기구와 협의해야 한다.

(7) 기타 소유자·회원의 권익 보호를 위한 사항

분양 또는 회원모집계약서에 사업계획의 승인번호·일자 또는 관광사업으로 등록된 경우에는 등록번호·일자, 시설물의 현황·소재지, 연간 이용일수 및 회원의 입회기간을 명시하여야 한다.

---

223) 회원증에 포함되는 사항: ① 소유자 또는 회원의 번호 ② 소유자 또는 회원의 성명과 주민등록번호 ③ 사업장의 상호·명칭 및 소재지 ④ 소유자와 회원의 구분 ⑤ 면적 ⑥ 분양일 또는 입회일 ⑦ 발행일자

224) 분양 및 회원모집 관광사업자의 회원증 확인자에 대하여 문화체육관광부 고시(告示)에서 휴양콘도미니엄업과 제2종 종합휴양업은 (사)한국휴양콘도미니엄협회에 호텔업은 (사)한국호텔업협회로 정하였다.

Chapter 07

관광사업(2)

일반적으로 게임은 오락, 유희, 즐거움, 흥미라는 것과 연관성이 있다. 게임은 보통 스포츠 경기에서 가장 많이 사용되며, 사람들을 모여들게 만드는 효과가 있다. 또한 게임은 고도의 구조적 조직과 규칙적인 여가활동으로 경쟁적 갈등상황까지도 포함하고 있다. 이러한 게임을 바탕으로 하는 사업이 바로 게임산업(game business)이다.

카지노(casino)업이란 전문 영업장을 갖추고 주사위·트럼프·슬롯머신 등 특정한 기구(器具) 등을 이용하여 우연(偶然)의 결과에 따라 특정인에게 재산상의 이익(利益)을 주고 다른 참가자에게 손실(損失)을 주는 행위 등을 하는 업을 말한다. 이러한 사행행위(射倖行爲)[225]는 그 정도가 지나치면 사회질서에 반하는 행위로서 무효(無效)가 된다. 그러나 사행성이 뚜렷한 행위일지라도 법률이 특별한 목적을 위하여 허가한 경우에는 유효(有效)하다.

---

225) 사행행위(speculative behavior)라 함은 타인으로부터 금품을 모아 우연의 결과에 의하여 특정인에게 재산상의 이익을 제공하고, 다른 참가자에게 손실을 미치게 하는 모든 행위를 말한다. 이러한 사행행위는 사람들의 요행(僥倖) 심리를 조장하고 건전한 근로의욕을 해치는 것이므로 법률로써 금지, 처벌하고 있으나 법령에 의하거나 허가를 받은 경우에는 허용된다. 현재 법에서 규정하는 사행산업에는 카지노업, 경마(競馬), 경륜(競輪), 경정(競艇), 복권(福券) 및 체육진행투표권 발행, 추첨(抽籤), 경품(景品) 등이 있다.

1. 카지노업 현황 및 허가

사회적인 문제로 인해 일부 국가에서만 허용되었던 카지노가 1990년대에 이르러 관광산업 육성 및 지역경제 활성화 측면에서 많은 지역에서 카지노 게임을 합법화하고 있으며, 그 추세는 계속 확대되고 있다. 세계적으로 110여 개 국가에서 카지노를 허용하고 있으며 미국의 경우에는 현재 여러 주에서 합법화하고 있다. 아시아 지역의 경우에는 전통적으로 마카오, 필리핀, 태국 등에서 성행하고 있으며, 그동안 금지 대상국이었던 싱가포르와 말레이시아에서도 최근 대규모 카지노 시설의 운영을 허용하였다.

1) 카지노업 현황

최근 외국인 투자자들은 대규모 관광단지 개발에 대한 투자조건으로 카지노업의 사전(事前) 허가(許可)를 요청하고 있으나 카지노 사전 허가제의 미비(未備)로 외자유치가 곤란한 실정이다. 그리고 세계적으로 카지노는 대규모 리조트 형태로 진행되고 있으나, 국내는 몇 군데를 제외하고 대부분 기존 호텔에 부속된 시설을 이용하여 영업을 하는 소규모 운영 상태를 보이고 있다.

국내에서 운영 중인 카지노는 외국인전용이 16곳, 내국인 입장이 허용되고 있는 곳이 한군데로 총 17곳이 운영되고 있다[표 3-9 참고]. 지역별로는 제주도가 8곳으로 가장 많고, 서울이 3곳, 부산 2곳, 강원 2곳, 그리고 인천·대구에 1곳씩 있다.

종래 카지노업은 '사행행위 등 규제 및 처벌 특례법'에 의해 사행행위 영업으로 규정되어 있었다. 그러나 카지노는 관광외화획득 뿐 아니라 외국인 관광객 유치에도 기여하는 바가 크기 때문에 이를 관광산업으로 육성하기 위하여 1994년 관광진흥법의 개정으로 관광사업의 일종으로 포함되었다. 그러나 카지노는 사회적 부작용(副作用)[226] 이 여전히 존재하고 있으므로 이를 방지하고 줄여나가기 위한 노력과 제도의 마련이 지속적으로 필요하다.

---

226) 카지노의 사회적 부작용: 도박 중독, 재산 탕진, 과소비, 사행심 조장, 폭력조직과의 연루, 불법 고리대금업, 돈 세탁 등

📋 표 3-9 **국내 카지노업체 현황**

시·도	업체명	허가일	종사원수 (명)	'22매출액 (백만원)	'22입장객 (명)	허가 면적(m²)
서울	파라다이스카지노 워커힐점	'68.03.05	684	158,743	280,847	2,694.23
	세븐럭카지노 강남코엑스점	'05.01.28	904	140,581	143,229	2,158.32
	세븐럭카지노 서울드래곤시티점	'05.01.28	533	101,847	220,476	2,137.20
부산	세븐럭카지노 부산롯데점	'05.01.28	340	22,738	45,330	1,583.73
	파라다이스카지노 부산지점	'78.10.29	287	29,329	51,471	1,485.24
인천	파라다이스카지노	'67.08.10	721	158,390	150,862	8,726.80
강원	알펜시아카지노	'80.12.09	16	0	51	632.69
대구	호텔인터불고대구카지노	'79.04.11	163	22,101	68,227	1,485.24
제주	공즈카지노	'75.10.15	18	0	0	1,604.84
	파라다이스카지노 제주지점	'90.09.01	160	3,047	30,354	1,195.92
	아람만카지노	'91.07.31	97	854	282	1,175.85
	제주오리엔탈카지노	'90.11.06	57	0	0	865.25
	드림타워카지노	'85.04.11	531	65,214	94,126	5,367.67
	제주썬카지노	'90.09.01	70	-202	631	1,509.12
	랜딩카지노	'90.09.01	405	11,837	19,407	5,646.10
	메가럭카지노	'95.12.28	40	0	0	1,347.72
12개 법인, 16개 영업장(외국인 전용)			5,026	714,479	1,105,293	39,615.92
강원	강원랜드카지노	'00.10.12	1,972	1,223,461	2,083,513	15,485.99
13개 법인, 17개 영업장(내·외국인)			6,998	1,937,940	3,188,806	55,101.91

※ 매출액: 관광기금 부과 대상 매출액 기준
※ 자료 출처: 문화체육관광부(2023년 4월)

2) 카지노업 허가

문화체육관광부장관은 카지노업의 허가신청을 받으면 다음에 해당하는 경우에만 허가할 수 있다. 우선 국제공항이나 국제여객선터미널이 있는 특별시·광역시·도·특별자치도에 있거나 관광특구에 있는 관광숙박업 중 호텔업 시설 또는 국제회의업 시설의 부대시설에서 카지노업을 하려는 경우와, 그리고 국내와 외국을 왕래하는 여객선에서 카지노업을 하려는 경우이다. 그러나 공공의 안녕, 질서유지 또는 카지노업의 건전한 발전을 위하여 필요하다고 인정하면 허가를 제한할 수 있다(관광진흥법 제21조).

카지노업은 사행행위 영업의 일종으로 건전한 국민생활을 저해하는 과도한 카지노업 경영을 방지하고 선량한 풍속을 유지하기 위하여 그 사업을 경영하고자 할 때에는 허가(許可)를 받도록 하고 있다. 즉, 일반적으로 관광사업을 경영하기 위해서는 등록(登錄)을 받도록 되어 있지만, 카지노업은 제한 없이 업체가 설립되는 것을 방지하기 위함이다.

(1) 허가 공고

관광진흥법 제21조의 규정에 따라 카지노업의 허가권자는 문화체육관광부장관이 갖는다. 그리고 허가권자는 지나친 사행심 유발을 방지하는 등 그 밖에 공익을 위하여 필요하다고 인정하면 카지노사업자에게 필요한 지도(指導)와 명령(命令)을 할 수 있다(관광진흥법 제27조). 문화체육관광부장관은 카지노업의 신규허가를 하려면 미리 허가 대상지역, 허가 가능업체 수, 허가절차 및 허가방법, 세부 허가기준 등을 정하여 공고(公告)하여야 한다. 그리고 이에 따른 공고를 실시한 결과 적합한 자가 없을 경우에는 카지노업의 신규허가를 하지 아니할 수 있다.

(2) 허가 요건

① 관광호텔업 및 국제회의시설업의 부대시설

관광호텔업이나 국제회의시설업의 부대시설에서 카지노업을 하려는 경우의 허가(許可)요건(要件)은 다음과 같다.

- 외래 관광객 유치계획 및 장기 수지전망 등을 포함한 사업계획서가 적정할 것
- 사업계획의 수행에 필요한 재정능력이 있을 것
- 현금 및 칩의 관리 등 영업거래에 관한 내부통제방안이 수립되어 있을 것
- 그 밖에 카지노업의 건전한 운영과 관광산업의 진흥을 위하여 문화체육관광부장관이 공고하는 기준에 맞을 것

② 크루즈시설

국내와 외국 간을 왕래하는 여객선에서 카지노업을 하려는 경우에는 여객선이 2만톤급 이상으로 문화체육관광부장관이 공고(公告)하는 총톤수 이상이어야 하며 나머지는 위에서 정한 규정에 모두 적합하여야 한다.

(3) 허가기준 및 제한

문화체육관광부장관은 최근 신규허가를 한 날 이후에 전국 단위의 외래 관광객이 60만 명 이상 증가한 경우에만 신규허가를 할 수 있다. 이때에도 다음 사항을 고려하여 그 증가인원 60만 명당 2개 사업 이하의 범위에서 할 수 있다.

- 전국 단위의 외래 관광객 증가 추세 및 지역의 외래 관광객 증가 추세
- 카지노이용객의 증가 추세
- 기존 카지노사업자의 총 수용능력
- 기존 카지노사업자의 총 외화획득실적
- 그 밖에 카지노업의 건전한 운영과 관광산업의 진흥을 위하여 필요한 사항

(4) 허가 신청

카지노업의 허가를 받으려는 자는 '카지노업 허가신청서'에 다음 서류를 첨부하여 문화체육관광부장관에게 제출하여야 한다.

- 신청인(법인의 경우에는 대표자 및 임원)의 성명·주민등록번호를 기재한 서류
- 정관(定款)(법인만 해당)
- 사업계획서(事業計劃書)[227]
- 타인 소유의 부동산을 사용하는 경우에는 그 사용권을 증명하는 서류
- 법령에 따른 허가요건에 적합함을 증명하는 서류

신청서를 제출받은 문화체육관광부장관은 '전자정부법(電子政府法)'에 따른 행정정보의 공동이용을 통하여 법인 등기사항증명서(법인만 해당), 건축물대장, 전기안전점검확인서(電氣安全點檢確認書)의 서류를 확인하여야 한다.

(5) 허가 종류

카지노업 허가에는 신규허가, 변경허가 및 변경신고, 조건부 영업허가 등이 있다.

① 신규허가

신규허가는 카지노업을 경영하고자 하는 자가 최초로 받는 허가를 말한다. 이

---

227) 카지노업 사업계획서 포함 사항: ① 카지노영업소 이용객 유치계획, ② 장기수지 전망, ③ 인력수급 및 관리계획, ④ 영업시설의 개요

때 허가의 내용은 대표자, 상호, 영업장소의 명칭 및 장소, 시설내용 등이 된다.

② 변경허가 및 변경신고

변경허가라 함은 이미 허가받은 내용 중에서 중요(重要)사항을 변경하고자 할 때 받는 허가를 말한다. 카지노업의 허가를 받은 자가 다음 사항의 어느 하나에 해당하는 사항을 변경하려는 경우에는 변경허가(變更許可)를 받아야 한다.[228]

그러나 카지노업의 허가를 받은 자가 허가를 이미 받은 사항 중에 상호 또는 영업소의 명칭 변경과 같이 경미(輕微)한 사항을 변경하려는 경우에는 변경신고(變更申告)를 하여야 한다. 카지노업의 변경허가를 받거나 변경신고를 하려는 자는 '카지노업 변경허가신청서 또는 변경신고서'에 변경계획서를 첨부하여 문화체육관광부장관에게 제출하여야 한다. 다만, 변경허가를 받거나 변경신고를 한 후 문화체육관광부장관이 요구하는 경우에는 변경내역을 증명할 수 있는 서류를 추가로 제출하여야 한다. 이에 대한 모든 절차는 신규허가 절차와 같다.

③ 조건부(條件附)[229] 영업허가

문화체육관광부장관은 카지노업을 허가할 때 1년 이내의 기간에 시설 및 기구를 갖출 것을 조건(條件)으로 허가할 수 있다. 다만, 천재지변이나 그 밖의 부득이한 사유가 있다고 인정하는 경우에는 해당 사업자의 신청에 따라 한 차례만 6개월을 넘지 아니하는 범위에서 그 기간을 연장할 수 있다. 그리고 정당한 사유 없이 허가조건을 이행하지 아니하면 그 허가를 즉시 취소하여야 한다. 또한 기간 내에 허가조건에 해당하는 필요한 시설 및 기구를 갖춘 경우 그 내용을 문화체육관광부장관에게 신고하여야 한다(관광진흥법 제24조).

카지노업의 조건부 영업허가를 받은 자는 기간 내에 그 조건을 이행한 경우에는 '조건이행내역신고서(條件履行內譯申告書)'에 설치한 시설에 관한 서류와 설치한 카지노기구에 관한 서류를 첨부하여 문화체육관광부장관에게 제출하여야 한다. 관광진흥법의 카지노업에 대한 조건부 영업허가는 해제조건(解除條件) 허가에

---

228) 변경허가사항: ① 대표자의 변경 ② 영업소 소재지의 변경 ③ 동일 구내로의 영업장소 위치 변경 또는 영업장소의 면적 변경 ④ 게임기구의 변경 또는 교체 ⑤ 카지노 전산시설 중 주전산기의 변경 또는 교체 ⑥ 영업종류의 변경

229) 조건(condition)이라 함은 법률행위 효력의 발생이나 소멸을 장래의 불확실한 사실의 성패(成敗)에 의존하는 경우를 말한다. 이러한 조건이 있는 행위를 조건부 행위라고 한다.

해당한다. 이는 카지노업의 허가기준에 해당하는 시설(施設)과 기구(器具)를 구비하는 데 어려움이 많으므로 일단 카지노업의 영업허가를 하고, 일정한 기간 내에 허가기준에 해당하는 시설 및 기구를 갖출 것을 요구하는 것이다.

④ 휴업 또는 폐업

카지노사업자가 카지노업을 휴업(休業) 또는 폐업(閉業)하고자 하는 때에는 문화체육관광부령으로 정하는 바에 따라 미리 신고하여야 한다. 이에 해당하는 자는 휴업 또는 폐업 예정일 10일 전까지 카지노기구의 관리계획에 관한 서류를 첨부하여 문화체육관광부장관에게 제출해야 한다.

(6) 결격사유

카지노업을 경영하려는 자가 다음 각 호의 어느 하나에 해당하는 경우 카지노업의 허가를 받을 수 없다(관광진흥법 제22조).

🔍 19세 미만(未滿)인 자

🔍 '폭력행위 등 처벌에 관한 법률'에 따른 단체 또는 집단을 구성하거나 그 단체 또는 집단에 자금을 제공하여 금고 이상의 형을 선고받고 형이 확정된 자

🔍 조세(租稅)를 포탈(逋脫)하거나 '외국환거래법'을 위반하여 금고 이상의 형을 선고받고 형이 확정된 자

🔍 금고 이상의 실형을 선고받고 그 집행이 끝나거나 집행을 받지 아니하기로 확정된 후 2년이 지나지 아니한 자

🔍 금고 이상의 형의 집행유예(執行猶豫)를 선고받고 그 유예기간 중에 있는 자

🔍 금고 이상의 형의 선고유예(宣告猶豫)[230]를 받고 그 유예기간 중에 있는 자

🔍 임원 중 위의 결격사유 중 어느 하나에 해당하는 자가 있는 법인

문화체육관광부장관은 카지노업의 허가를 받은 자가 위의 어느 하나에 해당하면 그 허가를 취소하여야 한다. 다만, 법인의 임원 중 그 사유에 해당하는 자가 있는 경우 3개월 이내에 그 임원을 바꾸어 임명한 때에는 그러하지 아니하다.

이처럼 카지노업을 경영하려는 자에 대하여 다른 관광사업에 비하여 엄격한

---

230) 선고유예(suspended sentence, probation)라 함은 범죄자의 정상(情狀)을 참작하여 판결의 선고(宣告)를 일정기간 유예하는 일을 말한다.

제한을 두고 있는 것은 카지노업이 사행행위 또는 범죄(犯罪)와 연결이 되지 아니하도록 미리 차단하기 위한 조치인 것으로 보인다. 또한 이는 카지노업을 건전(健全)하게 육성하기 위한 국가의 강력한 의지의 표현이라고 볼 수 있다.

2. 카지노시설 및 기구 기준

관광진흥법에서는 카지노 업장의 시설기준과 카지노기구의 규격(規格), 기준(基準) 및 검사(檢査)에 관해서 세부적으로 규정하고 있다.

1) 카지노업의 시설기준

카지노업의 허가를 받으려는 자는 법령에서 정하는 시설 및 기구를 갖추어야 한다. 또한 카지노사업자에 대하여는 일정 시설에 대하여 문화체육관광부장관이 지정하여 고시하는 검사기관(檢査機關)의 검사를 받게 할 수 있다. 아울러 카지노사업자는 시설 및 기구를 유지·관리하여야 한다(관광진흥법 제23조). 카지노업의 허가를 받으려는 자가 갖추어야 할 시설 및 기구의 기준은 다음과 같다.

- 330m² 이상의 전용 영업장(營業場)
- 1개 이상의 외국환 환전소(換錢所)
- 카지노업의 영업종류 중 네 종류 이상의 영업을 할 수 있는 게임기구 및 시설
- 문화체육관광부장관이 고시하는 기준에 적합한 카지노 전산시설(電算施設)[231]

2) 카지노기구의 규격 및 검사

관광진흥법 제25조에서는 카지노기구의 규격(規格) 및 기준(基準), 그리고 카지노기구 및 전산시설(電算施設)의 검사(檢査)에 대하여 규정하고 있다.

---

231) 전산시설에는 다음 사항이 포함되어야 한다(관광진흥법 시행규칙 제29조).
① 하드웨어의 성능 및 설치방법에 관한 사항 ② 네트워크의 구성에 관한 사항 ③ 시스템의 가동 및 장애방지에 관한 사항 ④ 시스템의 보안 관리에 관한 사항 ⑤ 환전관리 및 현금과 칩의 수불관리를 위한 소프트웨어에 관한 사항

(1) 카지노기구의 규격 및 기준

문화체육관광부장관은 카지노업에 이용되는 기구의 형상·구조·재질 및 성능 등에 관한 규격 및 기준을 정하여야 한다. 또한 문화체육관광부장관이 지정(指定)하는 검사기관(檢査機關)[232]의 검정(檢定)을 받은 카지노기구의 규격 및 기준을 공인기준(公認基準) 등으로 인정할 수 있다. 문화체육관광부장관은 카지노기구의 규격 및 기준을 정한 경우에는 이를 고시하여야 한다. 이 경우 전자테이블게임 및 머신게임 기구의 규격 및 기준에는 다음 사항이 포함되어야 한다.

- 최저(最低) 배당률(配當率)에 관한 사항
- 최저 배당률 이하로 변경하거나 카지노기구검사기관의 검사를 받지 아니한 이피롬(EPROM)[233] 및 기타 프로그램 저장장치를 사용하는 경우에는 카지노기구의 자동(自動) 폐쇄(閉鎖)에 관한 사항
- 게임결과의 기록 및 그 보전(保全)에 관한 사항

(2) 카지노기구의 검사

카지노사업자가 카지노기구를 영업장소에 반입(搬入)·사용(使用)하는 경우에는 그 카지노기구가 공인기준 등에 맞는지에 관하여 문화체육관광부장관의 검사를 받아야 한다. 검사에 합격된 카지노기구에는 검사에 합격하였음을 증명하는 증명서를 붙이거나 표시하여야 한다. 카지노사업자는 다음의 구분에 따라 각각 해당 기한 내에 카지노기구의 검사를 받아야 한다.

- 신규로 카지노기구를 반입·사용하거나 카지노기구의 영업 방법을 변경하는 경우: 그 기구를 카지노 영업에 사용하는 날
- 검사유효기간이 만료된 경우: 검사 유효기간 만료일부터 15일
- 봉인의 해제가 필요하거나 영업장소를 이전하는 경우: 봉인의 해제 또는

---

232) 검사기관이 지정신청서에 첨부할 문서: ① 법인의 정관 ② 카지노기구 검사업무를 수행하기 위한 인력 및 장비 등이 포함된 사업계획서 ③ 카지노기구 검사업무를 수행하기 위한 업무규정 ④ 지정 요건을 갖추었음을 증명하는 서류 등. 현재 카지노기구검사기관으로 지정된 기관은 한국기계전기전자시험연구원이다.

233) EPROM이란 Erasable Programmable Read Only Memory의 약어로 컴퓨터에 일단 기록시킨 내용을 제거하고 다른 데이터를 기억시킬 수 있는 프로그램을 말한다. 비휘발성 반도체 기억장치로 공장에서의 프로그램 내용을 소거해 다시 프로그램할 수 있는 읽기용 기억장치이다.

영업장소의 이전 후 그 기구를 카지노영업에 사용하는 날

🔍 카지노기구를 영업장에서 철거하는 경우: 그 기구를 영업장에서 철거하는 날

🔍 그 밖에 카지노기구의 개조·변조 확인 및 카지노 이용자에 대한 위해(危害) 방지 등을 위하여 문화체육관광부장관이 요청하는 경우: 검사 요청일부터 5일 이내

카지노기구의 검사를 받으려는 카지노사업자는 '카지노기구 검사신청서(檢査申請書)'[234]에 관련 서류를 첨부하여 검사기관에 제출하여야 한다. 검사신청을 받은 카지노기구검사기관은 해당 카지노기구가 규격 및 기준에 적합한지의 여부를 검사하고, 검사에 합격한 경우에는 이에 대한 조치를 하여야 한다. 검사기관은 검사를 할 때 카지노사업자가 외국에서 제작된 카지노기구 중 해당 국가에서 인정하는 검사기관의 검사에 합격한 카지노기구를 신규로 반입·사용하려는 경우에는 그 카지노기구의 검사합격증명서에 의하여 검사를 하여야 한다. 검사의 유효기간은 검사에 합격한 날부터 3년으로 한다.

(3) 카지노 전산시설의 검사

카지노업의 허가를 받은 자는 카지노 전산시설에 대하여 다음 구분에 따라 해당 기한 내에 문화체육관광부장관이 지정·고시하는 검사기관의 검사를 받아야 한다.

🔍 신규로 카지노업의 허가를 받은 경우: 허가를 받은 날부터 15일

🔍 검사유효기간이 만료된 경우: 유효기간 만료일부터 3개월

검사의 유효기간은 검사에 합격한 날부터 3년으로 한다. 다만, 검사유효기간의 만료 전이라도 카지노 전산시설을 교체한 경우에는 교체한 날부터 15일 이내에 검사를 받아야 하며, 이 경우 검사의 유효기간은 3년으로 한다. 카지노 전산시설의 검사를 받으려는 카지노사업자는 '카지노 전산시설 검사신청서'에 규정된 사항에 대한 검사를 하기 위하여 필요한 자료를 첨부하여 카지노 전산시설 검사기

---

234) 카지노기구 검사신청서에 포함되어야 할 서류(관광진흥법 시행규칙 제33조)
① 카지노기구 제조증명서(품명·제조업자·제조연월일·제조번호·규격·재질 및 형식 기재). ② 카지노 기구 수입증명서(수입한 경우만 해당). ③ 카지노기구 도면. ④ 카지노기구 작동설명서. ⑤ 카지노기구의 배당률표. ⑥ 카지노기구의 검사합격증명서(외국에서 제작된 카지노기구에 해당)

관에 제출하여야 한다. 카지노 전산시설 검사기관은 '카지노 전산시설 검사업무 규정(檢査業務規定)'[235]을 작성하여 문화체육관광부장관의 승인을 받아야 한다. 카지노 전산시설 검사기관은 카지노시설·기구 검사기록부를 작성·비치하고, 이를 5년간 보존하여야 한다.

3. 카지노 운영 및 준수사항

관광진흥법에서는 카지노 운영을 위한 영업 종류를 정해 놓고 있다. 또한 카지노사업자 및 고객의 준수사항(遵守事項)에 관해서도 세부적으로 규정하고 있다.

1) 영업 종류

카지노업의 영업(營業) 종류(種類)는 문화체육관광부령으로 정한다. 그리고 카지노사업자는 카지노업의 영업 종류별 영업방법 및 배당금(配當金) 등에 관하여 문화체육관광부장관에게 미리 신고(申告)하여야 한다. 신고한 사항을 변경하려는 경우에도 또한 같다(관광진흥법 제26조).

(1) 카지노업 영업 종류

카지노업의 영업 종류로는 다음과 같이 테이블게임(Table game)과 전자 테이블게임(Electronic table game), 그리고 머신게임(Machine game)이 있다.

① 테이블게임 및 전자테이블게임

룰렛(Roulette), 블랙잭(Blackjack), 다이스(Dice, Craps), 포커(Poker), 바카라(Baccarat), 다이사이(Tai Sai), 키노(Keno), 빅휠(Big Wheel), 빠이까우(Pai Cow), 판탄(Fan Tan), 조커세븐(Joker Seven), 라운드크랩스(Round Craps), 트란타콰란타(Trent Et Quarante), 프렌치볼(French Boule), 차카락(Chuck - A - Luck), 빙고(Bingo), 마작(Mahjong), 카지노 워(Casino War) 등 18종

② 머신게임

슬롯머신(Slot Machine), 비디오게임(Video Game) 등 2종

---

235) 카지노 전산시설 검사기관의 업무규정에는 ① 검사의 소요기간, ② 검사의 절차와 방법에 관한 사항, ③ 검사의 수수료에 관한 사항, ④ 검사의 증명에 관한 사항, ⑤ 검사원이 지켜야 할 사항, ⑥ 그 밖의 검사업무에 필요한 사항 등이 포함되어야 한다(시행규칙 제31조).

(2) 카지노 영업 관련 배당금 신고

카지노업의 영업 종류별 영업방법 및 배당금(配當金)에 관하여 문화체육관광부장관에게 신고하거나 신고한 사항을 변경하려는 카지노사업자는 '카지노 영업종류별 영업방법 등 신고서(申告書)' 또는 변경신고서에 영업 종류별 영업방법 설명서, 영업 종류별 배당금에 관한 설명서를 첨부하여 문화체육관광부장관에게 신고하여야 한다.

2) 준수사항

관광진흥법은 카지노사업자의 준수사항과 영업준칙, 그리고 이용자의 준수사항을 규정하고 있다(관광진흥법 제28조, 제29조).

(1) 카지노사업자 준수사항

카지노사업자 및 종사원은 다음 사항의 어느 하나에 해당하는 행위를 하여서는 아니 된다. 카지노종사원은 카지노사업자를 대리하거나 그 지시를 받아 상시 또는 일시적으로 카지노영업에 종사하는 자를 말한다.

- 법령에 위반되는 카지노기구를 설치하거나 사용하는 행위
- 법령을 위반하여 카지노기구 또는 시설을 변조하거나 변조된 카지노기구 또는 시설을 사용하는 행위
- 허가받은 전용영업장 외에서 영업을 하는 행위
- 내국인을 입장하게 하는 행위
- 지나친 사행심을 유발하는 등 선량한 풍속을 해칠 우려가 있는 광고나 선전을 하는 행위
- 영업 종류에 해당하지 아니하는 영업을 하거나 영업방법 및 배당금 등에 관한 신고를 하지 아니하고 영업하는 행위
- 총매출액을 누락시켜 관광진흥개발기금 납부금액을 감소시키는 행위
- 19세 미만인 자를 입장시키는 행위
- 정당한 사유 없이 그 연도 안에 60일 이상 휴업하는 행위

(2) 카지노이용자 준수사항

카지노영업소에 입장하는 자는 카지노사업자가 외국인임을 확인하기 위하여 신분확인에 필요한 사항을 묻는 때에는 이에 응하여야 한다. 이때 외국인에는 '해외이주법(海外移住法)'에 따른 해외이주자도 포함된다.

(3) 카지노사업자 영업준칙

카지노사업자는 카지노업의 건전한 육성과 발전을 위하여 필요하다고 인정하여 영업준칙(營業準則)을 지켜야 한다. 이 경우 그 영업준칙에는 다음 사항이 포함되어야 한다.

- 1일 최소 영업시간
- 게임 테이블의 집전함(集錢函) 부착 및 내기금액 한도액의 표시 의무
- 슬롯머신 및 비디오게임의 최소배당률
- 전산시설·환전소·계산실·폐쇄회로의 관리기록 및 회계와 관련된 기록의 유지 의무
- 카지노종사원의 게임 참여 불가 등 행위금지사항

카지노사업자는 영업준칙을 이행하기 위한 사무를 수행하기 위하여 불가피한 경우 '개인정보 보호법'에 따른 주민등록번호, 여권번호 또는 외국인등록번호가 포함된 자료를 처리할 수 있다. 이는 카지노영업소 이용자의 도박(賭博) 중독(中毒) 등을 이유로 그 배우자 등이 출입금지를 요청한 경우에 그 이용자의 출입을 제한하기 위한 경우와 카지노영업소 이용자의 출입일수 관리를 위한 경우로 한정한다. 카지노사업자가 지켜야 할 영업준칙과 '폐광지역개발 지원에 관한 특별법'에 따라 폐광지역 카지노사업자가 지켜야 할 영업준칙은 다음 [표 3-10], [표 3-11]과 같다.

표 3-10 **카지노사업자 영업준칙**

① 카지노사업자는 카지노업의 건전한 발전과 원활한 영업활동, 효율적인 내부 통제를 위하여 이사회·카지노총지배인·영업부서·안전관리부서·환전·전산전문요원 등 필요한 조직과 인력을 갖추어 1일 8시간 이상 영업하여야 한다.
② 카지노사업자는 전산시설·출납창구·환전소·카운트룸·폐쇄회로·고객편의시설·통제구역 등 영업시설을 갖추어 영업을 하고, 관리기록을 유지하여야 한다.
③ 카지노영업장에는 게임기구와 칩스·카드 등의 기구를 갖추어 게임진행의 원활을 기하고, 게임테이블에는 드롭박스를 부착하여야 하며, 베팅금액 한도표를 설치하여야 한다.

④ 카지노사업자는 고객출입관리, 환전, 재환전, 드롭박스의 보관·관리와 계산요원의 복장 및 근무요령을 마련하여 영업의 투명성을 제고하여야 한다.

⑤ 머신게임을 운영하는 사업자는 투명성 및 내부통제를 위한 기구·시설·조직 및 인원을 갖추어 운영하여야 하며, 머신게임의 이론적 배당률을 75% 이상으로 하고 배당률과 실제 배당률이 5% 이상 차이가 있는 경우 카지노검사기관에 즉시 통보하여 카지노검사기관의 조치에 응하여야 한다.

⑥ 카지노사업자는 회계기록·콤프 비용·크레디트 제공·예치금 인출·알선수수료·계약게임 등의 기록을 유지하여야 한다.

⑦ 카지노사업자는 게임을 할 때 게임 종류별 일반규칙과 개별규칙에 따라 게임을 진행하여야 한다.

⑧ 카지노종사원은 게임에 참여할 수 없으며, 고객과 결탁한 부정행위 또는 국내외의 불법영업에 관여하거나 그 밖에 관광종사자로서의 품위에 어긋나는 행위를 하여서는 아니 된다.

⑨ 카지노사업자는 카지노영업소 출입자의 신분을 확인하여야 하며, 다음 각 목에 해당하는 자는 출입을 제한하여야 한다.

  ㉮ 당사자의 배우자 또는 직계혈족이 문서로써 카지노사업자에게 도박 중독 등을 이유로 출입금지를 요청한 경우의 그 당사자. 다만, 배우자·부모 또는 자녀 관계를 확인할 수 있는 증빙서류를 첨부하여 요청한 경우만 해당한다.

  ㉯ 그 밖에 카지노영업소의 질서 유지 및 카지노 이용자의 안전을 위하여 카지노사업자가 정하는 출입금지 대상자

📋 표 3-11 **폐광지역 카지노사업자 영업준칙**

① 별표 9(표 3-9)의 영업준칙을 지켜야 한다.

② 카지노영업소는 회원용 영업장과 일반 영업장으로 구분하여 운영하여야 하며, 일반 영업장에서는 주류를 판매하거나 제공하여서는 아니 된다.

③ 매일 오전 6시부터 오전 10시까지는 영업을 하여서는 아니 된다.

④ 테이블게임(카지노업의 영업종류 중 슬롯머신 및 비디오게임을 제외한 영업을 말한다)에 거는 금액의 최고 한도액은 일반 영업장의 경우에는 테이블별로 정하되, 1인당 1회 10만원 이하로 하여야 한다. 다만, 일반 영업장 전체 테이블의 2분의 1의 범위에서는 1인당 1회 30만원 이하로 정할 수 있다.

⑤ 머신게임(카지노업의 영업종류 중 슬롯머신 및 비디오게임 해당)에 거는 금액의 최고한도는 1회 2천원으로 한다. 다만, 비디오 포커게임기는 2천500원으로 한다.

⑥ 머신게임의 게임기 전체 수량 중 2분의 1 이상은 그 머신게임기에 거는 금액의 단위가 100원 이하인 기기를 설치하여 운영하여야 한다.

⑦ 카지노 이용자에게 자금을 대여하여서는 아니 된다.

⑧ 카지노가 있는 호텔이나 영업소의 내부 또는 출입구 등 주요 지점에 폐쇄회로 텔레비전을 설치하여 운영하여야 한다.

⑨ 카지노 이용자의 비밀을 보장하여야 하며, 카지노 이용자에 관한 자료를 공개하거나 누출하여서는 아니 된다. 다만, 배우자 또는 직계존비속이 요청하거나 공공기관에서 공익적 목적으로 요청한 경우에는 자료를 제공할 수 있다.

⑩ 사망·폭력행위 등 사고가 발생한 경우에는 즉시 문화체육관광부장관에게 보고하여야 한다.

⑪ 회원용 영업장에 대한 운영·영업방법 및 카지노영업장 출입일수는 내규로 정하되, 미리 문화체육관광부장관의 승인을 받아야 한다.

3) 관광진흥개발기금 납부

카지노사업자는 연간 총매출액(總賣出額)의 100분의 10의 범위에서 일정 비율에 해당하는 금액을 '관광진흥개발기금법'에 따른 관광진흥개발기금(觀光振興開發基金)에 내야 한다(관광진흥법 제30조). 여기서 총매출액은 카지노영업과 관련하여 고객으로부터 받은 총금액에서 고객에게 지급한 총금액을 공제한 금액을 말한다.

(1) 징수비율 및 납부액

기금에 납부하여야 할 납부금 징수비율(徵收比率) 및 납부액(納付額)은 다음 [표 3-12]과 같다.

📑 표 3-12 **카지노사업자 관광진흥개발기금 납부금**

연간 총매출액	징수비율	납부액
10억원 이하	총매출액의 100분의 1	총매출액이 10억원일 때 1천만원
10억원 초과 100억원 이하	1천만원 + 총매출액 중 10억원을 초과하는 금액의 100분의 5	총매출액이 100억원일 때 4억6천만원
100억원 초과	4억6천만원 + 총매출액 중 100억원을 초과하는 금액의 100분의 10	총매출액이 200억원일 때 14억6천만원

그리고 카지노사업자는 매년 3월 말까지 공인회계사(公認會計士)의 감사보고서(監査報告書)가 첨부된 전년도의 재무제표(財務諸表)[236]를 문화체육관광부장관에게 제출하여야 한다. 이는 기금 납부금액 산출의 기초가 되는 연간 총매출액 파악을 위하여 객관성과 신뢰성을 높이기 위한 것이다.

(2) 납부기한 및 가산금

문화체육관광부장관은 매년 4월 30일까지 카지노사업자의 전년도의 총매출액에 대하여 산출한 납부금을 서면으로 명시하여 2개월 이내의 납부기한(納付期限)을 정하여 한국은행에 개설된 관광진흥개발기금의 출납관리를 위한 계정(計定)에 납부할 것을 알려야 한다. 카지노사업자가 납부금을 납부기한까지 내지 아니하면 문화체육관광부장관은 10일 이상의 기간을 정하여 이를 독촉(督促)하여야 한

---

236) 재무제표(financial statement)는 기업의 회계기간 동안의 경제적 사건과 그 기간 말에 있어서의 경제적 상태를 나타내기 위한 일련의 회계보고서를 말한다. 대차대조표(貸借對照表), 손익계산서(損益計算書) 등이 있다.

다. 이 경우 체납된 납부금에 대하여는 100분의 3에 해당하는 가산금(加算金)[237] 을 부과하여야 한다. 기금 납부의 독촉을 받은 자가 그 기간에 납부금을 내지 아 니하면 국세체납처분(國稅滯納處分)[238]의 예에 따라 징수한다.

(3) 납부금 부과 처분 등에 대한 이의신청

문화체육관광부장관은 카지노사업자 납부금 또는 가산금 부과 처분에 대한 이 의신청을 받으면 그 신청을 받은 날부터 15일 이내에 이를 심의하여 그 결과를 신청인에게 서면으로 알려야 한다. 여기에서 규정한 사항 외에 이의신청에 관한 사항은 「행정기본법」에 따른다.

카지노사업자는 천재지변이나 그 밖에 이에 준하는 사유로 납부금을 그 기한까 지 납부할 수 없는 경우에는 그 사유가 없어진 날부터 7일 이내에 내야 한다. 또 한 감염병 확산으로 인한 매출액 감소가 문화체육관광부장관이 정하여 고시하는 기준에 해당할 경우 납부기한의 45일 전까지 납부기한의 연기를 신청할 수 있다.

4. 카지노업 허가 특례

카지노업은 관광진흥법에서 규정한 일반적인 허가규정 외에도 폐광지역(廢鑛地域), 제주도특별자치도, 경제자유구역 등에서의 특례(特例) 조항에 의해 허가할 수 있다.

1) 폐광지역에서의 특례

'폐광지역개발지원에 관한 특별법(特別法)'[239]에 의거하여 문화체육관광부장관 은 폐광지역 중 경제사정이 특히 열악(劣惡)한 지역의 한 개소에 한하여 관광진흥 법의 규정에 의한 카지노업의 허가요건에도 불구하고 별도로 카지노업의 허가를

---

237) 가산금(additional charges)이란 납부의무가 있는 자가 납부의무를 게을리 했을 때 그 의무이 행을 독촉하기 위해 부과하는 금액이다. 국세나 지방세 등을 납부기한까지 납부하지 않을 때 관계법에 따라 고지세액에 가산하여 징수하는 금액과 납부기한이 지난 후 일정기한까지 납부 하지 않을 때 그 금액에 다시 가산하여 징수하는 금액을 말한다.

238) 국세체납처분(disposition for failure in tax payment)은 '국세징수법'의 절차에 따라 ①독촉 (督促), ②재산의 압류(押留), ③압류재산의 매각(賣却), ④청산(淸算) 등의 단계로 처리한다.

239) 동법은 1995년에 제정되었으며, 석탄산업의 사양화로 인하여 낙후된 폐광지역의 경제를 진 흥시켜 지역 간의 균형 있는 발전과 주민의 생활 향상을 도모함을 목적으로 한다.

할 수 있다. 이 경우 그 허가를 함에 있어서는 관광객을 위한 숙박시설, 체육시설, 오락시설 및 휴양시설 등과의 연계성도 고려하도록 하였다.

동법에 의한 카지노업의 허가를 받은 카지노사업자에 대하여는 '관광진흥법'의 내국인(內國人) 출입제한 규정을 적용받지 않도록 하였다. 그러나 과도한 사행행위(射倖行爲) 등을 사전에 방지하기 위하여 필요한 경우에는 내국인 출입제한 등 영업에 관한 제한을 할 수 있다.

허가를 받은 카지노업과 그 카지노업을 경영하기 위한 관광호텔업 및 종합유원시설업에서 발생되는 이익금 중 100분의 25를 카지노영업소의 소재지 도의 조례에 따라 설치하는 폐광지역개발기금에 내야 한다. 동 기금은 폐광지역과 관련된 관광 진흥 및 지역개발을 위하여 사용하도록 하였다. 이에 따라 2000년에 강원도 정선 지역에 외국인은 물론 내국인도 출입이 허용되는 카지노업을 허가하였다.[240] 또한 동 특별법은 3년의 허가기간을 정하여 허가할 수 있으며 2005년 말까지 효력을 가지는 한시법(限時法)으로 제정되었으나, 그 시한을 계속 연장(延長)하여 2045년까지 효력을 갖도록 하였다.

2) 제주특별자치도에서의 특례

'제주특별자치도 설치 및 국제자유도시 조성을 위한 특별법(特別法)'[241]에 따라 일정한 요건을 갖춘 외국인에게 관광진흥법의 규정에도 불구하고 제주도 지역에 한해 제주특별자치도지사는 외국인전용의 카지노업을 허가할 수 있다.

제주도지사는 제주도에 대한 외국인(外國人) 투자(投資)를 촉진하기 위하여 카지노업의 허가를 받으려는 자가 외국인투자를 하려는 경우로서 다음 요건을 모두 갖추었으면 카지노업의 허가를 할 수 있다. 이 경우 도지사는 필요한 경우 허가에 조건을 붙이거나 외국인투자의 금액 등을 고려하여 둘 이상의 카지노업 허가를 할 수 있다.

---

240) 동 특별법에 의해 1998년 ㈜강원랜드가 설립되었으며, 2000년에 카지노장을 오픈하였다. 동 회사는 공공부문의 투자가 50%가 넘은 구조로 되어 있으며, 현재는 호텔과 휴양시설(스키장, 골프장 등)이 건립되어 종합리조트로 운영되고 있다.

241) 동 특별법은 2006년에 제정되었으며, 종전의 제주도의 지역적·역사적·인문적 특성을 살리고 자율과 책임, 창의성과 다양성을 바탕으로 고도의 자치권이 보장되는 제주특별자치도를 설치하여 실질적인 지방분권을 보장하고, 행정규제의 폭넓은 완화 및 국제적 기준의 적용 등을 통하여 국제자유도시를 조성함으로써 국가발전에 이바지함을 목적으로 한다.

🔍 관광사업에 투자하려는 외국인투자의 금액이 미화(美貨) 5억 달러 이상일 것

🔍 투자자금이 형의 확정판결에 따라 범죄수익 등에 해당하지 아니할 것

🔍 투자자의 신용상태 등이 대통령령으로 정하는 사항을 충족할 것

제주도 지역에는 현재 8곳의 카지노가 운영되고 있으나, 동 법률에 의거하여 카지노업이 신규로 허가된 경우는 아직 없다.

3) 경제자유구역에서의 특례

'경제자유구역(經濟自由區域) 지정 및 운용에 관한 특별법(特別法)'[242]의 규정에 따라 문화체육관광부장관은 경제자유구역에서 카지노업의 허가를 받으려는 외국인투자자에게 관광진흥법의 규정에도 불구하고 외국인전용의 카지노업을 허가할 수 있다. 허가요건은 앞서 언급한 제주특별자치도의 특례와 동일하다. 동 법률에 의해 인천 영종도 지역에 '파라다이스시티'라는 복합리조트와 외국인전용 카지노가 2017년에 오픈하였다.

4) 관광레저형 기업도시에서의 특례

'기업도시(企業都市) 개발 특별법(特別法)'[243]에 따라 문화체육관광부장관은 관광진흥법의 규정에도 불구하고 '관광레저형 기업도시'[244]의 개발사업 실시계획에 반영되어 있고, 이 법에 따른 허가요건을 갖춘 경우에는 외국인전용의 카지노업의 허가를 하여야 한다.

---

242) 동 법은 2002년에 제정되었으며, 경제자유구역(free economic zone)이란 외국인투자기업의 경영환경과 생활 여건을 개선하고 각종 규제 완화를 통한 기업의 경제활동 자율성과 투자유인을 최대한 보장하여 외국인 투자를 적극적으로 유치하기 위한 특별경제구역을 말한다. 현재 인천, 부산·진해, 광양만권, 경기, 대구·경북, 동해안권, 충북, 광주, 울산 등 9곳이 지정되어 있다.

243) 동법은 2007년에 제정되었으며, 기업도시란 산업입지와 경제활동을 위해 민간 기업이 산업·연구·관광·레저·업무 등의 주된 기능과 주거·교육·의료·문화 등의 자족적 복합 기능을 고루 갖추도록 커뮤니티 형태로 개발하는 도시를 말한다. 이 법에서 기업도시의 유형은 산업교역형 기업도시(제조업과 교역 위주의 기업도시), 지식기반형 기업도시(연구개발 위주의 기업도시), 관광레저형 기업도시(관광·레저·문화 위주의 기업도시), 혁신거점형 기업도시(지방 이전 공공기관을 수용해 지역혁신의 거점이 되는 기업도시)로 분류하고 있다.

244) 관광레저형 기업도시(company city)란 민간 기업이 개발하는 기업도시 중 관광·레저·문화 위주의 기업도시로 관광 중심 기업도시라고도 한다. 국내 처음으로 '충남 태안'이 관광레저형 기업도시로 선정되었으며, 이후 '원주'와 '영암·해남' 지역도 추가되었다.

제2절 유원시설업 및 관광 편의시설업

1. 유원시설업 등록 및 운영

유원시설업(遊園施設業)이란 유기시설(遊技施設)이나 유기기구(遊技機具)를 갖추어 이를 관광객에게 이용하게 하는 사업을 말한다. 이때 다른 영업을 경영하면서 관광객의 유치 또는 광고 등을 목적으로 유기시설이나 유기기구를 설치하여 이를 이용하게 하는 경우를 포함한다. 유원시설업은 종래(從來) '공중위생법'에 속했으나, 1999년 관광진흥법 개정으로 관광사업의 일종으로 규정하게 되었다. 이는 유원시설업이 국내 및 해외 관광객을 유치하는 주요 관광시설로 성장하였고, 세계적인 테마파크(theme park)로 발전하도록 진흥시책을 강구하기 위함이다.

1) 유원시설업 시설 및 설비기준

유원시설업에는 종합유원시설업, 일반유원시설업, 그리고 기타 유원시설업이 있으며, 이들 업체의 시설(施設) 및 설비기준(設備基準)은 공통기준(共通基準)과 개별기준(個別基準)으로 구분하여 다음 [표 3-13] 및 [표 3-14]와 같다.

(1) 공통기준

📖 표 3-13 **유원시설업 시설 및 설비 공통기준**

구분	시설 및 설비기준
① 실내에 설치한 유원시설업	㉮ 독립된 건축물이거나 다른 용도의 시설과 분리, 구획 또는 구분되어야 한다 ㉯ 유원시설업 내에 청소년게임제공업 또는 인터넷컴퓨터게임시설제공업을 하려는 경우 면적비율은 유원시설업 허가 또는 신고면적의 50퍼센트 미만이어야 한다.
② 종합유원시설업 및 일반유원시설업	㉮ 방송시설 및 휴식시설을 설치하여야 한다. ㉯ 화장실을 갖추어야 한다. ㉰ 이용객을 지면으로 안전하게 이동시키는 비상조치가 필요한 유기기구·유기시설에 대하여는 비상시에 이용객을 안전하게 대피시킬 수 있는 시설을 갖추어야 한다. ㉱ 물놀이형 유기시설 또는 유기기구를 설치한 경우에는 수질검사장비를 비치하고, 수상인명구조장비와 몸을 씻을 수 있는 시설을 갖추어야 한다.

(2) 개별기준

표 3-14 유원시설업 시설 및 설비 개별기준

구분	시설 및 설비기준
① 종합유원시설업	㉮ 대지면적(실내에 설치한 유원시설업의 경우에는 건축물 연면적)은 1만m² 이상이어야 한다. ㉯ 법 제33조 제1항에 따른 안전성 검사 대상 유기시설 또는 유기기구 6종 이상을 설치하여야 한다. ㉰ 발전시설, 의무 시설 및 안내소를 설치하여야 한다. ㉱ 음식점 시설 또는 매점을 설치하여야 한다.
② 일반유원시설업	㉮ 법 제33조 제1항에 따른 안전성 검사 대상 유기시설 또는 유기기구 1종 이상을 설치하여야 한다. ㉯ 안내소를 설치하고, 구급약품을 비치하여야 한다.
③ 기타 유원시설업	㉮ 대지면적(실내에 설치한 유원시설업의 경우에는 건축물 연면적)은 40m² 이상이어야 한다. ㉯ 법 제33조 제1항에 따른 안전성 검사 대상이 아닌 유기시설 또는 유기기구 1종 이상을 설치하여야 한다.

2) 유원시설업 허가 및 신고

유원시설업 중 종합유원시설업과 일반유원시설업을 경영하려는 자는 문화체육관광부령으로 정하는 시설과 설비를 갖추어 특별자치시장·특별자치도지사·시장·군수·구청장의 허가(許可)를 받아야 한다. 그러나 기타 유원시설업을 경영하려는 자는 관할 행정관청에 신고(申告)하여야 한다. 이는 안전성 검사 대상 유기시설 및 유기기구의 설치 여부에 따라 허가와 신고대상으로 구분하고 있는 것이다. 즉, 위험성이 있는 안전성 검사 대상 시설 및 기구를 운영하는 유원시설은 허가를 받도록 하고 있고, 검사 대상이 아닌 경우는 신고를 하도록 하여 행정편의를 제공하고 있다.

(1) 허가

유원시설업의 허가(許可)를 받으려는 자는 '유원시설업 허가신청서'에 다음 서류를 첨부하여 관할 행정관청의 장에게 제출하여야 한다. 이 경우 6개월 미만의 단기로 유원시설업의 허가를 받으려는 자는 허가신청서에 해당 기간을 표시하여 제출하여야 한다.

🔍 영업시설 및 설비개요서

🔍 신청인(법인의 경우에는 대표자 및 임원)의 성명 및 주민등록번호를 기재한 서류
(외국인의 경우에는 전술한 내용과 동일)

🔍 정관(법인만 해당한다)

🔍 유기시설 또는 유기기구의 영업허가 전 검사를 받은 사실을 증명하는 서류
(안전성 검사의 대상이 아닌 경우에는 이를 증명하는 서류)

🔍 보험가입 등을 증명하는 서류

🔍 안전관리자에 관한 인적사항

🔍 임대차계약서 사본(대지 또는 건물을 임차한 경우만 해당한다)

🔍 안전관리계획서(안전점검 계획, 비상연락체계, 비상 시 조치계획, 안전요원 배치계획 포함)

관할 행정관청의 장은 유원시설업을 허가하는 경우에는 유원시설업 허가증을 발급하고 유원시설업 허가·신고관리대장을 작성하여 관리하여야 한다.

(2) 신고

유원시설업의 신고(申告)를 하려는 자는 '기타 유원시설업 신고서'에 다음 서류를 첨부하여 관할 행정관청의 장에게 제출하여야 한다. 이 경우 6개월 미만의 단기로 기타 유원시설업의 신고를 하려는 자는 신고서에 해당 기간을 표시하여 제출하여야 한다.

🔍 영업시설 및 설비개요서

🔍 유기시설 또는 유기기구가 안전성 검사 대상이 아님을 증명하는 서류

🔍 보험가입 등을 증명하는 서류

🔍 임대차계약서 사본(대지 또는 건물을 임차한 경우만 해당)

🔍 안전관리계획서(안전점검 계획, 비상연락체계, 비상 시 조치계획, 안전요원 배치계획 포함)

관할 행정관청의 장은 제2항에 따른 신고를 받은 경우에는 유원시설업 신고증을 발급하고, 유원시설업 허가·신고 관리대장을 작성하여 관리하여야 한다.

(3) 조건부 영업허가

관할 행정관청의 장은 유원시설업 허가를 할 때 '5년의 범위에서 대통령령으로

정하는 기간(其間)'[245]에 규정된 시설 및 설비를 갖출 것을 조건으로 허가할 수 있다. 다만, 천재지변이나 '그 밖의 부득이한 사유(事由)'[246]가 있다고 인정하는 경우에는 해당 사업자의 신청에 따라 한 차례만 1년을 넘지 아니하는 범위에서 그 기간을 연장(延長)할 수 있다.

관할 행정관청의 장은 허가를 받은 자가 정당한 사유 없이 기간 내에 허가조건을 이행하지 아니하면 그 허가를 즉시 취소하여야 한다. 허가를 받은 자는 기간 내에 허가조건에 해당하는 필요한 시설 및 기구를 갖춘 경우 그 내용을 관할 행정관청의 장에게 신고하여야 한다(관광진흥법 제31조).

조건부 영업허가를 받고자 하는 자는 '유원시설업 조건부 영업허가신청서'를 작성하고, 관련서류와 사업계획서(事業計劃書)[247]를 첨부하여 관할 행정관청의 장에게 제출하여야 한다. 위 행정관청은 유원시설업의 조건부 영업허가를 하는 경우에는 '유원시설업 조건부 영업허가증'을 발급하여야 한다. 그리고 조건부 영업허가를 받은 자는 기간 내에 그 조건을 이행한 경우에는 '조건이행내역 신고서'에 시설 및 설비 내역서(內譯書)를 첨부하여 제출하여야 한다. 아울러 위 신고서를 제출한 자가 영업을 시작하려는 경우에는 '유원시설업 허가신청서'를 제출하여야 한다.

이 제도 역시 카지노업의 조건부 영업허가와 마찬가지로 대규모 시설을 하였다가 허가가 거부되면 개인적으로나 국가적으로 막대한 손실을 일으키게 된다. 그러므로 시설을 설치하기 전에 미리 서류상으로 조건부(條件附) 영업(營業)허가(許可)를 받고, 그 조건을 해당기간 안에 충족하면 본허가(本許可)를 해주도록 하는 것이다.

---

245) "대통령령으로 정하는 기간"이란 조건부 영업허가를 받은 날부터 ① 종합유원시설업을 하려는 경우: 5년 이내, ② 일반유원시설업을 하려는 경우: 3년 이내의 기간을 말한다.

246) "그 밖의 부득이한 사유"란 다음 어느 하나에 해당하는 사유를 말한다(시행령 제31조).
① 천재지변에 준하는 불가항력적인 사유가 있는 경우, ② 조건부 영업허가를 받은 자의 귀책사유가 아닌 사정으로 부지의 조성, 시설 및 설비의 설치가 지연되는 경우, ③ 그 밖의 기술적인 문제로 시설 및 설비의 설치가 지연되는 경우

247) 사업계획서에 포함되어야 할 사항은 ① 시설 및 설비 계획, ② 공사계획, 공사자금 및 그 조달 방법, ③ 시설별·층별 면적, 시설개요, 조감도, 사업예정지역의 위치도, 시설배치 계획도 및 토지명세서 등이다 (시행규칙 제37조).

(4) 변경허가 및 변경신고

유원시설업으로 허가받은 사항 중 문화체육관광부령으로 정하는 중요 사항을 변경하려면 변경허가를 받아야 한다.[248] 다만, 경미한 사항을 변경하려면 변경신고를 하여야 한다[249](법 제5조3항).

3) 유원시설업 운영

유원시설업(遊園施設業)을 운영하는 자는 법령에 따라 유기시설 및 유기기구에 대해 안전성 검사를 정기적으로 받아야 하고, 준수사항(遵守事項)을 이행해야 한다. 2014년에 발생한 세월호 침몰사고[250]에 대한 영향으로 사회 전반적으로 안전사고에 대비하려는 의식이 커진 것을 계기로 안전에 관한 규정이 대폭 개정되었다. 유원시설업자의 사고예방 노력을 통해 유기기구의 안전성을 더욱 강화하고 사고가 발생할 경우에 적절하게 대처하기 위하여 2015년 법률 개정이 이루어졌다. 유기시설 및 유기기구는 주행형(走行形), 고정형(固定形), 관람형(觀覽形), 놀이형으로 구분이 된다.

(1) 안전성 검사 및 재검사

유원시설업자 및 유원시설업의 허가 또는 변경허가를 받으려는 자는 안전성(安全性) 검사(檢査) 대상 유기시설 또는 유기기구에 대하여 관할 행정관청의 장이 실시하는 안전성 검사를 받아야 하고, 안전성 검사 대상이 아닌 유기시설 또는 유기기구에 대하여는 안전성 검사 대상에 해당되지 아니함을 확인하는 검사를 받아야 한다.[251]

---

248) 변경허가 사유: 영업소의 소재지 변경, 안전성검사 대상 유기시설 또는 유기기구의 영업장 내에서의 신설·이전·폐기, 또는 영업장 면적을 변경할 경우

249) 변경신고 사유: 대표자 또는 상호의 변경, 안전성검사 대상이 아닌 유기시설 또는 유기기구의 신설·폐기, 안전관리자의 변경, 안전성검사 대상 유기시설 또는 유기기구의 3개월 이상의 운행 정지 또는 그 운행의 재개, 안전성검사 대상이 아닌 유기시설 또는 유기기구로서 정기 확인검사가 필요한 유기시설 또는 유기기구의 3개월 이상의 운행 정지 또는 그 운행의 재개

250) 세월호 침몰사고는 2014년 4월 16일 전남 진도 부근 해상에서 청해진 해운소속의 인천발 제주행 연안 여객선 세월호가 전복되어 침몰한 사고이다. 이 사고로 탑승인원 476명 중 304명이 사망 및 실종되었다.

251) 문화체육관광부장관은 유기시설 및 유기기구의 ① 안전성 검사 대상 및 안전성 검사 대상에 해당되지 아니함을 확인하는 검사와 ② 안전성 검사에 대한 수탁기관(受託機關)으로 '사단법인 한국종합유원시설협회'를 지정(指定)하였다.

이 경우 관할 행정관청의 장은 성수기 등을 고려하여 검사시기를 지정할 수 있다. 유원시설업의 허가 또는 변경허가를 받으려는 자는 안전성 검사 대상 유기시설·유기기구에 대하여 허가 또는 변경허가 전에 안전성 검사를 받아야 한다.

이러한 유기시설·유기기구의 종류는 [표 3-15]와 같으며 안전성 검사 항목은 기초 부분, 승용(乘用) 장치, 궤도 장치, 구동 장치, 제동(制動) 장치, 물놀이 장치, 에어바운스 장치, 전기 장치, 운전조작 장치, 기타 사항 등이며 이에 대한 세부사항은 시행규칙에서 정하고 있다(관광진흥법 시행규칙 별표11).

허가를 받은 다음 연도부터는 연 1회 이상 정기 안전성 검사를 받아야 한다. 다만, 최초로 안전성 검사를 받은 지 10년이 지난 유기시설·유기기구에 대하여는 반기(半期)별로 1회 이상 안전성 검사를 받아야 한다. 안전성 검사를 받은 유기시설 또는 유기기구 중 다음 사항의 어느 하나에 해당하는 유기시설 또는 유기기구는 재검사를 받아야 한다.

- 정기 또는 반기별 안전성 검사에서 부적합 판정을 받은 유기시설 또는 유기기구
- 사고가 발생한 유기시설 또는 유기기구(유기시설 또는 유기기구의 결함에 의하지 아니한 사고는 제외)
- 3개월 이상 운행을 정지한 유기시설 또는 유기기구

(2) 유원시설안전정보시스템 구축·운영

문화체육관광부장관은 유원시설의 안전과 관련된 정보를 종합적으로 관리하고 해당 정보를 유원시설업자 및 관광객에게 제공하기 위하여 유원시설안전정보시스템을 구축·운영할 수 있다. 이 시스템에는 유원시설업의 허가 정보 및 유원시설의 사고 이력 등에 관한 정보를 포함할 수 있다.[252] 문화체육관광부장관은 이에 따른 정보 등을 유원시설안전정보시스템을 통하여 공개할 수 있다.

---

252) 유원시설안전정보시스템 포함 사항: 유원시설업의 허가 또는 신고에 관한 정보, 유원시설업자의 보험 가입 등에 관한 정보, 물놀이형 유원시설업자의 안전·위생에 관한 정보, 안전성검사 또는 안전성검사 대상에 해당하지 아니함을 확인하는 검사에 관한 정보, 안전관리자의 안전교육에 관한 정보, 통보한 사고 및 그 조치에 관한 정보, 유원시설업자가 이 법을 위반하여 받은 행정처분에 관한 정보, 그 밖에 유원시설의 안전관리를 위하여 대통령령으로 정하는 정보 등

📑 표 3-15 안전성 검사 대상 유기시설 및 유기기구

🔍 주행형

분류	내용	대표 유기기구	유사 기구명
궤도 주행형	일정한 궤도(레일·로프 등)를 가지고 있으며 궤도를 이용하여 승용물이 운행되는 유기시설 또는 유기기구	스카이사이클	공중자전거, 사이클 모노레일 등
		모노레일	월드모노레일, 미니레일, 다크라이드, 관광열차 등
		스카이제트	하늘차 등
		꼬마기차	판타지드림트레인, 개구쟁이열차, 순환열차, 축제열차, 동물열차 등
		미니자동차	빅트럭, 서키트2000, 클래식카, 해적소굴, 해피스카이, 스피드웨이, 자동차왕국, 로데오 칸보이 등
궤도 주행형	일정한 궤도(레일·로프 등)를 가지고 있으며 궤도를 이용하여 승용물이 운행되는 유기시설 또는 유기기구	정글마우스	크레이지마우스, 워터점핑, 매직캐슬, 깜짝마우스, 탑코스터 등
		미니코스터	비룡열차, 슈퍼루프, 우주열차, 그랜드캐년, 드래곤코스터, 꿈돌이코스터, 와일드 윈드, 자이언트루프, 링 오브 파이어 등
		제트코스터	카멜백코스터, 스페이스2000, 독수리요새, 혜성특급, 다크코스터, 환상특급, 폭풍열차, 마운틴코스터 등
		루프코스터	공포특급, 루프스파이럴코스터, 판타지아스페셜, 부메랑코스터, 블랙홀2000 등
		공중궤도라이드	바룬라이드 등
		궤도자전거	철로자전거 등
주로 주행형	일정한 주로를 가지고 있으며 그 주로를 이용하여 승용물이 운행되는 유기시설 또는 유기기구	미니스포츠카	전동카, 스노우모빌, 고카트 등
		무궤도열차	패밀리열차, 코끼리열차, 트램카 등
		봅슬레이	슈퍼봅슬레이, 알파인슬라이드 등
수로 주행형	일정한 수로를 가지고 있으며 그 수로를 이용하여 승용물이 운행되는 유기시설 또는 유기기구	후룸라이드	후룸라이드, 급류타기 등
		신밧드의 모험	지구마을 등
		래피드라이드	보트라이드, 아마존익스프레스 등
자유 주행형	일정한 지역을 가지고 있으며 그 지역을 이용하여 승용물이 운행되는 유기시설 또는 유기기구	범퍼카	어린이범퍼카, 크레이지범퍼카, 박치기차 등
		범퍼보트	박치기보트 등
		수륙양용 관람차	로스트밸리 등

🔍 고정형

분류	내용	대표 유기기구	유사 기구명
종회전 고정형	수평축을 중심으로 하여 승용물이 수직방향으로 수직 원운동 또는 요동운동을 하는 유기시설 또는 유기기구	회전관람차	풍차놀이, 어린이관람차, 허니문카, 우주관람차, 나비휠, 대관람차 등
		플라잉카펫	나는소방차, 나는양탄자, 춤추는비행기, 개구장이버스, 지위즈, 자마이카 등
		아폴로	샤크, 레인저, 우주유람선, 스카이마스터
		레인보우	무지개여행, 알라딘, 타임머신 등
		바이킹	미니바이킹, 콜럼버스대탐험, 스윙보트 등
		고공파도타기	터미네이트, 스페이스루프, 인디아나존스, 탑스핀 등
		스카이코스터	스카이코스터 등
횡회전 고정형	수직축을 중심으로 승용물이 수평방향으로 수평원운동을 하는 유기시설 또는 유기기구	회전그네	파도그네, 체인타워, 비행의자 등
		회전목마	메리고라운드, 이층목마, 환상의궁전 등
		티컵	회전컵, 스피닝버렐, 어린이왕국, 꼬마비행기, 데이트컵 등
		회전보트	제트보트, 회전오리, 거북선, 오리보트 등
		점프라이드	마린베이, 오토바이, 피에로, 딱정벌레, 도래미악단, 어린이광장, 어린이라이드 등
		뮤직익스프레스	해피세일러, 서프라이드, 나는썰매, 피터팬, 사랑열차, 록카페, 번개놀이 등
		스윙댄스	크레이지크라운, 유에프오, 디스코라운드, 댄싱플라이 등
		타가다디스코	타가다, 디스코타가다 등
		닌자거북이	스페이스파이타, 라이온킹, 스페이스스테이션, 나는개구리, 터틀레이스 등
복합 회전 고정형	수평 및 수직방향으로 동시에 승용물이 회전·반회전 또는 직선운동을 하는 유기시설 또는 유기기구	회전비행기	탑비행기 등
		우주전투기	미니플라이트, 독수리요새, 아스트로파이타, 텔레콤베트, 아파치, 나는코끼리, 아라비안나이트, 삼바 등
		점프보트	점핑보트, 점프앤스마일 등
		다람쥐통	록큰롤, 투이스타 등
		스페이스자이로	팽이놀이, 스카이댄싱, 도라반도, 회전의자
		엔터프라이즈	비행기, 파라트루프 등
		문어다리	문어다리 등
		왕문어춤	문어댄스, 하늘여행, 슈퍼아암 등
		슈퍼스윙	미니스윙거, 아폴로2000 등
		베이스볼	플리퍼, 회전바구니, 월드컵2002, 카오스
		브레이크댄스	크레이지댄스, 스피디, 스타댄스, 매직댄스
		풍선타기	둥실비행선, 바룬레이스, 플라워레이스 등
		슈퍼라이드	허리케인, 칸칸, 토네이도, 에볼루션, 삼각바퀴, 첼린저, 우주선 등
		사이버인스페이스	자이로 캡슐 등

분류	내용	대표 유기기구	유사 기구명
승강 고정형	수평 및 수직방향 으로 승용물이 상 하운동 및 좌우운 동으로 운행되는 유기시설 또는 유 기기구	패러슈터타워	낙하산타기, 개구리점프 등
		타워라이드	슈퍼반스토마, 자이로드롭, 콘돌, 스페이스샷, 스카이타워 등
		프레쉬팡팡	프레쉬팡팡 등

🔍 관람형

분류	내용	대표 유기기구	유사 기구명
기계 관람형	음향·영상 또는 보조기구를 이용하여 일정한 기계구조물 내에서 시뮬레이션을 체험하는 유기시설 또는 유기기구	영상모험관	아스트로제트, 사이버에어베 이스, 시뮬레이션, 우주여행, 환상여행, 가상체험 등
입체 관람형	음향·영상 또는 보조기구를 이용하여 일정한 시설 내에서 시뮬레이션을 체험 하는 유기시설 또는 유기기구	쇼킹하우스	환상의집, 요술집, 착각의집, 귀신동굴
		다이나믹시트	다이나믹시어터, 시네마판타 지아, 깜짝모험관 등

🔍 놀이형

분류	내용	대표 유기기구	유사 기구명
일반 놀이형	이용객 스스로가 일정 한 시설에서 설치된 기 계·기구를 이용하는 유 기시설 또는 유기기구	펀하우스	미로탐험, 유령의집, 오즈의성 등
		미로	미로 등
		모험놀이	어린이광장, 짝궁놀이터, 에어바운스 등
물놀이형	물을 매개체로 하여 일정 한 규격을 갖추어 이용자 스스로 물놀이기계·기구 등을 이용하는 유기시설 또는 유기기구	파도풀	캐리비안웨이브, 웨이브풀 등
		유수풀	리버웨이 등
		보디슬라이더	보디슬라이드, 워터봅슬레이, 에어슬라이드 등
		튜브라이더	튜브슬라이드, 마스터블라스트, 에어슬라이드 등
		서핑라이더	플로우라이더 등
		수중모험놀이	모험놀이, 어린이풀, 워터에어바운스 등

(3) 안전관리자의 자격·배치기준 및 임무

안전성 검사를 받아야 하는 유원시설업자는 유기시설 및 유기기구에 대한 안전관리를 위하여 사업장에 안전관리자(安全管理者)를 항상 배치하여야 한다. 그리고 안전관리자는 문화체육관광부장관이 실시하는 유기시설 및 유기기구의 안전관리에 관한 교육(敎育)[253]을 정기적으로 받아야 하며, 유원시설업자는 안전관리자가 안전교육을 받도록 하여야 한다. 이때 안전관리자의 자격(資格), 배치기준(配置基準) 및 임무(任務), 안전교육의 내용·기간 및 방법(方法)[254] 등에 필요한 사항은 따로 정한다(관광진흥법 제33조).

(4) 안전성 검사 대상이 아닌 경우

기타 유원시설업의 신고를 하려는 자와 종합유원시설업 또는 일반유원시설업을 하는 자가 안전성 검사 대상이 아닌 유기시설 또는 유기기구를 설치하여 운영하려는 경우에는 안전성 검사 대상이 아님을 확인하는 검사를 받아야 한다.[255] 이에 따라 검사에 관한 권한을 위탁받은 업종별 관광협회 또는 전문 연구·검사기관은 안전성 검사 또는 안전성 검사 대상이 아님을 확인하는 검사를 한 경우에는 '유기시설 및 유기기구 검사(檢査)결과서'를 작성하여 지체 없이 검사신청인과 해당 유원시설업의 소재지를 관할하는 행정관청의 장에게 통지하여야 한다.

유기시설·기구 검사조서를 통지받은 관할 행정관청의 장은 그 안전성 검사 결과에 따라 해당 사업자에게 유기시설 또는 유기기구에 대한 개선을 권고(勸告)할 수 있다. 안전성 검사 대상이 아닌 유기시설 및 유기기구의 종류는 [표 3-16]와 같다(관광진흥법 시행규칙 별표11).

표 3-16 **안전성 검사 대상이 아닌 유기시설 및 유기기구**

유형	내용	예시
① 주행형	일정 궤도·주로·지역을 가지고 있으며, 시속 5킬로미터 이하 속도로 이용자 스스로가 참여하여 운행되는 유기시설 또는 유기기구	배터리카, 미니기차, 미니자동차, 멜로디페트, 이티로보트, 수상사이클 등
② 고정형	회전반경이 3미터 이내로 이용자 스스로가 참여하여 작동되는 유기시설 또는 유기기구	솔저로보트, 우주전차, 아기돼지, 롤스로이스, 에어울프, 미니기, 다람쥐, 우주왕복선, 경찰오토바이, 아파치헬기, 슈퍼스포츠카, 스텔스기, 슈퍼미니차, 코끼리, 마징가제트, 풀리스카, 잠수정, 공룡, 마린보트, 스카이돌핀, 목마(말), 닭, 당나귀, 펠리컨 등

253) 안전교육 내용(시행규칙 제41조): ① 유원시설 안전사고의 원인 및 대응요령 ② 유원시설 안전관리에 관한 법령 ③ 유원시설 안전관리 실무 ④ 그 밖에 안전관리를 위하여 필요한 사항

254) 안전관리자는 유원시설업의 사업장에 처음 배치된 날부터 3개월 이내에 안전교육을 받아야 하며, 매 2년 마다 1회 이상, 1회당 안전교육 시간은 8시간 이상으로 한다.

255) 유기시설 또는 유기기구에 대한 안전성 검사 및 안전성 검사 대상이 아님을 확인하는 검사의 세부기준 및 절차는 문화체육관광부장관이 정하여 고시(告示)한다.

유형	내용	예시
③ 관람형	일정한 시설물 내에서 이용자 스스로가 참여하여 체험하는 유기시설 또는 유기기구	도깨비집, 거울집, 3D 또는 4D입체영화관(좌석고정 영상시설), 투시경, 미니시뮬레이션, 만다라 등
④ 놀이형	일정한 시설 내에서 보조기구 또는 장치를 이용하거나 기구에 포함된 구성물을 작동하여 이용자 스스로가 이용하거나 체험할 수 있는 기구로서 누구나 이용할 수 있고 사행성이 없는 유기시설 또는 유기기구	미니사격, 베이비골프, 미니골프, 활쏘기, 투환, 공쏘기, 광선총, 미니볼링, 미니농구, 공던지기, 로데오타기, 공굴리기, 공차기, 에어하키, 망치치기, 펀치, 플레이스페이스, 붕붕뜀틀, 점프대, 가상체험, 표적맞추기, 물쏘기, 미니야구, 스키타기, 팔씨름, 오토바이타기, 자동차경주, 미니에어바운스, 자전거타기, 보트타기, 말타기, 뮤직댄스, 수상기구타기, 건슈팅, 인형뽑기 등

(5) 사고보고 의무 및 사고조사

유원시설업자는 관리중인 유기시설 또는 유기기구로 인하여 '중대한 사고(事故)'[256]가 발생한 때에는 즉시 사용중지 등 필요한 조치를 취하고 문화체육관광부령으로 정하는 바에 따라 관할 행정관청의 장에게 통보(通報)[257]하여야 한다.

통보를 받은 행정관청은 필요하다고 판단하는 경우에는 유원시설업자에게 자료의 제출을 명하거나 현장조사를 실시할 수 있다. 그리고 이에 따라 해당 유기시설 또는 유기기구가 안전에 중대한 침해를 줄 수 있다고 판단하는 경우에는 그 유원시설업자에게 사용 중지(中止)·개선(改善) 또는 철거(撤去)를 명할 수 있다(관광진흥법 33조의2).

(6) 유원시설업자의 준수사항

유원시설업자는 영업질서(營業秩序) 유지와 안전(安全)을 위하여 법령으로 정하는 사항을 지켜야 한다.

---

256) 시행령(31조의2)에서 정한 중대한 사고: ① 사망자가 발생한 경우 ② 의식불명 또는 신체기능 일부가 심각하게 손상된 중상자가 발생한 경우 ③ 사고 발생일부터 3일 이내에 실시된 의사의 최초 진단결과 2주 이상의 입원 치료가 필요한 부상자가 동시에 3명 이상 발생한 경우 ④ 사고 발생일부터 3일 이내에 실시된 의사의 최초 진단결과 1주 이상의 입원 치료가 필요한 부상자가 동시에 5명 이상 발생한 경우 ⑤ 유기시설 또는 유기기구의 운행이 30분 이상 중단되어 인명 구조가 이루어진 경우

257) 통보 사항(사고 발생일부터 3일 이내): ① 사고가 발생한 영업소의 명칭, 소재지, 전화번호 및 대표자 성명 ② 사고 발생 경위(사고 일시·장소, 사고 발생 유기시설 또는 유기기구의 명칭 포함) ③ 조치 내용 ④ 사고 피해자의 이름, 성별, 생년월일 및 연락처 ⑤ 사고 발생 유기시설 또는 유기기구의 안전성검사 결과 또는 안전성검사 대상에 해당되지 아니함을 확인하는 검사 결과

① 일반적 준수사항

유원시설업자는 법령을 위반하여 제조한 유기시설·유기기구 또는 유기기구의 부분품(部分品)을 설치하거나 사용하여서는 아니 된다. 유원시설업자의 준수사항은 다음과 같다.

- 종합 및 일반유원시설업자는 안전관리자를 상시 배치(配置)하고, 안전관리자가 그 임무(任務)를 적절하게 수행하도록 지도·감독하는 등 유원시설 및 유기기구를 안전하게 관리하여야 하며,[258] 안전관리자가 작성한 안전점검일지(安全點檢日誌)를 2년 이상 보관하여야 한다.

- 기타 유원시설업자는 본인 스스로 또는 운행자로 하여금 매일 1회 이상 유기시설 및 유기기구에 대한 안전점검을 하고, 그 결과를 안전점검기록부에 기록하여 2년 이상 보관하여야 하며, 이용자가 보기 쉬운 곳에 유기시설 또는 유기기구 별로 안전점검표시판을 게시하여야 한다.

- 1년 미만으로 영업허가를 받거나 신고한 유원시설업자는 안전점검일지 또는 일일 안전점검기록부를 매주 특별자치도지사·시장·군수·구청장에게 제출하여야 한다.

- 이용자를 태우는 유기시설 및 유기기구의 경우 정원을 초과하여 이용자를 태우지 아니하도록 하고, 운전 개시 전에 안전상태를 확인하여야 하며, 특히 안전띠 또는 안전대의 안전성 여부와 착용상태를 확인하여야 한다.

- 운행 전에는 이용자가 외관상 객관적으로 판단하여 정신적·신체적으로 이용에 부적합하다고 인정되거나 유기기구 내에서 본인 또는 타인의 안전을 저해할 우려가 있는 경우에는 게시 및 안내를 통하여 이용을 거부하거나

---

258) 안전관리자의 배치기준 및 임무(시행규칙 제41조)
① 안전관리자 배치기준: ㉮ 안전성 검사 대상 유기기구 1종 이상 10종 이하를 운영하는 사업자: 1명 이상 ㉯ 안전성 검사 대상 유기기구 11종 이상 20종 이하를 운영하는 사업자: 2명 이상 ㉰ 안전성 검사 대상 유기기구 21종 이상을 운영하는 사업자: 3명 이상
② 안전관리자의 임무: ㉮ 안전관리자는 안전운행 표준지침을 작성하고 유기시설 안전관리계획을 수립하고 이에 따라 안전관리업무를 수행하여야 한다. ㉯ 안전관리자는 매일 1회 이상 안전성 검사 대상 유기시설 및 유기기구에 대한 안전점검을 하고 그 결과를 안전점검기록부에 기록·비치하여야 하며, 이용객이 보기 쉬운 곳에 유기시설 또는 유기기구별로 안전점검표시판을 게시하여야 한다. ㉰ 유기시설과 유기기구의 운행자 및 유원시설 종사자에 대한 안전교육계획을 수립하고 이에 따라 교육을 하여야 한다.

제한하여야 하고, 운행 중에는 이용자가 정 위치에 있는지와 이상행동을 하는지를 주의하여 관찰하여야 하며, 유기기구 안에서 안전에 저해(沮害)되는 행위를 하지 못하게 하여야 한다.

🔍 이용자가 보기 쉬운 곳에 이용요금표·준수사항 및 이용 시 주의하여야 할 사항을 게시하여야 한다.

🔍 유원시설업자는 종사자에 대한 안전교육을 매주 1회 이상 하도록 하고, 그 교육일지를 기록·비치하여야 하며, 비정규직원의 신규채용 시에는 사전교육을 4시간 이상 하고 그 교육일지를 기록·비치하여야 한다.

🔍 영업소의 명칭은 허가 또는 신고된 영업소의 명칭(상호)을 표시하여야 한다.

🔍 조명은 60럭스[259] 이상이 되도록 유지하여야 한다. 다만, 조명효과를 이용하는 유기시설은 제외한다.

🔍 유원시설업자는 유관기관(허가관청·경찰서·소방서·의료기관·안전성검사등록기관 등)과 안전관리에 관한 연락체계를 구축하고, 안전사고의 발생 즉시 등록관청에 보고하여야 하며, 안전사고의 원인 조사 및 재발 방지대책을 수립한다.

🔍 유원시설업자는 행정관청의 권고사항을 준수하여야 한다.

② 물놀이형 유원시설업자의 준수사항

유원시설업의 허가를 받거나 신고를 한 자 중 물놀이형 유기시설 또는 유기기구를 설치한 자는 법령으로 정하는 안전(安全)·위생(衛生)기준을 지켜야 한다(관광진흥법 제32조).[260] 이러한 물놀이형 유기시설 및 유기기구의 안전과 위생기준을 별도로 규정하고 있는 이유는 물놀이형 시설은 익사사고 및 보건위생 문제가 발생할 여지가 높기 때문이다.

(7) 장애인의 유원시설 이용을 위한 편의 제공

유원시설업을 경영하는 자는 장애인이 유원시설을 편리하고 안전하게 이용할

---

259) 럭스(lux)는 빛의 조명도를 나타내는 단위로 1럭스는 1칸델라의 광원에서 1미터 떨어진 곳에 광원과 직각으로 놓인 면의 밝기이다.
260) 동 기준은 관광진흥법 시행규칙 별표 1의2 및 10의2에서 세부적으로 정하고 있다.

수 있도록 제작된 유기시설 및 유기기구의 설치를 위하여 노력해야 한다. 이 경우 국가 및 지방자치단체는 해당 장애인 이용가능 유기시설 등의 설치에 필요한 비용을 지원할 수 있다. 또한 편의시설을 갖추어 장애인이 편리하게 동 시설을 이용할 수 있도록 하여야 한다.

2. 관광 편의시설업 지정 및 운영

관광 편의시설업은 지금까지 설명한 관광사업 외에 관광 진흥에 이바지할 수 있다고 인정(認定)되는 사업이나 시설 등을 운영하는 업을 말한다. 그리고 일반적으로 관광사업은 등록 또는 허가를 얻어야 하는 것이 원칙이지만, 관광 편의시설업을 경영하려는 자는 법령으로 정하는 바에 따라 특별시장·광역시장·특별자치시장·도지사·특별자치도지사 또는 시장·군수·구청장의 지정(指定)을 받아야 한다.

1) 지정기준

관광 편의시설업으로 지정을 받으려는 자는 공통적으로는 관광객이 이용하기 적합한 시설이나 외국어 안내서비스 등 문화체육관광부령으로 정하는 기준을 갖추어야 한다(법 제6조). 그리고 관광 편의시설업의 업종별로 다음과 같이 정하고 있다(시행규칙 제14조).

(1) 관광유흥음식점업

건물은 연면적이 특별시의 경우에는 330m² 이상, 그 밖의 지역은 200m² 이상으로 한국적 분위기를 풍기는 건물이어야 한다. 그리고 관광객의 수용에 적합한 다양한 규모의 방을 두고 실내는 고유의 한국적 분위기를 풍길 수 있도록 서화·문갑·병풍 및 나전칠기 등으로 장식하여야 하며, 영업장 내부의 노래 소리 등이 외부에 들리지 아니하도록 방음장치(防音裝置)를 갖추고 있어야 한다.

(2) 관광극장유흥업

건물 연면적은 1,000m² 이상으로 하고, 홀 면적(무대면적 포함)은 500m² 이상으로 하여야 한다. 또한 관광객에게 민속(民俗)과 가무(歌舞)를 감상하게 할 수 있도록 특수조명장치 및 배경을 설치한 50m² 이상의 무대가 있어야 하며, 완전한 방음장치를 갖춰야 한다.

(3) 외국인전용 유흥음식점업

무대면적을 포함한 홀 면적은 100m² 이상으로 하며, 홀에는 노래와 춤 공연을 할 수 있도록 20m² 이상의 무대를 설치하고, 특수조명 시설 및 방음장치를 갖추고 있어야 한다. 그리고 외국인을 대상으로 영업을 해야 한다.

(4) 관광식당업

인적(人的) 요건으로는 한국 전통음식을 제공하는 경우에는 '국가기술자격법'에 따른 해당 조리사자격증 소지자를 두어야 하며, 특정 외국의 전문음식을 제공하는 경우에는 다음의 요건 중 1개 이상의 요건을 갖춘 자를 두어야 한다.

- 해당 외국에서 전문조리사 자격을 취득한 자
- '국가기술자격법'에 따른 해당 조리사자격증 소지자로서 해당 분야에서의 조리경력이 2년 이상인 자
- 해당 외국에서 6개월 이상의 조리교육을 이수한 자

또한 최소 한 개 이상의 외국어로 음식의 이름과 관련 정보가 병기(倂記)된 메뉴판을 갖추고 있어야 하며, 출입구가 각각 구분된 남·여 화장실을 갖추어야 한다.

(5) 관광순환버스업

안내방송 등 외국어 안내서비스가 가능한 체제를 갖추고 있어야 한다.

(6) 관광사진업

사진촬영 기술이 풍부한 자 및 외국어 안내서비스가 가능한 체제를 갖추고 있어야 한다.

(7) 여객자동차터미널업

인근 관광지역 등의 안내서 등을 비치하고, 인근 관광자원 및 명소(名所) 등을 소개하는 관광안내판이 설치되어야 한다.

(8) 관광펜션업

관광펜션업의 지정기준은 다음과 같다.
- 자연 및 주변 환경과 조화를 이루는 4층 이하의 건축물일 것

- 객실이 30실 이하일 것
- 취사 및 숙박에 필요한 설비를 갖출 것
- 바비큐장, 캠프파이어장 등 이용시설을 1종류 이상 갖추고 있을 것(여러 개의 건물인 경우 공동 설치 가능)
- 숙박시설 및 이용시설에 대하여 외국어 안내표기를 할 것

(9) 관광궤도업

자연 또는 주변 경관을 관람할 수 있도록 개방되어 있거나 밖이 보이는 창을 가진 구조이어야 하며, 안내방송 등 외국어 안내서비스가 가능한 체제를 갖추어야 한다.

(10) 관광면세업

관광면세업은 외국어 안내 서비스가 가능한 체제를 갖추고, 한 개 이상의 외국어로 상품명 및 가격 등 관련 정보가 명시된 안내판을 갖추며, 주변 교통의 원활한 소통에 지장을 초래하지 않아야 한다.

(11) 관광지원서비스업

관광지원서비스업에 지정되기 위해서는 다음의 어느 하나에 해당하면 된다. 그리고 모든 시설은 이용하는 관광객의 안전을 확보하고 있어야 한다.

- 평균매출액 중 관광객 또는 관광사업자와의 거래로 인한 매출액의 비율이 100분의 50이상
- 관광지 또는 관광단지로 지정된 지역에서 사업장을 운영
- 한국관광 품질인증 받은 사업체
- 중앙행정기관 또는 지방자치단체의 장이 공모 등의 방법을 통해 우수 관광사업으로 선정

2) 지정 관청

관광 편의시설업의 지정을 받으려는 자는 업종별로 다음의 구분에 따라 관할 관청에 신청을 하여야 한다.

🔍 관광유흥음식점업, 관광극장유흥업, 외국인전용 유흥음식점업, 관광순환버
스업, 관광펜션업, 관광궤도업, 관광면세업 및 관광지원서비스업: 특별자치
시장·특별자치도지사·시장·군수·구청장

🔍 관광식당업, 관광사진업 및 여객자동차터미널시설업: 지역별 관광협회

3) 지정 및 변경 절차

관광 편의시설업의 지정을 받으려는 자는 '관광 편의시설업 지정신청서(指定申
請書)'에 서류를 첨부하여 관할 행정관청의 장 또는 지역별 관광협회에 제출하여
야 한다.[261] 다만, 관광지원서비스업으로 지정을 받으려는 자는 추가로 서류를
제출(提出)해야 한다.[262]

등록관청은 지정신청을 받은 경우 그 신청내용이 지정기준에 적합하다고 인정
되는 경우에는 '관광 편의시설업 지정증'을 신청인에게 발급하고, 관광 편의시설
업자 지정 대장(臺帳)[263]에 상호 또는 명칭, 대표자 및 임원의 성명·주소, 사업장
의 소재지를 기재(記載)[264]하여야 한다. 관광 편의시설업 지정사항의 변경 및 관
광 편의시설업 지정증의 재발급에 관하여는 일반 관광사업의 변경 등록 및 재발
급 기준을 준용(準用)[265]한다.

---

261) 지정신청서에 포함될 서류: ① 신청인(법인의 경우 대표자 및 임원)의 성명 및 주민등록번호
를 기재한 서류(신청인이 외국인일 경우 별도 증명) ② 업종별 면허증·허가증·특허장·지정
증·신고증명서 사본 ③ 시설의 배치도 또는 사진 및 평면도

262) 다음 어느 하나에 해당하는 서류: ① 평균매출액 검토의견서 ② 사업장이 관광지 또는 관광단
지로 지정된 지역에 소재하고 있음을 증명하는 서류 ③ 한국관광 품질인증을 받았음을 증명
하는 서류 ④ 중앙행정기관 또는 지방자치단체의 장이 공모 등의 방법을 통해 우수 관광사업
으로 선정한 사업임을 증명하는 서류

263) 여기서 대장(official document book)은 공문대장이라고 하며 공문을 관리하고 파악하기 위
하여 작성하는 서식이다. 공적 업무처리 과정에서 지시, 문의, 전달, 회람, 요청 등 모든 사무
는 반드시 문서로써 하며, 모든 문서의 처리는 정확하고 신속히 하여 책임의 소재를 명확히
하여야 한다.

264) 기재(fill out, filling in): 어떤 사실을 문서 등에 쓰는 것이다.

265) 준용(apply rules correspondingly)은 어떤 사항에 관한 규정을 그와 유사하지만 본질적으로
다른 사항에 표준으로 삼아 적용하는 것을 말한다.

Chapter 08
관광종사원 · 관광사업자단체 · 관광진흥

제1절 관광종사원

1. 관광종사원 자격 취득

관할 등록기관 등의 장은 관광 업무에 관광종사원의 자격을 가진 사람이 종사 (從事)하도록 해당 관광사업자에게 권고(勸告)할 수 있다. 다만, 외국인 관광객을 대상으로 하는 여행업자는 관광통역안내의 자격을 가진 사람을 관광안내에 종사 하게 하여야 한다(관광진흥법 제38조).

관광산업이 성장하고 발전하기 위해서는 관광시설의 개선이나 관광자원을 보 존하고 개발하는 관광객 수용여건을 구축하는 것도 중요하지만, 이를 운용하는 인적 자원의 양성과 자질 향상이 그 무엇보다 중요하다. 이는 관광산업이 인적 자원 중심의 서비스산업이기에 아무리 훌륭한 관광시설과 관광자원을 갖추고 있 어도, 이것을 관리하고 고객에게 서비스를 제공하는 인력자원이 부족하거나 자 질이 떨어진다면 관광산업의 성장과 발전을 기대할 수 없기 때문이다. 이와 같 은 필요성으로 인해 1961년 '관광사업진흥법'에서 통역안내원 자격증 제도가 도 입된 이래, 현재의 '관광진흥법'에서도 여러 가지 자격증(資格證) 제도를 실시하고 있다. 관광종사원 자격증 제도는 일정한 수준의 전문지식과 기술을 가진 자로 하여금 관광 접객(接客) 업무를 담당하게 함으로써 관광서비스의 질과 신뢰도를 향상시켜 관광 진흥에 이바지하게 하는 데 그 목적이 있다. 한편, 종래에는 관광업체에서 관광종사원을 채용할 때 일정 인원에 대하여 자격증소지자의 보유를 의무화(義務化)했으나, 1999년 관광진흥법을 개정하면서 모든 관광종사원 자격증에 대하여 권고규정(勸告規定)으로 완화하였다. 이는 관광종사원의 관광서비스의 질이 전반적으로 향상되었음을 의미하며, 정부의 규제완화(規制緩和)와 기업의 자율성(自律性)을 높이기 위한 조치라고 볼 수 있다. 그러나 외국인 관광객을 대상으로 하는 통역안내(通譯案內)에 종사하는 경우에는 관련 자격을 가진 사람을 종사하게 하는 의무사항(義務事項)으로 규정하고 있다. 이는 당초 1999년 법 개정으로 자격증 보유자에 대한 채용 권고규정으로 바뀌고 나서, 일부 무자격 관광종사원이 외국인의 국내 여행을 안내할 때 각국의 역사와 문화를 왜곡(歪曲)하여 설명하고, 지나친 상품구매 강요 등 부작용이 발생하여 다시 자격증 소지자에 대한 의무 채용 규정으로 바뀌었다.

1) 종사원 자격 종류 및 기준

관광종사원에 대한 국가자격으로는 호텔경영사, 호텔관리사, 호텔서비스사, 관광통역안내사(觀光通譯案內師)[266], 국내여행안내사(國內旅行案內師)[267] 등이 있고, 시험에 의하지 않고 일정한 교육을 받고 취득하는 국외여행인솔자(國外旅行引率者)와 문화관광해설사(文化觀光解說師) 자격이 있다. 그리고 관광 관련 자격증으로 '관광진흥법'에서 규정하지 않고 '국가기술자격법'에서 정하고 있는 조주(造酒)기능사[268], 조리기능사 및 조리산업기사[269], 컨벤션기획사, 국제의료관광코디네이터 등

---

266) 관광통역안내사는 정부에서 실시하는 통역안내분야의 유일한 국가공인자격증으로 외국인 관광객에게 국내여행을 안내하고 한국의 문화를 소개하는 역할을 한다. 관광가이드(tour guide)라고도 한다.

267) 국내여행안내사는 국내를 여행하는 관광객을 대상으로 여행일정 계획, 여행비용 산출, 숙박시설 예약, 명승지나 고적지 안내 등 여행에 필요한 각종 서비스를 제공하는 업무를 수행한다.

268) 조주기능사(craftsman bartender)는 주류, 음료류, 다류 등에 대한 재료 및 제법의 지식을 바탕으로 칵테일을 조주하고 호텔과 외식업체의 주장관리, 고객관리, 고객서비스, 경영관리, 케이터링 등의 업무를 수행한다.

269) 조리기능사(craftsman cook)에는 한식, 중식, 일식, 양식, 복어(blowfish) 조리기능사 등 5종류가 있다. 그리고 조리산업기사(industrial engineer cook)는 외식업체 등 조리산업 관련 기관에서 조리업무가 효율적으로 이루어질 수 있도록 관리하는 역할을 한다.

이 있다. 이에 대해 이 책 해당부분에서 자세히 다루고 있다. 관광진흥법에서 규정하고 있는 관광 업무와 업무별 자격기준(資格基準)은 다음 [표 3-17]과 같다.

📑 표 3-17 **관광업무별 자격기준**

업종	업무	종사하도록 권고할 수 있는 자	종사하게 하여야 하는 자
① 여행업	㉮ 외국인 관광객의 국내여행을 위한 안내		관광통역안내사 자격을 취득한 자
	㉯ 내국인의 국내여행을 위한 안내	국내여행안내사 자격을 취득한 자	
② 관광숙박업	㉮ 4성급 이상의 관광호텔업의 총괄관리 및 경영업무	호텔경영사 자격을 취득한 자	
	㉯ 4성급 이상의 관광호텔업의 객실관리 책임자 업무	호텔경영사 또는 호텔관리사 자격을 취득한 자	
	㉰ 3성급 이하의 관광호텔업과 한국전통호텔업·수상관광호텔업·휴양콘도미니엄업·가족호텔업·호스텔업·소형호텔업 및 의료관광호텔업의 총괄관리 및 경영업무	호텔경영사 또는 호텔관리사 자격을 취득한 자	
	㉱ 현관·객실·식당의 접객업무	호텔서비스사 자격을 취득한 자	

2) 종사원 자격시험

관광종사원의 자격을 취득하려는 사람은 문화체육관광부령으로 정하는 바에 따라 문화체육관광부장관이 실시하는 시험에 합격한 후 문화체육관광부장관에게 등록(登錄)하여야 한다. 다만, 문화체육관광부령으로 따로 정하는 자는 시험의 전부 또는 일부를 면제(免除)할 수 있다. 관광종사원의 자격시험은 필기시험, 외국어시험 및 면접시험으로 구분하되, 평가의 객관성이 확보될 수 있는 방법으로 시행하여야 한다. 그리고 관광종사원 중 관광통역안내사, 호텔경영사 및 호텔관리사의 자격시험과 등록 및 자격증의 발급에 관한 권한은 한국관광공사에 위탁하고, 국내여행안내사 및 호텔서비스사는 관광협회에 위탁한다. 다만, 자격시험의 출제, 시행, 채점 등 자격시험의 관리에 관한 업무는 한국산업인력공단에 위탁한다.

(1) 필기시험

필기시험(筆記試驗)의 합격기준은 매 과목 4할 이상, 전 과목의 점수가 배점(配點) 비율로 환산하여 6할 이상이어야 한다. 필기시험의 시험과목과 배점비율의 기준은 다음 [표 3-18]과 같다.

표 3-18 **필기시험 시험과목 및 배점비율**

구분	시험과목	배점비율
① 관광통역안내사	국사	40%
	관광자원해설	20%
	관광법규('관광기본법'·'관광진흥법'·'관광진흥개발기금법'·'국제회의산업 육성에 관한 법률' 등의 관광 관련 법규)	20%
	관광학개론	20%
② 국내여행안내사	국사	30%
	관광자원해설	20%
	관광법규	20%
	관광학개론	30%
③ 호텔경영사	관광법규	10%
	호텔회계론	30%
	호텔인사 및 조직관리론	30%
	호텔마케팅론	30%
④ 호텔관리사	관광법규	30%
	관광학개론	30%
	호텔관리론	40%
⑤ 호텔서비스사	관광법규	30%
	호텔실무(현관·객실·식당 중심)	70%

(2) 외국어시험

외국어시험(外國語試驗)은 관광통역안내사·호텔경영사·호텔관리사 및 호텔서비스사 자격시험만 해당한다. 관광종사원별 외국어시험의 종류는 다음과 같다.

🔍 관광통역안내사: 영어, 일본어, 중국어, 프랑스어, 독일어, 스페인어, 러시아어, 이탈리아어, 태국어, 베트남어, 말레이·인도네시아어, 아랍어 중 1과목

🔍 호텔경영사, 호텔관리사 및 호텔서비스사: 영어, 일본어, 중국어 중 1과목

그리고 외국어시험은 다른 외국어시험기관에서 실시하는 시험으로 대체(代替)한다. 이 경우 외국어시험을 대체하는 다른 외국어시험의 점수 및 급수는 응시원서 접수 마감일부터 2년 이내에 실시한 시험에서 취득한 점수 및 급수여야 한다. 다른 외국어시험의 종류 및 합격에 필요한 점수(點數) 및 급수(級數)는 [표 3-19] 및 [표 3-20]과 같다.

📑 표 3-19 **다른 외국어시험의 종류**

구분		내용
영어	토플 (TOEFL)	미국 이티에스(ETS: Education Testing Service)에서 시행하는 시험(Test of English as a Foreign Language)을 말한다.
	토익(TOEIC)	미국 이티에스(ETS: Education Testing Service)에서 시행하는 시험(Test of English for International Communication)을 말한다.
	텝스(TEPS)	서울대학교영어능력검정시험(Test of English Proficiency, Seoul National University)을 말한다.
	G-TELP (Level 2)	미국 샌디에고주립대(San diego State University)에서 시행하는 시험(General Test of English Language Proficiency)을 말한다.
	FLEX	한국외국어대학교와 대한상공회의소가 공동 시행하는 어학능력검정시험(Foreign Language Examination)을 말한다.
	아이엘츠 (IELTS)	영국문화원(British Council)에서 시행하는 영어능력검정시험(International English Language Testing System)을 말한다.
일본어	JPT	일본국 순다이(駿台)학원그룹에서 개발한 문제를 재단법인 국제교류진흥회에서 시행하는 시험(Japanese Proficiency Test)을 말한다.
	日檢 (NIKKEN)	한국시사일본어사와 일본국서간행회(日本國書刊行會)가 공동 개발하여 한국시사일본어사에서 시행하는 시험을 말한다.
	FLEX	한국외국어대학교와 대한상공회의소가 공동 시행하는 어학능력검정시험(Foreign Language Examination)을 말한다.
	JLPT	일본국제교류기금 및 일본국제교육지원협회가 시행하는 일본어능력시험(Japanese Language Proficiency test)을 말한다.
중국어	HSK	중국 교육부가 설립한 국가한어수평고시위원회(國家漢語水平考試委員會)에서 시행하는 시험(HanyuShuipingKaoshi)을 말한다.
	FLEX	한국외국어대학교와 대한상공회의소가 공동 시행하는 어학능력검정시험(Foreign Language Examination)을 말한다.
	BCT	중국국가한어국제추광영도소조판공실(中国国家汉语国际推广领导小组办公室)이 중국 북경대학교에 위탁 개발한 실용중국어시험(Business Chinese Test)을 말한다.
	CPT	중국어언연구소 출제 한국CPT관리위원회 주관 (주)시사중국어사가 시행하는 생활실용커뮤니케이션 능력평가(Chinese Proficiency Test)를 말한다.
	TOCFL	중화민국(대만) 교육부 산하 국가화어측험추동공작위원회에서 시행하는 중국어능력시험 (Test of Chinese as a Foreign Language)을 말한다.
프랑스어	FLEX	한국외국어대학교와 대한상공회의소가 공동 시행하는 어학능력검정시험(Foreign Language Examination)을 말한다.
	DELF DALF	주한 프랑스대사관 문화관에서 시행하는 프랑스어 능력검정시험(Diplôme d'Etudes en Langue Française)을 말한다.

구분		내용
독일어	FLEX	한국외국어대학교와 대한상공회의소가 공동 시행하는 어학능력검정시험(Foreign Language Examination)을 말한다.
	독일어 능력 검정시험	유럽 언어능력시험협회 ALTE(Association of Language Testers in Europe) 회원인 괴테-인스티투트(Goethe Institut)가 시행하는 독일어능력검정시험을 말한다.
스페인어	FLEX	한국외국어대학교와 대한상공회의소가 공동 시행하는 어학능력검정시험(Foreign Language Examination)을 말한다.
	DELE	스페인 문화교육부가 주관하는 스페인어 능력 검정시험(Diploma de Español como Lengua Extranjera)을 말한다.
러시아어	FLEX	한국외국어대학교와 대한상공회의소가 공동 시행하는 어학능력검정시험(Foreign Language Examination)을 말한다.
	TORFL	러시아 교육부 산하 시험기관 토르플 한국센터(계명대학교 러시아센터)에서 시행하는 러시아어 능력검정시험(Test of Russian as a Foreign Language)을 말한다.
이탈리아어	CILS	이탈리아 시에나 외국인 대학(Università per Stranieri di Siena)에서 주관하는 이탈리아어 자격증명시험(Certificazione di Italiano come Lingua Straniera)을 말한다.
	CELI	이탈리아 페루지아 국립언어대학(Università per Stranieri di Perugia)과 주한 이탈리아문화원에서 공동 시행하는 이탈리아어 능력검정시험(Certificato di Conoscenza della Lingua Italiana)이다.
태국어, 베트남어, 말레이시아, 인도네시아, 아랍어	FLEX	한국외국어대학교에서 주관하는 어학능력검정시험(Foreign Language Examination)을 말한다. ※ 이 외국어시험은 부정기적으로 시행하는 수시시험임.

📖 표 3-20 합격에 필요한 다른 외국어시험의 점수 또는 급수

시험명	자격구분	관광통역안내사	호텔서비스사	호텔관리사	호텔경영사	만점/최고급수
영어	TOEIC	760점 이상	490점 이상	700점 이상	800점 이상	990점
	TEPS	372점 이상	201점 이상	367점 이상	404점 이상	600점
	TOEFL(PBT)	584점 이상	396점 이상	557점 이상	619점 이상	677점
	TOEFL(IBT)	81점 이상	51점 이상	76점 이상	88점 이상	120점
	G-TELP (Level 2)	74점 이상	39점 이상	66점 이상	79점 이상	100점
	FLEX	776점 이상	381점 이상	670점 이상	728점 이상	1000점
	IELTS	5점	4점	5점	5점	9점

시험명	자격구분		관광통역 안내사	호텔 서비스사	호텔관리사	호텔경영사	만점/ 최고급수
일본어	JPT		740점 이상	510점 이상	692점 이상	784점 이상	990점
	日檢(Nikken)		750점 이상	500점 이상	701점 이상	795점 이상	1000점
	FLEX		776점 이상	-	-	-	1000점
	JLPT		N1				N1
중국어	HSK		5급 이상	4급 이상	5급 이상	5급 이상	6급
	FLEX		776점 이상	-	-	-	1000점
	B C T	(B)	181점 이상				300점
		(B)L&R	601점 이상				1000점
중국어	CPT		750점 이상				1000점
	TOCFL		5급 이상				6급
프랑스어	FLEX		776점 이상				1000점
	DELF		DELF B2 이상				DALF C2
독일어	FLEX		776점 이상				1000점
	독일어능력 검정시험		Goethe- Zertifikat B1(ZD) 이상				C2
스페인어	FLEX		776점 이상				1000점
	DELE		B2 이상				C2
러시아어	FLEX		776점 이상				1000점
	TORFL		1단계 이상				4단계
이탈리아어	CILS		Livello Due-B2 이상				Livello Quattro-C2
	CELI		CELI 3 이상				CELI 5
태국어 베트남어 말레이시아 인도네시아어 아랍어	FLEX		600점 이상				1000점

(3) 면접시험

면접시험(面接試驗)은 다음 사항에 관하여 평가하며, 합격점수는 면접시험 총점
의 6할 이상이어야 한다. 이러한 면접시험은 필기시험 및 외국어시험에 합격한
자에 대하여 시행한다.

🔍 국가관(國家觀)·사명감(使命感) 등 정신자세

🔍 전문지식(專門知識)과 응용(應用) 능력

🔍 예의(禮義)·품행(品行) 및 성실성(誠實性)

🔍 의사(意思) 발표의 정확성(正確性)과 논리성(論理性)

(4) 응시자격

관광종사원 중 호텔경영사 또는 호텔관리사 시험에 응시(應試)할 수 있는 자격은 다음과 같이 구분한다. 따라서 그 나머지 자격증은 응시자격의 제한이 없다.

🔍 호텔경영사 시험
- 호텔관리사 자격을 취득 후 관광호텔에서 3년 이상 종사한 경력이 있는 자
- 4성급 이상 호텔의 임원으로 3년 이상 종사한 경력이 있는 자

🔍 호텔관리사 시험
- 호텔서비스사 또는 조리사 자격을 취득한 후 관광숙박업소에서 3년 이상 종사한 경력이 있는 자
- '고등교육법'에 따른 전문대학의 관광분야 학과를 졸업한 자 또는 관광분야의 과목을 이수, 다른 법령에서 이와 동등한 학력이 인정되는 자
- '고등교육법'에 따른 대학을 졸업한 자 또는 다른 법령에서 이와 동등 이상의 학력이 있다고 인정되는 자
- '초·중등교육법'에 따른 고등기술학교의 관광분야를 전공하는 과의 2년 과정 이상을 이수하고 졸업한 자

(5) 시험의 실시 및 면제

시험은 매년 1회 이상 실시한다. 다만, 호텔경영사 시험은 격년(隔年)으로 실시한다. 한국산업인력공단은 시험의 응시자격·시험과목·일시·장소·응시절차, 그 밖에 시험에 필요한 사항을 시험 시행일 90일 전에 인터넷 홈페이지 등에 공고(公告)하여야 한다.[270] 시험에 응시하려는 자는 응시원서를 한국산업인력공단에 제출하여야 한다.

시험의 일부를 면제(免除)할 수 있는 경우는 [표 3-21]과 같다. 시험의 면제를 받으려는 자는 '관광종사원 자격시험 면제신청서'에 경력증명서, 학력증명서 또는 그 밖에 자격을 증명할 수 있는 서류를 첨부하여 한국산업인력공단에 제출하여야

---

270) Q-Net(http://www.q-net.or.kr): 한국산업인력공단 운영 국가자격시험 관리 인터넷홈페이지

표 3-21 **시험의 면제기준**

구분	면제대상 및 면제과목
① 관광통역안내사	㉮ '고등교육법'에 따른 전문대학 이상의 학교 또는 다른 법령에서 이와 동등 이상의 학력이 인정되는 교육기관에서 해당 외국어를 3년 이상 계속하여 강의한 자에 대하여 해당 외국어시험을 면제 ㉯ 4년 이상 해당 언어권의 외국에서 근무하거나 유학을 한 경력이 있는 자 및 '초·중등교육법'에 따른 중·고등학교 또는 고등기술학교에서 해당 외국어를 5년 이상 계속하여 강의한 자에 대하여 해당 외국어시험을 면제 ㉰ '고등교육법'에 따른 전문대학 이상의 학교에서 관광분야를 전공하고 졸업한 자에 대하여 필기시험 중 관광법규 및 관광학개론 과목을 면제 ㉱ 관광통역안내사 자격증을 소지한 자가 다른 외국어를 사용하여 관광안내를 하기 위하여 시험에 응시하는 경우 필기시험을 면제 ㉲ 문화체육관광부장관이 정하여 고시하는 교육기관에서 실시하는 60시간 이상의 실무교육과정을 이수한 사람에 대하여 필기시험 중 관광법규 및 관광학개론 과목을 면제. 이 경우 실무교육과정의 교육과목 및 그 비중은 다음과 같음 ㉠ 관광법규 및 관광학개론: 30% ㉡ 관광안내실무: 20% ㉢ 관광자원안내실습: 50%
② 국내여행안내사	㉮ '고등교육법'에 따른 전문대학 이상의 학교에서 관광분야를 전공하고 졸업한 자에 대하여 필기시험을 면제 ㉯ 여행안내와 관련된 업무에 2년 이상 종사한 경력이 있는 자에 대하여 필기시험을 면제 ㉰ '초·중등교육법'에 따른 고등학교나 고등기술학교를 졸업한 자 또는 다른 법령에서 이와 동등한 학력이 있다고 인정되는 교육기관에서 관광분야의 학과를 이수하고 졸업한 자에 대하여 필기시험을 면제
③ 호텔경영사	㉮ 호텔관리사 중 종전의 1급지배인 자격을 취득한 자로서 그 자격을 취득한 후 특2등급 이상의 관광호텔에서 부장급 이상으로 3년 이상 종사한 경력이 있는 자에 대하여 필기시험을 면제 ㉯ 호텔관리사 중 종전의 1급지배인 자격을 취득한 자로서 그 자격을 취득한 후 1등급 관광호텔의 총괄 관리 및 경영업무에 3년 이상 종사한 경력이 있는 자에 대하여 필기시험을 면제 ㉰ 국내호텔과 체인호텔 관계에 있는 해외호텔에서 호텔경영 업무에 종사한 경력이 있는 자로서 해당 국내 체인호텔에 파견근무를 하려는 자에 대하여 필기시험 및 외국어시험을 면제
④ 호텔관리사	'고등교육법'에 따른 대학 이상의 학교 또는 다른 법령에서 이와 동등 이상의 학력이 인정되는 교육기관에서 호텔경영 분야를 전공하고 졸업한 자에 대하여 필기시험을 면제
⑤ 호텔서비스사	㉮ '초·중등교육법'에 따른 고등학교 또는 고등기술학교 이상의 학교를 졸업한 자 또는 다른 법령에서 이와 동등한 학력이 있다고 인정되는 교육기관에서 관광분야의 학과를 이수하고 졸업한 자에 대하여 필기시험을 면제 ㉯ 관광숙박업소의 접객 업무에 2년 이상 종사한 경력이 있는 자에 대하여 필기시험을 면제

한다. 그리고 필기시험 및 외국어시험에 합격하고 면접시험에 불합격한 자에 대하여는 다음 회의 시험에만 필기시험 및 외국어시험을 면제한다.

(6) 자격증 발급

한국산업인력공단은 시험 종료 후 합격자(合格者)의 명단을 게시(揭示)하고 이를 한국관광공사와 한국관광협회중앙회에 각각 통보(通報)하여야 한다. 그리고 시험에 합격한 자는 시험에 합격한 날부터 60일 이내에 '관광종사원 등록신청서'를 작성하여 한국관광공사 및 한국관광협회중앙회에 등록을 신청하여야 한다.

이 등록기관은 신청을 받은 경우에는 결격사유가 없는 사람에 한하여 관광종사원으로 등록하고 '관광종사원 자격증'을 발급하여야 한다. 발급받은 자격증을 잃어버리거나 그 자격증이 못 쓰게 되어 자격증을 재발급(再發給)받으려는 자는 '관광종사원 자격증 재발급신청서'를 한국관광공사 및 한국관광협회중앙회에 제출하여 재발급받아야 한다.

3) 국외여행인솔자

보통 소규모 단체 또는 그룹여행의 경우 여행사를 대표하여 여행팀을 동반하며 안내 역할을 하는 사람이 있는데, 이런 업무를 수행하는 자를 "국외여행인솔자(Tour Conductor ; TC)"라고 한다. 국외여행인솔자(國外旅行引率者)는 여행기간 동안 고객의 안전을 책임지며, 현지에 익숙하지 않은 여행객을 위해 현지에서 발생할 수 있는 일들을 도와주고 회사 경비를 지출한다.

국외여행인솔자 자격과 관련하여 교육내용이나 교육기관의 지정기준 및 절차, 그 밖에 지정에 필요한 사항은 문화체육관광부장관이 정하여 고시(告示)하고 있다. 한편, 국외여행인솔자 자격증은 종전에는 그 자격요건만 갖추면 되었으나, 2011년 관광진흥법 개정으로 국가자격증으로 변경하고 자격등록이나 발급에 대해서는 다른 관광종사원 자격증과 같다.

(1) 자격요건

국외여행인솔자는 다음 사항의 어느 하나에 해당하는 자격요건(資格要件)을 갖추어야 한다.

🔍 관광통역안내사(Tour Guide) 자격을 취득할 것

🔍 여행업체에서 6개월 이상 근무하고 국외여행 경험이 있는 자로서 소양교육(素養教育)을 이수할 것

🔍 지정 교육기관에서 국외여행 인솔에 필요한 양성교육(養性教育)을 이수할 것

(2) 교육기관 지정기준 및 교육내용

국외여행인솔자 교육을 위한 교육기관을 운영하고자 하는 사람은 문화체육관광부장관의 지정을 받아야 한다. 교육기관 지정을 신청할 수 있는 경우는 다음과 같다.

🔍 한국관광공사 관광아카데미

🔍 관광사업자 단체 또는 관광사업자가 운영하는 교육시설

🔍 '고등교육법'에 규정된 학교

🔍 '평생교육법'에 규정된 평생교육시설

국외여행인솔자 교육기관으로 지정을 받고자 하는 사람은 국외여행인솔자 교육기관 지정신청서(指定申請書)와 지정신청에 필요한 서류(문화체육관광부고시 제2023-30호)[271]를 문화체육관광부장관에게 제출하여야 한다. 문화체육관광부장관은 국외여행인솔자 교육기관 지정신청을 받은 경우에는 교육기관 지정기준에 적합한지의 여부를 검토한 후 국외여행인솔자 교육기관 지정서(指定書)를 신청인에게 교부하여야 한다.

교육내용은 국외여행인솔에 필요한 지식 및 실무를 가르치는 것으로 하며 교육과정은 필수교육, 선택교육, 외국어교육 등으로 구분한다. 위 교육기관 지정기준 및 교육내용은 문화체육관광부에서 고시(告示)하고 있으며 [표 3-22]와 같다.

📋 표 3-22 **국외여행인솔자 교육기관 지정기준 및 교육내용**

종 별	기 준
㉮ 강의실	· 80m² 이상 강의실 1개 이상 - 50인을 초과하는 경우 초과 1인당 1.5m²씩 추가 확보 · 강의실 내 빔프로젝터, 스크린, 마이크, 음향시설 구비
㉯ 교육의 내용	· 필수교육내용 - 여행사실무, 관광관련법규, 국외여행인솔자실무, 관광서비스실무, 세계 관광문화, 해외여행 안전관리 · 선택교육내용 - 교육기관 자유선택(단, 국외여행인솔자 교육과정과 관련된 교과과정으로 편성) · 외국어교육: 실무영어, 실무일어, 실무중국어 등 · 교육기관은 위의 필수교육, 선택교육, 외국어교육을 기반으로 교과과정을 편성하며 필수 60%, 선택 20%, 외국어 20%의 비중으로 구성

---

271) 국외여행인솔자 교육기관 지정신청에 필요한 서류: ① 신청가능한 기관임을 증명할 수 있는 서류, ② 교육기관 개황, ③ 교육과정 운영계획, ④ 교육시설 현황, ⑤ 강사의 명부 및 이력서 등

종 별	기 준
㉣ 강사의 자격	• 해당 교육과목에 대한 석사학위 이상의 자격을 가진 자로서 전문대학 이상의 교육기관에서 시간강의를 담당하는 자, 또는 그 이상의 자격이 있는 자 • 해당 교육과목에 대한 실무행정을 2년 이상 담당한 경력이 있는 공무원 • 해당 교육과목에 대한 관련 업종의 실무경험이 10년 이상 되는 자
㉤ 교육 시간	• 양성: 70시간 이상 - 단, 외국어시험의 점수 및 급수를 제출할 경우 외국어교육기간 면제가능(관광진흥법 시행규칙 제47조 및 별표 15-2를 기준으로 함) • 소양: 15시간 이상
㉥ 출석 및 평가	• 출석: 출석률 80% 미달자에 대한 교육취소 등 제재조치 계획 수립 • 평가: 양성교육과정은 과목별 1회 이상, 소양교육과정은 종합 시험 1회 이상으로 한다.

㉦ 교육 대상자 요건	**<양성교육>**
	• 전문대학 이상의 학교에서 관광관련학과를 졸업한 자 또는 졸업예정자
	  *세부설명
	  1. 전문대학 이상의 학교에서 관광관련학과 졸업자 또는 졸업예정자
	    ① 관광관련학과를 전공한 자 ② 관광관련학과를 복수전공한 자
	    ③ 관광관련학과를 부전공한 자
	    (단, 부전공자는 관광관련학과의 필수과목을 이수해야 하며 성적증명서, 졸업장 등을 추가로 제출하여야 함)
	  2. 관광관련학과 재학생 또는 휴학생인 경우, 2년제는 2학기, 3년제는 4학기, 4년제는 5학기를 등록한 자는 수강이 가능함. 단, 자격증은 최종학기를 등록한 자에게 발급됨
	  3. 학점은행제 관광관련 전공 학생인 경우 60학점 이상 이수한 자
	  4. 기타 고등교육법령 관련 규정에 따른 동등한 자격이 있다고 인정되는 자
	  5. 관광관련학과 석·박사 과정 수료예정자 이상
	  6. 관광관련학과의 범위
	    ① 학과명에 관광이라는 단어가 들어간 경우(관광학과, 관광경영학과, 호텔관광학과, 관광외국어학과 등)
	    ② 관광진흥법상 관광사업으로 포함되는 학과
	    ③ 단, 관광 관련 전공 중 전공 명칭만으로 판단이 애매한 경우에는 교육기관이 성적증명서를 근거로 교육기관별 관광관련학과 기준 전공필수 과목을 모두 이수한 경우에만 인정
	• 특수목적고등학교 또는 특성화고등학교 관광관련학과를 졸업한 자
	<소양교육>
	• 이하 2개 요건을 모두 충족하는 자
	  - 여행업체에서 6개월 이상 근무한 자 - 해외여행경험이 있는 자

(3) 국외여행인솔자 등록 및 자격증 발급

국외여행 인솔의 자격요건(資格要件)에 맞는 사람으로서 국외여행인솔자로 등록하려는 사람은 국외여행인솔자 등록신청서에 관광통역안내원 자격증 또는 지정 교육기관에서 국외여행인솔에 필요한 소양교육 또는 양성교육을 이수하였음을 증명하는 서류와 사진을 첨부하여 업종별 관광협회인 '한국여행업협회(韓國旅行業協會)'에 제출하여야 한다. 문화체육관광부장관은 국외여행인솔자의 등록 및 자격증 발급기관으로 사단법인 한국여행업협회를 지정하여 고시하고 있다.

2. 관광종사원 교육 및 준수사항

대체로 법은 권리를 부여함과 동시에 의무를 부여함으로써 형평을 유지하도록 하고 있다. 관광종사원은 관광사업체에 근무하는 동안 관련 규정을 준수하여야 하며 지정한 교육을 받아야 한다. 또한 직무를 수행할 때 법에 어긋나는 경우 관광종사원에 대한 행정처분이 내려질 수 있다. 이러한 내용은 뒤에서 설명한다.

1) 관광종사원 교육

문화체육관광부장관 또는 시·도지사는 관광종사원과 그 밖에 관광 업무에 종사하는 자의 업무능력 향상 및 지역의 문화와 관광자원 전반에 대한 전문성 향상을 위한 교육(敎育)에 필요한 지원(支援)을 할 수 있다(법 제39조). 관광종사원은 고객 서비스 능력을 향상시키기 위해서 관광에 대한 전문적인 지식과 기술을 끊임없이 습득해 나가야 한다. 또한 정부는 관광사업체에서 직원에 대한 재교육 및 실무교육 등에 대하여 지원을 하도록 하고 있다. 종전에는 관광종사원의 교육을 의무화하였으나 그 실효성이 미흡하여 이를 폐지하고 지원제도로 전환하였다.

2) 관광통역안내사 준수사항

관광통역안내의 자격이 없는 사람은 외국인 관광객을 대상으로 하는 관광안내를 하여서는 아니 된다. 관광통역안내의 자격을 가진 사람이 관광안내를 하는 경우에는 자격증을 달아야 한다. 이를 위해 자격증 발급기관은 관광통역안내사의 경우 기재사항 및 교육이수 정보 등을 전자적 방식으로 저장한 집적회로(IC)[272] 칩을 첨부한 자격증을 발급하여야 한다. 동 규정은 외국인 관광객을 대상으로 관광안내 업무를 담당하는 관광통역안내사에 대한 명확한 자격증 관리의 필요성이 제기되어 2016년 법령 개정을 통해 강화된 것이다.

---

272) 집적회로(Integrated Circuit; IC)는 반도체소자로 한 기판 위에 부품에서 배선까지를 일괄해서 제조한 것이며 회로가 집약된 하나의 부품이다.

3. 문화관광해설사

문화관광해설사(文化觀光解說師)란 관광객의 이해와 감상, 체험 기회를 높여주기 위하여 역사·문화·예술·자연 등 관광자원 전반에 대한 전문적인 해설을 제공하는 자를 말한다. 즉, 문화관광해설사는 단순 안내만을 담당하는 가이드와 달리, 관광객들에게 우리의 문화유산이 올바르고 이해하기 쉽게 전달될 수 있도록 설명하는 전문 해설가이다. 문화관광해설사 제도가 도입된 것은 2001년 한국방문의 해 및 2002년 월드컵 등 대규모 국가행사를 맞이하여 국내 방문 외국인에게 우리의 문화와 전통, 관광자원을 올바르게 이해시키기 위함이었다.

2011년 관광진흥법의 개정으로 문화관광해설사의 명칭(名稱)과 역할(役割)의 법제화가 이루어졌다. 그리고 제도의 효율적 활용 및 규제(規制) 개선을 위하여 문화관광해설사 양성교육과정 인증(認證) 제도를 폐지하고, 문화체육관광부장관 또는 시·도지사가 문화관광해설사 양성을 위한 교육과정을 개설(開設)하여 운영할 수 있도록 하였다.

1) 문화관광해설사의 양성 및 활용

문화체육관광부장관은 문화관광해설사를 효과적이고 체계적으로 양성(養成)·활용(活用)하기 위하여 해마다 문화관광해설사의 양성 및 활용계획을 수립하고, 이를 지방자치단체의 장에게 알려야 한다. 지방자치단체의 장은 이에 따라 관광객의 규모, 관광자원의 보유 현황, 문화관광해설사에 대한 수요 등을 고려하여 해마다 문화관광해설사 운영계획을 수립·시행하여야 한다. 이 경우 문화관광해설사의 양성·배치·활용 등에 관한 사항을 포함하여야 한다(관광진흥법 제48조의4).

2) 문화관광해설사 양성교육과정의 개설·운영

문화체육관광부장관 또는 시·도지사는 문화관광해설사 양성을 위한 교육과정을 개설(開設)하여 운영(運營)할 수 있다. 이에 따른 교육과정의 개설·운영에 필요한 사항은 문화체육관광부령으로 정한다(관광진흥법 제48조의6). 문화관광해설사 양성교육과정의 개설 및 운영 기준은 [표 3-23]과 같다.

3) 문화관광해설사의 선발 및 활용

　문화체육관광부장관 또는 지방자치단체의 장은 법령에 따른 교육과정을 이수한 자를 문화관광해설사로 선발(選拔)하여 활용(活用)할 수 있다. 문화관광해설사를 선발하는 경우 이론(理論) 및 실습(實習)을 평가(評價)하고, 3개월 이상의 실무수습을 마친 자에게 자격을 부여할 수 있다(관광진흥법 제48조의8). 이러한 경우에는 선발 인원, 평가 일시 및 장소, 응시원서 접수기간, 평가(評價)기준(基準)273) 그 밖에 선발에 필요한 사항을 포함한 선발계획을 수립하고 이를 공고(公告)하여야 한다.

　문화체육관광부장관 또는 지방자치단체의 장은 예산의 범위에서 문화관광해설사의 활동에 필요한 비용 등을 지원할 수 있다. 그 밖에 문화관광해설사의 선발, 배치(配置) 및 활용 등에 필요한 사항은 문화체육관광부령으로 정한다(관광진흥법 제48조의8). 문화관광해설사를 배치·활용하려는 경우에 해당 지역의 관광객 규모와 관광자원의 보유 현황 및 문화관광해설사에 대한 수요, 문화관광해설사의 활동 실적 및 태도 등을 고려하여야 한다. 활동에 필요한 비용 지원은 각 지자체에서 예산의 범위에서 임의로 정하고 있다.

표 3-23 **문화관광해설사 양성교육과정 개설·운영 기준(시행령 별표17의2)**

구분	개설·운영 기준		
교육과목 및 교육시간		교육과목(실습을 포함)	교육시간
	기본소양	1) 문화관광해설사의 역할과 자세 2) 문화관광자원의 가치 인식 및 보호 3) 관광객의 특성 이해 및 관광약자 배려	20시간
	전문지식	4) 관광정책 및 관광산업의 이해 5) 한국 주요 문화관광자원의 이해 6) 지역 특화 문화관광자원의 이해	40시간
	현장 실무	7) 해설 시나리오 작성 및 해설 기법 8) 해설 현장 실습 9) 관광 안전관리 및 응급처치	40시간
	합계		100시간
교육시설	1) 강의실　　　2) 강사 대기실　　　3) 회의실 4) 그 밖에 교육에 필요한 기자재 및 시스템		

* 1)~9)까지의 모든 과목을 교육해야 하며, 이론교육은 온라인교육을 포함하여 운영 가능

---

273) 평가 기준: 평가 항목은 이론(기본소양 30점, 전문지식 70점) 70%, 실습(현장실무: 해설 시나리오 작성 45점, 해설기법 시연 45점, 안전관리 및 응급처치 10점) 30%이며, 각 항목별로 70점 이상을 득점한 사람 중에서 평가 항목의 비중을 곱한 점수가 고득점자 순으로 선발함

제2절　관광사업자단체

1. 관광사업자단체 개요

관광사업자단체는 관광사업자가 관광사업의 건전한 발전과 정보교환(情報交換) 그리고 관광사업자의 권익증진(權益增進) 및 친목도모(親睦圖謀)를 위하여 설립하는 일종의 동업자단체이다. 일반적으로 이와 같은 단체는 '민법'의 규정에 의한 사단법인(社團法人)으로 설립하고 있으나, 관광사업자단체는 그 공공성을 중시하여 관광진흥법의 규정에 의하여 설립하도록 하였다. 따라서 이들은 공법인(公法人)이라고 할 수 있으며, 이 법에 의해 한국관광협회중앙회와 지역별 관광협회 및 업종별 관광협회가 설립되어 있다.

따라서 관광사업자들은 스스로를 구성원으로 하는 단체를 구성하여 관광사업의 발전을 도모하고 관광 행정작용을 일부 수행하면서 회원들의 권익을 옹호하게 할 필요성이 있다. 관광 관련 단체는 이들 단체 외에도 여러 관광 전문(專門) 종사자협회(從事者協會)가 조직되어 있으며, 관광진흥법에 해당되는 업종은 아니지만 관광과 밀접하게 관련된 사업자들의 업종별 협회(業種別協會)가 활동하고 있다.

사업자단체 및 협회에 관하여 관광진흥법에 규정된 것 외에는 '민법(民法)' 중 사단법인에 관한 규정을 준용한다(관광진흥법 제44조). 관광진흥법에서는 관광사업에 의한 기본적인 것만을 규정하고 있으므로, 회원 또는 사업자 간 분쟁이 있을 경우에는 민법의 적용을 받도록 하고 있다. 또 상법(商法)에 의하여 설립한 회사를 가지고 민법의 규정에 따라 사업을 진행하는 것이므로 상법을 적용받게 된다.

2. 한국관광협회중앙회

한국관광협회중앙회(KTA ; Korea Tourism Association)는 관광진흥법 제41조의 규정에 의하여 1963년에 설립된 관광사업자단체이다. 따라서 동 단체는 관광진흥법이라는 공법(公法)에 의하여 설립된 공법인(공공단체)이며, 공공조합(公共組合)인 공법상의 사단법인에 속한다. 동 협회는 국내 관광업계를 대표하여 업계 전반의 의견을 통합·조정하고 국내외 관련기관과 상호 협력하여 관광산업의 진흥과 회원의 권익 및 복리증진에 기여하고 있다. 또한 민간부문의 정책현안을 발굴하고 종합하여 정부정책에 반영하고 있으며, 종합산업으로서의 관광산업을 선진화하기 위해 행정부·국회 등의 유관기관과 지속적으로 협력관계를 구축하고 있다.

1) 협회의 설립

협회를 설립(設立)하려는 자는 문화체육관광부장관의 허가(許可)를 받아야 한다. 협회는 법인(法人)으로 하며, 설립(設立) 등기(登記)[274]를 함으로써 성립한다. 동 협회를 설립하려면 지역별 관광협회 및 업종별 관광협회의 대표자 3분의 1 이상으로 구성되는 발기인(發起人)[275]이 정관(定款)[276]을 작성하여 지역별·업종별 관광협회의 대표자 과반수로 구성되는 창립총회의 의결을 거쳐야 한다.

관광협회중앙회의 정관에는 목적(目的), 명칭(名稱), 사무소의 소재지, 회원 및 총회에 관한 사항, 임원(任員)에 관한 사항, 업무(業務)에 관한 사항, 회계(會計)에 관한 사항, 해산(解散)에 관한 사항, 그 밖에 운영에 관한 중요사항 등을 기록하도록 규정하고 있다(관광진흥법 제42조). 정관에 따라 중앙회의 회원은 정회원(正會員)과 특별회원(特別會員)으로 나눈다. 정회원은 업종별 관광협회(業種別觀光協會)와 전국 17개 시·도의 지역별관광협회가 있다. 특별회원으로는 관광 관련 기관 및 단체와 유사한 성질의 법인 또는 개인이 가입되어 있다.

2) 중앙회 업무

한국관광협회중앙회는 관광업계 권익향상과 관광산업 선진화에 기여하기 위해 회원 지원, 관광 진흥, 수익사업, 홍보활동 등 다양한 사업을 시행하고 있다. 관광진흥법(제43조)에서는 관광협회중앙회의 업무를 다음과 같이 규정하고 있다.

---

274) 등기(registration)란 등기 업무를 수행하고 있는 국가기관인 법원의 법적 절차에 따라 등기부에 법인 및 부동산의 표시 또는 권리를 기재하여 공시하는 것이다.

275) 발기인(promoter)은 설립중인 회사나 법인의 집행기관으로서 정관의 작성 및 설립에 필요한 행위를 한다.

276) 정관(the articles of association, statute)이란 법인의 조직과 활동에 관한 근본 규칙을 기재(記載)한 문서이다.

🔍 관광사업의 발전을 위한 업무 🔍 관광사업 진흥에 필요한 조사·연구 및 홍보
🔍 관광 통계(統計) 🔍 관광종사원의 교육과 사후관리
🔍 회원의 공제(共濟) 사업(事業) 🔍 국가나 지방자치단체로부터 위탁(委託)받은 업무
🔍 관광안내소의 운영 🔍 위의 규정에 의한 업무에 따르는 수익사업(收益事業)

(1) 공제사업

협회가 수행하는 사업 가운데 공제사업(共濟事業)은 문화체육관광부장관의 허가를 받아야 하며, 이 사업의 허가를 받으려면 공제규정을 첨부하여 문화체육관광부장관에게 신청하여야 한다. 이러한 공제규정에는 사업의 실시방법, 공제계약, 공제분담금 및 책임준비금의 산출방법에 관한 사항이 포함되어야 한다. 동 공제규정을 변경하려면 문화체육관광부장관의 승인을 받아야 하며, 공제규정에서 정하는 바에 따라 매 사업연도 말에 그 사업의 책임준비금을 계상(計上)[277]하고 적립(積立)하여야 한다. 또한 공제사업에 관한 회계는 협회의 다른 사업에 관한 회계와 구분하여 경리(經理)[278]하여야 한다. 공제사업의 내용은 다음과 같다.

🔍 관광사업자의 관광사업 행위와 관련된 사고로 인한 대물(對物) 및 대인(對人) 배상에 대비하는 공제 및 배상업무
🔍 관광사업 행위에 따른 사고로 인하여 재해를 입은 종사원에 대한 보상업무
🔍 그 밖에 회원 상호 간의 경제적 이익을 도모하기 위한 업무

(2) 위탁사업

협회는 관광종사원 국가자격증 가운데 국내여행안내사, 호텔서비스사의 자격시험과 등록 및 자격증의 교부업무를 정부로부터 위탁(委託)받아 진행한다. 또한 관광사업체를 대상으로 관광시설 확충과 관광사업체 운영지원을 위하여 관광진흥기금 융자심사 업무를 문화체육관광부로부터 위탁받아 시행하고 있다. 그 밖에도 관광 관련 행사 개최, 관광 전문 인력 교육 등의 사업을 실시하고 있다.

---

277) 계상(put in the budget)이라 함은 계산하여 올린다는 뜻으로 예산 편성을 한다는 의미이다.
278) 경리(bookkeeping)란 물자의 관리나 금전의 출납을 관리하는 업무나 사람을 말한다.

3. 지역별·업종별 협회

관광사업자는 지역별(地域別) 또는 업종별(業種別)로 그 분야의 관광사업의 건전한 발전을 위하여 지역별 또는 업종별 관광협회를 설립할 수 있다. 업종별 관광협회는 문화체육관광부장관의 설립허가를 받아야 하며, 업종별로 업무의 특수성을 고려하여 전국을 단위로 설립할 수 있다. 반면에, 지역별 관광협회는 시·도지사의 설립허가를 받아야 하며, 특별시·광역시·도를 단위로 설립하되 필요하다고 인정되는 지역에는 지부(支部)를 둘 수 있다. 지역별·업종별 관광협회의 설립·운영 등에 관하여는 관광협회중앙회의 설립, 정관, 업무 등에 관한 규정을 준용(準用)한다.

1) 업종별 관광협회

관광사업자는 같은 업종의 관광사업자 간의 건전한 발전과 상호 협력을 위하여 업종별 관광협회를 설립하기도 한다. 이는 업종별로 사업의 특성을 살리고 동일 업종 간에 과당경쟁을 방지하고 상호 이해와 협력을 유지하는 한편 당해 업종의 성장과 발전을 위한 정보와 지식, 기술을 교환함으로써 관광 진흥을 도모하기 위한 것이라고 볼 수 있다. 여러 업종별로 협회가 조직되어 있지만, 대표적인 것만 살펴본다.

(1) 한국호텔업협회(Korea Hotel Association)

한국(韓國)호텔업협회(協會)는 1996년에 관광호텔업의 건전한 발전과 권익을 증진시켜 한국 관광호텔산업의 발전을 위하여 업종별 협회로 설립되었다. 주요 업무는 정부 위탁(委託) 업무와 회원 권익 증진사업, 홍보사업 등을 수행한다.

   🔍 정부 위탁 업무: 호텔업에 대한 등급심사 및 등급결정

   🔍 관광진흥개발기금(호텔업 부문 운영자금)의 업체 선정

   🔍 관광호텔산업 정책지원 및 현황대책을 위한 대정부 건의 및 정책자문 활동

   🔍 관광호텔업 발전에 필요한 조사연구

   🔍 관광호텔업에 대한 홍보 및 서비스 향상

   🔍 종사원 교육훈련, 회원 권익증진 및 상호 친목도모

   🔍 관련업체 및 유관기관과의 교류증진 등 국제협력사업

    🔍 기타 관광안내소 운영사업 등

(2) 한국여행업협회(KATA ; Korea Association of Travel Agents)

한국여행업협회(韓國旅行業協會)는 1991년에 설립된 업종별 단체이다. 동 협회는 내·외국인 여행자에 대한 여행업무의 개선 및 서비스의 향상을 도모하고 회원 상호 간의 연대(連帶) 협조를 공고히 하며 여행업의 건전한 발전에 기여함으로써 관광 진흥 발전에 공헌하고 회원의 권익을 증진 보호함을 설립 목적으로 하고 있다. 주요 사업은 다음과 같다.

    🔍 관광산업의 건전한 발전과 회원 및 여행종사원의 권익 증진을 위한 사업
    🔍 여행업 발전을 위한 조사, 연구, 홍보활동
    🔍 여행업무 종사자의 지도·연수
    🔍 여행업무의 적정한 운영을 위한 지도
    🔍 정부 또는 지자체로부터 수탁 업무: 우수여행상품 정부인증사업
    🔍 관련업체 및 유관기관과의 교류증진 등 국제협력사업
    🔍 기타 관광안내소 운영사업 등

(3) 한국카지노업관광협회(Korea Casino Association)

한국카지노업관광협회는 1995년에 설립된 카지노 분야의 업종별 관광협회로서, 카지노업의 업무개선에 관한 지도감독과 이용자에 대한 서비스 향상, 카지노업 발전을 위한 조사·연구 및 홍보활동, 관광통계 업무, 카지노 종사자 교육훈련, 정부 또는 지방자치단체로부터 수탁받은 업무 등을 수행하고 있다. 국내에 허가받은 카지노 업체가 모두 회원으로 가입되어 있다.

(4) 한국외국인관광시설협회

한국외국인관광시설협회는 1964년에 설립된 업종별 관광협회로 주로 미군기지 주변 도시 및 항만에 소재한 외국인전용 유흥음식점을 회원사로 관리하고 있다. 동 협회는 정부의 관광 진흥 시책에 적극 부응하고 업계의 건전한 발전과 회원의 복지증진 및 상호 친목에 기여함을 목적으로 하고 있다. 협회는 회원업소 진흥을 위한 정책의 건의 및 자문, 회원이 필요로 하는 물자의 공동 구입 및 공

급, 회원업소의 지도 육성과 종사원의 자질 향상, 주한 미군·외국인 및 외국인 선원과의 친선 도모, 외국 연예인 공급 관련 근로자 파견사업 등 외화획득과 국위선양을 위해서 노력하고 있다. 또한 전국 및 지부소속 회원사에서는 고객 서비스 향상, 외국인 및 외국 연예인에 대한 한국 소개와 지역특성에 맞는 문화유적 관광 프로그램 제공 등 한국 이미지 제고에 역점을 두고 사업을 시행하고 있다.

(5) 한국테마파크협회

한국테마파크협회는 1985년에 설립된 유원시설업 단체로 기존의 한국종합유원시설협회에서 2023년 법인 명칭을 변경하였다. 유원시설업체 간 친목 및 복리증진을 도모하고 유원시설 안전서비스 향상을 위한 조사·연구·검사·홍보활동을 전개하며 유원시설업의 건전한 발전과 회원의 권익을 증진하고 보호함을 목적으로 설립되었다. 협회는 회원사업, 정기간행물·홍보자료 편찬 및 유원시설업 발전을 위한 홍보사업, 국내외 관련 기관 단체와의 제휴 및 유대강화를 위한 교류사업, 유원시설업계 전반의 건전한 발전과 권익증진을 위한 진흥사업을 진행하고 있다.

아울러 정부로부터 위탁받은 유원시설의 안전성 검사와 안전기술 및 운행교육 사업을 하고 있다. 유원시설에 대한 국내외 자료조사 연구 및 컨설팅 사업, 신규 유원시설 및 주요 부품의 도입 조정 시 검수(檢數) 사업, 유원시설업 진흥과 관련된 유원시설 제작 수급 및 자금지원, 시설운영 등의 계획 및 시책에 대한 회원의 의견수렴 및 정책 개선 건의 등의 사업을 주로 실시하고 있다.

(6) 한국MICE협회(Korea MICE Association)

한국MICE협회는 2003년에 설립되어 MICE업계를 대표하여 업계 전반의 의견을 종합 조정하고, 국내외 관련 기관과 상호 협조함으로써 한국MICE산업의 진흥과 회원의 권익 및 복리 증진에 이바지하고, 나아가서 국제회의산업 육성을 도모하여 사회적 공익은 물론 관광업계의 권익과 복리를 증대시키는 것을 목적으로 하고 있다. 협회는 문화체육관광부로부터 2004년 '국제회의산업 육성에 관한 법률'상의 국제회의 전담조직(專擔組織)으로 지정되어 국제회의 전문인력의 교육 및 수급, 국제회의 관련 정보를 수집하여 배포하는 등 국제회의산업 육성과 진흥에 관련된 업무를 진행하고 있다.

(7) 한국관광펜션업협회

한국관광펜션업협회는 주5일제 근무제도의 본격 시행과 더불어 가족단위 관광 체험 숙박시설의 확충이 필요함에 따라 법령에서 관광펜션업 지정제도를 도입하며 이의 활성화를 위해 2004년에 설립된 업종별 협회이다. 관광펜션은 기존 숙박시설과는 차별화된 외형과 함께 자연을 체험할 수 있는 자연친화 숙박시설로 앞으로 많은 관광객들이 이용하게 될 가족단위 중저가 숙박시설로 육성할 계획이다.

(8) 한국관광유람선업협회

한국관광유람선업협회는 관광유람선 사업자의 권익증진을 도모하고 타 관광사업 업종과의 유기적인 협력을 통한 한국 관광산업 발전에 기여하기 위하여 2017년에 설립하였다. 동 협회는 회원의 권익 보호를 위한 사업, 관광유람선업의 선진화를 위한 시설 개선과 서비스에 필요한 업무, 관광유람선 안전사고 예방을 위한 활동, 관광유람선업 활성화를 위한 홍보, 타 관광사업과 연계되는 업무, 그리고 협회 발전을 위한 부대사업을 수행한다.

(9) 대한캠핑장협회

대한캠핑장협회는 한국관광협회중앙회 업종별 협회 정회원으로 야영장업계를 대표하는 사업자단체로 2014년에 설립되었다. 동 협회는 건전한 가족 레저문화, 지역경제 활성화, 자연 친화적 인식 확립 등을 목표로 2,300여 캠핑장이 가입되어 활동하고 있다.

(10) 한국PCO협회

한국PCO협회는 MICE산업에서 우수한 인재들이 자긍심을 가지고 MICE 시장 확장을 견인하는 역할을 수행하도록 하기 위하여 2007년에 설립되었다. 동 협회는 컨벤션산업 비즈니스 환경 개선, 컨벤션 산업 홍보, 전문화 및 역량강화 교육, 그리고 업계의 권익보호 및 관계기관과의 네트워킹을 추진해 나가고 있다.

(11) 한국휴양콘도미니엄경영협회

한국휴양콘도미니엄경영협회는 한국의 휴양콘도미니엄 업계를 대표하여 업계 전반의 의견을 종합·조정하고 관련 기관과 상호 협력함으로써 콘도미니엄산업의 건전한 발전과 합리적이고 효율적인 운영을 도모함과 동시에 회원의 권익 및 복리증진에 이바지함을 목적으로 1998년 설립되었다. 주요 업무로는 콘도 운영에 관한 조사연구 및 정보교환, 콘도 종사자 교육훈련 및 연수, 콘도사업 지도·감독 및 홍보, 콘도사업 자율규제 업무 등이 있다. 국가위탁사업으로는 콘도회원의 권익보호를 위해 콘도미니엄 회원증에 대해 회원증 확인을 실시하고 있다.

2) 전문종사자협회

업종별 관광 관련 단체 이외에도 관광 종사원들 간의 전문종사자협회(專門從事者協會)도 결성되어 활동하고 있다. 이 가운데 한국관광통역안내사협회, 한국국외여행인솔자협회, 통번역사협회, 관광호텔경영·관리사협회, 한국문화관광해설사협의회, 여행작가협회, 한국소믈리에협회, 한국바리스타협회 등이 있다.

특히 한국관광통역안내사협회(Korea Tourist Guide Association)는 한국을 방문하는 외래 관광객들에게 한국의 역사, 문화, 관광을 통역하고 안내하는 업무를 수행하고 있는 관광통역안내사 국가자격증 소지자들이 가입한 협회로, 2002년에 창립된 문화체육관광부 산하의 사단법인이다. 관광 및 여행 산업 변화로 개별자유여행(FIT) 외래방문관광객들이 날로 증가되고 있어 관광통역안내사들의 역할과 기대가 새롭게 주목받고 있다.

3) 지역별 관광협회

지역별 관광협회는 시·도지사의 허가를 받아 설립한 공법상의 사단법인이다. 현재 서울특별시, 부산광역시, 대구광역시, 인천광역시, 대전광역시, 광주광역시, 울산광역시, 경기도, 강원도, 충청북도, 충청남도, 전라북도, 전라남도, 경상북도, 경상남도, 제주특별자치도, 세종특별자치시 관광협회 등 17개 시·도 지자체 단위로 협회가 설립되어 있다. 이들 지역별 관광협회는 시·도 단위로 지역의 관광여건이나 지역의 특성을 살리고 지역 내의 관광사업자들끼리의 공통의 목표를 위하여 일치된 협의체로서의 성격을 지닌다. 또한 동 협회는 정부 및 지방자치단체의 위탁업무도 수행한다.

시·도지사는 해당 지방자치단체의 조례로 정하는 바에 따라 지역별 관광협회가 수행하는 사업에 대하여 예산의 범위에서 사업비의 전부 또는 일부를 지원할 수 있다.(법 45조) 이 조항은 지역 관광산업 활성화의 토대를 마련하려는 취지에서 마련되었다.

4. 지역관광협의회

관광사업자, 관광 관련 사업자, 관광 관련 단체, 주민 등은 공동으로 지역의 관광 진흥을 위하여 광역 및 기초 지방자치단체 단위의 '지역관광협의회(地域觀光協議會)'를 설립할 수 있다. 동 협의회에는 지역 내 관광 진흥을 위한 이해 관련자가 고루 참여하여야 한다. 협의회를 설립하려는 자는 해당 지방자치단체장의 허가를 받아야 하고 협의회는 법인으로 한다(관광진흥법 제48조의9).

동 규정은 국회에서 오랜 논의를 거쳐 2015년에 신설되었다. 기존 지역별 관광협회가 광역지자체 단위로 해당 지역 내 관광사업체를 중심으로 구성되는 반면, 동 협의회는 기초지자체별로 구성할 수 있고 관광사업체 뿐만 아니라 개인까지도 참여할 수 있는 점이 다르다. 특정 지역 내 관광 관련 모든 당사자들이 협의회 구성원으로 참여할 수 있다는 점만 제외하면 기능과 역할은 기존의 지역별 관광협회와 큰 차이가 없다.

1) 협의회 업무

협의회는 다음의 업무를 수행한다.

- 지역의 관광수용태세 개선을 위한 업무
- 지역관광 홍보 및 마케팅 지원 업무
- 관광사업자, 관광 관련 사업자, 관광 관련 단체에 대한 지원
- 동 업무에 따르는 수익사업
- 지방자치단체로부터 위탁받은 업무

2) 협의회 운영

협의회의 운영 등에 필요한 경비는 회원이 납부하는 회비와 사업 수익금 등으로 충당하며, 지방자치단체의 장은 협의회의 운영 등에 필요한 경비의 일부를 예산의 범위에서 지원할 수 있다. 협의회의 설립 및 지원 등에 필요한 사항은 해당 지방자치단체의 조례로 정한다. 그리고 협의회에 관하여 이 법에 규정된 것 외에는 「민법」중 사단법인에 관한 규정을 준용(準用)한다.

관광 진흥과 홍보

1. 관광정보 활용과 관광통계 작성

관광의 기회가 확대되면서 최근에 관광객들은 보다 풍부하고 정확한 관광정보(觀光情報)를 찾게 되었다. 따라서 유용한 관광정보는 관광경험을 풍부하게 해주고, 관광목적지의 선택을 용이하게 해주며, 관광자원의 훼손 방지는 물론 지역주민과의 갈등을 완화시켜 주는 역할을 한다.

그리고 관광정보는 관광객의 관광형태 결정에 절대적인 역할을 한다. 그러므로 신속하고 정확한 관광정보는 관광을 활성화시키고 진흥시키는 데 촉매 역할을 하게 된다.

1) 관광정보 활용

문화체육관광부장관은 관광에 관한 정보의 활용과 관광을 통한 국제 친선을 도모하기 위하여 관광과 관련된 국제기구(國際機構)와의 협력 관계를 증진하여야 한다. 그리고 이러한 업무를 원활히 수행하기 위하여 관광사업자, 관광사업자 단체 또는 한국관광공사 등에게 필요한 사항을 권고·조정할 수 있다. 관광사업자 등은 특별한 사유가 없으면 이러한 권고(勸告)나 조정(調整)에 협조하여야 한다(관광진흥법 제47조).

관광정보란 관광객이 관광행동을 선택하는 데 유용한 지식의 총체라 할 수 있다. 관광활동에서 정보란 교통수단과 함께 관광주체(觀光主體)인 관광객과 관광객체(觀光客體)(관광자원, 관광시설 및 서비스)인 관광대상 등을 연결시켜 주는 관광매체(觀光媒體)를 말한다.

교통수단과 대중매체의 발달은 관광 대중화를 급속하게 진전시키는 요인으로 작용하였으며, 특히 대중매체의 발달은 관광객에게 외지(外地)에 대한 정보를 쉽게 얻을 수 있게 하며, 여행에 관한 정확하고 좋은 정보의 보급은 관광에 대한 의욕을 한층 증대시키게 된다.

2) 관광통계 작성

문화체육관광부장관과 지방자치단체의 장은 관광개발기본계획 및 권역별 관광개발계획을 효과적으로 수립·시행하고 관광산업에 활용하도록 하기 위하여 국내외의 관광통계(觀光統計)를 작성할 수 있다. 이러한 관광통계를 작성하기 위하여 필요하면 실태조사를 하거나, 공공기관·연구소·법인·단체·민간기업·개인 등에게 협조를 요청할 수 있다(관광진흥법 제47조의2). 관광통계의 관리 및 활용에 필요한 관광통계의 작성 범위는 다음과 같다.

- 🔍 외국인 방한(訪韓) 관광객의 관광(觀光) 행태(行態)에 관한 사항
- 🔍 국민의 관광 행태에 관한 사항
- 🔍 관광사업자의 경영에 관한 사항
- 🔍 관광지와 관광단지의 현황 및 관리에 관한 사항
- 🔍 그 밖에 관광산업의 발전을 위하여 필요하다고 인정하는 사항

2. 관광 취약 계층의 지원

관광기본법 제1조에서는 관광을 통한 국민복지 향상에 대해 규정하고 있다. 이에 대한 구체적 시행 방안의 하나로 2014년 5월 법률 개정을 통해 관광 취약(脆弱) 계층에 대한 지원을 위해 다음 사항을 구체적으로 규정하였다.

1) 장애인·고령자 관광 활동의 지원

국가 및 지방자치단체는 장애인(障礙人)·고령자(高齡者)의 여행 기회를 확대하고 관광 활동을 장려·지원하기 위하여 관련 시설을 설치하는 등 필요한 시책을 강구하여야 한다(관광진흥법 제47조의3). 국가 및 지방자치단체는 장애인·고령자의 여행 및 관광 활동 권리를 증진하기 위하여 장애인·고령자의 관광 지원사업과 관광 지원단체에 대하여 경비를 보조하는 등 필요한 지원을 할 수 있다.

2) 관광취약계층의 관광복지 증진

국가 및 지방자치단체는 경제적·사회적 여건 등으로 관광 활동에 제약을 받고

있는 관광취약계층(觀光脆弱階層)[279]의 여행 기회를 확대하고 관광 활동을 장려하기 위하여 필요한 시책을 강구하여야 한다(관광진흥법 제47조의4).

3) 여행이용권의 지급 및 관리

국가 및 지방자치단체는 국민기초생활 수급권자, 그 밖에 소득수준이 낮은 저소득층 등 대통령령으로 정하는 관광취약계층(觀光脆弱階層)에게 여행이용권(旅行利用券)을 지급할 수 있다(관광진흥법 제47조의5). 국가 및 지방자치단체는 여행이용권의 수급자격 및 자격유지의 적정성을 확인하기 위하여 필요한 가족관계증명·국세·지방세·토지·건물·건강보험 및 국민연금에 관한 자료(資料)[280]를 자료를 관계 기관의 장에게 요청할 수 있고, 해당 기관의 장은 특별한 사유가 없으면 요청에 따라야 한다.

국가 및 지방자치단체는 여행이용권의 발급, 정보시스템의 구축·운영 등 여행이용권 업무의 효율적 수행을 위하여 대통령령으로 정하는 바에 따라 전담기관(專擔機關)을 지정(指定)[281]할 수 있다. 문화체육관광부장관은 여행이용권의 이용기회 확대 및 지원 업무의 효율성을 제고하기 위하여 여행이용권을 문화이용권 등 문화체육관광부령으로 정하는 이용권과 통합하여 운영할 수 있다.

문화체육관광부장관은 전담기관을 지정하였을 때에는 그 사실을 문화체육관광부의 인터넷 홈페이지에 게시하여야 한다. 전담기관이 수행하는 업무는 다음과 같다.[282] 현재 여행이용권의 발급 및 재발급 업무는 문화이용권과 함께 "한국

---

279) 관광취약계층의 범위(시행령 제41조의3): ① 「국민기초생활 보장법」에 따른 수급자 ② 「국민기초생활 보장법」에 따른 차상위계층에 해당하는 사람 ③ 「한부모가족지원법」에 따른 지원대상자 ④ 그 밖에 경제적·사회적 제약 등으로 인하여 관광 활동을 영위하기 위하여 지원이 필요한 사람으로서 문화체육관광부장관이 정하여 고시하는 기준에 해당하는 사람

280) 관광진흥법 시행령 제41조의4: ① 관광취약계층에 해당함을 확인하기 위한 자료 ② 주민등록등본 ③ 가족관계증명서

281) 여행이용권 업무 전담기관 지정 요건: ① 필요한 업무를 수행하기 위한 인적·재정적 능력을 보유할 것 ② 업무를 수행하는 데에 필요한 시설을 갖출 것 ③ 여행이용권에 관한 홍보를 효율적으로 수행하기 위한 관련 기관 또는 단체와의 협력체계를 갖출 것

282) 여행이용권 전담기관 수행업무: ① 여행이용권의 발급에 관한 사항 ② 정보시스템의 구축·운영 ③ 여행이용권 이용활성화를 위한 관광단체 및 관광시설 등과의 협력 ④ 여행이용권 이용활성화를 위한 조사·연구·교육 및 홍보 ⑤ 여행이용권 이용자의 편의 제고를 위한 사업 ⑥ 여행이용권 관련 통계의 작성 및 관리 ⑦ 그 밖에 문화체육관광부장관이 여행이용권 업무의 효율적 수행을 위하여 필요하다고 인정하는 사무

문화예술위원회"[283]가 담당하고 있다. 전담기관 또는 시장·군수·구청장은 문화체육관광부령으로 정하는 바에 따라 여행이용권을 발급한다.

3. 관광홍보 및 관광자원 개발

아무리 훌륭한 관광상품을 보유하고 있다고 할지라도 그것을 보고 경험하기 위해 찾아오는 사람이 없다면 아무런 소용이 없다. 따라서 독특하고 고유한 소재를 바탕으로 개발한 관광상품을 관광객에게 널리 알려 관광 진흥의 목적을 달성하기 위한 노력을 관광홍보(觀光弘報)라고 할 수 있다. 이러한 관광홍보활동 중에 관광상품에 대한 판매촉진활동(sales promotion)이 가장 중요시된다. 판매촉진활동은 관광상품의 유통을 촉진시켜 관광상품의 가치를 높여주게 된다.

1) 관광홍보

현재 관광홍보는 정부투자기관인 한국관광공사가 주도적으로 외국인 관광객의 유치업무와 국민관광의 건전한 발전을 위한 사업을 펼치고 있다. 그 외에도 지방자치단체의 관광 홍보기관과 관광협회 등 민간단체, 그리고 관광사업체에서도 각자 역할을 담당하고 있다. 이러한 사업으로는 해외 선전사무소의 운영, 홍보선전물의 제작 및 배포, 언론매체를 통한 광고 및 홍보, 언론인 및 여행업자 방한 초청지원, 관광유치단 파견, 관광전시회의 개최, 대규모 관광단체 유치활동, 건전 관광 캠페인, 우수 여행상품 선정 등이 있다.

(1) 관광 홍보 활동 조정 및 지원

문화체육관광부장관 또는 시·도지사는 국제 관광의 촉진과 국민 관광의 건전한 발전을 위하여 국내외 관광 홍보 활동을 조정(調整)하거나 관광 선전물(宣傳物)을 심사(審査)하거나 그 밖에 필요한 사항을 지원할 수 있다(관광진흥법 제48조).

---

283) 한국문화예술위원회(Arts Council Korea)는 2006년에 설립되었으며 기존의 한국문화예술진흥원을 개편하여 새롭게 출범한 공법인이다. 문예진흥기금 운영을 통해 문화예술진흥을 위한 사업과 활동을 지원하고 있다.

(2) 해외 관광 시장 조사, 관광 홍보물 제작, 관광안내소 운영

문화체육관광부장관 또는 시·도지사는 관광홍보를 원활히 추진하기 위하여 필요하면 문화체육관광부령으로 정하는 바에 따라 관광사업자등에게 해외관광 시장에 대한 정기적인 조사, 관광 홍보물의 제작, 관광안내소의 운영 등에 필요한 사항을 권고(勸告)하거나 지도(指導)할 수 있다.

(3) 관광자원 안내 및 홍보

지방자치단체의 장, 관광사업자 또는 관광지·관광단지의 조성계획승인을 받은 자는 관광지·관광단지·관광특구·관광시설 등 관광자원을 안내하거나 홍보하는 내용의 옥외광고물(屋外廣告物)을 「옥외광고물 등의 관리와 옥외광고산업 진흥에 관한 법률」의 규정에도 불구하고 대통령령으로 정하는 바에 따라 설치할 수 있다.

2) 관광자원 개발

문화체육관광부장관과 지방자치단체의 장은 관광객의 유치, 관광복지의 증진 및 관광 진흥을 위하여 다음과 같은 사업을 추진할 수 있다(관광진흥법 제48조).

관광자원(觀光資源)이라 함은 관광의 대상이 되는 일체의 매력적인 대상물을 말하는데, 관광매력은 관광객의 주관에 의해 그 가치가 결정되기 때문에 이 세상에 존재하는 유형 및 무형의 모두가 관광자원이 될 수 있다.

(1) 문화, 체육, 레저 및 산업시설 등의 관광자원화 사업

유형·무형의 문화재를 비롯하여 유적, 사적, 민속자료, 미술관, 박물관 등은 훌륭한 문화관광자원이다. 이러한 문화관광자원 외에도 다양한 스포츠 및 레저 활동을 위한 시설은 물론이고 도시기반시설, 공업단지, 유통단지, 쇼핑시설, 농어촌시설, 목장 등 산업시설을 관광자원화하는 사업을 정부나 지방자치단체가 추진할 수 있도록 규정하여 장려하고 있다.

(2) 해양관광의 개발사업 및 자연생태의 관광자원화 사업

한국은 삼면이 바다이고 삼천 개가 넘는 섬이 존재하고 있어 해양관광의 개발 사업은 많은 잠재력을 지니고 있다. 정부는 전국관광종합개발계획에서 동해안, 남해안, 서해안 등 세 개의 해상관광 루트를 설정하여 해양관광개발을 추진해 왔

다. 제2차 관광개발기본계획에서는 관광권역별로 개발방향을 제시하면서 내륙과 해양을 연결하는 세부추진계획을 세워 추진하도록 했다.

오늘날 건강과 휴식을 위해 자연을 찾는 도시인들이 늘어나면서 자연생태를 관광자원화하려는 사업이 각광을 받고 있다. 이러한 생태관광(生態觀光, eco-tourism)은 자연 그대로의 모습과 자연에 서식하고 있는 야생 동식물의 생태와 서식지를 대상으로 하는 관광이다. 그러므로 이들 자연 생태계를 잘 보존하고 자연파괴를 방지하기 위하여 개발은 억제될 수밖에 없고 최소의 시설만이 필요한 실정이다. 관광이 어느 정도 진행된 선진국에서는 이와 같은 현상이 보편적이기 때문에 이에 대한 관심과 연구가 필요하고, 환경보전을 통한 생태관광의 필요성에 대한 인식을 확산시켜 나가야 한다.

(3) 관광상품의 개발에 관한 사업

최근 관광 추세는 보고 즐기는 정적(靜的) 관광에서 문화예술, 레저활동 등을 직접 체험하고 참여하는 동적(動的) 관광으로 변하고 있다. 따라서 신규 관광상품은 전통 문화·예술 및 스포츠·여가 활동이 포함된 다양한 프로그램을 개발할 필요가 있다. 특히 그 지역에서만 체험해 볼 수 있는 독특한 것이 기억에 남는 여행이 될 것이기에 이에 대한 아이디어를 창출해 보아야 한다.

(4) 국민의 관광복지 증진에 관한 사업

관광을 포함한 여가의 권리가 삶의 질을 높일 수 있는 보편적인 기본권으로 정착되어 가고 있지만, 경제적 및 신체적 여건의 제약으로 관광의 욕구를 충족시키기 어려운 사람들이 많다. 이러한 저소득층, 노년층, 장애인 등에게 관광기회를 누릴 수 있도록 지원이 필요하다. 따라서 이러한 규정은 정부로 하여금 국민 복지관광(福祉觀光) 실현을 위한 사업을 전개하도록 하고 있다.

(5) 유휴자원을 활용한 관광자원화사업

유휴자원(遊休資源)을 활용한 관광자원화사업은 폐교(廢校), 폐광(廢鑛), 폐철도, 폐산업시설 등 지역의 유휴자원을 관광자원으로 개발할 수 있도록 하는 내용이다. 기존 법령에서 관광자원화사업 대상으로 명시된 것은 문화체육레저 및 산업시설, 해양자원, 자연생태 뿐이었다. 동 조항의 발효(2016년)로 전국에 산재한 유휴자원을 활용한 관광자원화사업을 촉진시켜 지역 관광산업 활성화와 경제력 향상에 이바지할 수 있을 것으로 기대된다. 폐철도를 활용하여 레일바이크, 자전거 길, 열차카페 등으로 개발하거나 폐광을 전시관, 문화예술행사 및 관광이벤트 개최 등의 공간으로 활용하는 것이 좋은 예다.

(6) 주민 주도의 지역관광 활성화 사업

관광객의 유치, 관광복지의 증진 및 관광 진흥을 위하여 추진할 수 있는 사업에 주민 주도의 지역관광 활성화 사업을 추가하였다.

3) 관광체험교육프로그램 개발

문화체육관광부장관 또는 지방자치단체의 장은 관광객에게 역사·문화·예술·자연 등의 관광자원과 연계한 체험(體驗) 기회를 제공하고, 관광을 활성화하기 위하여 관광체험교육프로그램을 개발·보급할 수 있다. 이 경우 장애인(障礙人)을 위한 관광체험교육프로그램을 함께 개발하여야 한다(관광진흥법 제48조의5). 이 규정은 2011년 문화관광해설사의 양성 및 활용에 관한 규정을 신설하면서 이를 활성화하기 위하여 제정되었다.

4. 지역축제

지역축제(地域祝祭, local festival)는 지역 고유의 전통과 문화를 발전시키기 위해 해마다 열리는 지역 공동체적 성격의 행사이다. 지역축제는 그 지방의 전통이나 문화를 계승, 발전시키면서 동시에 외부에 지역 문화의 특성과 우수성을 알려 경제적 효과를 얻기 위해 정기적으로 열리는 행사를 말한다. 국내에서는 1995년 지방자치제도가 도입된 이후 해마다 지역축제가 무분별하게 늘어나고 있고 실패하는 사례도 많이 발생하고 있다.

1) 지역축제의 육성

문화체육관광부장관은 지역축제의 체계적 육성 및 활성화를 위하여 지역축제에 대한 실태조사와 평가를 할 수 있다. 또한 지역축제의 통폐합(統廢合) 등을 포함한 그 발전방향에 대하여 지방자치단체의 장에게 의견을 제시하거나 권고할 수 있으며, 지역관광자원을 개발·육성하기 위하여 우수(優秀)한 지역축제를 문화관광축제(文化觀光祝祭)로 지정(指定)하고 지원할 수 있다.(관광진흥법 제48조의 2)

특히 지방자치제도가 도입되면서 선심성(善心性), 전시성(展示性) 성격이 있는 축제를 지나치게 자주 개최하고, 또 유사한 지역축제가 많아 예산낭비와 축제의 부실화 등 부작용이 많으므로 이를 바로잡을 필요가 제기되고 있다. 따라서 이러한 폐단을 바로 잡고 또 지역의 관광자원을 활용한 문화관광축제의 지역별 특성화에 기여하기 위하여 이러한 규정을 마련하게 되었다.

2) 문화관광축제의 지정 및 지원

문화관광축제의 지정(指定) 기준(基準) 및 지원 방법 등에 필요한 사항은 대통령령으로 정하도록 하고 있다(관광진흥법 제48조의2). 정부는 내·외국인 관광객 유치 확대 및 지역관광 활성화를 기본방향으로 정하고 전통문화와 독특한 주제를 배경으로 한 지역축제 중에서 관광 상품성이 큰 축제를 대상으로 1996년부터 매년 문화관광축제로 지정을 해 오고 있다.[284]

(1) 축제의 지정

문화관광축제로 지정받으려는 지역축제의 개최자는 관할 특별시·광역시·특별자치시·도·특별자치도를 거쳐 문화체육관광부장관에게 지정신청을 하여야 한다. 지정신청을 받은 문화체육관광부장관은 지정 기준에 따라 지정한다. 지정 기준은 문화체육관광부장관이 다음 각 호의 사항을 고려하여 정한다.

- 축제의 특성 및 콘텐츠
- 축제의 운영 능력
- 관광객 유치 효과 및 경제적 파급효과
- 그 밖에 문화체육관광부장관이 정하는 사항

(2) 축제의 지원

문화체육관광부장관은 지정받은 문화관광축제를 예산의 범위에서 지원할 수

---

284) 1996년 지정 문화관광축제: 이천도자기축제, 금산인삼축제, 안동국제탈춤페스티벌, 강진청자 문화제, 보령머드축제, 난계국악축제, 한산모시문화제, 양양송이축제 등 8개

있다. 이에 따라 지정된 축제는 관광진흥개발기금에서 국비(國費) 지원과 함께 문화관광축제 명칭(名稱) 사용, 그리고 한국관광공사를 통한 국내외 홍보·마케팅 지원 등을 받게 된다.

2019년까지는 문화체육관광부장관은 우수한 지역축제를 등급(等級)[285]을 구분하여 문화관광축제로 지정하고 등급별로 차등을 두어 지원하였다. 그러나 2020년 이후는 등급을 구분하지 않고 지정하여 차등 없이 필요한 지원을 할 수 있도록 하였다. 이것은 과도한 경쟁의 요인이 되던 문화관광축제 등급제를 폐지하는 등 현행 제도의 운영상 나타난 일부 미비점을 개선·보완하려는 것이다. 그리고 기존의 '문화관광육성축제'를 2020년부터는 '예비 문화관광축제'로 개편하였다. 이는 광역 지자체로부터 문화관광축제로의 신규 진입을 희망하는 우수 지역축제를 추천받아 예비 문화관광축제로 지정하며, 현장 평가 및 빅데이터 분석 등을 통해 질적 개선 등 축제 성장을 유도하기 위함이다.

5. 지속가능한 관광 활성화

문화체육관광부장관은 에너지와 자원의 사용을 최소화하고 기후변화에 대응하며 환경 훼손을 줄이는 지속가능(持續可能)한 관광자원의 개발을 장려하기 위하여 정보제공 및 재정지원 등 필요한 조치를 강구할 수 있다(관광진흥법 제48조의3).

1) 지속가능한 관광

오늘날 산업공해와 지나친 개발로 인해 오염되지 않은 깨끗한 자연경관이 줄어들고 있고 자연재해 및 환경재앙까지 겹치면서 세계적인 현안문제로 부각되고 있다. 이에 관광 관련 국제기구를 중심으로 '지속가능한 관광'의 개념이 도입되고 있다. 또한 이 기구는 '지속가능한 관광개발' 개념은 환경적으로 민감한 생태관광을 정책적으로 활성화시켜 나갈 것을 제안하고 있다. 또한 관광객은 진정으로 방문지 지역사회에 도움이 되는 관광활동이 되어야 한다는 공정관광(公正

---

285) 문화관광축제 등급: 2019년까지 글로벌육성축제, 대표축제, 최우수축제, 우수축제, 육성축제 등으로 구분하였다. 이 중 글로벌육성축제로는 보령머드축제, 김제지평선축제, 안동국제탈춤 페스티벌, 진주남강유등축제 등 4개이다.

觀光)[286] 또한 이러한 개념의 일환이다. 현대생활의 편리성과 정보시대의 역동성을 조화하여 느림의 즐거움과 행복을 찾고자 하는 "제주올레길", "슬로시티운동"[287]도 이와 같은 방안의 하나라고 할 수 있다.

2) 특별관리지역 지정

시·도지사나 시장·군수·구청장은 수용 범위를 초과(超過)한 관광객의 방문으로 자연환경이 훼손되거나 주민의 평온한 생활환경을 해칠 우려가 있어 관리할 필요가 있다고 인정되는 지역이나, 차량을 이용한 숙박·취사 등의 행위로 자연환경이 훼손되거나 주민의 평온한 생활환경을 해칠 우려가 있어 관리할 필요가 있다고 인정되는 지역을 조례(條例)로 정하는 바에 따라 특별관리지역(特別管理地域)으로 지정할 수 있다. 문화체육관광부장관은 특별관리지역으로 지정할 필요가 있다고 인정하는 경우에는 행정관청의 장으로 하여금 해당 지역을 특별관리지역으로 지정하도록 권고할 수 있다. 행정관청의 장은 특별관리지역을 지정·변경 또는 해제할 때에는 미리 주민의 의견을 들어야 하며, 문화체육관광부장관 및 관계 행정기관의 장과 협의하여야 한다. 행정관청의 장은 특별관리지역을 지정·변경 또는 해제할 때에는 특별관리지역의 위치, 면적, 지정일시, 그 밖에 조례로 정하는 사항을 해당 지방자치단체 공보에 고시하고, 문화체육관광부장관에게 제출하여야 한다. 행정관청의 장은 특별관리지역에 대하여 관광객 방문시간 제한, 편의시설 설치, 이용수칙 고지, 이용료 징수, 차량·관광객 통행 제한 등 필요한 조치를 할 수 있다(관광진흥법 제48조의3).

최근 일부 국내외 관광지 및 도시지역에서 수용 가능한 범위를 넘어 관광객이

---

286) 공정관광(fair travel)에서는 관광을 소비가 아닌 사람들 간의 관계로 본다. 따라서 ① 관광지에서 현지의 경제활동에 기여하고, ② 관광지의 사회와 문화를 존중하며, ③ 관광지의 환경보존에 큰 관심을 가지는 것을 특징으로 하고 있다.

287) 슬로시티(slow city) 운동은 1999년 이탈리아 그레베 인 키안티(Greve in Chianti)시의 파올로 사투르니니(Paolo Saturnini) 시장이 '치따슬로'(cittaslow), 즉 슬로시티 운동을 출범시켰다. 슬로시티의 철학은 느림(slow), 작음(small), 지속성(sustainable)에 중점을 둔다. 슬로시티에 지정되기 위한 요건은 5만 명 이하의 중소도시, 전통 수공업 조리법을 장려하고 문화유산이 잘 보존된 지역, 자연친화적 농법과 친환경 에너지의 사용 등이다. 1999년 국제슬로시티 운동이 출범하였고, 한국은 2005년부터 본격적으로 참여하였다.

몰리면서 과잉관광(過剩觀光)[288]으로 인한 주민의 피해가 심각하여 사회적 문제로 대두되고 있다. 이를 해결해 나가기 위한 방안으로 이러한 제도가 도입된 것이다.

6. 한국관광 품질인증

관광산업의 지속 가능한 성장과 관광산업을 국가 경제의 기반산업으로 육성하기 위해서는 관광산업의 양적 성장과 더불어 관광산업의 품질을 향상하는 것이 반드시 필요하다. 이러한 관광산업의 품질 향상은 관광객의 관광 만족도를 증대시킴과 동시에 국가 이미지를 높이는 효과를 얻게 되고, 결과적으로는 다른 경제 분야에까지 긍정적인 파급효과로 연결되는 선순환 구조를 창출할 수 있다. 이러한 관광서비스의 품질 향상을 도모하고 전문적이고 체계적인 품질 관리를 위하여 관광 부문에 대한 품질인증제도(品質引證制度)의 도입 필요성이 꾸준히 제기되어 왔다. 이에 따라 2018년 관광진흥법 개정을 통해 우수숙박시설(優秀宿泊施設)[289] 지정(指定)제도는 폐지되고, 대신 한국 관광산업 전체를 아우르는 관광 품질인증 제도를 도입하게 되었다.

1) 품질인증 제도 의미

문화체육관광부장관은 관광객의 편의를 돕고 관광서비스의 수준을 향상시키기 위하여 관광사업 및 이와 밀접한 관련이 있는 사업을 위한 시설 및 서비스 등을 대상으로 품질인증을 할 수 있다. 한국관광 품질인증을 받은 자는 인증 표지(標紙)를 하거나 그 사실을 홍보(弘報)할 수 있다.(법 제48조의10)

한국관광 품질인증을 받은 자가 아니면 인증표지 또는 이와 유사한 표지를 하거나 한국관광 품질인증을 받은 것으로 홍보하여서는 아니 된다. 문화체육관광

---

288) 과잉 관광: 오버투어리즘(over tourism)이라고도 하는데, 유명 관광지에 관광객이 지나치게 몰려서 교통 혼잡이나 관광객의 무질서한 행동에 주민들의 불만이 높아지고 있는 현상이다. 이탈리아 베네치아는 호텔 신축을 금지하고, 스페인의 알함브라궁과 페루의 마추피추는 하루 방문객의 수를 제한하고 있다.

289) 2009년에 시작된 동 제도는 질 높은 서비스가 제공되는 중저가 숙박시설을 확보하여 외래 관광객이 이용에 불편이 없도록 하기 위하여 '공중위생관리법'에 따른 숙박업 시설 중 '우수숙박시설(브랜드명: Good Stay)'로 지정하여 지원하도록 하였다.

부장관은 한국관광 품질인증을 받은 시설 등에 대하여 관광진흥개발기금의 대여 또는 보조를 하거나 국내 또는 국외에서의 홍보, 그리고 그 밖에 시설 등의 운영 및 개선을 위하여 필요한 사항을 지원(支援)할 수 있다.

2) 품질인증 대상 및 기준

'한국관광품질인증제'는 그동안 중복되었던 인증제도(2017년 기준, 총 84개 생성 및 폐지)들을 통합한 제도로, 한국관광품질의 신뢰성 회복과 관광산업 서비스 경쟁력 제고를 목표삼아 시행되고 있다. 평가항목과 기준에 따라 전문가가 현장 방문 및 불시(不時) 및 암행(暗行)평가와 심의를 거쳐 인증여부를 최종 결정한다.

(1) 대상 업종

한국관광 품질인증의 대상(對象) 업종으로는 야영장업, 외국인관광 도시민박업, 한옥체험업, 관광식당업, 관광면세업 등이다. 그리고 「공중위생관리법」에 따른 숙박업과, 「외국인관광객 등에 대한 부가가치세 및 개별소비세 특례규정」에 따른 외국인관광객 면세판매장이다. 그 밖에 관광사업 및 이와 밀접한 관련이 있는 사업으로서 문화체육관광부장관이 정하여 고시하는 사업이다.

(2) 인증 기준

품질인증을 받기 위해서는 우선 사업을 영위하기 위한 신고·인가·허가 등을 갖추어야 하고, 신청일로부터 역산하여 3개월 내에 영업정지 이상의 행정처분이 없어야 하며, 그 외 업무처리규정에서 정하는 법령 준수 사항을 갖추는 등 필수 사항을 모두 충족하여야 한다. 한국관광품질인증의 인증기준(認證基準)과 이에 따른 심사항목(審査項目)은 표<3-24>와 같다. 통과기준(通過基準)은 배점비율에 따라 총점의 70% 이상을 획득하면 되고, 인증의 유효기간(有效期間)은 인증을 받은 날로부터 3년으로 한다.

표 3-24 **한국관광 품질인증제 심사항목**

심사 분야	심사 항목	배점비율
가. 시설 및 서비스	건물의 외관 및 내부의 관리상태	60%
	장애인 편의시설의 설치	
	매뉴얼에 따른 서비스 품질관리	
	업종별 서비스이행표준에 따른 서비스 제공	
나. 전문인력 확보	종사원의 전문성 및 서비스 수준	20%
	외국인 응대를 위한 언어 지원	
	종사원의 서비스 교육 훈련 실시	
다. 사업장 안전관리 방안	정기적 소방안전점검 및 관리	20%
	안전장비 구비 및 관리	
	비상상황 대비 시설 구비 및 관리	
	화재, 재난 및 영업배상 관련 보상 체계 구비	
총 계		100%

(3) 인증 표지 및 홍보방법

품질인증의 인증(認證) 표지(標紙)는 다음 <그림 3-4>와 같다. 동 인증 표지를 활용하여 인증 사업자는 인증 표지의 영업장 게시, 정보통신매체를 이용한 홍보, 기타 품질인증과 관련하여 관광객에 대한 홍보에 적합하다고 인정하는 방법 등으로 홍보할 수 있다.

그림 3-4 한국관광 품질인증 표지

3) 품질인증의 신청

품질인증을 받으려는 자는 문화체육관광부장관에게 신청(申請)하여야 한다. 문화체육관광부장관은 인증기준에 따라 심사한 후 그 결과를 신청인에게 알려주고, 그 인증기준에 적합하다고 인정된 경우에는 품질인증을 하고 품질인증서(品質認證書)를 신청인에게 발급하여야 한다. 또한 인증 신청은 제한기간이 경과하여야 한다.[290] 품질인증을 받은 대표자가 인증 받은 내용을 변경할 때에는 문화체육관광부장관으로부터 인증 변경승인(變更承認)을 받아야 한다.

4) 품질인증의 취소

문화체육관광부장관은 한국관광 품질인증을 받은 자가 거짓이나 그 밖의 부정한 방법으로 인증을 받은 경우에는 인증을 취소(取消)하고, 인증 기준에 적합하지 아니하게 된 경우에도 그 인증을 취소할 수 있다.(법 제48조의11)

5) 품질인증기관의 업무 처리

한국관광 품질인증 및 인증취소에 관한 권한은 한국관광공사에 위탁(委託)한다.(시행령) 품질인증을 위탁받은 기관은 품질인증의 실시 및 관리를 위한 업무처리규정[291]을 작성하여 문화체육관광부장관의 승인(承認)을 받아야 한다. 승인받은 사항을 변경하려는 경우에도 또한 같다.

7. 국제협력 및 관광산업 진흥

정부는 관광의 진흥 및 홍보와 관련된 사업 추진을 위한 세부적인 추진 사항에 대하여 법적 보완을 해나가고 있다.

1) 국제협력 및 해외진출 지원

문화체육관광부장관은 관광산업의 국제협력(國際協力) 및 해외시장(海外市場) 진출(進出)을 촉진하기 위하여 다음 각 호의 사업을 지원할 수 있다(관광진흥법 제47조의6). 문화체육관광부장관은 동 사업을 효율적으로 지원하기 위하여 대통령령으

---

290) 인증 신청 제한기간: ① 인증심사에 부적합 결정을 받은 자: 부적합 결정 통지를 받은 날부터 3개월, ② 인증 취소를 받은 자: 인증 취소 통지를 받은 날부터 1년

291) 업무 규정 포함 사항: ① 한국관광 품질인증의 대상별 특성에 따른 세부 인증 기준 ② 서류평가, 현장평가 및 심의의 절차 및 방법에 관한 세부사항 ③ 한국관광 품질인증의 취소 기준·절차 및 방법에 관한 세부사항 ④ 그 밖에 문화체육관광부장관이 한국관광 품질인증 및 그 취소에 필요하다고 인정하는 사항

로 정하는 관계 기관 또는 단체에 이를 위탁하거나 대행하게 할 수 있으며, 이에 필요한 비용을 보조할 수 있다.

- 🔍 국제전시회의 개최 및 참가 지원
- 🔍 외국자본의 투자유치
- 🔍 해외마케팅 및 홍보활동
- 🔍 해외진출에 관한 정보제공
- 🔍 수출 관련 협력체계의 구축
- 🔍 그 밖에 국제협력 및 해외진출을 위하여 필요한 사업

이 조항을 신설하는 이유는 문화체육관광부장관이 국내 관광산업의 국제협력 및 해외시장 진출을 촉진하기 위하여 필요한 사업을 지원할 수 있는 명시적인 법적 근거를 마련하기 위함이다.

2) 관광산업 진흥 사업

문화체육관광부장관은 관광산업의 활성화(活性化)를 위하여 대통령령으로 정하는 바에 따라 다음 각 호의 사업을 추진할 수 있다.(관광진흥법 제47조의7)

- 🔍 관광산업 발전을 위한 정책·제도의 조사·연구 및 기획
- 🔍 관광 관련 창업 촉진 및 창업자의 성장·발전 지원
- 🔍 관광산업 전문인력 수급분석 및 육성
- 🔍 관광산업 관련 기술의 연구개발 및 실용화
- 🔍 지역에 특화된 관광 상품 및 서비스 등의 발굴·육성
- 🔍 그 밖에 관광산업 진흥을 위하여 필요한 사항

이 조항은 문화체육관광부장관이 관광산업의 활성화를 위하여 창업 지원, 전문인력 양성, 연구개발, 지역특화 관광 상품 및 서비스 발굴·육성 등의 사업을 추진할 수 있는 명시적인 법적 근거를 마련하여 관광산업의 지속적인 성장을 도모하고 일자리 창출에 기여하기 위한 것이다.

3) 스마트관광산업의 육성

국가와 지방자치단체는 기술기반의 관광산업 경쟁력을 강화하고 지역관광을

활성화하기 위하여 스마트관광산업[292]을 육성하여야 한다. 문화체육관광부장관은 스마트관광산업의 육성을 위하여 다음의 사업을 추진·지원할 수 있다.(관광진흥법 제47조의8)

- 🔍 스마트관광산업 발전을 위한 정책·제도의 조사·연구 및 기획
- 🔍 스마트관광산업 관련 창업 촉진 및 창업자의 성장·발전 지원
- 🔍 스마트관광산업 관련 기술의 연구개발 및 실용화
- 🔍 스마트관광산업 기반 지역관광 개발
- 🔍 스마트관광산업 진흥에 필요한 전문인력 양성
- 🔍 그 밖에 스마트관광산업 육성을 위하여 필요한 사항

이 조항은 코로나바이러스감염증-19(COVID-19)의 대유행으로 관광업계 및 관련 상권이 큰 피해를 보고 있던 상황에서 관광정책도 변화된 상황에 대비한 스마트관광산업을 안정적으로 육성할 수 있도록 하려는 것이다.

8. 일·휴양 연계 관광산업의 육성

국가와 지방자치단체는 관광산업과 지역관광을 활성화하기 위하여 일·휴양연계관광산업을 육성하여야 한다(법 제48조의12). 여기서 일·휴양연계관광산업이라 함은 지역관광과 기업의 일·휴양 연계 제도를 활용하여 관광 인프라를 조성하고 맞춤형 서비스를 제공함으로써 경제적 또는 사회적 부가가치를 창출하는 산업을 말한다.

문화체육관광부장관은 다양한 지역관광자원을 개발·육성하기 위하여 일·휴양연계관광산업의 관광 상품 및 서비스를 발굴·육성할 수 있으며, 지방자치단체는 동 산업의 활성화를 위하여 기업 또는 근로자에게 조례로 정하는 바에 따라 업무 공간, 체류비용의 일부 등을 지원할 수 있다. 이 조항은 국가와 지방자치단체가 일·휴양연계관광산업의 육성에 관한 사업을 추진할 수 있는 근거 규정을 마련하기 위함이다.

---

292) 관광에 정보통신기술을 융합하여 관광객에게 맞춤형 서비스를 제공하고 관광콘텐츠와 인프라를 지속적으로 발전시킴으로써 경제적 또는 사회적 부가가치를 창출하는 산업을 말한다.

관광지 개발과 관광특구

제1절 관광지 및 관광단지 개발

1. 관광개발기본계획

관광개발이 가지는 의미는 미개발 상태에 있는 관광자원에 인간의 지혜와 기술 및 자본을 투입하여 관광시설을 건설하고, 접근체계의 개선과 함께 홍보를 함으로써 관광객의 관광편의와 관광효과를 높이기 위한 활동이다. 즉, 관광자원이 특성 및 매력을 활용하여 관광자원의 가치를 높임으로써 관광객의 유치를 촉진하고 관광소비를 증대시키는 데 목적이 있다.

관광진흥법(제49조)에서 문화체육관광부장관은 관광자원을 효율적으로 개발하고 관리하기 위하여 전국을 대상으로 관광개발기본계획을 수립하여야 한다고 규정하고 있다. 또한 관광개발기본계획은 문화체육관광부장관이 10년마다 수립하며, 사회적·경제적 여건 변화 등을 고려하여 5년마다 관광개발기본계획을 전반적으로 재검토하고 개선이 필요한 사항을 정비해야 한다. 이 규정에 따른 최초의 관광개발기본계획은 1990년 전국관광종합개발계획(시행기간 ; 1992~2001년)이었다. 제2차 관광개발기본계획(시행기간; 2002~2011년)과 제3차 관광개발기본계획(시행기간; 2012~2021년)에 이어서, 현재는 제4차 관광개발기본계획(시행기간: 2022~2031년)이 수립·시행되고 있다.

제4차 관광개발기본계획은 '미래를 여는 관광 한국, 관광으로 행복한 국민'이라는 비전 아래 사람과 지역이 동반 성장하는 상생 관광, 질적 발전을 추구하는 스마트 혁신 관광, 미래세대와 공존하는 지속 가능 관광을 목표로 설정했다. 그리고 이를 위한 구체적 방안으로는 매력적인 관광자원 발굴, 지속가능 관광개발 가치 구현, 편리한 관광편의 기반 확충, 건강한 관광산업 생태계 구축, 입체적 관광 연계·협력 강화, 혁신적 제도·관리 기반 마련 등 6대 추진전략과 17개 중점 추진 과제를 도출했다.

최신 관광여건과 동향을 분석한 결과 삶의 질을 중시하는 경향에 따라 관광이 일상화되어 앞으로 여행수요가 증가하고 온라인여행플랫폼(OTA) 등 정보통신기술(ICT)을 기반으로 한 온라인의 영향력이 커지며, 관광 활성화를 통한 일자리 창출의 중요성이 높아져 변화된 관광 흐름에 맞게 지역관광의 체질 변화가 필요한 것으로 나타났다. [그림 3-5]는 제4차 관광개발기본계획으로 확정한 권역별 관광개발 방향이다.

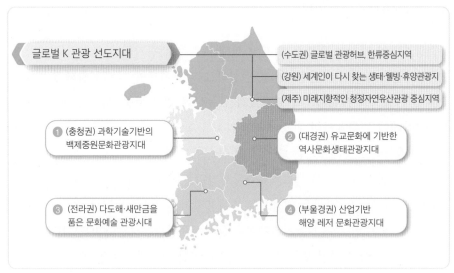

그림 3-5 제4차 관광개발기본계획 권역별 관광개발 방향

1) 관광개발기본계획의 수립

관광개발기본계획은 10년마다 수립하는 국가 단위의 법정 계획으로서, 국내외의 관광 여건과 동향에 관한 사항, 전국의 관광 수요와 공급에 관한 사항 등 관광

환경의 현황과 여건을 분석하고, 이를 토대로 하여 향후 10년간의 관광 개발 정책의 비전 및 목표, 추진 전략과 전략별 추진 방안에 관한 사항을 담고 있다.

(1) 관광개발기본계획 포함 내용

관광개발기본계획에는 다음과 같은 사항이 포함되어야 한다.

① 전국의 관광 여건과 관광 동향에 관한 사항

관광세계화에 맞출 수 있는 전국의 모든 관광 여건(輿件)을 계획하여야 한다. 이는 국민소득 변화와 관광소비의 경향 및 미래의 관광수입에 대한 계획과 효과를 효율적으로 이루도록 하기 위한 것이다. 또한 관광 동향(動向)을 알기 위한 계획이어야 한다. 관광 영향 평가에 의한 중·장기적인 세밀한 계획을 개발하여야 한다.

② 전국의 관광 수요와 공급에 관한 사항

전국의 관광 수요란 관광객의 수에 의한 공급으로서 관광지에서 적정하게 수용할 수 있는 관광객의 수를 조절하는 것을 말한다. 전국의 관광 공급이란 관광객의 계절적으로 또는 사회적으로 집중 현상과 그렇지 않은 현상을 예측하는 것을 말한다.

③ 관광자원 보호·개발·이용·관리 등에 관한 기본적인 사항

넓은 의미의 관광자원은 자연자원 외에도 문화자원, 산업자원, 사회자원도 포함된다. 모든 관광자원을 보호하고 국민의 보건과 휴양 및 정서 생활을 향상시킬 목적으로 이루어지는 모든 사항을 예견하여 계획을 수립하여야 한다는 의미이다.

④ 관광권역의 설정에 관한 사항

특징적인 관광지 개발을 통해 보다 많은 관광객을 유치하거나 또는 관광객의 집중현상을 해소하려는 목적으로 관광권역(觀光圈域)을 설정한다.

⑤ 관광권역별 관광개발의 기본방향에 관한 사항

모든 관광지는 그 지역의 특성상 여러 가지 서로 다른 특징을 가지고 있다. 그렇기 때문에 일정한 지역별로 관광개발을 위한 기본방향을 설정하여야 한다.

⑥ 그 밖에 관광개발에 관한 사항

그 밖에 관광개발에 관한 사항으로는 관광분위기 조성을 위한 관광환경의 개발과 같은 것이다.

(2) 관광개발기본계획 수립 절차

시·도지사는 기본계획의 수립에 필요한 관광개발 사업에 관한 요구서를 문화체육관광부장관에게 제출하여야 하고, 문화체육관광부장관은 이를 종합(綜合)·조정(調整)하여 기본계획을 수립하고 공고(公告)하여야 한다. 이때 문화체육관광부장관은 수립된 기본계획을 확정하여 공고하려면 관계 부처의 장과 협의하여야 한다. 확정된 기본계획을 변경하는 경우에는 이를 준용(準用)한다. 그리고 문화체육관광부장관은 관계 기관의 장에게 기본계획의 수립에 필요한 자료를 요구하거나 협조를 요청할 수 있고, 그 요구 또는 협조 요청을 받은 관계 기관의 장은 정당한 사유가 없으면 요청에 따라야 한다(관광진흥법 제50조).

2) 권역별 관광개발계획의 수립

권역별 관광개발계획은 매 5년마다 그 지역을 관할하는 시·도지사가 수립하여야 한다.[293] 다만, 둘 이상의 시·도에 걸치는 지역이 하나의 권역계획(圈域計劃)에 포함되는 경우에는 관계되는 시·도지사와의 협의에 따라 수립하되, 협의가 성립되지 아니한 경우에는 문화체육관광부장관이 지정하는 시·도지사가 수립하여야 한다(관광진흥법 제51조). 권역(圈域)이란 어느 한 시점에서 볼 때 인간생활의 공간적 범위를 발견하여 복지편의를 위해 합리적으로 적정화한 지역을 말한다. 따라서 관광권역은 관광자원을 보다 합리적으로 관리·보전·개발하여 관광객의 욕구충족을 보다 용이하게 하기 위하여 정하고 있는 지역이다.

(1) 권역계획의 수립 기준 및 방법 등

문화체육관광부장관은 권역계획이 기본계획에 부합되도록 권역계획의 수립 기준 및 방법 등을 포함하는 권역계획 수립지침을 작성하여 특별시장·광역시장·특별자치시장·도지사에게 보내야 한다. 이에 따른 권역계획 수립지침에는 다음의 사항이 포함되어야 한다.

---

293) 권역별 관광개발계획에 포함될 사항(법 제49조): ① 권역의 관광 여건과 관광 동향에 관한 사항 ② 권역의 관광 수요와 공급에 관한 사항 ③ 관광자원의 보호·개발·이용·관리 등에 관한 사항 ④ 관광지 및 관광단지의 조성·정비·보완 등에 관한 사항 ⑤ 관광지 및 관광단지의 실적 평가에 관한 사항 ⑥ 관광지 연계에 관한 사항 ⑦ 관광사업의 추진에 관한 사항 ⑧ 환경보전에 관한 사항 ⑨ 그 밖에 그 권역의 관광자원의 개발, 관리 및 평가를 위하여 필요한 사항

🔍 기본계획과 권역계획의 관계

🔍 권역계획의 기본사항과 수립 절차

🔍 권역계획의 수립 시 고려사항 및 주요 항목

🔍 그 밖에 권역계획의 수립에 필요한 사항

(2) 권역별 관광개발계획 포함 내용

시·도지사는 관광개발기본계획에 따라 구분된 권역을 대상으로 다음 사항을 포함하는 권역별 관광개발계획을 수립하여야 한다.

🔍 권역의 관광 여건과 관광 동향에 관한 사항

🔍 권역의 관광 수요와 공급에 관한 사항

🔍 관광자원의 보호·개발·이용·관리 등에 관한 사항

🔍 관광지 및 관광단지의 조성·정비·보완 등에 관한 사항

🔍 관광지 및 관광단지의 실적 평가에 관한 사항

🔍 관광지 연계에 관한 사항

🔍 관광사업의 추진에 관한 사항

🔍 환경보전에 관한 사항

🔍 그 밖에 그 권역의 관광자원의 개발, 관리 및 평가를 위하여 필요한 사항

(3) 권역별 관광개발계획 수립 절차

시·도지사는 권역계획을 문화체육관광부장관의 조정과 관계 행정기관의 장과의 협의를 거쳐 확정하여야 한다. 이 경우 협의요청을 받은 관계 행정기관의 장은 특별한 사유가 없으면 그 요청을 받은 날부터 30일 이내에 의견을 제시하여야 한다. 시·도지사는 권역계획이 확정되면 그 요지를 공고하여야 한다. 확정된 권역계획을 변경하는 경우에는 위의 규정을 준용한다. 다만, '경미(輕微)한 사항의 변경(變更)'[294]에 대하여는 관계 부처의 장과의 협의를 갈음[295]하여 문화체육관

---

294) 경미(輕微)한 권역계획의 변경사항(시행령 제43조): ① 권역별 관광개발기본계획의 범위에서 하는 사항의 변경 ② 권역별 관광개발기본계획에 관한 사항 중 다음 사항의 변경 ㉮ 관광자원의 보호·이용 및 관리 등에 관한 사항, ㉯ 관광지 또는 관광단지의 면적의 축소, ㉰ 관광지 등 면적의 100분의 30 이내의 확대, ㉱ 지형 여건 등에 따른 관광지 등의 구역 조정이나 명칭 변경

295) 갈음(substituting)이란 어떤 것을 다른 무엇으로 바꾸어 대신(代身)함을 말한다.

광부장관의 승인을 받아야 한다. 그 밖에 권역계획의 수립 기준 및 방법 등에 필요한 사항은 문화체육관광부장관이 정한다.

2. 관광지 및 관광단지 지정

관광지(觀光地)는 관광자원이 풍부하고 관광객의 접근이 용이하며 개발제한 요소가 적어 개발이 가능한 지역과 관광정책상 관광지로 개발하는 것이 필요하다고 판단되는 지역이다. 이러한 관광지에는 관광객의 관광활동에 필수적인 진입도로, 주차장, 상하수도, 식수대, 공중화장실, 오수처리시설 등 기반시설(基盤施設)과 각종 편익시설(便益施設)을 공공사업(公共事業)으로 추진하고 숙박시설, 상가시설, 오락시설, 휴양시설 등은 민간자본(民間資本)을 유치하여 개발한다. 그리고 관광지는 관광객의 이용에 편리하도록 개발된 관광지뿐만 아니라, 관광자원을 갖추고 있으나 관광객을 위한 기본적인 편의시설이 아직 갖추어지지 아니한 미개발 관광지도 포함된다. 관광단지(觀光團地)란 관광객의 다양한 관광 및 휴양을 위하여 각종 관광시설을 종합적(綜合的)으로 개발하는 관광 거점지역(據點地域)으로서 법에 따라 지정된 곳을 말한다. 즉, 국제 수준급의 관광지로 개발되기 위하여 그 규모가 광역(廣域)이고, 관광객의 장기체제가 가능하도록 각종 숙박시설과 휴양시설을 중점적으로 개발하여 관광거점지역(tourism operation base)으로 활용하는 곳이다.

1) 관광지 및 관광단지 지정권자

관광지 및 관광단지("관광지 등"이라 한다)는 문화체육관광부령으로 정하는 바에 따라 시장·군수·구청장의 신청(申請)에 의하여 시·도지사가 지정(指定)한다. 다만, 제주특별자치도의 경우에는 특별자치도지사가 지정한다. 시·도지사는 관광지 등을 지정하려면 사전에 문화체육관광부장관 및 관계 행정기관의 장과 협의하여야 한다. 다만, '국토의 계획 및 이용에 관한 법률'에 따라 계획관리 지역으로 결정·고시된 지역을 관광지 등으로 지정하려는 경우에는 그러하지 아니하다. 그리고 협의요청을 받은 문화체육관광부장관 및 관계 행정기관의 장은 특별한 사유가 없는 한 그 요청을 받은 날부터 30일 이내에 의견을 제시하여야 한다. 만일 그 기간 내에 의견을 회신하지 아니한 경우에는 협의가 이루어진 것으로 간주한다.(2018.6.12 법률 개정) 정부는 지역특성을 살린 관광지 개발을 촉진하기 위하여 관광지 지정 및 조성계획 승인 권한을 2005년에 문화체육관광부장관에서 시·도지사로 이양(移讓)하였다. 동시에 관광지 지정 등의 실효제도(失效制度)를 도입하여 지정 후 2년 이내에 조성계획 승인신청이 없거나, 승인 후 2년 이내에 사업에 착수하지 않으면 승인 효력이 상실되도록 하였다.

2) 관광지 및 관광단지 지정 절차

관광지 등의 지정 및 지정취소 또는 그 면적(面積)의 변경을 신청하려는 자는 '관광지 및 관광단지 지정 등 신청서'에 다음의 서류를 첨부하여 특별시장·광역시장·도지사에게 제출하여야 한다. 다만, 관광지 등의 지정취소 또는 그 면적변경의 경우에는 그 취소 또는 변경과 관계없는 사항에 대한 서류는 첨부하지 아니한다(관광진흥법 시행규칙 제58조).

- 관광지 등의 개발 방향을 기재한 서류
- 관광지 등과 그 주변의 주요 관광자원 및 접근로 등 교통체계에 관한 서류
- '국토의 계획 및 이용에 관한 법률'에 따른 용도지역을 기재한 서류
- 관광객 수용능력 등을 기재한 서류
- 관광지 등의 구역을 표시한 축척 2만5천분의 1 이상의 지형도 및 지목·지번 등이 표시된 축척 500분의 1부터 6천분의 1까지의 도면
- 관광지 등의 지번·지목·지적 및 소유자가 표시된 토지조서(土地調書)[296]

특별시장·광역시장·도지사는 지정 등의 신청을 받은 경우에는 관광지 등의 개발 필요성, 타당성, 관광지·관광단지의 구분기준 및 관광개발기본계획 및 권역별 관광개발계획에 적합한지 등을 종합적으로 검토하여야 한다.

시·도지사는 관광지 및 관광단지의 지정을 한 경우에는 고시(告示) 연월일, 위치 및 면적, 지정구역(指定區域)이 표시된 축척 2만 5천분의 1 이상의 지형도를 포함하여 이를 고시하여야 한다. 관광지 등을 지정·고시하는 경우에는 그 지정내

---

296) 이러한 토지조서(land decree)의 경우 임야에 대하여는 '산지관리법'에 따른 보전산지 및 준(準)보전산지로 구분하여 표시하고, 농지에 대하여는 '농지법'에 따른 농업진흥지역 및 농업진흥지역이 아닌 지역으로 구분하여 표시한다.

용을 관계 시장·군수·구청장에게 통지(通知)하여야 한다. 그리고 통지를 받은 시장·군수·구청장은 관광지 등의 지번(地番)·지목(地目)·지적(地積) 및 소유자가 표시된 토지조서를 갖추어 두고 일반인이 열람(閱覽)할 수 있도록 하여야 한다.

3) 관광지 및 관광단지의 시설기준

관광지 및 관광단지의 신청을 하려는 자는 관광지 및 관광단지의 구분기준에 따라 그 지정 등을 신청하여야 한다. 관광지(觀光地)의 지정기준(指定基準)은 [표 3-25]에서 공공편익시설(公共便益施設)을 갖춘 지역이어야 한다. 다만, 그 나머지 시설은 임의로 갖출 수 있다. 관광단지(觀光團地)의 지정기준은 [표 3-25]에서 공공편익시설을 갖추고, 숙박시설 중 1종 이상의 필요한 시설과 운동·오락시설 또는 휴양·문화시설 중 1종 이상의 필요한 시설을 갖춘 지역으로서 총면적이 50만 m² 이상인 지역이어야 한다. 다만, 접객시설 및 지원시설은 임의로 갖출 수 있다. 그리고 관광단지의 총면적 기준은 시·도지사가 그 지역의 개발목적·개발계획·설치시설 및 발전전망 등을 고려하여 일부 완화하여 적용할 수 있다.

표 3-25 **관광지 및 관광단지 지정기준**

시설구분	시설종류	구비기준
① 공공편익시설	화장실, 주차장, 전기시설, 통신시설, 상하수도시설 또는 관광안내소	각 시설이 관광객이 이용하기에 충분할 것
② 숙박시설	관광호텔, 수상관광호텔, 한국전통호텔, 가족호텔 또는 휴양콘도미니엄	관광숙박업의 등록기준에 부합할 것
③ 운동·오락시설	골프장, 스키장, 요트장, 조정장, 카누장, 빙상장, 자동차경주장, 승마장, 종합체육시설, 경마장, 경륜장 또는 경정장	'체육시설의 설치·이용에 관한 법률'에 따른 등록체육시설업의 등록기준, '한국마사회법'에 따른 시설·설비기준 또는 '경륜·경정법'에 따른 시설·설비기준에 부합할 것
④ 휴양·문화시설	민속촌, 해수욕장, 수렵장, 동물원, 식물원, 수족관, 온천장, 동굴자원, 수영장, 농어촌휴양시설, 산림휴양시설, 박물관, 미술관, 활공장, 자동차야영장, 관광유람선 또는 종합유원시설	관광객 이용시설업의 등록기준 또는 유원시설업의 설비기준에 부합할 것
⑤ 접객시설	관광공연장, 외국인전용 관광기념품판매점, 관광유흥음식점, 관광극장유흥업점, 외국인전용 유흥음식점, 관광식당 등	관광객 이용시설업의 등록기준 또는 관광편의시설업의 지정기준에 적합할 것
⑥ 지원시설	관광종사자 전용숙소, 관광종사자 연수시설, 물류·유통 관련 시설	관광단지의 관리·운영 및 기능 활성화를 위해서 필요한 시설일 것

4) 관광지 등의 면적변경, 지정실효 및 취소

관광지 등의 지정취소(指定取消) 또는 그 면적(面積)의 변경(變更)은 관광지 등의 지정에 관한 절차에 따라야 한다. 이 경우 대통령령으로 정하는 '경미(輕微)한 면적(面積)의 변경(變更)'[297]은 협의를 하지 아니할 수 있다. 시·도지사는 지정취소 또는 그 면적변경을 한 경우에도 이를 고시하여야 한다(관광진흥법 제52조). 관광지 등으로 지정·고시된 관광지 등에 대하여 그 고시일부터 2년 이내에 조성계획(造成計劃)의 승인신청이 없으면 그 고시일부터 2년이 지난 다음 날에 그 관광지 등 지정은 효력(效力)을 상실(喪失)한다. 시·도지사는 지정 또는 승인의 효력이 상실된 경우 및 승인이 취소된 경우에는 지체 없이 그 사실을 고시하여야 한다.

5) 조사 및 측량 실시

시·도지사는 기본계획 및 권역계획을 수립하거나 관광지 등의 지정을 위하여 필요하면 해당 지역에 대한 조사(調査)와 측량(測量)을 실시할 수 있다. 이러한 조사와 측량을 위하여 필요하면 타인이 점유(占有)하는 토지에 출입할 수 있다. 또한 타인이 점유하는 토지에의 출입에 관하여는 '국토의 계획 및 이용에 관한 법률'을 준용(準用)한다(관광진흥법 제53조). 조사라 함은 관광지의 법률, 제도, 환경, 민의(民意)와 같은 것을 차질 없이 실시하기 전에 준비하는 것을 말한다. 또한 측량이란 토지의 범위를 정확하게 측정하여 관광지 개발을 위한 계획에 사용하게 하는 작업이다.

6) 행위 등의 제한

관광지 등으로 지정·고시된 지역에서 건축물의 건축, 공작물의 설치, 토지의 형질 변경, 토석의 채취, 토지 분할, 물건을 쌓아놓는 것 등의 행위(行爲)를 하려는 자는 특별자치시장·특별자치도지사·시장·군수·구청장의 허가를 받아야 한다. 허가받은 사항을 변경하려는 경우에도 또한 같다. 관할 관청은 이를 위반한 자에

---

297) 경미한 면적의 변경(관광진흥법 시행령 제44조): ① 지적조사 또는 지적측량의 결과에 따른 면적의 정정(訂定) 등으로 인한 면적의 변경 ② 관광지 등 지정면적의 100분의 30 이내의 면적의 변경('농지법'에 따른 농업진흥지역의 농지가 1만m² 이상, 농업진흥지역이 아닌 지역의 농지가 6만m² 이상 추가로 포함되는 경우는 제외)

게 원상회복을 명할 수 있으며, 명령을 받은 자가 그 의무를 이행하지 아니하면 「행정대집행법」에 따라 이를 대집행(代執行)[298]할 수 있다.

3. 관광지 및 관광단지 조성계획

조성계획(造成計劃)이란 관광지나 관광단지의 보호 및 이용을 증진시키기 위하여 필요한 관광시설의 조성과 관리에 관한 계획을 말한다. 관광단지 조성계획이란 관광자원이나 관광시설 등을 중점적으로 개발하기 위한 관광거점지역 개발계획을 말한다.

1) 조성계획의 작성

관광지 및 관광단지를 관할하는 시장·군수·구청장은 조성계획을 작성하여 시·도지사의 승인을 받아야 한다. 이를 변경하려는 경우에도 또한 같다. 다만, 관광단지를 개발하려는 공공기관 등 '문화체육관광부령으로 정하는 공공법인(公共法人)'[299] 또는 민간개발자(民間開發者)는 조성계획을 작성(作成)하여 시·도지사의 승인을 받을 수 있다(관광진흥법 제54조). 민간개발자가 관광단지를 개발하는 경우에는 '공익사업을 위한 토지 등의 취득 및 보상에 관한 법률'과 '관광진흥법 제61조(수용 및 사용)'의 규정을 적용하지 아니한다. 다만, 조성계획상의 조성 대상 토지면적 중 사유지의 3분의 2 이상을 취득한 경우 남은 사유지에 대하여는 위 규정을 적용한다. 여기서 민간개발자라 함은 관광단지를 개발하려는 개인이나, 상법(商法) 또는 민법(民法)에 따라 설립된 법인을 말한다.

관광지 등의 조성계획의 주체는 시대의 흐름에 따라 점차 완화(緩和)되어 왔다. 1993년 관광진흥법 개정으로 공공기관 외에 민간개발자도 관광지 및 관광단지의 개발에 참여할 수 있도록 완화하였고, 1999년부터는 공공법인의 범위를 확대하여 한국관광공사 외에 한국토지주택공사, 지방공사 및 지방공단을 추가로 지

---

298) 대집행(execution by proxy)은 행정관청으로부터 명령받은 행위를 그 의무자가 이행하지 않을 때, 행정관청이 직접 또는 제3자로 하여금 권리자를 대행하는 일이다.

299) 문화체육관광부령으로 정하는 공공법인(관광진흥법 시행령 제61조):
① '한국관광공사법'에 따른 한국관광공사 또는 공사가 관광단지 개발을 위하여 출자한 법인 ② '한국토지주택공사법'에 따른 한국토지주택공사 ③ '지방공기업법'에 따라 설립된 지방공사 및 지방공단 ④ '제주특별자치도 설치 및 국제자유도시 조성을 위한 특별법'에 따른 제주국제자유도시개발센터

정하였다. 또한 조성계획 승인권한을 1994년부터 시·도지사에게로 위임(委任)한 데 이어, 다시 2005년부터는 아예 그 권한을 시·도지사에게 이양(移讓)하였다.

2) 조성계획의 승인

시장·군수·구청장은 관광지 등의 지정신청 및 조성계획의 승인신청을 함께 하거나, 관광단지의 지정신청을 할 때 관광단지개발자로 하여금 관광단지의 조성계획을 제출하게 하여 관광단지의 지정신청 및 조성계획의 승인신청을 함께 할 수 있다. 이 경우 특별시장·광역시장·도지사는 관광지 등의 지정 및 조성계획의 승인을 함께 할 수 있다.

(1) 조성계획의 승인신청

승인(承認)신청(申請)을 위해 작성되는 조성계획에는 다음 사항이 포함되어야 한다. 관광지 등 조성계획의 승인을 받으려는 자는 필요한 서류(書類)[300]를 첨부하여 조성계획의 승인을 신청하여야 한다.

🔍 관광시설계획

- 공공편익시설, 숙박시설, 상가시설, 운동·오락시설, 휴양·문화시설 및 그 밖의 시설지구로 구분된 토지이용계획
- 건축 연면적이 표시된 시설물설치계획
- 조경시설물, 조경구조물 및 조경식재계획이 포함된 조경계획
- 그 밖의 전기·통신·상수도 및 하수도 설치계획
- 관광시설계획에 대한 관련 부서별 의견

🔍 투자계획

- 재원 조달계획
- 연차별 투자계획

---

300) 조성계획의 승인을 받기 위해 필요한 서류: ① 문화체육관광부령으로 정하는 내용을 포함하는 관광시설계획서·투자계획서 및 관광지 등 관리계획서, ② 지번·지목·지적·소유자 및 시설별 면적이 표시된 토지조서, ③ 조감도(鳥瞰圖), ④ 민간개발자가 개발하는 경우에는 해당 토지의 소유권 또는 사용권을 증명할 수 있는 서류. 다만, 민간개발자가 개발하는 경우로서 해당 토지 중 사유지의 3분의 2 이상을 취득한 경우에는 취득한 토지에 대한 소유권을 증명할 수 있는 서류와 국·공유지에 대한 소유권 또는 사용권을 증명할 수 있는 서류

🔍 관광지 등의 관리계획

- 관광시설계획에 포함된 시설물의 관리계획
- 관광지 등의 관리를 위한 인원 확보 및 조직에 관한 계획
- 그 밖의 관광지 등의 효율적 관리방안

관광단지개발자가 조성계획의 승인을 신청하는 경우에는 특별자치도지사·시장·군수·구청장에게 '조성계획 승인신청서'를 제출하여야 하며, 조성계획 승인신청서를 제출받은 시장·군수·구청장은 제출받은 날부터 20일 이내에 검토의견서를 첨부하여 시·도지사에게 제출하여야 한다.

관광지 및 관광단지 각 시설지구 안에 설치할 수 있는 시설은 [표 3-26]과 같다. 개별시설에 각종 부대시설이 복합적으로 있는 경우에는 그 시설의 주된 기능을 중심으로 시설지구를 구분한다.

(2) 조성계획의 승인 및 고시

시·도지사는 조성계획을 승인(承認)하거나 변경승인(變更承認)을 하고자 하는 때에는 관계 행정기관의 장과 협의하여야 한다. 이 경우 협의요청을 받은 관계 행정기관의 장은 특별한 사유가 없으면 그 요청을 받은 날부터 30일 이내에 의견

📋 표 3-26 **관광지 등의 시설지구 안에 설치할 수 있는 시설**

시설지구	설치할 수 있는 시설
공공편익시설지구	도로, 주차장, 관리사무소, 안내시설, 광장, 정류장, 공중화장실, 금융기관, 관공서, 폐기물처리시설, 오수처리시설, 상하수도시설, 그 밖에 공공의 편익시설과 관련되는 시설로서 관광지 등의 기반이 되는 시설
숙박시설지구	'공중위생관리법' 및 이 법에 따른 숙박시설, 그 밖에 관광객의 숙박과 체재에 적합한 시설
상가시설지구	판매시설, '식품위생법'에 따른 업소, '공중위생관리법'에 따른 업소(숙박업은 제외), 사진관, 그 밖의 물품이나 음식 등을 판매하기에 적합한 시설
운동·오락시설지구	'체육시설의 설치·이용에 관한 법률'에 따른 체육시설, 이 법에 따른 유원시설, 컴퓨터게임장, 케이블카(리프트카), 수렵장, 어린이놀이터, 무도장, 그 밖의 운동과 놀이에 직접 참여하거나 관람하기에 적합한 시설
휴양·문화시설지구	공원, 정자, 전망대, 조경휴게소, 의료시설, 노인시설, 삼림욕장, 자연휴양림, 연수원, 야영장, 온천장, 보트장, 유람선터미널, 낚시터, 청소년수련시설, 공연장, 식물원, 동물원, 박물관, 미술관, 수족관, 문화원, 교양관, 도서관, 자연학습장, 과학관, 국제회의장, 농·어촌휴양시설, 그 밖에 휴양과 교육·문화와 관련된 시설
기타 시설지구	위의 지구에 포함되지 아니하는 시설

을 제시하여야 한다. 시·도지사가 조성계획을 승인 또는 변경승인한 때에는 지체 없이 이를 고시하여야 한다.

(3) 조성계획의 변경승인

관광지 등 조성계획의 변경승인을 받으려는 자는 조성계획 승인을 신청할 때 필요한 서류와 동일한 종류의 서류를 첨부하여 조성계획의 변경승인을 신청하여야 한다. 조성계획의 변경승인을 신청하는 경우에는 변경과 관계되지 아니하는 사항에 대한 서류는 첨부하지 아니하고, 국·공유지에 대한 소유권 또는 사용권을 증명할 수 있는 서류는 조성계획 승인 후 공사착공 전에 제출할 수 있다.

관광단지개발자가 조성계획의 변경승인을 신청하는 경우에는 특별자치도지사·시장·군수·구청장에게 '조성계획 변경승인신청서'를 제출하여야 하며, 조성계획 변경승인신청서를 제출받은 시장·군수·구청장은 제출받은 날부터 20일 이내에 검토의견서를 첨부하여 시·도지사에게 제출하여야 한다. 조성계획의 변경신청을 하는 경우 "대통령령으로 정하는 경미(輕微)한 사항의 변경(變更)"[301]은 제외한다. 관광지 등 조성계획의 승인을 받은 자는 경미한 조성계획의 변경을 하는 경우에는 관계 행정기관의 장과 조성계획 승인권자에게 각각 통보(通報)하여야 한다.

(4) 조성계획 승인효과(인·허가 등의 의제)

관광진흥법에서 시·도지사는 조성계획을 실시하기 위해서 미리 관계 행정기관의 장과 협의하여 조성계획을 승인한다. 따라서 조성계획을 승인하였다면 관계 행정기관과 사전에 충분한 협의를 한 것으로 인정되므로 조성계획을 실시하기 위하여 새롭게 관련 행정관청마다 인·허가를 받을 필요는 없게 된다. 이는 시간과 인력의 낭비는 물론 절차상 복잡하여 사업시행에 차질을 가져오지 않도록 하는 행정 서비스의 일환이라고 볼 수 있다. 관광진흥법은 이러한 의제처리 사항을 규정함으로써 관광지 및 관광단지의 개발을 위한 각종 인허가 사항을 일괄하여 처리할 수 있도록 하여 효율적인 관광지 개발을 도모하고 있다.

---

301) 경미한 사항의 변경(관광진흥법 시행령 제47조)
　　① 관광시설계획면적의 100분의 20 이내의 변경, ② 관광시설계획 중 시설지구별 토지이용계획면적의 100분의 30 이내의 변경(시설지구별 토지이용계획면적이 2천 200m² 미만인 경우에는 660m² 이내의 변경), ③ 관광시설계획 중 시설지구별 건축 연면적의 100분의 30 이내의 변경(시설지구별 건축 연면적이 2천200m² 미만인 경우에는 660m² 이내의 변경)

관광진흥법에 따라 조성계획의 승인 또는 변경승인을 받거나 특별자치시장 및 특별자치도지사가 조성계획을 수립한 경우에는 다음 사항의 인·허가 등에 관하여 시·도지사가 인·허가 등의 관계 행정기관의 장과 미리 협의한 사항에 대해서는 해당 인·허가 등을 받거나 신고를 한 것으로 본다.

① '국토의 계획(計劃) 및 이용(利用)에 관한 법률'에 따른 도시·군 관리계획의 결정, 지형도면의 승인, 용도지역 중 도시지역이 아닌 지역의 계획관리지역 지정, 용도지구 중 개발진흥지구의 지정, 개발행위의 허가, 도시·군 계획시설 사업시행자의 지정 및 실시계획의 인가

② '수도법(水道法)'에 따른 일반수도사업의 인가 및 전용 상수도 설치시설의 인가

③ '하수도법(下水道法)'에 따른 공공하수도 공사시행 등의 허가

④ '공유수면(公有水面) 관리 및 매립에 관한 법률'에 따른 공유수면 점용·사용 허가, 점용·사용 실시계획의 승인 또는 신고, 공유수면의 매립면허, 국가 등이 시행하는 매립의 협의 또는 승인 및 공유수면매립실시계획의 승인

⑤ '하천법(河川法)'에 따른 하천공사 등의 허가 및 실시계획의 인가, 점용허가 및 실시계획의 인가

⑥ '도로법(道路法)'에 따른 도로공사 시행의 허가 및 도로 점용의 허가

⑦ '항만법(港灣法)'에 따른 항만개발사업 시행의 허가 및 실시계획의 승인

⑧ '사도법(私道法)'에 따른 사도 개설의 허가

⑨ '산지관리법'에 따른 산지 전용허가 및 산지 전용신고, 산지 일시사용 허가·신고, '산림자원의 조성 및 관리에 관한 법률'에 따른 입목벌채 등의 허가와 신고

⑩ '농지법(農地法)'에 따른 농지 전용허가

⑪ '자연공원법'에 따른 공원사업 시행 및 공원시설관리의 허가와 행위 허가

⑫ '공익사업을 위한 토지 등의 취득 및 보상에 관한 법률'에 따른 사업 인정

⑬ '초지법(草地法)'에 따른 초지전용의 허가

⑭ '사방(砂防)사업법'에 따른 사방지 지정의 해제

⑮ '장사(葬事) 등에 관한 법률'에 따른 분묘(墳墓)의 개장신고 및 분묘의 개장 허가

⑯ '폐기물(廢棄物) 관리법(管理法)'에 따른 폐기물처리시설의 설치승인 또는 신고

⑰ '온천법(溫泉法)'에 따른 온천 개발계획의 승인

⑱ '건축법(建築法)'에 따른 건축허가, 건축신고, 가설건축물 건축의 허가 또는 신고

⑲ '관광진흥법'에 따른 관광숙박업 및 관광객 이용시설업·국제회의업의 사업 계획 승인. 다만, 사업계획의 작성자와 조성사업의 시행자가 동일한 경우

⑳ '체육시설의 설치·이용에 관한 법률'에 따른 등록체육시설업의 사업계획 승인. 다만, 사업계획의 작성자와 조성사업의 시행자가 동일한 경우

㉑ '유통산업(流通産業) 발전법(發展法)'에 따른 대규모 점포의 개설 등록

㉒ '공간정보의 구축 및 관리 등에 관한 법률'에 따른 사업의 착수·변경의 신고

시·도지사는 위 조항의 인·허가 등이 포함되어 있는 조성계획을 승인·변경승인 또는 수립하려는 경우 미리 관계 행정기관의 장과 협의하여야 한다. 위 조항에서 규정한 사항 외에 인·허가 등 의제의 기준 및 효과 등에 관해서는 「행정기본법」을 준용(準用)한다.

(5) 조성계획의 실효 및 취소

조성계획의 승인을 받은 관광지 등 사업시행자가 조성계획의 승인 고시일부터 2년 이내에 사업을 착수하지 아니하면 조성계획 승인 고시일부터 2년이 지난 다음 날에 그 조성계획의 승인은 효력을 상실한다. 시·도지사는 조성계획 승인을 받은 민간개발자가 사업 중단 등으로 환경·미관을 크게 해칠 경우와, 관광지 및 관광단지의 실적(實績) 평가 결과 조성사업의 완료가 어렵다고 판단되는 경우에는 조성계획의 승인을 취소(取消)하거나 이의 개선(改善)을 명할 수 있다. 시·도지사는 행정절차의 이행 등 부득이한 사유로 조성계획 승인신청 또는 사업 착수기한의 연장이 불가피하다고 인정되면 1년 이내의 범위에서 한 번만 그 기한을 연장할 수 있다. 시·도지사는 지정 또는 승인의 효력이 상실된 경우 및 승인이 취소된 경우에는 지체 없이 그 사실을 고시하여야 한다(관광진흥법 제56조).

지방자치단체가 무분별하게 관광지를 지정하여 개발하고, 또 지정된 관광지가 장기간 방치된다면 대상지역의 효율적인 토지이용은 어렵게 된다는 것이 문제점으로 지적되어 왔다. 이에 따라 특정한 경우에 조성계획의 효력(效力)이 상실(喪失)되도록 하고 있다.

3) 조성계획의 시행

조성계획을 시행하기 위한 사업은 관광진흥법 또는 다른 법령에 특별한 규정이 있는 경우 외에는 조성계획의 승인을 받은 자가 행한다. 이를 사업시행자(事業施行者)라고 한다. 여기서 시행이라 함은 조성계획에 의해 실제로 개발을 진행하는 일을 말한다.

(1) 조성사업의 시행허가

사업시행자가 아닌 자로서 조성사업을 하려는 자는 사업시행자가 특별자치도지사·시장·군수·구청장인 경우에는 특별자치도지사·시장·군수·구청장의 허가를 받아서 조성사업을 할 수 있고, 사업시행자가 관광단지개발자인 경우에는 관광단지개발자와 협의하여 조성사업을 할 수 있다. 이에 따라 조성사업의 시행허가를 받거나 협의를 하려는 자는 특별자치도지사·시장·군수·구청장 또는 조성계획 승인을 받은 자에게 각각 신청하여야 한다(관광진흥법 제55조). 사업시행자가 아닌 자가 조성사업의 허가를 받거나 협의를 하려는 경우에는 별지 '조성사업 허가(許可) 또는 협의신청서(協議申請書)'에 관련 서류(書類)[302]를 첨부(添附)하여 관광지 등의 사업시행자에게 제출하여야 한다.

사업시행자가 아닌 자로서 조성사업을 시행하려는 자가 사업계획의 승인을 받은 경우에는 특별자치도지사·시장·군수·구청장의 허가를 받지 아니하고 그 조성사업을 시행할 수 있다. 특별자치도지사·시장·군수·구청장 또는 사업시행자는 허가(許可) 또는 협의(協議)를 하려면 해당 조성사업에 대하여 조성계획에 저촉(抵觸) 여부와 관광지 등의 자연경관 및 특성에 적합(適合) 여부에 대한 사항을 검토하여야 한다.

이처럼 사업시행자가 아닌 자로서 조성사업을 시행하고자 하는 경우 사업계획의 승인을 얻은 때에는 이를 시장·군수·구청장의 허가를 받은 것으로 가늠하게 한 것은 행정의 효율성과 민원인의 편의를 도모하기 위한 것으로 여겨진다.

---

302) 신청서와 함께 제출할 서류(시행규칙 제62조): ① 사업계획서(위치, 용지면적, 시설물설치계획, 건설비 내역 및 재원조달계획 등을 포함) ② 시설물의 배치도 및 설계도서(평면도 및 입면도를 말한다) ③ 부동산이 타인 소유인 경우에는 토지소유자가 자필 서명한 사용승낙서 및 신분증 사본

(2) 용지매수 및 보상업무의 위탁

관광지 등의 조성사업을 시행함에 있어서 가장 중요하고 힘든 일 중의 하나는 용지를 매수하는 업무이다. 따라서 사업시행자가 관광지 등의 개발 촉진을 위하여 조성계획의 승인 전에 시·도지사의 승인을 받아 그 조성사업에 필요한 토지를 매입한 경우에는 사업시행자로서 토지를 매입(買入)한 것으로 본다. 용지매수와 보상업무는 지역 행정을 관할하는 관할 지방자치단체가 하는 것이 효과적일 수 있다. 관광진흥법에서는 이를 위탁할 수 있는 근거를 마련하였다.

관광진흥법 제55조에서는 관광단지를 개발하려는 공공기관 등 관광단지개발자는 필요하면 용지(用地)의 매수(買收) 업무와 손실보상(損失補償) 업무를 관할 지방자치단체의 장에게 위탁(委託)할 수 있다고 규정하고 있다. 민간개발자인 경우에는 원칙적으로는 불가능하지만, 조성 대상 토지면적 중 3분의 2 이상을 취득하고 남은 사유지(私有地)를 수용하거나 사용하는 경우만 해당한다.

관광단지개발자는 조성사업을 위한 용지의 매수 업무와 손실보상 업무를 관할 지방자치단체의 장에게 위탁한다.[303] 지방자치단체의 장은 위탁을 받은 경우에는 문화체육관광부령으로 정하는 바에 따라 그 업무를 위탁한 자에게 수수료(手數料)를 청구할 수 있다. 수수료의 산정기준(算定基準)은 다음 [표 3-27]과 같다.

표 3-27 **용지매수 및 보상업무의 위탁수수료 산정기준표**

용지매수의 금액	위탁수수료의 기준 (용지매수대금에 대한 백분율)	비고
10억원 이하	2.0퍼센트 이내	① "용지매수의 금액"이란 용지매입비, 시설의 매수 및 인건비, 관리보상비 및 지장물보상비와 이주위자료의 합계액을 말한다.
10억원 초과 30억원 이하	1.7퍼센트 이내	② 감정수수료 및 등기수수료 등 법정수수료는 위탁수수료의 기준을 정할 때 고려하지 아니한다.
30억원 초과 50억원 이하	1.3퍼센트 이내	③ 개발사업의 완공 후 준공 및 관리처분을 위한 측량, 지목변경, 관리이전을 위한 소유권의 변경절차를 위한 관리비는 이 기준수수료의 100분의 30의 범위에서 가산할 수 있다.
50억원 초과	1.0퍼센트 이내	④ 지역적인 특수조건이 있는 경우에는 이 위탁요율을 당사자가 상호 협의하여 증감 조정할 수 있다.

---

303) 위탁내용에 명시할 사항: ① 위탁업무의 시행지 및 시행기간, ② 위탁업무의 종류·규모·금액, ③ 위탁업무 수행에 필요한 비용과 그 지급방법, ④ 그 밖에 위탁업무를 수행하는 데에 필요한 사항

(3) 공공시설의 우선 설치 및 전기시설 설치

관광진흥법 제57조에서는 국가·지방자치단체 또는 사업시행자는 관광지 등의 조성사업과 그 운영에 관련되는 도로, 전기, 상·하수도 등 공공시설(公共施設)을 우선하여 설치하도록 노력하여야 한다고 규정하고 있다. 이는 관광지 및 관광단지 내의 도로, 전기, 상하수도, 오수처리시설 등 공공설비를 우선적으로 설치하도록 하여 원활한 관광지 등의 조성을 추진하기 위함이다.

그리고 사업시행자가 조성사업의 시행으로 '국토의 계획 및 이용에 관한 법률'에 따른 공공시설을 새로 설치하거나 기존의 공공시설에 대체되는 시설을 설치한 경우 그 귀속에 관하여는 동법을 준용한다. 이에 따라 공공시설 등을 등기하는 경우에는 조성계획승인서와 준공검사증명서로써 '부동산등기법(不動産登記法)'의 등기원인을 증명하는 서면을 갈음할 수 있다(관광진흥법 제58조의3).

또한 관광단지에 전기를 공급하는 자는 관광단지 조성사업의 시행자가 요청하는 경우 관광단지에 전기를 공급하기 위한 전기간선시설(電氣幹線施設) 및 배전시설(配電施設)을 관광단지 조성계획에서 도시·군 계획시설로 결정된 도로까지 설치하되, '구체적인 설치범위(設置範圍)'[304]는 대통령령으로 정한다. 관광단지에 전기를 공급하는 전기간선시설 및 배전시설의 설치비용은 전기를 공급하는 자가 부담한다. 다만, 관광단지 조성사업의 시행자·입주기업·지방자치단체 등의 요청에 의하여 전기간선시설 및 배전시설을 땅속에 설치하는 경우에는 전기를 공급하는 자와 땅속에 설치할 것을 요청하는 자가 각각 100분의 50의 비율로 설치비용을 부담한다.

(4) 준공검사

사업시행자가 관광지 등 조성사업의 전부 또는 일부를 완료한 때에는 지체 없이 시·도지사에게 준공검사(竣工檢査)를 받아야 한다. 이 경우 시·도지사는 해당 준공검사 시행에 관하여 관계 행정기관의 장과 미리 협의해야 한다. 사업시행자가 준공검사를 받은 경우에는 해당 사업의 준공검사 또는 준공인가 등을 받은 것

---

304) 전기간선시설 등의 설치범위(시행령 제49조의2): 관광단지 조성사업구역 밖의 기간(基幹)이 되는 시설로부터 조성사업구역 안의 토지이용계획상 6미터 이상의 도시·군 계획시설로 결정된 도로에 접하는 개별필지의 경계선까지를 말한다.

으로 본다(관광진흥법 제58조의2). 사업시행자가 조성사업의 전부 또는 일부를 완료하여 준공검사를 받으려는 때에는 '준공검사신청서'[305]를 시·도지사에게 제출해야 한다. 동 준공검사신청서에는 필요한 서류 및 도면을 첨부해야 한다.[306] 준공검사 신청을 받은 시·도지사는 검사일정을 정하여 준공검사 신청 내용에 포함된 공공시설을 인수하거나 관리하게 될 국가기관 또는 지방자치단체의 장에게 검사일 5일 전까지 통보하여야 하며, 준공검사에 참여하려는 국가기관 또는 지방자치단체의 장은 준공검사일 전날까지 참여를 요청해야 한다. 준공검사 신청을 받은 시·도지사는 준공검사를 하여 해당 조성사업이 승인된 조성계획대로 완료되었다고 인정하는 경우에는 '준공검사증명서'를 발급하고, 공보에 고시해야 한다.[307]

(5) 타 법률과의 관계

조성계획의 수립, 조성사업의 시행 및 관광지 등의 처분에 관하여는 관광진흥법에 규정되어 있는 것 외에는 '국토의 계획 및 이용에 관한 법률' 제90조(서류의 열람), 제100조(다른 법률과의 관계), 제130조(토지에의 출입) 및 제131조(토지에의 출입에 따른 손실보상)를 준용한다(관광진흥법 제60조).

4) 공용수용·사용, 이주대책

조성사업시행자는 사업시행에 필요한 토지 및 그 밖의 권리를 취득해야만 정상적인 사업시행을 할 수 있다. 사업시행을 위하여 특정한 재산권이 필요한 경우, 사업시행자는 매매 그 밖의 민법상의 수단에 의하여 이를 취득하는 것이 원칙이다. 그러나 권리자의 승낙 거부나 가격상의 합의 불가능 등 보통의 수단으

---

305) 준공검사신청서에 포함된 사항: ① 사업시행자의 성명·주소, ② 조성사업의 명칭, ③ 조성사업을 완료한 지역의 위치 및 면적, ④ 조성 사업기간

306) 준공검사신청서에 첨부할 서류(시행령 제50조의2): ① 준공설계도서(착공 전의 사진 및 준공사진을 첨부), ② '측량·수로조사 및 지적에 관한 법률'에 따라 지적소관청이 발행하는 지적측량성과도, ③ 공공시설 및 토지 등의 귀속조서와 도면, ④ '공유수면 관리 및 매립에 관한 법률'에 따라 사업시행자가 취득할 대상 토지와 국가 또는 지방자치 단체에 귀속될 토지 등의 내역서(공유수면을 매립하는 경우에만 해당), ⑤ 환지계획서 및 신·구 지적대조도(환지를 하는 경우에만 해당), ⑥ 개발된 토지 또는 시설 등의 관리·처분 계획

307) 준공검사 후 공보에 고시할 내용: ① 조성사업의 명칭, ② 사업시행자의 성명 및 주소, ③ 조성사업을 완료한 지역의 위치 및 면적, ④ 준공 연월일(年月日), ⑤ 주요 시설물의 관리·처분에 관한 사항, ⑥ 그 밖에 시·도지사가 필요하다고 인정하는 사항

로 취득이 곤란한 경우에는 권리자의 의사를 무시하고 그 재산을 법적인 힘으로 강제적으로 취득하거나 사용하여 조성계획을 시행할 필요가 있다. 이러한 경우에 해당하는 법 규정이 공용수용(公用收用, expropriation) 또는 공용사용(公用使用, public use)이다.여기서 공용수용이라 함은 특정한 공익사업을 위하여 개인의 재산권을 법률에 의하여 강제적으로 취득하는 것을 말하며, 수용 또는 공용징수(公用徵收)라고도 한다. 그리고 공용사용이라 함은 행정주체가 공공필요를 위해 타인의 재산권을 사용하는 것으로 사용이라고도 한다.

(1) 수용 및 사용

사업시행자는 조성사업의 시행에 필요한 토지(土地)와 '그에 속한 물건(物件) 또는 권리(權利)'[308]를 수용하거나 사용할 수 있다. 다만, 농업용수권(農業用水權)이나 그 밖의 농지개량시설을 수용 또는 사용하려는 경우에는 미리 농림부장관의 승인을 받아야 한다. 수용 또는 사용에 관한 협의가 성립되지 아니하거나 협의를 할 수 없는 경우에는 사업시행자는 '공익사업(公益事業)을 위한 토지 등의 취득 및 보상에 관한 법률(토지취득보상법)'에도 불구하고 조성사업 시행기간에 재결(裁決)[309]을 신청할 수 있다. 그리고 수용 또는 사용의 절차, 그 보상 및 재결 신청에 관하여는 관광진흥법에 규정되어 있는 것 외에는 '토지취득보상법'을 적용한다(관광진흥법 제61조). 공용수용 및 사용은 기본권인 재산권에 대한 중대한 침해이므로 법률의 근거를 요한다. 토지의 수용 및 사용에 관한 일반적인 규정은 '토지취득보상법(土地取得補償法)'에 의한다.[310] 그리고 관광지 등의 개발에 있어서도 공익사업으로 간주하고 토지의 수용 및 사용에 관하여 규정하고 있다. 이처럼 공용사

---

308) 토지에 속한 물건 또는 권리는 (법 제61조): ① 토지에 관한 소유권 외의 권리, ② 토지에 정착한 입목이나 건물, 그 밖의 물건과 이에 관한 소유권 외의 권리, ③ 물의 사용에 관한 권리, ④ 토지에 속한 토석 또는 모래와 조약돌

309) 재결(decision)이라 함은 공익사업을 하기 위해 토지 등을 매수할 때 사업시행자와 토지 등의 소유자 간에 협의매수가 성립되면 좋으나, 그렇지 못할 경우에 법에 따라 국가공권력의 강제매입인 수용(收用)이라는 절차를 밟는다. 이때 토지수용위원회가 제3자의 입장에서 행정처분을 내리는 것이 재결이다.

310) 토지취득보상법에서의 손실보상원칙: ① 사업시행자가 보상, ② 사전(事前) 보상: 공사 착수 이전에 보상액 전액 지급, ③ 현금 보상, ④ 개인별 보상, ⑤ 일괄(一括) 보상, ⑥ 사업시행 이익과의 상계(相計)* 금지
   *상계(set-off)란 채권자와 채무자가 서로 동종의 채권·채무를 가지는 경우에 채무자의 일방적 의사표시에 의하여 그 채권·채무를 대등액에서 소멸시키는 것을 말한다.

용과 공용수용은 피수용자(被收用者)에게 특별한 희생을 과하는 것이므로 손실(損失)에 대하여 보상(補償)을 지급하여야 한다.

(2) 이주대책

사업시행자는 조성사업의 시행에 따른 토지·물건 또는 권리를 제공함으로써 생활의 근거를 잃게 되는 자를 위하여 대통령령으로 정하는 내용이 포함된 이주대책(移住對策)을 수립·실시하여야 한다. 이주대책의 수립에 관하여는 '공익사업을 위한 토지 등의 취득 및 보상에 관한 법률'을 준용한다(관광진흥법 제66조).

사업시행자가 수립하는 이주대책에는 택지 및 농경지의 매입(買入), 택지 조성 및 주택 건설, 이주보상금, 이주방법 및 이주시기, 이주대책에 따른 비용, 그 밖에 필요한 사항이 포함되어야 한다. 여기서 이주대책이란 공익사업의 시행으로 인하여 생활의 근거를 상실하게 되는 자를 종전과 같은 생활 상태를 유지할 수 있는 다른 지역으로 이주시키는 것을 말한다. 이주대책에는 이주뿐만 아니라 생계대책(生計對策)까지 포함되어야 한다.

5) 비용 부담

관광지 또는 관광단지의 조성사업에는 막대한 자금이 소요되므로, 사업자가 비록 국가나 공공단체일지라도 그 재원조달에는 제한을 받지 않을 수 없다. 그래서 일정한 경우에 선수금이나 부담금을 징수하여 사업시행의 비용(費用)에 충당(充當)하고 있다.

(1) 선수금

선수금(先受金)이란 용역(用役)이나 상품의 대가를 분할하여 받기로 하였을 때 먼저 수령하는 금액을 말한다. 그리고 사업투자비를 조달하기 위하여 당해 사업으로부터 특별한 이익을 취할 수 있는 사람으로부터 미리 납부받은 토지·시설의 분양대금(分讓貸金)을 말한다. 이 선수금 제도는 일반 상거래에서 찾아볼 수 없는 예외적인 제도로 공익사업의 효율적인 수행을 위하여 도입된 개념이다.

관광진흥법 제63조에서 사업시행자는 그가 개발하는 토지 또는 시설을 분양받거나 시설물을 이용하려는 자로부터 그 대금의 전부 또는 일부를 미리 받을 수 있다고 규정하고 있다. 사업시행자는 선수금을 받으려는 경우에는 그 금액 및 납

부방법에 대하여 토지 또는 시설을 분양받거나 시설물을 이용하려는 자와 협의하여야 한다. 이는 사업시행자가 일방적으로 선수금을 정할 경우 예상되는 부작용을 방지하기 위함이다.

(2) 부담금 징수

부담금(負擔金)은 공익사업 경비를 그 사업에 이해관계를 가진 사람에게 부담시키기 위하여 과하는 공법상의 금전 급여 의무로서, 인적 공용부담(公用負擔)의 하나이다. 그리고 수익자 부담금의 일종이며 경비의 일부를 분담시키는 경우로 분담금(分擔金)이라고 한다. 부담금에는 이용자분담금(利用者分擔金)[311]과 원인자부담금(原因者負擔金)[312]이 있다.

① 이용자분담금과 원인자부담금의 부과

사업시행자는 지원시설 건설비용의 전부 또는 일부를 그 이용자에게 분담하게 할 수 있다. 또한 지원시설 건설의 원인이 되는 공사 또는 행위가 있으면 사업시행자는 그 공사 또는 행위의 비용을 부담하여야 할 자에게 그 비용의 전부 또는 일부를 부담하게 할 수 있다(관광진흥법 제64조).

사업시행자는 지원시설의 이용자에게 분담금을 부담하게 하려는 경우에는 지원시설의 건설사업명·건설비용·부담금액·납부방법 및 납부기한을 서면에 구체적으로 밝혀 그 이용자에게 분담금의 납부를 요구하여야 한다. 그리고 지원시설의 건설비용은 공사비(工事費)(조사측량비·설계비 및 관리비는 제외)와 보상비(報償費)(감정비를 포함)를 합산한 금액으로 한다. 또한 분담금액은 지원시설의 이용자의 수 및 이용횟수 등을 고려하여 사업시행자가 이용자와 협의하여 산정한다.

② 분담금 부과 처분 등에 대한 이의신청

사업시행자는 분담금 또는 부담금 부과에 대한 이의신청을 받으면 그 신청을 받은 날부터 15일 이내에 이를 심의하여 그 결과를 신청인에게 서면으로 통지하여야 한다. 여기에서 규정한 사항 외에 처분에 대한 이의신청에 관한 사항은 「행정기본법」에 따른다.

---

311) 이용자분담금이란 특정의 공익사업의 시행으로 인하여 특별한 이익을 받은 자에게 그 이익의 범위 내에서 사업경비의 일부를 부담시키는 것으로 수익자(受益者)부담금이라고도 한다.
312) 원인자부담금이란 특정한 공익사업을 하도록 원인을 제공한 자가 납부하여야 하는 부담금을 말한다.

③ 유지·관리·보수비의 분담금

사업시행자는 공동시설의 유지·관리 및 보수비용을 분담하게 하려는 경우에는 공동시설의 유지·관리·보수 현황, 분담금액, 납부방법, 납부기한 및 산출내용을 적은 서류를 첨부하여 관광지 등에서 사업을 경영하는 자에게 그 납부를 요구하여야 한다. 이에 따른 공동시설의 유지·관리 및 보수비용의 분담비율은 시설 사용에 따른 수익의 정도에 따라 사업시행자가 사업을 경영하는 자와 협의하여 결정한다. 그리고 사업시행자는 유지·관리·보수비용의 분담 및 사용 현황을 매년 결산하여 비용을 분담하는 자에게 통보하여야 한다.

유지·관리 및 보수비의 부담은 당해 공익사업에 손상을 주는 사업을 경영하는 사람에 대하여 이로 인한 공익사업의 유지·보수에 소요되는 경비의 전부 또는 일부를 부담시키는 것을 말하며 '손상자(損傷者)부담금(負擔金)'이라고도 한다.

④ 징수위탁·강제징수

이용자분담금·원인자부담금 또는 유지·관리 및 보수에 드는 비용을 내야 할 의무가 있는 자가 이를 이행하지 아니하면 사업시행자는 그 지역을 관할하는 특별자치도지사·시장·군수·구청장에게 그 징수(徵收)를 위탁(委託)할 수 있다. 이에 따라 징수를 위탁받은 특별자치도지사·시장·군수·구청장은 지방세 체납처분의 예에 따라 이를 징수할 수 있다. 이 경우 특별자치도지사·시장·군수·구청장에게 징수를 위탁한 자는 징수한 금액의 100분의 10에 해당하는 금액을 특별자치도·시·군·구에 내야 한다. 사업시행자는 특별자치도지사·시장·군수·구청장에게 이용자분담금, 원인자부담금 또는 유지·관리 및 보수비용의 징수를 위탁하려면 그 위탁 내용에 납부의무자의 성명·주소, 납부금액, 납부사유 및 납부기간, 그 밖에 분담금 등의 징수에 필요한 사항을 명시하여야 한다.

강제징수(强制徵收)라 함은 관광진흥법의 집행으로 인하여 발생하는 금전(金錢) 급부(給付)[313]의 의무가 잘 이행되지 아니할 경우에, 이를 강제로 징수하는 행정상의 징수방법을 말한다.

---

313) 급부(payment)란 채무의 내용이며 채무자의 행위이다. 경우에 따라 이행·지급·행위·급여 등이라고 한다.

4. 관광지 및 관광단지 관리

관광지 및 관광단지는 국가 또는 공공단체가 관광 진흥이라는 행정목적을 달성하기 위하여 직접적으로 일반인의 공동 사용에 제공한 물건이다. 이러한 공공용물(公共用物)³¹⁴은 일반 공중(公衆)은 누구나 타인의 공동사용을 방해하지 아니하는 한도 안에서는 이를 자유로이 사용할 수 있다. 그리고 공물주체(公物主體)인 국가 및 공공단체는 공물을 유지하고 행정목적에 계속 제공함으로써 당초의 설치목적을 달성하기 위하여 공물의 관리가 요청되고 있다. 또한 공물의 유지와 그 비용은 공물 관리권의 주체인 행정주체(行政主體)가 부담하는 것이 원칙이지만, 일반인에게 부담시키는 경우도 있다.

1) 관광지 관리 및 운영

사업시행자는 관광지 또는 관광단지의 관리(管理)·운영(運營)에 필요한 조치를 하여야 하며, 필요하면 관광사업자단체 등에 관광지 등의 관리·운영을 위탁할 수 있다(관광진흥법 제69조). 관광자원의 가치를 계속적으로 유지하고, 관광자원과 시설을 보전하고 관광객에게 쾌적하고 안전한 관광활동을 할 수 있도록 하기 위하여 관광지 관리는 필수적으로 요구되고 있다. 또한 이를 체계적으로 수행하기 위해서는 관광자원의 관리, 관광객 관리, 서비스 관리 등으로 구분하여 실시하는 것이 바람직하다.

2) 입장료 및 이용료 징수

관광지 및 관광단지에서 조성사업을 하거나 건축, 그 밖의 시설을 한 자는 관광지 등에 입장하는 자로부터 입장료(入場料)를 징수(徵收)할 수 있고, 관광시설을 관람하거나 이용하는 자로부터 관람료(觀覽料)나 이용료(利用料)를 징수할 수 있다. 그리고 이에 따른 입장료·관람료 또는 이용료의 징수 대상의 범위와 그 금액은 관광지 등이 소재하는 지방자치단체의 조례로 정한다. 또한 지방자치단체는 이를 관광지 등의 보존(保存)·관리(管理)와 그 개발(開發)에 필요한 비용에 충당하

---

314) 공공용물(public goods)이란 도로·하천·항·만·운하·제방·교량·공원·천연기념물 등과 같이 일반 공중의 공공사용에 제공되는 공물(公物)을 말한다.

여야 한다. 지방자치단체는 지역관광 활성화를 위하여 관광지등에서 조성사업을 하거나 건축, 그 밖의 시설을 한 민간개발자가 징수한 입장료·관람료 또는 이용료를 지역사랑상품권[315]을 활용하여 관광객에게 환급하는 경우 조례로 정하는 바에 따라 환급한 입장료·관람료 또는 이용료의 전부 또는 일부에 해당하는 비용을 지원할 수 있다(법 제67조).

입장료 등의 징수는 양면(兩面)적 특성이 있다. 원칙적으로 문화유산을 비롯한 많은 관광대상을 관할하는 데 있어 무료를 원칙으로 하지만, 관리비용의 충당 등에서 어려움이 있다. 또한 문화재 보호 및 보존 자금을 확보하기 위해서는 징수 정책의 필요성이 있지만, 많은 국민들에게 이를 즐기게 하는 점에서는 무료로 해야 함이 원칙이다. 따라서 징수를 하게 되면 보존·관리·개발의 비용으로만 사용하여야 한다.

3) 관광지 처분

사업시행자는 조성한 토지, 개발된 관광시설 및 지원시설의 전부 또는 일부를 매각(賣却), 임대하거나 타인에게 위탁(委託)하여 경영(經營)하게 할 수 있다. 이에 따라 토지·관광시설 또는 지원시설을 매수·임차하거나 그 경영을 수탁한 자는 그 토지나 관광시설 또는 지원시설에 관한 권리·의무를 승계한다.

관광지 및 관광단지의 조성사업시행자는 관광지 등을 조성하고 그 안에 각종 관광시설을 직접 설치하고 운영하려면 많은 재원이 필요하기 때문에 현실적으로 곤란한 경우가 많다. 또한 공공기관인 사업시행자가 영리시설까지 직접 경영하기는 어렵다. 이에 따라 관광지 등을 개발함에 있어서 토지의 수용과 이에 수반되는 기반시설(基盤施設)과 편의시설(便宜施設)은 공공사업으로 개발하고, 이를 기초로 한 숙박시설, 휴양시설, 상가시설, 음식시설 등 영리시설(營利施設)은 민간자본을 유치하여 개발·운용할 수 있게 하였다.

---

315) 「지역사랑상품권 이용 활성화에 관한 법률」에서 지역상품권, 지역화폐 등 그 명칭 또는 형태와 관계없이 지방자치단체의 장이 일정한 금액이나 물품 또는 용역의 수량을 기재하여 증표를 발행·판매하고, 그 소지자가 지방자치단체의 장 또는 가맹점에 이를 제시 또는 교부하거나 그 밖의 방법으로 사용함으로써 그 증표에 기재된 내용에 따라 상품권발행자등으로부터 물품 또는 용역을 제공받을 수 있는 유가증권으로 선불전자지급수단 및 선불카드라고 정의한다.

제2절 관광특구

1. 관광특구 지정 및 지원

　관광특구(觀光特區)란 외국인 관광객의 유치 촉진 등을 위하여 관광활동과 관련된 관계 법령의 적용이 배제되거나 완화되고, 관광활동과 관련된 서비스·안내체계 및 홍보 등 관광 여건을 집중적으로 조성할 필요가 있는 관광 특별(特別) 구역(區域)을 말한다. 이 제도는 1993년 관광진흥법 개정으로 도입(導入)되었다. 문화체육관광부는 2004년부터 관광특구 지정권한을 시·도지사로 이양하고 특구에 대한 지원근거를 마련하였으며, 관광특구 진흥계획의 수립, 시행 및 평가를 의무화하는 등 특구제도의 실효성을 확보하기 위한 제도적 장치를 마련하였다.

1) 관광특구의 지정요건

　관광특구는 다음의 요건을 모두 갖춘 지역 중에서 시장·군수·구청장의 신청에 따라 시·도지사 또는 특례시의 시장이 지정한다.[316](관광진흥법 제70조)

　🔍 외국인 관광객 수가 대통령령으로 정하는 기준 이상일 것[317]
　🔍 문화체육관광부령에 따라 관광안내시설, 공공편익시설 및 숙박시설 등이 갖추어져 외국인 관광객의 관광수요를 충족시킬 수 있는 지역일 것
　🔍 관광활동과 직접적인 관련성이 없는 토지의 비율이 대통령령으로 정하는 기준을 초과하지 아니할 것[318]
　🔍 지역이 서로 분리(分離)되어 있지 아니할 것

　관광특구 지정요건의 세부기준(細部基準)은 다음 [표 3-28]와 같다.

---

316) 「지방자치법」 제198조제2항제1호에 따른 인구 100만 이상 대도시(특례시)의 시장은 관할 구역 내에서 요건을 모두 갖춘 지역을 관광특구로 지정할 수 있다.
317) 동 기준은 통계전문기관의 통계결과 해당 지역의 최근 1년간 외국인 관광객 수가 10만 명(서울특별시는 50만 명)인 것을 말한다(시행령 제58조).
318) 동 기준은 관광특구 전체 면적 중 임야·농지·공업용지 또는 택지 등 관광활동과 직접적인 관련성이 없는 토지가 차지하는 비율이 10퍼센트인 것을 말한다(시행령 제58조).

표 3-28 **관광특구 지정요건의 세부기준**

시설구분	시설종류	구비기준
① 공공편익시설	화장실, 주차장, 전기시설, 통신시설, 상하수도시설	각 시설이 관광객이 이용하기에 충분할 것
② 관광안내시설	관광안내소, 외국인통역안내소, 관광지 표지판	각 시설이 관광객이 이용하기에 충분할 것
③ 숙박시설	관광호텔, 수상관광호텔, 한국전통호텔, 가족호텔 및 휴양콘도미니엄	영 별표 1의 등록기준에 부합되는 관광숙박시설이 1종류 이상일 것
④ 휴양·오락시설	민속촌, 해수욕장, 수렵장, 동물원, 식물원, 수족관, 온천장, 동굴자원, 수영장, 농어촌휴양시설, 산림휴양시설, 박물관, 미술관, 활공장, 자동차야영장, 관광유람선 및 종합유원시설	영 별표 1의 등록기준에 부합되는 관광객이용시설 또는 별표 1의 시설 및 설비기준에 부합되는 유원시설로서 2종류 이상일 것
⑤ 접객시설	관광공연장, 관광유흥음식점, 관광극장유흥업점, 외국인전용 유흥음식점, 관광식당	영 별표 1의 등록기준에 부합되는 관광객이용시설 또는 별표 2의 지정기준에 부합되는 관광편의시설로서 관광객이 이용하기에 충분할 것
⑥ 상가시설	관광기념품전문판매점, 백화점, 재래시장, 면세점 등	1개소 이상일 것

2) 관광특구의 지정 절차

관광특구의 지정 및 지정취소 또는 그 면적의 변경을 신청하려는 시장·군수·구청장은 '관광특구 지정 등 신청서'에 관련 서류(書類)[319]를 첨부하여 특별시장·광역시장·도지사에게 제출하여야 한다. 다만, 관광특구의 지정취소 또는 그 면적 변경의 경우에는 그 취소 또는 변경과 관계되지 아니하는 사항에 대한 서류는 첨부하지 아니한다.

특별시장·광역시장·도지사는 관광특구 지정 등의 신청을 받은 경우에는 개발 필요성, 타당성, 관광지·관광단지의 구분기준 및 관광개발기본계획 및 권역별 관광개발계획에 적합한지 등을 종합적으로 검토하여야 한다. 그리고 시·도지사가 관광특구의 지정신청을 받은 경우에는 지정요건 충족 여부 등을 검토하기 위하여 전문기관에 조사·분석을 의뢰(依賴)하여야 한다.

---

319) 신청서에 첨부할 서류(시행규칙 제64조): ① 신청사유서, ② 주요 관광자원 등의 내용이 포함된 서류, ③ 해당 지역주민 등의 의견수렴 결과를 기재한 서류, ④ 관광특구의 진흥계획서, ⑤ 관광특구를 표시한 행정구역도(行政區域圖)와 지적도면(地籍圖面), ⑥ 요건에 적합함을 증명할 수 있는 서류

표 3-29 **전국 관광특구 지정현황**

지역	특구명	지정 지역(소재지)	면적(㎢)	지정일
서울(7)	명동·남대문·북창	명동, 회현동, 소공동, 무교동·다동 각 일부	0.87	2000.03.30
	이태원	용산구 이태원동·한남동 일원	0.38	1997.09.25
	동대문 패션타운	중구 광희동·을지로5~7가·신당1동 일원	0.58	2002.05.23
	종로·청계	종로구 종로1~6가·서린동·관철동·관수동·예지동 일원, 창신동 일부	0.54	2006.03.22
	잠실	송파구 잠실동·신천동·석촌동·송파동·방이동	2.31	2012.03.15
	강남	강남구 삼성동 무역센터 일대	0.19	2014.12.18
	홍대 문화예술	마포구 홍대 일대	1.13	2021.12.2
부산(2)	해운대	해운대구 우동·중동·송정동·재송동 일원	6.22	1994.08.31
	용두산·자갈치	중구 부평동·광복동·남포동 전지역, 중앙동·동광동·대청동·보수동 일부	1.08	2008.05.14
인천(1)	월미	중구 신포동·연안동·신흥동·북성동·동인천동 일원	3.00	2001.06.26
대전(1)	유성	유성구 봉명동·구암동·장대동·궁동·어은동·도룡동	5.86	1994.08.31
경기(5)	동두천	동두천시 중앙동·보산동·소요동 일원	0.40	1997.01.18
	평택시 송탄	평택시 서정동·신장1·2동·지산동·송북동 일원	0.49	1997.05.30
	고양	고양시 일산 서구, 동구 일부 지역	3.94	2015.08.06
	수원 화성	경기도 수원시 팔달구, 장안구 일대	1.83	2016.01.15
	통일동산	경기도 파주시 탄현면 성동리, 법흥리 일원	3.01	2019.04.30
강원(2)	설악	속초시·고성군 및 양양군 일부 지역	138.2	1994.08.31
	대관령	강릉시·동해시·평창군·횡성군 일원	428.3	1997.01.18
충북(3)	수안보온천	충주시 수안보면 온천리·안보리 일원	9.22	1997.01.18
	속리산	보은군 내속리면 사내리·상판리·중판리·갈목리 일원	43.75	1997.01.18
	단양	단양군 단양읍·매포읍 일원	4.45	2005.12.30
충남(2)	아산시온천	아산시 음봉면 신수리 일원	3.71	1997.01.18
	보령해수욕장	보령시 신흑동, 웅천읍 독산·관당리, 남포면 월전리	2.52	1997.01.18
전북(2)	무주 구천동	무주군 설천면·무풍면	7.61	1997.01.18
	정읍 내장산	정읍시 내장지구·용산지구	3.45	1997.01.18
전남(2)	구례	구례군 토지면·마산면·광의면·신동면 일부	78.02	1997.01.18
	목포	북항·유달산·원도심·삼학도·갓바위·평화광장 일원	6.90	2007.09.28
경북(4)	경주시	경주 시내지구·보문지구·불국지구	32.65	1994.08.31
	백암온천	울진군 온정면 소태리 일원	1.74	1997.01.18
	문경	문경시 문경읍·가은읍·마성면·농암면 일원	1.85	2010.01.18
	포항 영일만	영일대해수욕장, 송도해수욕장, 죽도시장 일대	2.41	2019.8.12
경남(2)	부곡온천	창녕군 부곡면 거문리·사창리 일원	4.82	1997.01.18
	미륵도	통영시 미수1·2동·봉평동·도남동·산양읍 일원	32.90	1997.01.18
제주(1)	제주도	제주도 전역 (부속도서 제외)	1,810	1994.08.31
13개 시·도 34개소		-	2,640	

* 자료 출처: 문화체육관광부(2023.4. 기준)

3) 관광특구 진흥계획

특별자치시장·특별자치도지사·시장·군수·구청장은 관할(管轄) 구역 내 관광특구를 방문하는 외국인 관광객의 유치 촉진 등을 위하여 관광특구진흥계획을 수립하고 시행하여야 한다. 관광특구진흥계획에 포함될 사항 등 관광특구진흥계획의 수립·시행에 필요한 사항은 대통령령으로 정한다(관광진흥법 제71조).

관할 행정관청의 장은 관광특구진흥계획을 수립하기 위하여 필요한 경우에는 해당 지역 주민의 의견을 들을 수 있다. 그리고 다음 사항이 포함된 진흥계획을 수립·시행한다(관광진흥법 시행령 59조).

- 외국인 관광객을 위한 관광편의시설의 개선에 관한 사항
- 특색 있고 다양한 축제, 행사, 그 밖에 홍보에 관한 사항
- 관광객 유치를 위한 제도개선에 관한 사항
- 관광특구를 중심으로 주변지역과 연계한 관광코스의 개발에 관한 사항
- 그 밖에 관광질서 확립 및 관광서비스 개선 등 관광객 유치를 위하여 필요한 사항으로써 문화체육관광부령으로 정하는 사항[320]

관할 행정관청의 장은 수립된 진흥계획에 대하여 5년마다 그 타당성을 검토하고 진흥계획의 변경 등 필요한 조치를 하여야 한다.

4) 관광특구에 대한 지원

국가나 지방자치단체는 관광특구를 방문하는 외국인 관광객의 관광 활동을 위한 편의(便宜) 증진(增進) 등 관광특구 진흥을 위하여 필요한 지원을 할 수 있다. 문화체육관광부장관은 관광특구를 방문하는 관광객의 편리한 관광 활동을 위하여 관광특구 안의 문화·체육·숙박·상가·교통·주차시설로서 관광객 유치를 위하여 특히 필요하다고 인정되는 시설에 대하여 관광진흥개발기금을 대여하거나 보조할 수 있다(관광진흥법 제72조).

---

320) 관광특구진흥계획에 포함하여야 할 사항(시행규칙 제65조): ① 범죄예방 계획 및 바가지요금, 퇴폐행위, 호객행위 근절 대책, ② 관광불편신고센터의 운영계획, ③ 관광특구 안의 접객시설 등 관련 시설 종사원에 대한 교육계획, ④ 외국인 관광객을 위한 토산품 등 관광상품 개발·육성계획

최근(2019.12.3.) 법률 개정을 통해 관광객 유치를 위하여 관광진흥개발기금을 대여하거나 보조할 수 있는 시설의 범위에 문화·체육·숙박·상가시설 이외에도, 교통(交通)·주차(駐車)시설을 추가하였다. 이러한 시설의 건립이 관광객 유치에 매우 중요하며 많은 자금이 소요되기 때문이다.

2. 관광특구 평가 및 특례

관광특구로 지정된 곳은 정기적으로 평가를 하여 그 지정에 대한 유지를 결정하게 함으로써 실질적인 지정 효과를 올리도록 한다. 또한 특구로서의 지정 효과의 의미를 가지도록 여러 가지 법률에서 특례(特例)를 제공하고 있다.

1) 관광특구에 대한 평가 및 조치

문화체육관광부장관 및 시·도지사는 대통령령으로 정하는 바에 따라 관광특구진흥계획의 집행 상황을 평가하고, 우수한 관광특구에 대하여는 필요한 지원을 할 수 있다. 시·도지사는 평가 결과 관광특구 지정요건에 맞지 아니하거나 추진 실적이 미흡한 관광특구에 대하여는 대통령령으로 정하는 바에 따라 관광특구의 지정취소·면적조정·개선권고 등 필요한 조치를 하여야 한다(관광진흥법 제73조). 그리고 문화체육관광부장관은 관광특구의 활성화를 위하여 관광특구에 대한 평가(評價)를 3년마다 실시(實施)하고,[321] 평가 결과에 따라 필요한 지원을 하거나 시·도지사에게 필요한 조치(措置)를 할 것을 요구할 수 있다. 이것은 관광특구진흥계획의 집행 상황 평가 주체를 시·도지사로 일원화하고, 문화체육관광부장관은 관광특구에 대한 평가와 조치를 할 수 있도록 하였다.

시·도지사는 진흥계획의 집행 상황을 연 1회 평가하여야 하며, 평가 시에는 관광 관련 학계·기관 및 단체의 전문가와 지역주민, 관광 관련 업계 종사자가 포함된 평가단을 구성하여 평가하여야 한다. 시·도지사는 평가 결과를 평가가 끝난 날부터 1개월 이내에 문화체육관광부장관에게 제출해야 하며, 문화체육관광부장

---

321) 평가 사항: ① 관광특구 지정 요건을 충족하는지 여부 ② 최근 3년간의 진흥계획 추진 실적 ③ 외국인 관광객의 유치 실적 ④ 그 밖에 문화체육관광부령으로 정하는 사항

관은 시·도지사가 제출한 사항 외에 추가로 평가가 필요하다고 인정되면 진흥계획의 집행상황을 직접 평가할 수 있다. 시·도지사는 진흥계획의 집행상황에 대한 평가 결과에 따라 다음 각 호의 구분에 따른 조치를 해야 한다(시행령 제60조).

- 🔍 관광특구의 지정요건에 3년 연속 미달하여 개선될 여지가 없다고 판단되는 경우에는 관광특구 지정 취소
- 🔍 진흥계획의 추진실적이 미흡한 관광특구로서 개선권고를 3회 이상 이행하지 아니한 경우에는 관광특구 지정 취소
- 🔍 진흥계획의 추진실적이 미흡한 관광특구에 대하여는 지정면적의 조정 또는 투자 및 사업계획 등의 개선 권고

2) 관광특구 안에서의 다른 법률에 대한 특례

관광특구 안에서는 '식품위생법(食品衛生法)'에 따른 영업제한에 관한 규정을 적용하지 아니한다. 그리고 관광특구 안에서 "대통령령으로 정하는 관광사업자[322]"는 '건축법(建築法)'에도 불구하고 연간 180일 이내의 기간 동안 해당 지방자치단체의 조례로 정하는 바에 따라 공개공지(空地, 공터)를 사용하여 외국인 관광객을 위한 공연 및 음식을 제공할 수 있다. 다만, 울타리를 설치하는 등 공중(公衆)이 해당 공지를 사용하는 데에 지장을 주는 행위를 하여서는 아니 된다.

또한 관광특구 관할 지방자치단체의 장은 관광특구의 진흥을 위하여 필요한 경우에는 시·도경찰청장 또는 경찰서장에게 '도로교통법(道路交通法)'에 따른 차마(車馬) 또는 노면전차의 도로통행 금지 또는 제한 등의 조치를 하여줄 것을 요청할 수 있다. 이 경우 요청받은 시·도경찰청장 또는 경찰서장은 '도로교통법'에도 불구하고 특별한 사유가 없으면 지체 없이 필요한 조치를 하여야 한다(관광진흥법 제74조). 이러한 특례(特例)[323] 사항들은 다양한 관광특구에서 공연이나 행사 등이 활발히 개최되고 보행자의 자유로운 통행을 확보하여 외국인 관광객 유치를 촉진할 수 있도록 하려는 것이다.

---

322) 건축법 특례 적용 관광사업자는 관광숙박업, 국제회의업, 일반여행업, 관광공연장업, 관광식당업, 여객자동차터미널시설업 또는 관광면세업을 경영하는 자로 함
323) 특례(exceptional case)는 일반적 규율인 법령 또는 규정에 대하여 특수하고 예외적인 경우를 인정하는 규정이다.

Chapter 10
관광사업 지도·감독과 벌칙

1. 행정처분

　행정행위(行政行爲)는 국가 등 행정주체가 구체적 사실에 관한 법을 집행하기 위하여 행하는 권력적 합법행위를 말한다. 이와 같은 행위에는 법령상으로는 명령, 금지, 면제, 인가, 승인, 특허, 면허, 인허(認許), 결정, 재정(裁定), 증명, 등록, 조치 등의 용어로 다양하며 이러한 행위들을 총칭할 때에 '행정처분(行政處分)' 또는 '처분(處分)'이라고 한다.

　이러한 행정처분은 처분청(處分廳)이나 그 감독청(監督廳) 또는 법원(法院) 등 권한 있는 기관에 의해 직권(職權) 또는 쟁송(爭訟)으로 취소(取消)[324]되지 않고는 그 효력을 부인하지 못하도록 되어 있다. 그러나 이러한 행정처분은 행정목적에 적합하여야 하고, 행정목적에 위반하는 처분은 부당한 처분으로서 소원(訴願)[325]의 대

---

324) 취소(cancellation)란 일단 유효하게 성립된 행정행위에 대하여, 그 성립에 흠이 있음을 이유로 권한 있는 기관이 그 행정행위의 법률상의 효력을 원칙적으로 처음부터 소급하여 상실시키기 위한 행정행위를 말한다.

325) 소원(petition)이란 행정처분이 불법 또는 부당하다고 불복하는 자로부터 제소(提訴)에 의하여 처분청의 상급 감독청 등이 그 처분의 취소나 변경 여부를 판단하기 위하여 재심사하는 절차를 말한다.

상이 되며, 법규에 위반하는 처분은 위법처분으로서 행정쟁송[326]의 대상이 된다.

1) 관광사업의 등록 취소 등

관광진흥법은 관광사업자의 자격 위반, 금지행위 위반, 의무 위반 등에 대한 제재사항으로 등록기관 등의 장으로 하여금 관광사업의 등록 등의 취소 또는 사업의 정지를 명할 수 있게 하였다. 그러나 이와 같은 행정행위는 관광사업자에게 불이익을 주는 것이기 때문에 지나친 재량권을 부여할 경우 형평성을 해칠 위험이 있게 되므로 그 처분기준을 설정하고 철저한 관리를 하도록 하고 있다.

(1) 행정처분의 사유(事由)

관할 등록기관 등의 장은 관광사업의 등록 등을 받거나 신고를 한 자 또는 사업계획의 승인을 받은 자가 다음 각 호의 어느 하나에 해당하면 그 등록 등 또는 사업계획의 승인을 취소하거나 6개월 이내의 기간을 정하여 그 사업의 전부 또는 는 일부의 정지를 명하거나 시설 또는 운영의 개선(改善)을 명할 수 있다(관광진흥법 제35조).

① 여행업, 관광숙박업, 관광객 이용시설업 및 국제회의업을 경영하는 자가 등록기준에 적합하지 아니하게 된 경우 또는 변경등록기간 내에 변경등록을 하지 아니하거나 등록한 영업범위를 벗어난 경우

② 유원시설업을 운영하는 자가 정하는 시설과 설비를 갖추지 아니하게 되는 경우

③ 카지노업과 유원시설업을 운영하는 자가 변경허가를 받지 아니하거나 변경신고를 하지 아니한 경우

④ 관광 편의시설업 지정 기준에 적합하지 아니하게 된 경우

⑤ 관광사업자의 지위를 승계한 자가 기한 내에 신고를 하지 아니한 경우

⑥ 관광사업자가 휴업 또는 폐업을 하고 알리지 아니하거나 미리 신고하지 아니한 경우

---

326) 행정쟁송(行政爭訟)은 행정작용에 의하여 권리나 이익을 침해당한 자가 이를 구제받기 위하여 제기하는 절차를 뜻한다. 행정쟁송은 일차적으로는 행정객체인 국민의 권익 보호라는 주관적 권리구제기능을 갖는 반면, 이차적으로는 객관적 법질서의 확립이라는 객관적 기능을 갖는데, 이를 행정쟁송의 이중적 기능이라고 한다. 행정쟁송에는 대표적으로 행정심판·이의신청·소원 및 행정소송이 있다.

⑦ 보험 또는 공제에 가입하지 아니하거나 영업보증금을 예치하지 아니한 경우

⑧ 사실과 다르게 관광표지를 붙이거나 관광표지에 기재되는 내용을 사실과 다르게 표시 또는 광고하는 행위를 한 경우

⑨ 규정을 위반하여 관광사업의 시설을 타인에게 처분하거나 경영하도록 한 경우

⑩ 기획여행의 실시요건 또는 실시방법을 위반하여 기획여행을 실시한 경우

⑪ 여행사가 여행자에게 안전정보 또는 변경된 안전정보를 제공하지 아니하거나, 여행계약서 및 보험 가입 등을 증명할 수 있는 서류를 여행자에게 내주지 아니한 경우 또는 여행자의 사전 동의 없이 여행일정을 변경하는 경우

⑫ 사업계획의 승인을 얻은 자가 정당한 사유 없이 대통령령으로 정하는 기간 내에 착공 또는 준공을 하지 아니하거나 같은 조를 위반하여 변경승인을 얻지 아니하고 사업계획을 임의로 변경한 경우

⑬ 규정을 위반하여 분양 또는 회원모집을 하거나 소유자·회원의 권익을 보호하기 위한 사항을 준수하지 아니한 경우

⑭ 호텔업 등록을 하고 등급결정을 신청하지 아니한 경우

⑮ 야영장업자의 준수(遵守)사항을 위반한 경우

⑯ 카지노업의 허가요건에 적합하지 아니하게 된 경우

⑰ 규정을 위반하여 카지노 시설 및 기구에 관한 유지·관리를 소홀히 한 경우

⑱ 카지노사업자의 준수사항을 위반한 경우

⑲ 카지노사업자가 관광진흥개발기금을 납부하지 아니한 경우

⑳ 물놀이형 유원시설 등의 안전·위생기준을 지키지 아니한 경우

㉑ 유기시설 또는 유기기구에 대한 안전성 검사 및 안전성 검사 대상에 해당되지 아니함을 확인하는 검사를 받지 아니하거나 안전관리자를 배치하지 아니한 경우

㉒ 유원시설업 영업질서 유지를 위한 준수사항을 지키지 아니하거나, 불법으로 제조한 부분품을 설치하거나 사용한 경우

㉓ 관광통역안내의 자격이 없는 자를 종사하게 한 경우

㉔ 보고 또는 서류제출명령을 이행하지 아니하거나 관계 공무원의 검사를 방해한 경우

㉕ 관광사업의 경영 또는 사업계획을 추진할 때 뇌물을 주고받은 경우

㉖ 고의로 여행계약을 위반한 경우(여행업자만 해당)

그리고 관할 등록기관 등의 장은 관광사업의 등록 등을 받은 자가 다음 각 호의 어느 하나에 해당하면 6개월 이내의 기간을 정하여 그 사업의 전부 또는 일부의 정지(停止)를 명할 수 있다.

① 국외여행인솔자 자격요건을 갖추지 아니한 사람에게 국외여행을 인솔하게 한 경우

② 카지노사업자가 사행심 유발 방지 등 공익을 위한 문화체육관광부장관의 지도와 명령을 이행하지 아니한 경우

(2) 행정처분의 기준

문화체육관광부장관, 특별시장·광역시장·도지사·특별자치도지사 또는 시장·군수·구청장이 취소·정지처분 및 시설·운영개선 명령 등 행정처분을 하기 위한 세부적인 기준(基準)은 그 사유와 위반 정도를 고려하여 다음과 같이 정한다. 등록기관 등의 장이 행정처분을 한 경우에는 "행정처분 기록대장"에 그 처분내용을 기록·유지하여야 한다. 행정처분의 일반기준(一般基準)은 다음과 같으며, 개별기준(個別基準)은 시행령에서 정하고 있다(관광진흥법 시행령 별표2).

① 위반행위가 두 가지 이상일 때에는 그 중 중한 처분기준에 따르며, 두 가지 이상의 처분기준이 모두 사업정지일 경우에는 중한 처분기준의 2분의 1까지 가중 처분할 수 있되, 각 처분기준을 합산한 기간을 초과할 수 없다.

② 위반행위의 횟수에 따른 행정처분의 기준은 최근 1년간 같은 위반행위로 행정처분을 받은 경우에 적용한다. 이 경우 행정처분 기준의 적용은 같은 위반행위에 대하여 최초로 행정처분을 한 날을 기준으로 한다.

③ 처분권자는 위반행위의 동기·내용·횟수 및 위반의 정도 등 ㉮부터 ㉣까지의 규정에 해당하는 사유를 고려하여 그 처분을 감경할 수 있다. 이 경우 그 처분이 사업정지인 경우에는 그 처분기준의 2분의 1의 범위에서 감경할 수 있다.

㉮ 위반행위가 고의나 중대한 과실이 아닌 사소한 부주의나 오류로 인한 것으로 인정되는 경우

ⓑ 위반의 내용·정도가 경미하여 소비자에게 미치는 피해가 적다고 인정
되는 경우

ⓒ 위반행위자가 처음 해당 위반행위를 한 경우로서, 5년 이상 관광사업을
모범적으로 해 온 사실이 인정되는 경우

ⓓ 위반행위자가 해당 위반행위로 인하여 검사로부터 기소유예 처분을 받
거나 법원으로부터 선고유예의 판결을 받은 경우

(3) 행정처분의 통보 또는 협의

관할 등록기관등의 장은 관광사업자에 대하여 등록 등을 취소하거나 사업의 전
부 또는 일부의 정지를 명한 경우에는 소관 행정기관의 장에게 그 사실을 통보(通
報)하여야 한다. 그리고 관할 등록기관등의 장 이외의 소관 행정기관의 장이 관광
사업자에 대하여 그 사업의 정지나 취소 또는 시설의 이용을 금지하거나 제한(制
限)하려면 미리 관할 등록기관등의 장과 협의(協議)하여야 한다(관광진흥법 35조).

2) 관광사업의 폐쇄조치 등

관할 등록기관 등의 장은 허가 또는 신고 없이 영업을 하거나 허가의 취소 또
는 사업의 정지명령을 받고 계속하여 영업을 하는 자에 대하여는 그 영업소를 폐
쇄(閉鎖)하기 위하여 관계 공무원에게 다음 각 호의 조치를 하게 할 수 있다(관광진
흥법 제36조).

① 해당 영업소의 간판이나 그 밖의 영업표지물의 제거 또는 삭제
② 해당 영업소가 적법한 영업소가 아니라는 것을 알리는 게시물 등의 부착
③ 영업을 위하여 꼭 필요한 시설물 또는 기구 등을 사용할 수 없게 하는 봉인
(封印)[327]

관할 등록기관등의 장은 행정처분을 한 경우에는 관계 공무원으로 하여금 이
를 인터넷 홈페이지 등에 공개하게 하거나 사실과 다른 관광표지를 제거 또는 삭
제하는 조치를 하게 할 수 있다. 그리고 관할 등록기관 등의 장은 봉인을 한 후

---

327) 봉인(seal)이란 공무원이 유체 동산에 대하여 현장의 변경을 금하는 처분으로 그 직인을 날인
(捺印)한 표시를 하는 것 또는 그 표지를 말한다.

봉인을 계속할 필요가 없다고 인정되는 경우와 해당 영업을 하는 자 또는 그 대리인이 정당한 사유를 들어 봉인의 해제를 요청하는 경우에는 봉인을 해제하고 게시물을 제거할 수 있다.

관할 등록기관 등의 장은 폐쇄조치를 하려는 경우에는 미리 그 사실을 그 사업자 또는 그 대리인에게 서면으로 알려주어야 한다. 이러한 조치는 영업을 할 수 없게 하는 데에 필요한 최소한의 범위에 그쳐야 한다. 영업소를 폐쇄하거나 관광표지를 제거·삭제하는 관계 공무원은 그 권한을 표시하는 증표(證票)를 지니고 이를 관계인에게 내보여야 한다.

3) 관광종사원 자격 취소

정부는 관광종사원 자격제도의 실효성을 높이고 건전한 관광산업의 육성을 위하여 자격증(資格證) 제도에 대하여 취득 제한 사유와 취소 사유를 엄격하게 적용하고 있다.

(1) 자격 취득 제한

관광종사원 자격시험의 최종합격자 발표 일자를 기준으로 결격사유(缺格事由)[328]에 해당하는 사람은 관광종사원의 자격을 취득하지 못한다. 또한 문화체육관광부장관은 부정한 방법으로 시험에 응시한 사람이나 시험에서 부정한 행위를 한 사람에 대하여는 그 시험을 정지(停止) 또는 무효(無效)로 하거나 합격결정을 취소하고, 그 시험을 정지하거나 무효로 한 날 또는 합격결정을 취소한 날부터 3년간 시험응시자격을 정지한다(관광진흥법 38조).

(2) 자격 정지 및 취소

문화체육관광부장관은 자격을 가진 관광종사원이 다음 어느 하나에 해당하면 문화체육관광부령으로 정하는 바에 따라 그 자격을 취소(取消)하거나 6개월 이내의 기간을 정하여 자격의 정지(停止)를 명할 수 있다. 다만, 부정한 방법으로 자격증을 취득했거나, 자격증을 대여(貸與)하면 그 자격을 취소하여야 한다(관광진흥법

---

328) 해당 결격사유: ① 피성년후견인·피한정후견인, ② 파산선고를 받고 복권되지 아니한 자, ③ 징역 이상의 실형을 선고받고 그 집행이 끝나거나 집행을 받지 아니하기로 확정된 후 2년이 지나지 아니한 자 또는 형의 집행유예 기간 중에 있는 자

40조). 국외여행 인솔자 및 관광종사원 자격증 소지자에게 자격증 대여를 금지하고 있으며, 종사자들로 하여금 직무수행과 관련하여 어떠한 부정한 행위에 대해서도 자격증을 취소하도록 하고 있다.

표 3-30 **관광종사원에 대한 행정처분기준**

위반행위	근거법령	행정처분기준			
		1차 위반	2차 위반	3차 위반	4차 위반
① 거짓이나 그 밖의 부정한 방법으로 자격을 취득한 경우	법 제40조 제1호	자격취소			
② 관광사업 결격사유의 어느 하나에 해당하게 된 경우	법 제40조 제2호	자격취소			
③ 관광종사원으로서 직무를 수행하는 데에 부정 또는 비위(非違)사실이 있는 경우	법 제40조 제3호	자격정지 1개월	자격정지 3개월	자격정지 5개월	자격취소
④ 다른 사람에게 관광종사원 자격증을 대여한 경우	법 제40조 5호	자격 취소			
⑤ 다른 사람에게 국외여행 인솔자 자격증을 대여한 경우	법 제13조의2	자격취소			

2. 과징금

과징금(過徵金)이란 행정법규의 위반이나 행정법상의 의무위반으로 경제상의 이익을 얻게 되는 경우에 해당 경제적 이익을 박탈하기 위하여 부과하는 금전적 부담을 말한다. 이러한 과징금 제도는 의무위반에 의해 일정한 경제적 이익을 얻은 경우에, 그 이익을 징수하여 오히려 경제적 불이익이 생기도록 함으로써 간접적으로 행정법상의 의무이행을 강제하는 부과금(賦課金) 제도이다. 이러한 과징금 또는 부과금은 행정법상의 의무에 대한 간접적 강제효과를 수반하고 금전적 부담이라는 점에서 벌금(罰金), 과태료(過怠料)와 유사하지만, 과징금은 형식상 이와 같은 행정벌(行政罰)에 속하지 않으며 이득환수의 의미가 있는 점에서 다르다. 일반적으로 과징금은 개선명령의 후속조치로 부과된다. 행정상 의무자가 그 의무를 위반했을 때에 우선 경고로서 개선명령을 하고 그것을 준수하지 않으면 실효성의 확보를 위해 제재수단으로 과징금을 부과한다. 그리고 벌금이 국고에 귀속되는 것과는 달리, 과징금은 그 분야의 행정목적을 달성하기 위하여 직접 사용되므로 관광 진흥을 위한 재정의 확보에도 도움이 된다.

1) 과징금의 부과

관광진흥법 제37조에서는 관할 등록기관 등의 장은 관광사업자가 사업정지를 명하여야 하는 경우로서 그 사업의 정지가 그 이용자 등에게 심한 불편을 주거나 그 밖에 공익을 해칠 우려가 있으면 사업정지 처분을 갈음하여 2천만원 이하의 과징금(過徵金)을 부과(賦課)할 수 있다고 규정하고 있다. 그리고 이러한 과징금을 부과하는 위반행위의 종류와 정도 등에 따른 과징금의 금액과 그 밖에 필요한 사항은 대통령령으로 정하고 있다(관광진흥법 시행령 별표 3). 등록기관 등의 장은 사업자의 사업규모, 사업지역의 특수성과 위반행위의 정도 및 위반횟수 등을 고려하여 과징금 금액의 2분의 1 범위에서 가중(加重)하거나 감경(減輕)할 수 있다. 다만, 가중하는 경우에도 과징금의 총액은 2천만원을 초과할 수 없다.

2) 과징금의 납부

등록기관 등의 장은 과징금을 부과하려면 그 위반행위의 종류와 과징금의 금액 등을 명시하여 납부(納付)할 것을 서면으로 알려야 한다. 통지를 받은 자는 20일 이내에 과징금을 등록기관 등의 장이 정하는 수납기관에 내야 한다. 다만, 천재지변이나 그 밖의 부득이한 사유로 그 기간에 과징금을 낼 수 없는 경우에는 그 사유가 없어진 날부터 7일 이내에 내야 한다.

과징금을 받은 수납기관은 영수증을 납부자에게 발급하여야 한다. 과징금의 수납기관은 과징금을 받은 경우에는 지체 없이 그 사실을 등록기관 등의 장에게 통보하여야 한다. 또한 관할 등록기관 등의 장은 과징금을 내야 하는 자가 납부기한까지 내지 아니하면 국세 체납(滯納) 처분의 예 또는 '지방행정제재·부과금의 징수 등에 관한 법률'에 따라 징수한다. 즉, 독촉(督促)[329], 재산의 압류[330], 압류재산의 환가(換價), 배분(配分) 등의 절차를 거친다.

---

329) 독촉(call, dun)이란 국세·지방세 등의 공법상의 금전채권에 관하여 체납처분(滯納處分)을 하기 위한 전제요건으로서 기한을 지정하여 세금의 납부를 최고(催告)하는 행위를 말한다. 독촉은 독촉장으로서 행하고 지정기일 내에 완납하지 아니할 때에는 체납처분을 행한다.

330) 압류(seizure)는 민사소송법 상 집행기관에 의해 채무자의 특정재산에 대해 사실상 또는 법률상의 처분이 금지되는 강제집행으로 유체동산은 점유나 봉인, 채권과 그 밖의 재산권은 압류명령, 선박 또는 부동산은 강제경매 개시결정이나 강제관리 개시결정에 의해 실행된다. 행정법상으로는 국세징수법상 국세체납처분의 1단계로서의 체납자의 재산압류를 가리킨다.

1. 보칙

보칙(補則)은 법령의 기본 규정을 보충하고자 만든 규정을 말한다. 관광진흥법의 보칙(補則)에서는 관광 관련 산업에 대한 재정 지원, 청문의 실시, 관광진흥정책의 수립 및 집행관련 보고, 수수료 납부, 행정권한의 위임 및 위탁에 대하여 규정하고 있다.

1) 재정 지원

관광진흥법 제76조에서는 문화체육관광부장관은 관광에 관한 사업을 하는 지방자치단체, 관광사업자단체 또는 관광사업자에게 대통령령으로 정하는 바에 따라 보조금(補助金)[331]을 지급할 수 있다고 규정하고 있다.

(1) 정부의 보조금 지급

보조금을 받으려는 자는 "국고보조금(國庫補助金) 신청서(申請書)"에 다음 사항을 기재한 서류를 첨부하여 문화체육관광부장관에게 제출하여야 한다.[332] 문화체육관광부장관은 보조금 신청을 받은 경우 필요하다고 인정하면 관계 공무원의 현지조사(現地調査) 등을 통하여 그 신청의 내용과 조건을 심사할 수 있다. 그리고 신청이 타당하다고 인정되면 보조금의 지급을 결정하고 그 사실을 신청인에게 알려야 한다. 보조금은 원칙적으로 사업완료 전에 지급하되, 필요한 경우 사업완료 후에 지급할 수 있다. 보조금을 받은 자는 그 사업추진 실적을 문화체육관광부장관에게 보고하여야 한다.

보조사업자는 사업계획을 변경 또는 폐지하거나 그 사업을 중지하려는 경우에

---

331) 보조금(subsidy)이란 대여금과 달리 상환하지 않아도 되는 지원금을 말한다. 즉, 국가의 민간에 대한 장려금 및 기부금의 성격을 지니고 있다.

332) 국고보조금 신청서 기재 사항(시행규칙 제66조): ① 사업 개요(건설공사인 경우 시설내용을 포함) 및 효과, ② 사업자의 자산과 부채에 관한 사항, ③ 사업 공정(工程) 계획, ④ 총사업비 및 보조금액의 산출내역, ⑤ 사업의 경비 중 보조금으로 충당하는 부분 외의 경비 조달방법. 다만, 보조금을 받으려는 자가 지방자치단체인 경우에는 ②항과 ⑤항의 사항을 생략할 수 있다.

는 미리 문화체육관광부장관의 승인을 받아야 한다. 또한 다음 어느 하나에 해당하는 사실이 발생한 경우에는 지체 없이 문화체육관광부장관에게 신고하여야 한다. 다만, 사망한 경우에는 그 상속인이, 합병한 경우에는 그 합병으로 존속되거나 새로 설립된 법인의 대표자가, 해산한 경우에는 그 청산인(淸算人)이 신고하여야 한다.

① 성명(법인인 경우에는 그 명칭 또는 대표자의 성명)이나 주소를 변경한 경우
② 정관(定款)이나 규약(規約)을 변경한 경우
③ 해산(解産)하거나 파산(破散)한 경우
④ 사업을 시작하거나 종료한 경우

또한 보조사업자는 보조금을 지급받은 목적 외의 용도로 사용할 수 없다. 문화체육관광부장관은 보조금의 지급결정을 받은 자 또는 보조사업자가 거짓이나 그 밖의 부정한 방법으로 보조금의 지급을 신청하였거나 받은 경우, 보조금의 지급 조건을 위반한 경우에는 보조금의 지급결정의 취소, 보조금의 지급정지 또는 이미 지급한 보조금의 전부 또는 일부의 반환(返還)을 명할 수 있다.

(2) 지방자치단체의 보조금 지급

지방자치단체는 그 관할구역 안에서 관광에 관한 사업을 하는 관광사업자단체 또는 관광사업자에게 조례(條例)로 정하는 바에 따라 보조금을 지급할 수 있다(관광진흥법 제76조).

(3) 국유·공유재산의 임대료 감면

국가 및 지방자치단체는 '국유재산법', '공유재산 및 물품 관리법', 그 밖의 다른 법령에도 불구하고 관광지 등의 사업시행자에 대하여 국유(國有) 및 공유(公有) 재산의 임대료(賃貸料)를 감면(減免)할 수 있다(관광진흥법 제76조).

공유재산의 임대료 감면율(減免率)은 고용창출, 지역경제 활성화에 미치는 영향 등을 고려하여 공유재산 임대료의 100분의 30의 범위에서 해당 지방자치단체의 조례로 한다. 공유재산의 임대료를 감면받으려는 관광지 등의 사업시행자는 해당 지방자치단체의 장에게 감면 신청을 하여야 한다.

(4) 감염병 확산 등에 따른 지원

국가와 지방자치단체는 감염병 확산 등으로 관광사업자에게 경영상 중대한 위기가 발생한 경우 필요한 지원을 할 수 있다.(법 제76조의 2)

2) 청문 제도

청문(聽聞)[333] 제도는 행정이 복잡해지고 다기능화되면서 정책결정이나 행정처분이 이해관계인에게 미치는 영향이 커짐에 따라 최근 많이 이용되고 있다. 청문제도의 일환으로 행정기관이 법령의 초안이나 기타 중요한 사항의 정책결정을 함에 있어서 공청회를 열어 이해관계를 가진 자의 대표자 또는 공익의 대표자, 그 밖에 일반국민의 의견을 듣는 경우가 많아졌다.

관광진흥법에서 규정하고 있는 청문제도는 등록관청이 중요한 행정처분을 결정함에 있어 처분의 상대방에게 의견을 듣기 위하여 취하는 절차를 의미한다. 행정처분을 함에 있어 적법한 청문절차를 거치지 아니하고 행한 행정처분에 대하여 처분의 상대방은 이의를 제기할 수 있다.

관광진흥법 제77조에서는 관할 등록기관 등의 장은 다음 어느 하나에 해당하는 처분을 하려면 청문을 하여야 한다고 규정하고 있다.

- 국외여행 인솔자 자격의 취소
- 관광사업(카지노업, 유원시설업)의 등록 등이나 사업계획 승인의 취소
- 관광종사원 자격의 취소
- 한국관광 품질인증의 취소
- 조성계획(관광지, 관광단지) 승인의 취소
- 카지노기구의 검사 등의 위탁 취소

---

333) 청문(hearing)이란 사실조사를 위한 행정절차로서, 행정기관이 규칙제정이나 행정처분 또는 재결(裁決) 등을 행하는데 그 필요성과 타당성을 판단하기 위하여 상대방·이해관계인·증인·감정인 등의 변명이나 의견 등을 청취하고 증거를 제출하게 함으로써 사실을 조사하는 절차이다. 청문을 위한 모임을 청문회(聽聞會)라고 부른다. 공청회(公聽會)와 유사하다.

3) 보고 및 검사

관광진흥법은 관광 진흥을 도모하기 위하여 관광사업자 또는 관광사업자단체에 대하여 일정한 권리와 의무를 부여하고 있다.

그리고 행정관청은 이들의 권리·의무 이행의 실효성을 확보하기 위하여 법률상 승인된 공권력을 발휘할 수 있는데, 이것이 보고(報告) 및 검사(檢査) 제도이다. 지방자치단체의 장은 다음과 같이 관광진흥정책의 수립·집행에 필요한 사항과 그 밖에 이 법의 시행에 필요한 사항을 문화체육관광부장관에게 보고하여야 한다.

- 관광사업의 등록 현황: 매 연도 말 상황을 해당 연도가 끝난 후 20일 이내
- 사업계획의 승인 현황: 매 연도 말 상황을 해당 연도가 끝난 후 20일 이내
- 권역계획에 포함된 관광자원 개발의 추진현황: 해당연도 끝난 후 20일 이내
- 관광지 및 관광단지 지정 현황: 지정 또는 승인 즉시 보고
- 관광지 및 관광단지 조성계획 승인 현황: 지정 또는 승인 즉시 보고

관할 등록기관 등의 장은 관광진흥시책의 수립·집행 및 이 법의 시행을 위하여 필요하면 관광사업자단체 또는 관광사업자에게 그 사업에 관한 보고를 하게 하거나 서류를 제출하도록 명할 수 있다.

또한 관할 등록기관 등의 장은 관광진흥시책의 수립·집행 및 이 법의 시행을 위하여 필요하다고 인정하면 소속 공무원에게 관광사업자단체 또는 관광사업자의 사무소·사업장 또는 영업소 등에 출입하여 장부·서류나 그 밖의 물건을 검사하게 할 수 있다. 이 경우 해당 공무원은 그 권한을 표시하는 증표(證票)를 지니고 이를 관계인에게 내보여야 한다(관광진흥법 시행규칙 별표22).

4) 수수료

수수료(手數料)는 특정인을 위한 용역(用役)을 제공한 경우에 그에 대한 보상으로서 받는 금액을 말한다. 또한 국가나 공공단체가 타인을 위하여 행하는 공적(公的) 역무(役務)에 대하여 그 보상으로 징수하는 요금(料金)이다. 즉, 공물(公物)의 이용에 대한 반대급부를 사용료(使用料)라고 하고, 인적인 역무에 대한 반대급부를 수수료라고 한다. 관광진흥법 제79조에서도 관광행정주체가 관광사업자나 관광종사원 또는 특정한 자에게 역무를 제공한 경우 수수료를 받을 수 있도록 하고

있다. 세부 금액은 관광진흥법 시행규칙의 <별표23>에서 규정하고 있다.

동 규정에 따른 수수료와 문화체육관광부장관의 권한이 한국관광공사, 한국관광협회중앙회, 지역별 관광협회, 업종별 관광협회, 카지노전산시설 검사기관, 카지노기구 검사기관, 유기시설·유기기구 안전성검사기관 또는 한국산업인력공단에 위탁된 업무에 대한 수수료는 해당 기관 또는 해당 기관이 지정하는 은행에 내야 한다.

5) 권한의 위임·위탁

권한의 위임(委任)이란 행정관청이 법령으로 정해진 자신의 권한 일부를 다른 관청 또는 하급관청에게 이양(移讓)하는 것을 말한다. 권한을 위임받은 관청은 자기의 권한으로서 자기의 명의와 책임하에 권한을 행사하게 된다. 권한이 위임 되면 위임관청은 수임관청(受任官廳)의 행위에 대하여 책임을 지지 아니하지만, 위임행위 자체에서 발생하는 책임과 상급관청으로서의 일반적인 감독 책임을 진다. 권한의 위탁(委託)이란 행정관청이 행하여야 할 사무의 처리를 행정관청이 아닌 자에게 의뢰하는 것을 말한다. 일반적으로 행정관청의 감독을 받는 산하단체나 공기업 등에 위탁하는 경우가 많다. 권한의 위탁을 받은 자는 어느 정도의 재량권을 가지고 있으며, 위탁관청은 지도·감독 권한을 행사한다.

(1) 권한의 위임

관광진흥법(제80조)에서는 문화체육관광부장관의 권한은 대통령령으로 정하는 바에 따라 그 일부를 시·도지사에게 위임할 수 있다고 규정하고 있다. 또한 시·도지사는 위임받은 권한의 일부를 문화체육관광부장관의 승인을 받아 시장·군수·구청장에게 재위임할 수 있다.

(2) 권한의 위탁

문화체육관광부장관 또는 시·도지사 및 시장·군수·구청장은 다음 각 호의 권한의 전부 또는 일부를 대통령령으로 정하는 바에 따라 한국관광공사, 협회, 지역별·업종별 관광협회 및 대통령령으로 정하는 전문 연구·검사기관이나 자격검정기관이나 교육기관에 위탁할 수 있다. 수탁기관(受託機關)의 등록 및 등록취소에 관한 사항은 문화체육관광부장관이 정하여 고시한다.

🔍 관광 편의시설업 중 관광식당업·관광사진업 및 여객자동차터미널시설업의

지정 및 지정취소에 관한 권한: 지역별 관광협회[334]

🔍 국외여행 인솔자의 등록 및 자격증 발급에 관한 권한: 업종별 관광협회[335]

🔍 관광숙박업의 등급(等級) 결정(決定)[336]

🔍 카지노기구의 검사 권한: 문화체육관광부장관이 지정하는 검사기관[337]

🔍 유기시설 또는 유기기구의 안전성 검사, 안전성 검사 대상에 해당되지 아니함을 확인하는 검사에 관한 권한: 문화체육관광부령으로 정하는 인력과 시설 등을 갖추고 문화체육관광부령으로 정하는 바에 따라 문화체육관광부장관이 지정한 업종별 관광협회 또는 전문 연구·검사기관

🔍 안전관리자의 안전교육에 관한 권한: 업종별 관광협회 또는 안전 관련 전문 연구·검사기관

🔍 관광종사원 중 관광통역안내사·호텔경영사 및 호텔관리사의 자격시험, 등록 및 자격증의 발급에 관한 권한: 한국관광공사. 다만, 자격시험의 출제, 시행, 채점 등 자격시험의 관리에 관한 업무는 한국산업인력공단

🔍 관광종사원 중 국내여행안내사 및 호텔서비스사의 자격시험, 등록 및 자격증의 발급에 관한 권한: 관련 협회. 다만, 자격시험의 출제, 시행, 채점 등 자격시험의 관리에 관한 업무는 한국산업인력공단

🔍 관광산업 진흥 사업의 수행(법47조의7)

🔍 스마트관광산업의 육성

🔍 문화관광해설사 양성을 위한 교육과정의 개설·운영에 관한 권한: 한국관광공사 또는 요건을 갖춘 관광 관련 교육기관[338]

---

334) 위탁받은 업무를 수행한 지역별 관광협회는 이를 시·도지사에게 보고하여야 한다. 시·도지사는 지역별 관광협회로부터 보고받은 사항을 매월 종합하여 다음 달 10일까지 문화체육관광부장관에게 보고하여야 한다(시행령 제65조).

335) 동 업무는 (사)한국여행업협회에 위탁함(문화체육관광부 고시 제2011-38호)

336) 관광숙박업의 등급결정 권한의 위탁은 시행령 제66조에 의거하여 매 3년마다 수탁기관을 선정하며, 현재 한국관광협회중앙회와 제주특별자치도관광협회에서 수행하고 있다.

337) 카지노기구의 검사에 관한 권한을 위탁받은 카지노기구 검사기관은 문화체육관광부령으로 정하는 바에 따라 검사에 관한 업무 규정을 정하여 문화체육관광부장관의 승인을 받아야 한다. 이를 변경하는 경우에도 또한 같다(시행령 제65조).

338) 양성 교육기관 요건(모두 충족): ① 기본소양, 전문지식, 현장실무 등 문화관광해설사 양성교육에 필요한 교육과정 및 교육내용을 갖추고 있을 것, ② 강사 등 양성교육에 필요한 인력과 조직을 갖추고 있을 것, ③ 강의실, 회의실 등 양성교육에 필요한 시설과 장비를 갖추고 있을 것

🔍 한국관광 품질인증 및 취소에 관한 업무: 한국관광공사

🔍 관광특구에 대한 평가(법73조제3항)

(3) 안전성검사기관 지정요건

유기시설 및 유기기구 안전성검사기관으로 지정 신청을 하려는 업종별 관광협회 또는 전문 연구·검사기관은 매년 안전성 검사를 하려는 연도의 전년도 9월 말일까지 "유기시설·기구 안전성검사기관 지정신청서"에 필요한 서류를 첨부(添附)[339]하여 문화체육관광부장관에게 제출하여야 한다.

지정신청을 한 업종별 관광협회 또는 전문 연구·검사기관에 대하여 지정요건에 적합하다고 인정하는 경우에는 지정서를 발급하고, 유기시설·기구 안전성검사기관 지정부를 작성하여 관리하여야 한다. 지정된 업종별 관광협회 또는 전문 연구·검사기관은 문화체육관광부장관이 고시하는 안전성 검사의 세부검사기준 및 절차에 따라 검사를 하여야 한다. 유기기구 및 유기시설의 안전성검사기관 등록에 필요한 인력기준, 시설기준, 그 밖의 기준 등에 대한 세부적인 요건(要件)은 별도로 정하고 있다(관광진흥법 시행규칙 별표24).

(4) 호텔업 등급결정 권한의 위탁

문화체육관광부장관은 호텔업의 등급결정권을 다음 각 호의 요건을 모두 갖춘 법인으로서 문화체육관광부장관이 정하여 고시하는 법인에 위탁한다.

🔍 문화체육관광부장관의 허가를 받아 설립된 비영리법인이거나 「공공기관의 운영에 관한 법률」에 따른 공공기관일 것

🔍 관광숙박업의 육성과 서비스 개선 등에 관한 연구 및 계몽활동을 하는 법인일 것

🔍 문화체육관광부령으로 정하는 기준에 맞는 자격을 가진 평가요원(評價要

---

339) 지정신청에 필요한 서류(시행규칙 제71조): ① 인력기준에 맞는 인력을 보유함을 증명하는 서류, ② 장비기준에 맞는 장비의 명세서(장비 사진 포함), ③ 사무실 건물의 임대차계약서 사본(사무실 임차 경우), ④ 관리직원 채용증명서 또는 재직증명서, ⑤ 보증보험 가입을 증명하는 서류, ⑥ 안전성 검사를 위한 세부규정

員)³⁴⁰⁾을 50명 이상 확보하고 있을 것

문화체육관광부장관은 위탁 업무 수행에 필요한 경비의 전부 또는 일부를 호텔업 등급결정권을 위탁받은 법인에 지원할 수 있다. 호텔업 등급결정권 위탁 기준 등 호텔업 등급결정권의 위탁에 필요한 사항은 문화체육관광부장관이 고시한다(고시 제2019-39호, 2019.9.10, 호텔업 등급결정업무 위탁 및 등급결정에 관한 요령).

(5) 공무원 의제

위탁받은 업무를 수행하는 한국관광공사, 협회, 지역별·업종별 관광협회 및 전문 연구·검사기관이나 자격검정기관의 임원 및 직원과 검사기관의 검사·검정 업무를 수행하는 임원 및 직원은 '형법'의 규정을 적용하는 경우 공무원(公務員)으로 본다.

(6) 권한의 위탁 취소

문화체육관광부장관 또는 특별자치시장·특별자치도지사·시장·군수·구청장은 검사에 관한 권한을 위탁받은 자가 다음 어느 하나에 해당하면 그 위탁을 취소(取消)하거나 6개월 이내의 기간을 정하여 업무의 전부 또는 일부의 정지를 명하거나 업무의 개선을 명할 수 있다. 다만, 제1호에 해당하는 경우에는 그 위탁을 취소하여야 한다.(2019.12.3.신설)

🔍 거짓이나 그 밖의 부정한 방법으로 위탁사업자로 선정된 경우
🔍 거짓이나 그 밖의 부정한 방법으로 검사를 수행한 경우
🔍 정당한 사유 없이 검사를 수행하지 아니한 경우
🔍 문화체육관광부령으로 정하는 위탁 요건을 충족하지 못하게 된 경우

---

340) 평가요원의 자격: ① 호텔업에서 5년 이상 근무한 사람으로서 평가 당시 호텔업에 종사하고 있지 아니한 사람 1명 이상 ② 전문대학 이상 또는 이와 같은 수준 이상의 학력이 인정되는 교육기관에서 관광 분야에서 5년 이상 강의한 경력이 있는 교수, 부교수, 조교수 또는 겸임교원 1명 이상 ③ 다음에 해당하는 연구기관에서 관광 분야에 관하여 5년 이상 연구한 경력이 있는 연구원 1명 이상(정부출연연구기관, 특정연구기관, 국공립연구기관) ④ 관광 분야에 전문성이 인정되는 사람으로서 다음에 해당하는 사람 1명 이상(한국소비자원 또는 소비자보호와 관련된 단체에서 추천한 사람, 등급결정 수탁기관이 공모를 통하여 선정한 사람) ⑤ 그 밖에 문화체육관광부장관이 위에 해당하는 사람과 동등한 자격이 있다고 인정하는 사람

(7) 위탁 업무 보고

위탁받은 업무를 수행한 업종별 관광협회 또는 전문 연구·검사기관은 그 업무를 수행하면서 법령 위반 사항을 발견한 경우에는 지체 없이 관할 특별자치도지사·시장·군수·구청장에게 이를 보고하여야 한다.

위탁받은 업무를 수행한 한국관광공사, 협회, 업종별 관광협회 및 한국산업인력공단은 국외여행 인솔자의 등록 및 자격증 발급, 우수숙박시설의 지정·지정취소, 관광종사원의 자격시험, 등록 및 자격증의 발급, 문화관광해설사 양성교육과정 등의 인증 및 인증의 취소에 관한 업무를 수행한 경우에는 이를 분기별로 종합하여 다음 분기 10일까지 문화체육관광부장관에게 보고하여야 한다.

6) 고유식별정보의 처리

정부는 개인정보의 처리 및 보호에 관한 사항을 정함으로써 개인의 자유와 권리를 보호하고, 나아가 개인의 존엄과 가치를 구현하기 위하여 '개인정보 보호법'을 제정·시행하게 되었다(2011.3.29). 이에 따라 공공기관 또는 관광사업자가 개인의 고유식별정보(固有識別情報)가 포함된 자료를 관리할 수 있는 업무 범위를 제한적으로 허용하여 엄격하게 관리하도록 하고 있다.

공제(共濟)사업의 허가를 받은 협회 또는 영업보증금 예치(預置) 사무를 수행하는 자는 동 사무를 처리하기 위하여 불가피한 경우 주민등록번호 또는 외국인등록번호가 포함된 자료를 처리할 수 있다. 그리고 카지노사업자는 카지노사업자의 영업 준칙을 이행하기 위한 사무를 수행하기 위하여 불가피한 경우 주민등록번호, 여권번호 또는 외국인등록번호가 포함된 자료를 처리할 수 있다. 문화체육관광부장관은 및 지방자치단체의 장은 관광종사원의 자격 취득 및 자격증 교부에 관한 사무, 여행이용권의 지급 및 관리, 문화관광해설사 선발·활용 및 자격 부여에 관한 사무, 그리고 한국관광 품질인증 및 그 취소에 관한 사무를 수행하기 위하여 불가피한 경우 주민등록번호, 여권번호, 운전면허의 면허번호 또는 외국인등록번호가 포함된 자료를 처리할 수 있다(시행령, 제66조의2).

7) 규제의 재검토

규제(規制)의 재검토(再檢討)는 규제 일몰제(日沒制)의 한 형태로, 법규상에 규제

재검토 기한을 설정하여, 그 기한 이내에 규제 정비의 필요성을 검토하고 이에 대한 조치를 하는 것을 의미한다. 규제의 재검토 절차는 법령에 규제 재검토 조항을 신설하고, 규제정비계획서를 작성하여 규제 정비를 추진한다. 공익을 위해 적절한 규제는 필요하지만, 그 타당성이 부족할 경우에는 완화하거나 폐지하여야 한다. 문화체육관광부장관은 각 기준일을 기준으로 3년마다 그 타당성을 검토하여 개선 등의 조치를 해야 한다.[341]

2. 행정 벌칙

행정법상의 의무 위반자에게 과하는 제재수단으로서 행정형벌(行政刑罰)과 행정질서벌(行政秩序罰)이 있다. 행정형벌이란 '형법(刑法)'에 의해 처벌하는 벌로서 사형(死刑), 징역(懲役), 금고(禁錮), 자격상실(資格喪失), 자격정지(資格停止), 벌금(罰金), 구류(拘留), 과료(科料) 및 몰수(沒收)가 이에 해당한다.[342] 반면에 행정질서벌이란 형법에 의하지 않고 행정법규에 의한 벌로서 과태료(過怠料)가 그것이다.

1) 벌칙(행정형벌)

벌칙(罰則, penalty)이란 어떤 행위를 명하거나 또는 제한, 금지하는 규정을 위반한 자에게 벌을 과하는 것을 말하며 일종의 행정형벌(行政刑罰)이다. 이러한 행정벌칙은 행정목적을 달성하기 위하여 국민에게 각종의 행정의무를 과하고 그 실효성을 확보하기 위하여 그 위반에 대하여 제재를 가하는 것이다.

---

341) 규제의 재검토 사항(시행령 제66조의3): ① 관광사업의 등록기준, ② 호텔업 등급결정 대상 중 가족호텔업의 포함 여부

342) 형벌(punishment)이란 형법에 그 형명(刑名)이 정해져 있는 경우로 생명형(사형), 자유형(징역, 금고, 구류), 명예형(자격성실, 자격정지), 재산형(벌금, 과료, 몰수)으로 구분이 된다.
　① 사형(capital punishment): 사형은 수형자의 생명을 박탈하는 형벌로서 가장 중한 형벌이다. 한국은 1997년 이후 사형을 집행하지 않고 있기 때문에 잠정적 사형폐지국가라고 할 수 있다.
　② 징역(penal servitude): 수형자를 형무소 내에 구금하여 노동에 복무하게 하는 형벌로서, 수형자의 신체적 자유를 박탈하는 것을 내용으로 한다. 징역에는 무기(無期)와 유기(有期)가 있고, 무기는 종신형을 말하며, 유기는 1개월 이상 30년 이하이다.

(1) 위반행위별 행정형벌의 형량

관광진흥법(제81~84조)에서는 위반 행위별로 행정형벌의 형량을 다르게 규정하고 있다. 대체로 징역(懲役)과 벌금(罰金)은 병과(倂科)[343]할 수 있도록 하고 있다.

① 5년 이하의 징역 또는 5천만원 이하의 벌금

다음 각 호의 어느 하나에 해당하는 자는 5년 이하의 징역 또는 5천만원 이하의 벌금에 처한다. 이 경우 징역과 벌금은 병과할 수 있다.

- 🔍 카지노업의 허가를 받지 아니하고 카지노업을 경영한 자
- 🔍 법령에 위반되는 카지노기구를 설치하거나 사용하는 행위 또는 법령을 위반하여 카지노기구 또는 시설을 변조하거나 변조된 카지노기구 또는 시설을 사용하는 행위를 한 자

② 3년 이하의 징역 또는 3천만원 이하의 벌금

다음 각 호의 어느 하나에 해당하는 자는 3년 이하의 징역 또는 3천만원 이하의 벌금에 처한다. 이 경우 징역과 벌금은 병과할 수 있다.

---

③ 금고(imprisonment): 수형자를 형무소에 구금하여 자유를 박탈하는 점에서 징역과 같으나, 노동에 복무하지 않는 점에서 징역과 다르다. 금고에도 무기와 유기가 있으며, 그 기간은 징역형과 같다. 금고는 주로 과실범 및 정치적 확신범과 같은 비 파렴치성 범죄자에게 과하고 있다.

④ 자격상실(disqualification): 수형자에게 일정한 형의 선고가 있으면 그 형의 효력으로서 당연히 일정한 자격이 상실되는 형벌이다. 자격이 상실되는 경우는 사형, 무기징역 또는 무기금고의 판결을 받은 경우이며, 상실되는 자격은 ① 공무원이 되는 자격, ② 법상의 선거권과 피선거권, ③ 법률로 요건을 정한 공법상의 업무에 관한 자격, ④ 법인의 이사, 감사 또는 지배인 기타 법인의 업무에 관한 검사역이나 재산관리인이 되는 자격이다.

⑤ 자격정지(suspension): 수형자의 일정한 자격을 일정한 기간 정지시키는 경우로 범죄의 성질에 따라 선택형 또는 병과(竝科)형으로 하고 있다. 유기징역 또는 유기금고의 판결을 받은 자는 그 형의 집행이 종료하거나 면제될 때까지 자격상실의 내용이 정지된다.

⑥ 벌금(fine): 과료 및 몰수와 더불어 재산형의 일종으로 50,000원 이상을 부과한다. 벌금을 납입하지 아니한 사람은 1일 이상 3년 이하의 기간 동안 노역장에 구금하여 작업에 복무하게 한다.

⑦ 구류(detention): 금고와 같으나 그 기간이 1일 이상 30일 미만이라는 점이 다르다. 구류는 주로 경범죄처벌법위반죄 등 경범죄에 과하고 있다.

⑧ 과료(penalty): 벌금과 같으나 그 금액이 2,000원 이상 50,000원 미만이다.

⑨ 몰수(confiscation): 몰수는 원칙적으로 다른 형에 부가하여 과하는 형벌로서, 범죄행위와 관계있는 일정한 물건을 박탈하는 처분이다.

343) 병과(Co-imposed)라 함은 동시에 둘 이상의 형벌에 처하는 일을 말한다. 일반적으로 자유형(自由刑)과 벌금형(罰金刑)을 아울러 매기게 된다.

🔍 등록을 하지 아니하고 여행업·관광숙박업·국제회의업 및 종합휴양업을 경영한 자

🔍 허가를 받지 아니하고 종합유원시설업과 일반유원시설업을 경영한 자

🔍 휴양콘도미니엄업, 호텔업 및 제2종 종합휴양업을 등록한 자 또는 사업계획의 승인을 받지 않고 그 관광사업의 시설에 대하여 분양 또는 회원을 모집한 자

🔍 유원시설업 사용중지 등의 명령을 위반한 자

③ 2년 이하의 징역 또는 2천만원 이하의 벌금

다음 각 호의 어느 하나에 해당하는 카지노사업자(종사원을 포함)는 2년 이하의 징역 또는 2천만원 이하의 벌금에 처한다. 이 경우 징역과 벌금은 병과할 수 있다.

🔍 카지노업의 중요한 사항에 대한 변경허가를 받지 아니하거나 변경신고를 하지 아니하고 영업을 한 자

🔍 카지노업을 양수한 후 1개월 이내에 지위승계신고를 하지 아니하고 영업을 한 자

🔍 타인경영이 금지된 카지노업 운영에 필요한 시설 및 기구를 타인으로 하여금 경영하게 한 자

🔍 검사를 받아야 하는 카지노시설을 검사를 받지 아니하고 이용하여 영업을 한 자

🔍 검사를 받지 아니하거나 검사 결과 공인기준 등에 맞지 아니한 카지노기구를 이용하여 영업을 한 자

🔍 카지노기구 검사합격증명서를 훼손하거나 제거한 자

🔍 카지노업 준수사항의 규정을 위반한 자

🔍 카지노업의 사업정지처분을 위반하여 사업정지기간에 영업을 한 자

🔍 카지노업 시설 및 운영의 개선명령을 위반한 자

🔍 카지노업의 경영 또는 사업계획을 추진함에 있어서 뇌물을 주고받은 경우

🔍 카지노업의 보고 또는 서류의 제출을 하지 아니하거나 거짓으로 보고를 한 자나 관계 공무원의 출입·검사를 거부·방해하거나 기피한 자

또한 등록을 하지 아니하고 야영장업을 경영한 자의 경우에도 2년 이하의 징역 또는 2천만원 이하의 벌금에 처하며, 이 경우에도 징역과 벌금은 병과할 수 있다.

④ 1년 이하의 징역 또는 1천만원 이하의 벌금

다음 각 호의 어느 하나에 해당하는 자는 1년 이하의 징역 또는 1천만원 이하의 벌금에 처한다. 이 경우에는 징역과 벌금은 병과(倂科)할 수 없다.

- 종합 및 일반 유원시설업의 변경허가를 받지 아니하거나 변경신고를 하지 아니하고 영업을 한 자
- 기타 유원시설업의 신고를 하지 아니하고 영업을 한 자
- 관광종사원 자격증, 또는 국외여행인솔자 자격증을 빌려주거나 빌린 자 또는 이를 알선(斡旋)한 자
- 거짓이나 그 밖의 부정한 방법으로 카지노기구의 공인기준 검사를 수행한 자
- 안전성(安全性) 검사를 받지 아니하고 유기시설 또는 유기기구를 설치한 자
- 거짓이나 그 밖의 부정한 방법으로 유기시설 및 유기기구의 안전성 검사를 받은 자
- 법령을 위반하여 제조한 유기시설·유기기구 또는 유기기구의 부분품(部分品)을 설치하거나 사용한 자
- 물놀이형 유원시설 등의 안전·위생기준을 지키지 아니하여 관할 등록기관 등의 장이 내린 명령을 위반한 자
- 여행업자로서 고의로 여행계약을 위반하여 관할 등록기관등의 장이 내린 개선명령을 위반한 자
- 사업시행자가 관광지나 관광단지의 조성계획의 승인을 얻지 아니한 자가 조성사업을 하거나, 또는 관광단지개발자와 협의하지 않고 조성사업을 한 자
- 관광지 등으로 지정·고시된 지역에서 허가 또는 변경허가를 받지 아니하고 행위를 한 자
- 관광지 등으로 지정·고시된 지역에서 허가 또는 변경허가를 거짓이나 그 밖의 부정한 방법으로 받은 자
- 관광지 등으로 지정·고시된 지역에서 원상회복명령을 이행하지 아니한 자

(2) 양벌 규정

법인의 대표자나 법인 또는 개인의 대리인, 사용인, 그 밖의 종업원이 그 법인 또는 개인의 업무에 관하여 제81조부터 제84조까지의 어느 하나에 해당하는 위

반행위를 하면 그 행위자를 벌하는 외에 그 법인 또는 개인에게도 해당 조문의 벌금형을 부과(賦課)한다. 다만, 법인 또는 개인이 그 위반행위를 방지하기 위하여 해당 업무에 관하여 상당한 주의와 감독을 게을리 하지 아니한 경우에는 그러하지 아니하다.

양벌(兩罰)이라 함은 관광진흥법을 위반하는 행위를 한 때에 업자는 물론, 업자 이외에 대리인, 사용인 기타 종업원의 위반행위에도 책임을 부담하게 한다는 규정이다. 여기서 법인에 대하여도 벌금형을 과할 수 있는 것은 법인도 권리와 의무의 주체가 되기 때문이다.

2) 과태료(행정질서벌)

과태료(過怠料)는 행정법상의 가벼운 의무 이행 위반에 대한 벌로 돈을 납부하게 하는 것이다. 과태료의 부과권자(賦課權者)는 법원이 아니라 행정관청이다.

(1) 과태료 처분 대상

다음 어느 하나에 해당하는 자에게는 500만원 이하의 과태료를 부과한다.

🔍 유기시설 및 유기기구로 인한 중대한 사고를 통보하지 아니한 자

🔍 관광통역안내원의 자격이 없는 사람이 외국인 관광객을 대상으로 관광통역 안내를 한 자

다음 어느 하나에 해당하는 자에게는 100만원 이하의 과태료를 부과한다.

🔍 관광사업자가 아닌 자가 관광표지를 사업장에 붙이거나, 관광사업의 명칭을 포함하는 상호를 사용한 경우[344]

🔍 카지노사업자로서 영업 준칙을 지키지 아니한 경우

🔍 유원시설업의 안전관리자가 안전교육을 받지 아니한 경우

---

344) 관광사업자가 아닌 경우 사용할 수 없는 상호(시행령 제8조): ① 관광숙박업과 유사한 영업의 경우 관광호텔과 휴양콘도미니엄, ② 관광유람선업과 유사한 영업의 경우 관광유람, ③ 관광공연장업과 유사한 영업의 경우 관광공연, ④ 관광유흥음식점업, 외국인전용 유흥음식점업 또는 관광식당업과 유사한 영업의 경우 관광식당, ⑤ 관광극장유흥업과 유사한 영업의 경우 관광극장, ⑥ 관광펜션업과 유사한 영업의 경우 관광펜션 ⑦ 관광면세업과 유사한 영업의 경우 관광면세

🔍 유원시설업 안전관리자에게 안전교육을 받도록 하지 아니한 경우

🔍 관광통역안내 업무 중 자격증을 달지 아니한 경우

🔍 한국관광 품질인증을 받지 않고 인증표지 또는 이와 유사한 표지를 하거나 한국관광 품질인증을 받은 것으로 홍보한 자

(2) 과태료 부과

위반행위의 횟수에 따른 과태료의 부과기준은 최근 2년간 같은 위반행위에 대하여 세 차례에 걸쳐 부과할 수 있다. 과태료는 관할 등록기관 등의 장이 부과하고 징수한다. 부과권자는 과태료 금액의 2분의 1의 범위에서 감경(減輕)할 수 있다.[345] 다만, 과태료를 체납(滯納)하고 있는 위반행위자의 경우에는 그러하지 아니하다.

3. 부칙

부칙(附則)은 해당 법률의 시행일, 법률 시행에 대한 경과조치(經過措置), 법률 적용의 특례 및 다른 법률의 개정사항 등의 내용을 담고 있다. 가장 최근에 개정된 관광진흥법(법률 제19793호, 2023.10.31 공포)은 공포한 날부터 6개월 이후 시행한다.

---

345) 과태료 감액 경우(시행령 제67조 제3항, 별표5): ① 위반행위자가 '질서위반행위규제법'에 해당하는 경우, ② 위반행위자가 처음 해당 위반행위를 한 경우로서 5년 이상 해당 업종을 모범적으로 영위한 사실이 인정되는 경우, ③ 위반행위자가 자연재해·화재 등으로 재산에 현저한 손실이 발생하거나 사업여건의 악화로 사업이 중대한 위기에 처하는 등의 사정이 있는 경우, ④ 위반행위가 사소한 부주의나 오류로 인한 것으로 인정되는 경우, ⑤ 위반행위자가 같은 위반행위로 벌금·사업정지 등의 처분을 받은 경우, ⑥ 위반행위자가 법 위반상태를 시정하거나 해소하기 위하여 노력한 것으로 인정되는 경우, ⑦ 그 밖에 위반행위의 정도, 위반행위의 동기와 그 결과 등을 고려하여 감경할 필요가 있다고 인정되는 경우

Part 04

관광 관련 법규

Chapter 11
국제회의산업 관련 법규 및 한국관광공사법

제1절 국제회의산업 육성에 관한 법률

1. 제정목적 및 용어정의

국제회의(國際會議)란 통상 공인된 단체 및 기관이 정기적 또는 부정기적으로 개최하며 여러 나라의 대표가 참가하는 회의를 의미한다. 국제회의는 국가 간의 이해 조정을 위한 교섭회의(交涉會議), 전문 학술회의(學術會議), 참가자 간의 우호 증진을 위한 친선회의(親善會議), 국제기구의 사업 결정을 위한 총회(總會)와 이사회(理事會) 등 그 종류가 매우 다양하다. 한편, 국제회의는 국제기구에서 주최하는 회의 외에도 기업체에서 개최하는 회의, 각종 전시회 및 이벤트까지 포함하여 컨벤션(convention)346)이란 명칭으로 더 잘 알려져 있다.

일찍이 국제회의가 하나의 산업으로 정착된 곳은 유럽 지역이다. 지금도 대부분의 국제기구(國際機構)의 본부가 위치하고 있으며, 또한 많은 국제회의가 이곳에서 개최되고 있다. 그러나 1980년대 말부터 아시아·태평양 지역에서도 국제회의산업의 중요성에 대한 인식을 새롭게 하면서 정부 차원의 육성정책을 펼쳐 왔

---

346) 컨벤션은 미국에서 회의와 전시회 및 이벤트를 함께 개최하는 대규모 국제행사를 일컫는 용어로 사용되어 왔으며, 유럽 지역에서는 이에 대해 콩그레스(congress) 또는 메세(messe)라는 용어를 사용하고 있다.

다. 즉, 국제회의전문시설(컨벤션센터) 건립, 국제회의 전문요원 양성, 국제회의 전담조직(專擔組織)을 통한 국제회의 유치 및 홍보활동 지원 등 자국으로의 국제회의 유치를 위해 노력하고 있다. 이처럼 국제회의산업이 "경제적(經濟的) 파급효과(波及效果)"[347]가 큰 신종(新種) 산업으로 떠오르자 국내에서도 이에 대한 정부 차원의 육성정책의 필요성이 제기되었다. 이에 1996년 '국제회의산업 육성에 관한 법률'을 제정하게 되었다. 동 법률은 본문 18개조와 시행령 및 시행규칙으로 구성되어 있으며, 그동안 시대변화에 맞추어 여러 차례의 개정 과정을 거쳐 오고 있다.

1) 제정목적

국제회의산업 육성에 관한 법률(이하 '국제회의육성법')의 제정목적(制定目的)은 국제회의의 유치를 촉진하고 그 원활한 개최를 지원하여 국제회의산업을 육성·진흥함으로써 관광산업의 발전과 국민경제의 향상 등에 이바지하기 위함이다(육성법 제1조). 그러므로 국제회의의 유치를 촉진하고 개최를 지원하는 궁극적인 목적은 관광산업의 발전과 국민경제의 향상에 있고, 이를 위해 동법에서는 정부가 강구(講究)해야 할 각종 시책을 명시하고 있다. 대규모의 국제회의가 개최될 경우, 직·간접적으로 고용이 증대되고, 숙박·교통·음식 등 국제회의와 관련된 관광산업이 발전되며, 각종 정보의 교류로 인한 산업의 경쟁력이 향상되는 등의 효과가 기대된다.

2) 용어 정의

이 법에서 사용하는 용어의 뜻은 다음과 같다(육성법 제2조). 국제회의육성법에서는 국제회의와 관련하여 사용하는 용어를 정의하고 있다.

(1) 국제회의

"국제회의(國際會議)"란 상당수의 외국인이 참가하는 회의로서 다음에 정하

---

347) 국제회의산업(컨벤션산업)은 해당 분야의 정보교류와 산업의 발달을 촉진시킬 뿐 아니라, 교통과 통신, 관광과 레저 분야 등에 파급효과를 미치는 종합산업이라고 할 수 있다. 즉, 교통, 숙박 및 식음료, 오락 및 쇼핑 등 관광과 레저 분야 외에도 정보통신, 인쇄 및 출판, 홍보 및 광고, 전문인력 및 장비, 의료 및 교육 분야로까지 효과를 미치고 있다.

는 종류(種類)와 규모(規模)에 해당하는 것을 말한다.[348] 이때 회의는 세미나 (seminar)·토론회(討論會)·전시회(展示會)·기업회의(企業會議) 등을 포함한다.[349]

🔍 국제기구나 국제기구에 가입한 기관 또는 법인·단체가 개최하는 회의로 서 다음의 요건을 모두 갖춘 회의

- 해당 회의에 5개국 이상의 외국인이 참가할 것
- 회의 참가자가 300명 이상이고 그 중 외국인이 100명 이상일 것
- 3일 이상 진행되는 회의일 것

🔍 국제기구에 가입하지 아니한 기관 또는 법인·단체가 개최하는 회의로서 다음의 요건을 모두 갖춘 회의

- 회의 참가자 중 외국인이 150명 이상일 것
- 2일 이상 진행되는 회의일 것

🔍 국제기구, 기관, 법인 또는 단체가 개최하는 회의로서 다음의 요건을 모두 갖춘 회의[350]

- 제1급 감염병 확산으로 외국인이 회의장에 직접 참석하기 곤란한 회의 로서 개최일이 문화체육관광부장관이 정하여 고시하는 기간 내일 것
- 회의 참가자 수, 외국인 참가자 수 및 회의일수가 문화체육관광부장관이 정하여 고시하는 기준에 해당할 것

---

348) 국제회의의 종류와 규모에 대한 기준은 기관에 따라 다르다. 국제적으로 가장 많이 사용되고 있는 기준은 국제협회연합(UIA ; Union of International Associations)과 국제회의협회 (ICCA ; International Convention & Congress Association)이다.
　① UIA 기준: A타입+B타입 합산(合算)
　　㉮ A타입: 국제기구 또는 단체가 주관하거나 후원하는 회의로, 참가자가 50명 이상인 경우
　　㉯ B타입: 국제기구 또는 단체가 주관하거나 후원하는 회의가 아닌 경우, 참가자 300명 이상, 참가자 중 외국인 40% 이상, 참가국 5개국 이상, 3일 이상 개최되는 경우
　② ICCA 기준: 등록된 국제협회에서 주관하여 정기적으로 개최되는 회의로, 참가자가 최소 50명 이상, 3개국 이상을 순회하는 경우
349) 국제회의 규모 및 형태에 따른 구분: ① 대규모 회의: convention, congress, annual meeting 등 ② 중소규모 회의: conference, forum, seminar, workshop, symposium, assembly, clinic 등 ③ 분과회의(session)
350) 이 조항은 코로나19와 같은 제1급 감염병 확산으로 외국인이 회의장에 직접 참석하기 곤란한 기간에 개최된 회의로서 문화체육관광부장관이 고시로 정하는 기준에 해당하는 회의도 국제회의로 인정하여 국제회의의 원활한 유치 및 개최를 지원하려는 것임

(2) 국제회의산업

"국제회의산업(國際會議産業)"이란 국제회의의 유치와 개최에 필요한 국제회의시설, 서비스 등과 관련된 산업을 말한다. 이와 관련하여 관광진흥법에서는 국제회의업을 국제회의시설업과 국제회의기획업(國際會議企劃業)351)으로 분류하고 있다. 한편, 국제회의산업을 컨벤션산업 또는 MICE산업이라고도 칭한다. 이때 MICE라 함은 회의(Meeting), 포상관광(Incentive Travels), 컨벤션(Convention), 이벤트와 전시회(Events & Exhibition)의 머리글자를 딴 것으로 최근 여러 나라에서 널리 사용되고 있다.352)

(3) 국제회의시설

"국제회의시설(國際會議施設)"이란 국제회의의 개최에 필요한 회의시설, 전시시설 및 이와 관련된 지원시설·부대시설 등으로서 대통령령으로 정하는 종류와 규모에 해당하는 것을 말한다. 그리고 국제회의시설은 전문회의시설·준회의시설·전시시설 및 부대시설로 구분한다.

① 전문회의시설 요건

전문회의시설(專門會議施設)은 다음 각 호의 요건을 모두 갖추어야 한다.

🔍 2천명 이상의 인원을 수용할 수 있는 대회의실이 있을 것

🔍 30명 이상의 인원을 수용할 수 있는 중·소회의실이 10실 이상 있을 것

🔍 옥내와 옥외의 전시면적을 합쳐서 2천m² 이상 확보하고 있을 것

전문회의시설은 회의시설과 전시시설, 그리고 부대시설을 모두 갖추고 있어 일반적으로 "컨벤션센터(Convention Center)"라고 하며 코엑스를 비롯하여 전국에 10여개의 시설이 운영되고 있다.

---

351) 국제회의기획업을 하는 업체를 PCO(Professional Convention Organizers)라고도 한다. 국제회의 주관자로부터 국제회의의 준비 및 진행에 필요한 업무를 위탁받아 대행하는 업체를 말한다. 일부 PCO는 주관단체와 공동으로 또는 단독으로 국제회의 유치 업무를 수행하기도 한다. PCO는 각종 국제회의, 전시회, 이벤트 등을 행사 주최측으로부터 위임받아 대행함으로써 행사 개최에 따른 인력과 예산의 효율적 관리, 준비시간과 운영자금의 절감, 행사 홍보 및 위기관리 업무 등을 통해 성공적인 회의 진행을 가능하게 해준다.

352) MICE는 국제회의를 뜻하는 '컨벤션'이 회의, 포상관광, 각종 전시·박람회 등 복합적인 산업의 의미로 해석되면서 생겨난 개념으로, '비즈니스 관광(business travel)'이라고도 한다.

② 준회의시설 요건

준회의시설(準會議施設)은 국제회의 개최에 필요한 회의실로 활용할 수 있는 호텔 연회장·공연장·체육관 등의 시설로서 다음 각 호의 요건을 모두 갖추어야 한다.

- 200명 이상의 인원을 수용할 수 있는 대회의실이 있을 것
- 30명 이상의 인원을 수용할 수 있는 중·소회의실이 3실 이상 있을 것

③ 전시시설 요건

전시시설(展示施設)은 다음 각 호의 요건을 모두 갖추어야 한다.

- 옥내와 옥외의 전시면적을 합쳐서 2천m² 이상 확보하고 있을 것
- 30명 이상의 인원을 수용할 수 있는 중·소회의실이 5실 이상 있을 것

전시시설과 부대시설을 갖추고 있는 전문전시장은 현재 서울무역전시장을 포함하여 세 곳이 운영되고 있다.[353]

④ 부대시설

부대시설(附帶施設)은 국제회의 개최와 전시의 편의를 위하여 전문회의시설과 전시시설에 부속된 숙박시설·주차시설·음식점시설·휴식시설·판매시설 등이다.

(4) 국제회의도시

"국제회의도시(國際會議都市)"란 국제회의산업의 육성·진흥을 위하여 지정된 특별시·광역시 또는 시를 말한다. 지금까지 컨벤션센터가 운영되고 있는 서울특별시, 부산광역시, 대구광역시, 제주특별자치도, 광주광역시, 대전광역시, 인천광역시 및 창원시 등 모두 8개가 국제회의도시로 지정되어 있다.

(5) 국제회의 전담조직

"국제회의(國際會議) 전담조직(專擔組織)"이란 국제회의산업의 진흥을 위하여 각종 사업을 수행하는 조직을 말한다.

정부는 국제회의육성법에 의거하여 국제회의 전담조직을 두 곳으로 지정하

---

353) 현재 운영되고 있는 전문 전시시설은 서울무역전시장(SETEC), AT센터(AT Center), 대전무역전시장(KORTEX) 등이 있다.

고 있다. 하나는 한국관광공사 내에 설치된 '코리아MICE뷰로'이고, 다른 하나는 '㈜한국MICE협회'[354]이다.

(6) 국제회의산업 육성기반

"국제회의산업(國際會議産業) 육성기반(育成基盤)"이란 국제회의시설, 국제회의 전문인력, 전자국제회의 체제, 국제회의 정보 등 국제회의의 유치·개최를 지원하고 촉진하는 시설(施設), 인력(人力), 체제(體制), 정보(情報) 등을 말한다.

(7) 국제회의 복합지구

"국제회의(國際會議) 복합지구(複合地區)"란 국제회의시설 및 국제회의집적시설이 집적된 지역으로 국제회의복합지구로 지정된 곳을 말한다.

(8) 국제회의 집적시설

"국제회의(國際會議) 집적시설(集積施設)"이란 국제회의복합지구 안에서 국제회의시설의 집적화 및 운영 활성화에 기여하는 숙박시설, 판매시설, 공연장 등의 시설(施設)[355]로서 국제회의집적시설로 지정된 곳을 말한다.

2. 국제회의산업 육성

국제회의육성법에서는 국제회의산업 육성을 위하여 국가의 책무와 지원, 그리고 지방자치단체의 역할 등에 관하여 규정하고 있다.

1) 국가의 책무(責務)

국가는 국제회의산업의 육성·진흥을 위하여 필요한 계획의 수립 등 행정상(行政上)·재정상(財政上)의 지원조치를 강구하여야 한다. 이에 따른 지원조치에는 국제회의 참가자가 이용할 숙박시설, 교통시설 및 관광편의시설 등의 설치·확충

---

354) 한국MICE협회(www.micekorea.or.kr)는 2003년에 문화체육관광부에 사단법인으로 등록하였으며, 전국의 컨벤션센터와 컨벤션 전담조직, 컨벤션 기획업체, 컨벤션 서비스 공급업체, 컨벤션 교육기관 등 250여 개 회원사가 가입되어 있는 대표적인 컨벤션 전문 업종별 협회이다.
355) 국제회의집적시설 종류 및 규모: ① 「관광진흥법」에 따른 관광숙박업 시설로서 100실 이상의 객실을 보유한 시설 ② 「유통산업발전법」에 따른 대규모 점포 ③ 「공연법」에 따른 공연장으로서 500석 이상의 객석을 보유한 공연장

또는 개선을 위하여 필요한 사항이 포함되어야 한다(육성법 제3조). 이 법에서 정하고 있는 국제회의산업 육성 및 진흥을 위한 국가의 지원조치에는 국제회의 전담조직의 지정 및 설치, 국제회의산업 육성 기본계획의 수립, 국제회의 유치 및 개최 지원, 국제회의산업 육성 기반조성, 국제회의시설의 건립 및 운영, 국제회의 전문인력의 교육 및 훈련, 국제협력의 추진, 전자국제회의 기반 구축, 국제회의 정보의 유통 촉진 등에 대한 지원이 있다.

2) 국제회의 전담조직

국제회의 전담조직이라 함은 국제회의산업 진흥을 위하여 각종 사업을 수행하는 조직을 말한다. 이러한 전담조직을 일반적으로 "컨벤션뷰로(Convention Bureau)"[356]라고 한다. 컨벤션산업이 발달된 유럽 및 북미 지역은 물론 최근 컨벤션산업을 국가 중점산업으로 육성하고 있는 아시아 주요 국가 및 도시는 컨벤션뷰로를 설치하여 국제회의산업 육성 및 진흥의 업무를 담당하도록 하고 있다.[357]

각국의 컨벤션뷰로의 설립·운영 현황을 보면, 유럽·미주 및 일본은 국제회의 도시 단위로 공공부문과 민간부문의 협력체(協力體)로써 컨벤션뷰로를 설치·운영하고 있다. 반면에 동남아 국가들은 대체로 정부관광기구 내에 컨벤션 전담부서를 설치하여 운영하고 있다.

(1) 중앙 전담조직의 지정 및 업무

문화체육관광부장관은 국제회의산업 육성을 위하여 필요하면 국제회의 전담조직을 지정(指定)할 수 있다(육성법 제5조 제1항). 문화체육관광부장관은 국제회의 전담조직을 지정할 때에는 다음의 업무를 수행할 수 있는 전문인력 및 조직 등을 적절하게 갖추었는지를 고려하여야 한다.

---

356) 컨벤션뷰로는 국제회의 유치에 필요한 모든 업무를 지원하는 전담팀으로 국제회의 유치를 추진하는 국내 관련 단체 관계자들에게 컨설팅을 해주는 공공조직이다. 국제회의 유치추진 절차에서부터 행사장 선정, 소요예산 분석, 유치제안서 작성, 현지설명회 개최, 마케팅, 국제기구 임원을 대상으로 한 홍보활동까지 모든 업무를 지원해 준다. 이들 컨벤션뷰로는 관광홍보기능까지 더해 CVB(Covention and Visitors Bureau)라고도 한다.
357) 아시아 지역에서는 일본이 1965년에 컨벤션 전담조직을 설치하였고, 1970년 이후 말레이시아, 싱가포르, 필리핀, 홍콩, 태국이 이 조직을 설치·운영하고 있다. 이들 국가는 컨벤션을 국가 주요 산업으로 육성하기 위한 다양한 정책을 전개해 오고 있다.

국제회의 전담조직은 다음 업무(業務)를 담당한다(시행령 제9조).

🔍 국제회의의 유치 및 개최 지원

🔍 국제회의산업의 국외 홍보

🔍 국제회의 관련 정보의 수집 및 배포

🔍 국제회의 전문인력의 교육 및 수급(需給)

🔍 지방자치단체의 장이 설치한 전담조직에 대한 지원 및 상호 협력

🔍 그 밖에 국제회의산업의 육성과 관련된 업무

(2) 지방 전담조직의 지정 및 업무

국제회의시설을 보유하고 관할하는 지방자치단체의 장은 국제회의 관련 업무를 효율적으로 추진하기 위하여 필요하다고 인정하면 전담조직(專擔組織)을 설치·운영할 수 있으며, 그에 필요한 비용의 전부 또는 일부를 지원할 수 있다(육성법 제5조 제2항, 2017.1.1시행). 현행법에서는 지방자치단체의 장이 전담조직을 설치할 수 있도록 하고 있으나, 전담조직의 설치·운영 등에 필요한 비용을 지방자치단체가 지원할 수 있는 법적 근거는 없었다. 따라서 지방자치단체의 장이 전담조직의 설치·운영 등에 필요한 비용의 전부 또는 일부를 지원할 수 있도록 근거를 마련함으로써 전담조직의 안정적인 운영에 기여하려는 것이다. 이 전담조직의 업무는 해당 지방자치단체의 조례(條例)로 정하게 된다. 현재 국제회의전문시설을 보유하고 있는 곳에 지역 전담조직이 설치되어 운영되고 있다([표 4-1] 참고).

📋 표 4-1 **지역 컨벤션 전담기구 현황**

기구 명칭	운영기관 및 형태	설립시기	설립성격
서울컨벤션뷰로	서울관광재단 산하부서	2005년	민관 합동
부산컨벤션뷰로	부산관광공사 산하부서	2004년	공공
대구컨벤션뷰로	대구광역시 승인 사단법인	2003년	민관 합동
제주컨벤션뷰로	제주자치도 승인 사단법인	2005년	민관 합동
광주관광컨벤션뷰로	광주광역시 승인 사단법인	2007년	민관 합동
인천컨벤션뷰로	인천관광공사 산하부서	2008년	공공
대전컨벤션뷰로	대전마케팅공사 산하부서	2011년	공공
경남컨벤션뷰로	경상남도 승인 사단법인	2012년	민관 합동
강원컨벤션뷰로	강원도 승인 사단법인	2013년	민관 합동

* 자료: 각 기구 홈페이지 참고 재작성

3) 기본계획 및 기반조성

정부는 국제회의산업 육성을 위한 기본계획(基本計劃)을 수립하여야 하고 산업 육성을 위한 기반조성(基盤造成)을 하여야 한다.

(1) 국제회의산업육성기본계획의 수립

문화체육관광부장관은 국제회의산업의 육성·진흥을 위하여 다음 사항이 포함되는 국제회의산업육성기본계획을 5년 마다[358] 수립·시행하여야 한다(육성법 제6조).

- 국제회의의 유치와 촉진에 관한 사항
- 국제회의의 원활한 개최에 관한 사항
- 국제회의에 필요한 인력의 양성에 관한 사항
- 국제회의시설의 설치와 확충에 관한 사항
- 국제회의시설의 감염병 등에 대한 안전·위생·방역 관리에 관한 사항
- 국제회의산업 진흥을 위한 제도 및 법령 개선에 관한 사항
- 그 밖에 국제회의산업의 육성·진흥에 관한 중요사항

문화체육관광부장관은 기본계획(基本計劃)에 따라 연도별 국제회의산업육성 시행계획(施行計劃)을 수립·시행하여야 한다. 문화체육관광부장관은 기본계획 및 시행계획의 효율적인 달성을 위하여 관계 중앙행정기관의 장, 지방자치단체의 장 및 국제회의산업 육성과 관련된 기관의 장에게 필요한 자료 또는 정보의 제공, 의견의 제출 등을 요청할 수 있다. 이 경우 요청을 받은 자는 정당한 사유가 없으면 이에 따라야 한다.

(2) 국제회의산업육성기본계획의 평가

문화체육관광부장관은 기본계획의 추진실적을 평가(評價)하고, 그 결과를 기본계획의 수립에 반영하여야 한다. 문화체육관광부장관은 국제회의산업육성 기본계획과 시행계획을 수립하거나 변경하는 경우에는 국제회의산업과 관련이 있는

---

358) 2017년 법률 개정을 통해 국제회의산업의 육성·진흥에 관한 계획수립 및 집행 절차의 체계성과 실효성을 높이기 위하여 국제회의산업육성 기본계획의 수립 주기를 5년으로 명시하고, 연도별 시행계획의 수립·시행에 대하여 의무화하였음

기관 또는 단체 등의 의견을 들어야 한다. 국제회의산업육성 기본계획의 추진실적을 평가하는 경우에는 연도별 시행계획의 추진실적을 종합하여 평가하여야 한다. 이러한 평가에 필요한 조사·분석 등을 전문기관(專門機關)에 의뢰할 수 있다.

법령에 국제회의산업육성 기본계획 및 시행계획의 수립 또는 변경 시의 절차 및 추진실적 평가의 방법 등 법률의 시행에 필요한 사항을 정하였다. 이는 국제회의산업의 육성에 관한 계획의 체계성과 실효성을 제고하려는 것이다.

(3) 국제회의산업 육성기반 조성사업

문화체육관광부장관은 국제회의산업 육성기반(育成基盤)을 조성(造成)하기 위하여 관계 중앙행정기관의 장과 협의하여 다음의 사업을 추진하여야 한다.

- 국제회의시설의 건립
- 국제회의 전문인력의 양성
- 국제회의산업 육성기반의 조성을 위한 국제협력
- 인터넷 등 정보통신망을 통하여 수행하는 전자국제회의 기반의 구축
- 국제회의산업에 관한 정보와 통계의 수집·분석 및 유통
- 국제회의 기업 육성 및 서비스 연구개발
- 국제회의산업 육성기반의 조성을 위하여 필요하다고 인정되는 사업(事業)[359]

(4) 육성기반 조성사업 시행기관

문화체육관광부장관은 다음의 기관(機關)·법인(法人) 또는 단체(單體) 등으로 하여금 국제회의산업 육성기반의 조성을 위한 사업을 실시하게 할 수 있다.

- 국제회의 전담조직으로 지정·설치된 전담조직
- 국제회의도시로 지정된 국제회의도시
- '한국관광공사법'에 따라 설립된 한국관광공사
- '고등교육법'에 따른 대학·산업대학 및 전문대학
- 그 밖에 대통령령으로 정하는 법인(法人)·단체(單體)

---

[359] 필요하다고 인정되는 사업(시행령 제12조): ① 국제회의 전담조직의 육성, ② 국제회의산업에 관한 국외 홍보사업

4) 정부 지원

국제회의산업의 육성·진흥을 위한 정부의 행정상·재정상 지원사항으로는 국제회의 유치·개최 지원, 국제회의시설의 건립 및 운영 지원, 국제회의 전문 인력의 교육·훈련 지원, 국제협력 촉진사업 지원, 국제회의 정보유통 촉진사업 지원 등이 있다.

(1) 국제회의 유치 및 개최 지원

문화체육관광부장관은 국제회의의 유치(留置)를 촉진하고 그 원활한 개최(開催)를 위하여 필요하다고 인정하면 국제회의를 유치하거나 개최하는 자에게 지원을 할 수 있다. 국제회의 유치·개최의 지원에 관한 업무를 국제회의 전담조직에 위탁(委託)한다. 문화체육관광부장관은 위탁을 한 경우에는 해당 법인이나 단체에 예산의 범위에서 필요한 경비를 보조(輔助)할 수 있다(육성법 제7조 및 제18조). 국제회의 유치·개최 지원업무를 위탁한 전담조직은 지방자치단체가 설치한 전담조직이 아니라 문화체육관광부장관이 지정한 전담조직이다. 전담조직 가운데 하나인 한국관광공사는 수탁기관(受託機關)으로 이러한 지원업무를 수행하고 있다.

① 지원 신청

국제회의 유치·개최에 관한 지원을 받으려는 자는 "국제회의 지원신청서(志願申請書)"에 서류(書類)[360]를 첨부하여 국제회의 전담조직의 장에게 제출하여야 한다(시행규칙 제2조).

② 결과 보고

이에 따라 지원을 받은 국제회의 유치 및 개최자는 해당 사업이 완료된 후 1개월 이내에 국제회의 전담조직의 장에게 사업 결과보고서를 제출하여야 한다.[361]

---

360) 지원 신청 서류: ① 국제회의 유치·개최 계획서(국제회의의 명칭, 목적, 기간, 장소, 참가자수, 필요한 비용 등이 포함) 1부 ② 국제회의 유치·개최 실적에 관한 서류(국제회의를 유치·개최한 실적이 있는 경우만 해당) 1부 ③ 지원을 받으려는 세부 내용을 적은 서류 1부

361) 법 제2조제3호(감염병 확산 시기에 개최하는 회의)에 따른 국제회의를 유치하거나 개최하여 지원금을 받은 경우에는 문화체육관광부장관이 정하여 고시하는 기한

(2) 국제회의시설의 건립 및 운영 촉진

문화체육관광부장관은 국제회의시설의 건립(建立) 및 운영(運營) 촉진(促進) 등을 위하여 사업시행기관이 추진하는 다음 사업을 지원할 수 있다(육성법 제9조).

🔍 국제회의시설의 건립

🔍 국제회의시설의 운영

🔍 국제회의시설의 건립 및 운영 촉진을 위한 국제회의시설의 국외 홍보활동

(3) 국제회의 전문인력의 교육·훈련

문화체육관광부장관은 국제회의 전문(專門)인력(人力)의 양성 등을 위하여 사업 시행기관이 추진하는 다음의 사업을 지원할 수 있다(육성법 제10조).

🔍 국제회의 전문인력의 교육·훈련

🔍 국제회의 전문인력 교육과정의 개발·운영

🔍 국제회의 전문인력 양성을 위한 인턴사원제도 등 현장실습 기회를 제공하는 사업

한편, 국가에서는 이미 2002년부터 국제회의 전문인력에 대한 국가기술자격 제도를 도입하여 컨벤션기획사 시험을 실시해 오고 있다. 동 내용은 뒤에서 상술(詳述)한다.

(4) 국제협력의 촉진

문화체육관광부장관은 국제회의산업 육성기반의 조성과 관련된 국제협력(國際協力)을 촉진(促進)하기 위하여 사업시행기관이 추진하는 다음의 사업을 지원할 수 있다(육성법 제11조).

🔍 국제회의 관련 국제협력을 위한 조사·연구

🔍 국제회의 전문인력 및 정보의 국제교류

🔍 외국의 국제회의 관련 기관·단체의 국내 유치

🔍 국제회의 육성기반 조성에 관한 국제협력을 촉진하기 위하여 필요한 국제 회의 관련 국제행사에의 참가, 외국의 국제회의 관련 기관·단체에의 인력 파견사업

(5) 전자국제회의 기반의 확충

정부는 전자국제회의(電子國際會議) 기반을 확충(擴充)하기 위하여 필요한 시책을 강구하여야 한다. 또한 문화체육관광부장관은 전자국제회의 기반의 구축을 촉진하기 위하여 사업시행기관이 추진하는 다음의 사업을 지원할 수 있다(육성법 제12조).

- 인터넷 등 정보통신망을 통한 사이버 공간에서의 국제회의 개최
- 전자국제회의 개최를 위한 관리체제의 개발 및 운영
- 전자국제회의 개최를 위한 국내외 기관 간의 협력사업

(6) 국제회의 정보의 유통 촉진

정부는 국제회의 정보의 원활한 공급·활용 및 유통(流通)을 촉진(促進)하기 위하여 필요한 시책을 강구하여야 한다. 또한 문화체육관광부장관은 국제회의 정보의 공급·활용 및 유통을 촉진하기 위하여 사업시행기관이 추진하는 다음의 사업을 지원할 수 있다(육성법 제13조).

- 국제회의 정보 및 통계의 수집·분석
- 국제회의 정보의 가공 및 유통
- 국제회의 정보망의 구축 및 운영
- 국제회의 정보의 활용을 위한 자료의 발간 및 배포

한편, 문화체육관광부장관은 국제회의 정보의 공급(供給)·활용(活用) 및 유통(流通)을 촉진하기 위하여 필요하면 문화체육관광부령으로 정하는 바에 따라 관계 행정기관과 국제회의 관련 기관·단체 또는 기업에 대하여 국제회의 정보의 제출을 요청하거나 국제회의 정보를 제공할 수 있다. 문화체육관광부장관은 국제회의 정보의 제출을 요청하거나, 국제회의 정보를 제공할 때에는 요청하려는 정보의 구체적인 내용 등을 적은 문서(文書)로 하여야 한다.

5) 국제회의도시 지정 및 지원

국제회의도시(國際會議都市)라 함은 국제회의산업의 육성·진흥을 위하여 지정된 특별시·광역시 또는 시를 말한다. 국제회의도시의 지정기준(指定基準)은 다음과 같다(시행령 제13조).

🔍 지정대상 도시에 국제회의시설이 있고, 해당 특별시·광역시 또는 시에서 이를 활용한 국제회의산업 육성에 관한 계획을 수립하고 있을 것

🔍 지정대상 도시에 숙박시설·교통시설·교통안내체계 등 국제회의 참가자를 위한 편의시설이 갖추어져 있을 것

🔍 지정대상 도시 또는 그 주변에 풍부한 관광자원이 있을 것

(1) 국제회의도시 지정

문화체육관광부장관은 국제회의도시 지정기준에 맞는 특별시·광역시 및 시를 국제회의도시로 지정할 수 있다. 문화체육관광부장관은 국제회의도시를 지정하는 경우 지역 간의 균형적 발전을 고려하여야 한다(육성법 제14조).

국제회의도시의 지정을 신청하려는 특별시장·광역시장 또는 시장은 다음 각 호의 내용을 적은 서류를 문화체육관광부장관에게 제출하여야 한다(시행규칙 제9조).

🔍 국제회의시설의 보유 현황 및 이를 활용한 국제회의산업 육성에 관한 계획

🔍 숙박시설·교통시설·교통안내체계 등 국제회의 참가자를 위한 편의시설의 현황 및 확충계획

🔍 지정대상 도시 또는 그 주변의 관광자원의 현황 및 개발계획

🔍 국제회의 유치·개최 실적 및 계획

(2) 지정 취소

문화체육관광부장관은 국제회의도시가 지정기준에 맞지 아니하게 된 경우에는 그 지정을 취소할 수 있다. 문화체육관광부장관은 국제회의도시의 지정 또는 지정취소를 한 경우에는 그 내용을 고시하여야 한다.

(3) 국제회의도시의 지원

문화체육관광부장관은 지정된 국제회의도시에 대하여는 다음의 사업에 우선 지원할 수 있다(육성법 제15조).

🔍 국제회의도시에서의 '관광진흥개발기금법' 제5조의 용도에 해당하는 사업 즉, ㉮ 호텔을 비롯한 각종 관광시설의 건설 또는 개수(改修), ㉯ 관광을 위한 교통수단의 확보 또는 개수, ㉰ 관광사업의 발전을 위한 기반시설의 건설 또는 개수, ㉱ 관광정책에 관하여 조사·연구하는 법인, ㉲ 국내외 관

광안내체계의 개선 및 관광홍보사업, ⓑ 관광사업 종사자 및 관계자에 대한 교육훈련사업, ⓐ 국민관광 진흥사업 및 외래관광객 유치 지원 사업

🔍 국제회의 전담조직의 운영사업, 국제회의 유치 또는 그 개최자에 대한 지원, 사업시행기관에서 실시하는 국제회의산업 육성기반 조성사업

6) 국제회의복합지구 및 국제회의집적시설

국제회의 주최자가 회의장소를 선정할 때 가장 중요하게 고려하는 요소 중 하나가 인근의 숙박시설과 회의 참가자가 즐길 수 있는 쇼핑 및 엔터테인먼트 시설의 존재 여부이다. 2015년 법령 개정으로 국제회의 유치·개최의 거점인 대형 컨벤션센터를 중심으로 대형 숙박시설, 판매시설, 공연장의 집적화를 유도하는 제도적 기반이 마련되었다. 국제회의복합지구 및 국제회의집적시설 제도를 통해 국제경쟁력 있는 국제회의 인프라를 확충하는 것은 물론, 국제회의 주최자 및 참가자의 욕구를 수용할 수 있도록 지역별로 특화된 국제회의복합지구 운영이 필요하다.

(1) 국제회의복합지구의 지정

특별시장·광역시장·특별자치시장·도지사·특별자치도지사는 국제회의산업의 진흥을 위하여 필요한 경우에는 관할구역의 일정 지역을 국제회의복합지구로 지정(指定)[362]할 수 있다. 시·도지사는 국제회의복합지구를 지정할 때에는 국제회의복합지구 육성·진흥계획을 수립하여 문화체육관광부장관의 승인을 받아야 하며, 승인된 계획안에 대하여 시행에 옮겨야 한다. 국제회의복합지구의 위치, 면적 또는 지정 목적 등 중요한 사항을 변경(變更)[363]할 때에도 또한 같다. 또 시·도지사는 수립된 국제회의복합지구 육성·진흥계획에 대하여 5년마다 그 타당성을 검토하고

---

362) 국제회의복합지구의지정 면적은 400만㎡ 이내로 하며, 지정 요건은 다음과 같다.
　① 국제회의복합지구 지정 대상 지역 내에 전문회의시설이 있을 것 ② 국제회의복합지구 지정 대상 지역 내에서 개최된 회의에 참가한 외국인이 국제회의복합지구 지정일이 속한 연도의 전년도 기준 5천명 이상이거나 국제회의복합지구 지정일이 속한 연도의 직전 3년간 평균 5천명 이상일 것 ③ 국제회의복합지구 지정 대상 지역에 국제회의집적시설 가운데 어느 하나에 해당하는 시설이 1개 이상 있을 것 ④ 국제회의복합지구 지정 대상 지역이나 그 인근 지역에 교통시설·교통안내체계 등 편의시설이 갖추어져 있을 것
363) 지정 변경의 경우 고려 사항: ① 국제회의복합지구의 운영 실태 ② 국제회의복합지구의 토지이용 현황 ③ 국제회의복합지구의 시설 설치 현황 ④국제회의복합지구 및 인근 지역의 개발계획 현황

국제회의복합지구 육성·진흥계획의 변경 등 필요한 조치를 하여야 한다.

시·도지사는 사업의 지연, 관리 부실 등의 사유로 지정목적을 달성할 수 없는 경우 국제회의복합지구 지정을 해제할 수 있으며, 이 경우 문화체육관광부장관의 승인을 받아야 한다. 시·도지사는 국제회의복합지구를 지정하거나 지정을 변경한 경우 또는 지정을 해제한 경우 그 내용을 공고(公告)[364]하여야 한다. 지정된 국제회의복합지구는 「관광진흥법」에 따른 관광특구로 본다. 그리고 국제회의복합지구 육성·진흥계획의 수립·시행, 국제회의복합지구 지정의 요건 및 절차 등에 필요한 사항은 대통령령으로 정한다. 국제회의복합지구에 대한 육성·진흥 계획을 수립할 때 포함되는 사항은 다음과 같다.

- 국제회의복합지구의 명칭, 위치 및 면적
- 국제회의복합지구의 지정 목적
- 국제회의시설 설치 및 개선 계획
- 국제회의집적시설의 조성 계획
- 회의 참가자를 위한 편의시설의 설치·확충 계획
- 해당 지역의 관광자원 조성·개발 계획
- 국제회의복합지구 내 국제회의 유치·개최 계획
- 관할 지역 내의 국제회의업 및 전시사업자 육성 계획
- 그 밖에 국제회의복합지구의 육성과 진흥을 위하여 필요한 사항

(2) 국제회의집적시설의 지정

문화체육관광부장관은 국제회의복합지구에서 국제회의시설의 집적화 및 운영 활성화를 위하여 필요한 경우 시·도지사와 협의를 거쳐 국제회의집적시설을 지정(指定)[365]할 수 있다. 국제회의집적시설로 지정을 받으려는 자(지방자치단체를 포

---

364) 관보 및 지자체 홈페이지 공고(20일 이상) 및 문화체육관광부 통보: ① 국제회의복합지구의 명칭 ② 국제회의복합지구를 표시한 행정구역도와 지적도면 ③ 국제회의복합지구 육성·진흥계획의 개요(지정의 경우만 해당) ④ 국제회의복합지구 지정 변경 내용의 개요(지정 변경의 경우만 해당) ⑤ 국제회의복합지구 지정 해제 내용의 개요(지정 해제의 경우만 해당)

365) 국제회의집적시설의 지정요건: ① 해당 시설(설치 예정인 시설을 포함)이 국제회의복합지구 내에 있을 것 ② 해당 시설 내에 외국인 이용자를 위한 안내체계와 편의시설을 갖출 것 ③ 해당 시설과 국제회의복합지구 내 전문회의시설 간의 업무제휴 협약이 체결되어 있을 것

함)는 문화체육관광부장관에게 지정신청서(指定申請書)[366]를 제출하여야 한다. 국제회의집적시설 지정 신청 당시 설치가 완료되지 아니한 시설을 국제회의집적시설로 지정받은 자는 그 설치가 완료된 후 해당 시설이 국제회의집적시설의 요건을 갖추었음을 증명할 수 있는 서류를 문화체육관광부장관에게 제출하여야 한다. 규정한 사항 외에 설치 예정인 국제회의집적시설의 인정 범위 등 국제회의집적시설의 지정 및 해제에 필요한 사항은 문화체육관광부장관이 정하여 고시한다.

문화체육관광부장관은 국제회의집적시설이 지정요건에 미달하는 때에는 국제회의집적시설의 지정을 해제하려면 미리 관할 시·도지사의 의견을 들은 후 그 지정을 해제할 수 있다. 그 밖에 국제회의집적시설의 지정요건 및 지정신청 등에 필요한 사항은 대통령령으로 정한다.

3. 보칙

1) 재정지원

문화체육관광부장관은 국제회의육성법의 목적을 달성하기 위하여 '관광진흥개발기금법'에 따른 국외 여행자의 출국납부금 총액의 100분의 10에 해당하는 금액의 범위에서 국제회의산업의 육성 재원(財源)을 지원(支援)할 수 있다(육성법 제16조).

(1) 재정지원 대상 사업

문화체육관광부장관은 다음에 해당되는 사업에 필요한 비용의 전부 또는 일부를 지원할 수 있다.

🔍 지정·설치된 국제회의전담조직의 운영

🔍 국제회의 유치 또는 그 개최자에 대한 지원

🔍 사업시행기관(事業施行機關)에서 실시하는 국제회의산업 육성기반 조성사업

---

[366] 지정신청서 첨부 서류: ① 지정 신청 당시 설치가 완료된 시설인 경우: 국제회의집적시설에 해당하고 지정 요건을 갖추고 있음을 증명할 수 있는 서류 ② 지정 신청 당시 설치가 완료되지 아니한 시설의 경우 설치가 완료되는 시점에는 국제회의집적시설에 해당하고 지정 요건을 충족할 수 있음을 확인할 수 있는 서류

- 국제회의육성법에서 정한 사업: ㉮ 국제회의 전문인력의 교육·훈련, ㉯ 국제협력의 촉진, ㉰ 전자국제회의 기반의 확충, ㉱ 국제회의 정보의 유통 촉진
- 국제회의복합지구의 육성·진흥을 위한 사업
- 국제회의집적시설에 대한 지원 사업
- 그 밖에 국제회의산업의 육성을 위하여 필요한 사업

(2) 지원신청 및 교부

지원을 받으려는 자는 문화체육관광부장관 또는 사업을 위탁(委託)받은 기관의 장에게 지원을 신청하여야 한다. 지원금(支援金)은 해당 사업의 추진 상황 등을 고려하여 나누어 지급한다. 다만, 사업의 규모·착수시기 등을 고려하여 필요하다고 인정할 때에는 한꺼번에 지급할 수 있다(시행령 제14조).

이에 따라 지원금을 받은 자는 그 지원금에 대하여 별도의 계정(計定)을 설치하여 관리하여야 하고, 그 사용 실적을 사업이 끝난 후 1개월 이내에 문화체육관광부장관에게 보고하여야 한다. 지원금을 받은 자가 법에 따른 용도 외에 지원금을 사용하였을 때에는 그 지원금을 회수(回收)할 수 있다(시행령 제15조).

2) 다른 법률과 관계

국제회의육성법에서는 국제회의시설의 설치자(設置者)에 대하여 관련 법률에 대한 특례(特例)를 규정하고 있다. 국제회의시설에 대한 건축허가 시 의제되는 사항은 모두 건축물의 착공 시에 받아야 할 행정처분들이고, 건축물의 사용승인 시 의제되는 사항은 모두 건축물이 완공되어 건축물을 사용하는 데 필요한 행정처분(行政處分)들이다.

(1) 국제회의시설에 대한 건축허가 승인 시 의제처리

국제회의시설의 설치자가 국제회의시설에 대하여 '건축법(建築法)'에 따른 건축허가(建築許可)를 받으면 특별자치도지사·시장·군수 또는 구청장이 아래의 허가·인가 등의 관계 행정기관의 장과 미리 협의한 사항에 대해서는 다음 사항에 대해

서는 해당 허가·인가 등을 받거나 신고를 한 것으로 본다.[367] (법 제17조)

(2) 국제회의시설에 대한 건물사용 승인 시 의제처리

국제회의시설의 설치자가 국제회의시설에 대하여 '건축법'에 따른 사용승인을 받으면 특별자치도지사·시장·군수 또는 구청장이 다음 사항에 대해서는 관계 행정기관의 장과 미리 협의한 사항에 대해서는 해당 검사를 받거나 신고를 한 것으로 본다.[368]

(3) 의제처리 절차

국제회의시설의 건축허가 사용승인에 따른 협의를 요청받은 행정기관의 장은 그 요청을 받은 날부터 15일 이내에 의견을 제출하여야 한다. 위에서 규정한 사항 외에 허가·인가, 검사 및 신고 등 의제의 기준 및 효과 등에 관하여는 「행정기본법」을 따른다.

(4) 부담금의 감면

국가 및 지방자치단체는 국제회의복합지구 육성·진흥사업을 원활하게 시행하기 위하여 필요한 경우에는 국제회의복합지구의 국제회의시설 및 국제회의집적시설에 대하여 관련 법률에서 정하는 바에 따라 부담금(負擔金)을 감면(減免)[369]할 수 있다. 그리고 지방자치단체의 장은 국제회의복합지구의 육성·진흥을 위하여 필요한 경우 국제회의복합지구를 「국토의 계획 및 이용에 관한 법률」에 따른 지구단위계획구역으로 지정하고 용적률을 완화하여 적용할 수 있다.

---

367) 건축 허가 관련 관계 행정기관과 협의한 사항: ① 「하수도법」 제24조에 따른 시설이나 공작물 설치의 허가 ② 「수도법」 제52조에 따른 전용상수도 설치의 인가 ③ 「소방시설 설치 및 관리에 관한 법률」 제6조제1항에 따른 건축허가의 동의 ④ 「폐기물관리법」 제29조제2항에 따른 폐기물처리시설 설치의 승인 또는 신고 ⑤ 「대기환경보전법」 제23조, 「물환경보전법」 제33조 및 「소음·진동관리법」 제8조에 따른 배출시설 설치의 허가 또는 신고

368) 건물사용 승인 관련 관계 행정기관과 협의한 사항: ① 「수도법」 제53조에 따른 전용상수도의 준공검사 ② 「소방시설공사업법」 제14조제1항에 따른 소방시설의 완공검사 ③ 「폐기물관리법」 제29조제4항에 따른 폐기물처리시설의 사용개시 신고 ④ 「대기환경보전법」 제30조 및 「물환경보전법」 제37조에 따른 배출시설 등의 가동개시 신고

369) 부담금 감면 내용: ① 「개발이익 환수에 관한 법률」에 따른 개발부담금 ② 「산지관리법」에 따른 대체산림자원조성비 ③ 「농지법」에 따른 농지보전부담금 ④ 「초지법」에 따른 대체초지조성비 ⑤ 「도시교통정비 촉진법」에 따른 교통유발부담금

국제회의업, 컨벤션기획사, 전시산업발전법

1. 국제회의업 종류 및 등록

　국제회의업(國際會議業)이란 "대규모 관광 수요를 유발하는 국제회의(세미나, 토론회, 전시회 등을 포함)를 개최할 수 있는 시설을 설치·운영하거나, 국제회의의 계획·준비·진행 등의 업무를 위탁받아 대행(代行)하는 업"을 말한다(관광진흥법 제2조).

1) 국제회의업 종류

　관광진흥법에서는 국제회의업에 대하여 국제회의시설업과 국제회의기획업으로 업종 구분을 하고 있다.

(1) 국제회의시설업

　국제회의시설업(國際會議施設業)은 대규모 관광 수요를 유발(誘發)하는 국제회의를 개최할 수 있는 시설을 설치하여 운영하는 업이다. 일반적으로 이러한 국제회의 시설을 컨벤션센터(Convention Center)라고 부르며 국내 최초의 컨벤션센터인 코엑스를 비롯하여 (표 4-2)와 같이 대규모 국제회의 전문시설이 운영되고 있다.

표 4-2 **주요 국내 국제회의 전문시설 현황(컨벤션센터)**

(단위: m²)

지역	시설 명칭	운영 기구	회의실 면적	전시장 면적	개관 시기
서울	COEX	㈜코엑스	11,123	36,027	2000년
부산	BEXCO	㈜부산전시컨벤션센터	6,841	26,508	2001년
대구	EXCO	㈜대구전시컨벤션센터	4,067	23,000	2001년
제주	ICC Jeju	㈜제주국제컨벤션센터	7,009	2,394	2003년
고양	KINTEX	㈜킨텍스	6,166	108,483	2005년
광주	KDJ Center	김대중컨벤션센터	2,308	9,072	2005년
창원	CECO	창원컨벤션센터	2,784	7,826	2005년
인천	CONVENSiA	송도컨벤시아	4,020	8,416	2008년
대전	DCC	대전컨벤션센터	4,862	2,520	2008년
경주	HICO	경주화백컨벤션센터	3,421	2,273	2014년
군산	GSCO	군산새만금컨벤션센터	1,825	3,000	2014년
수원	SCC	(재)수원컨벤션센터	4,143	7,877	2019년
울산	UECO	울산전시컨벤션센터	2,300	7,776	2021년

* 자료: 각 시설 홈페이지 참고 재작성

(2) 국제회의기획업

국제회의기획업(國際會議企劃業)은 대규모 관광 수요를 유발하는 국제회의의 계획(計劃), 준비(準備), 진행(進行) 등의 업무를 위탁(委託)받아 대행(代行)하는 업이다. 현재 컨벤션 전문업체로는 주로 국제회의를 담당하는 국제회의기획업체(Professional Convention Organizer, PCO)와 전시회를 담당하는 전시회기획업체(Professional Exhibition Organizer, PEO)가 있다. 또한 일부 여행사와 이벤트기획업체도 컨벤션 업무를 수행하고 있으며, 지역축제, 문화예술 공연, 스포츠 행사, 가족 행사 등을 기획·운영하는 전문 업체도 있다.

2) 국제회의업 등록

국제회의업을 경영하고자 하는 자는 특별자치도지사·시장·군수·구청장에게 등록(登錄)을 하여야 한다. 그리고 국제회의업자가 등록한 사항 중 중요사항을 변경하고자 하는 때에는 변경등록(變更登錄)을 하여야 한다(관광진흥법 제4조). 등록과 관련된 사항은 이 책 제3편에서 상술한 관광진흥법의 관광숙박업 등록에 대한 규정에 따른다.

(1) 국제회의업 등록기준

국제회의업의 등록기준은 국제회의시설업과 국제회의기획업으로 나누어 다음과 같이 규정하고 있다(관광진흥법 시행령 제5조 관련 별표1).

① 국제회의시설업 등록기준

　　🔍 '국제회의산업 육성에 관한 법률 시행령'에 따른 회의시설 및 전시시설의 요건을 갖추고 있을 것

　　🔍 국제회의 개최 및 전시의 편의를 위하여 부대시설로 주차시설과 쇼핑·휴식시설을 갖추고 있을 것

② 국제회의기획업

　　🔍 자본금: 5천만원 이상일 것

　　🔍 사무실: 소유권이나 사용권이 있을 것

(2) 국제회의시설업 등록 및 사업계획 승인

국제회의업 가운데 국제회의시설업의 등록 및 변경등록에 있어서는 관할 등록 관청에서 구성한 "등록심의위원회의"의 심의를 거쳐야 한다(관광진흥법 제17조). 등록심의위원회의 성격, 구성, 심의사항은 관광숙박업의 경우와 같다.

또한 국제회의시설업은 해당 등록관청으로부터 사업계획(事業計劃) 승인(承認)을 받을 수 있다. 국제회의시설업의 사업계획 승인의 절차·사전협의·변경승인 대상·승인기준·승인 시의 인허가 의제사항 등에 대한 내용은 관광숙박업의 내용과 동일하다.

2. 컨벤션기획사 국가기술자격제도

국가기술자격(國家技術資格)에 관하여 규정하고 있는 '국가기술자격법'에서는 컨벤션기획사(企劃社)[370]의 자격을 서비스 분야 중 '사업 서비스기술자격'의 일종으로 분류하고 있다. 이러한 컨벤션기획사의 자격은 1급과 2급으로 나누어져 있다(국가기술자격법 시행령 제12조의2).

컨벤션기획사는 국가기술자격법에 의하여 규정하고 있으므로, 관광진흥법에서 규정한 관광종사원 국가자격과는 구별이 된다. 그리고 동 자격증은 2003년에 처음으로 실시한 시험에서 120명의 합격자를 배출한 이후 매년 평균 100~150명 정도 자격증을 취득하고 있다. 이들은 주로 컨벤션 관련 기관 및 업체에서 근무하고 있다.[371]

한국산업인력공단은 문화체육관광부장관의 위탁을 받아 필기시험문제 및 실기시험문제의 작성·출제 및 관리에 관한 업무를 담당한다.

---

370) 컨벤션 전문인력에 대해서는 회의기획가(meeting planner) 또는 컨벤션관리자(convention manager)라고 하며, 국내에서는 대체로 '컨벤션기획사'로 불리고 있다. 이러한 국제회의 전문인력에 대하여 외국의 경우에는 국가자격증제도로 운영하지 않고 대체로 PCMA(Professional Convention Management Association), MPI(Meeting Professional International)와 같은 컨벤션 전문 민간 기구에서 정한 교육과정 이수(履修) 후 자격증을 발급해 주고 있다.

371) 컨벤션 관련 기관 및 업체로는 컨벤션뷰로, 컨벤션센터, 컨벤션기획업체(PCO, PEO) 및 컨벤션 지원업체 등으로 2천여 개 정도이며, 전체 근무자는 3만 명 정도인 것으로 추정된다.

1) 응시자격

컨벤션기획사 2급 시험의 응시자격(應試資格)의 제한은 없다. 그러나 컨벤션기획사 1급의 응시자격은 다음 각 호의 어느 하나에 해당하는 사람으로 한다.

- 해당 종목의 2급 자격을 취득한 후 응시하려는 종목이 속하는 동일 직무분야에서 3년 이상 실무에 종사한 사람
- 응시하려는 종목이 속하는 동일 및 유사 직무분야에서 4년 이상 종사한 사람
- 외국에서 동일한 종목에 해당하는 자격을 취득한 사람

2) 검정의 기준

컨벤션기획사 국가기술자격제도의 검정(檢定)의 기준(基準)은 다음과 같다.

① 컨벤션기획사 1급
- 컨벤션 유치·기획·운영에 관한 각종 업무를 수행할 수 있는 능력의 유무
- 외국어 구사 및 컨벤션 경영·협상·마케팅 능력의 유무

② 컨벤션기획사 2급
- 컨벤션 기획·운영에 관한 기본적인 업무를 수행할 수 있는 능력의 유무
- 컨벤션기획사 1급의 업무를 보조할 수 있는 능력의 유무

3) 시험 과목

컨벤션기획사 자격시험(資格試驗) 과목(科目)은 다음 [표 4-3]과 같다. 시험의 합격 결정기준은 필기시험은 100점 만점에 모든 과목이 40점 이상이고, 전체 과목 평균 60점 이상이어야 한다. 그리고 필기시험에 합격한 자에 대하여는 해당 필기시험에 합격한 날부터 2년간의 필기시험을 면제한다.

표 4-3 **컨벤션기획사 자격시험 과목**

자격증 종류	시험 종류	시험 과목
컨벤션기획사1급	필기시험	1. 컨벤션기획실무론 2. 재무회계론 3. 컨벤션마케팅
	실기시험	컨벤션 실무(컨벤션 기획 및 실무 제안서 작성, 영어 프레젠테이션)
컨벤션기획사2급	필기시험	1. 컨벤션산업론 2. 호텔 · 관광실무론 3. 컨벤션 영어
	실기시험	컨벤션 실무(컨벤션 기획 및 실무 제안서 작성, 영어 서신 작성)

3. 전시산업발전법

'국제회의산업육성에 관한 법률'과 별도로 2008년에는 전시산업의 경쟁력을 강화하고 발전을 도모하여 무역진흥과 국민경제의 발전에 이바지함을 목적으로 '전시산업발전법'이 제정되었다. 여기서 전시산업(展示産業)이란 전시시설(展示施設)[372]을 건립·운영하거나 전시회 및 전시회부대행사를 기획·개최·운영하고 이와 관련된 물품 및 장치를 제작·설치하거나 전시공간의 설계·디자인과 이와 관련된 공사를 수행하거나 전시회와 관련된 용역 등을 제공하는 산업을 말한다.

전시산업과 전시산업 업무는 산업통상자원부(産業通商資源部)에서 관장하고 있다. 2002년 창립된 사단법인 한국전시산업진흥회(AKEI, Association of Korea Exhibition Industry)는 전시산업 대표기관으로 전시산업의 진흥과 발전을 위해 전시사업을 효율적으로 수행하고 이를 위해 기존 전시회의 질적 향상과 정책개발 및 산업육성을 지원[373]하고 있다. 전시산업과 관련된 경제활동을 영위하는 자를 전시사업자라고 하며, 이들은 관련 단체[374]를 설립하여 협력 활동을 하고 있다. 동 법에서는 전시사업자 종류를 다음과 같이 규정하고 있다(전시산업발전법 제2조).

- 🔍 전시시설사업자: 전시시설을 건립하거나 운영하는 사업자
- 🔍 전시주최사업자: 전시회 및 전시회 부대행사를 기획·개최 및 운영하는 사업자
- 🔍 전시디자인설치사업자: 전시회와 관련된 물품 및 장치를 제작·설치하거나 전시공간의 설계·디자인과 이와 관련된 공사를 수행하는 사업자
- 🔍 전시서비스사업자: 전시회와 관련된 용역 등을 제공하는 사업자

---

372) 동법 시행령제3조(다음 어느 하나에 해당). ① 전시회 개최에 필요한 시설: 전시회를 개최하기 위한 면적 2천m² 이상의 시설, ② 전시회 부대행사의 개최에 필요한 시설: 전시회 부대행사를 개최하기 위한 연회장, 공연시설, 상담회장 및 설명회장 등, ③ 관련 부대시설: 이들 시설에 부수되는 숙박, 식품 접객, 판매, 휴식 등을 위한 편의시설

373) 전시산업진흥회 주요 업무: 국내전시회의 개최지원과 전시산업 기반 구축, 전시산업 홍보지원, 해외전시회 지원, 전시회 해외인턴, 인증전시회 사업 등

374) 전시사업자와 관련되어 가장 활발하게 활동을 하고 있는 곳은 (사)한국전시주최자협회(www.keoa.org)로 2003년에 설립되었다. 이는 산업통상자원부에 사단법인으로 등록되어 있는 전문 업종별 협회이며, 전시주최 및 대행업을 영위하는 업체들을 중심으로 현재 90여 개의 회원사가 가입되어 있다.

제3절 한국관광공사법

이 법은 한국관광공사(韓國觀光公社)라는 특수법인(特殊法人)을 설립·운영하기 위하여 제정된 특별법(特別法)이다. 이러한 특수법인은 공공업무를 수행하기 위해 설립된 공법인(公法人)에 속한다. 그리고 한국관광공사는 '공공기관의 운영에 관한 법률'을 적용받는 위탁집행형(委託執行形) 준정부기관(準政府機關)에 해당된다. 준정부기관은 기금관리형과 위탁집행형으로 구분한다.

1. 공사 설립 및 주요 사업

동 법은 공사의 설립목적과 설립절차 및 그 밖에 공사의 운영과 관련하여 다음과 같이 규정하고 있다.

1) 설립 목적

한국관광공사는 관광 진흥, 관광자원 개발, 관광산업의 연구·개발 및 관광 관련 전문 인력의 양성·훈련에 관한 사업을 수행하게 함으로써 국가 경제발전과 국민복지 증진에 이바지함을 목적으로 설립되었다(한국관광공사법 제1조).

2) 설립 절차

설립 절차와 관련하여 설립등기, 사무소, 자본금 및 주식에 관한 사항을 규정하고 있다.

(1) 설립등기

한국관광공사는 법인(法人)으로 한다(법 제2조). 법인(法人)이 설립되기 위해서는 등기(登記)가 필요한데, 주된 사무소의 소재지에서 설립등기(設立登記)[375]를 함으로써 성립된다.

---

375) 설립등기 사항: ① 목적, ② 명칭, ③ 주된 사무소, 지사 또는 사무소의 소재지, ④ 자본금,
　　⑤ 임원의 성명과 주소, ⑥ 공고의 방법 등

(2) 사무소

공사의 주된 사무소의 소재지(所在地)는 정관(定款)으로 정한다. 공사는 그 업무 수행을 위하여 필요하면 이사회(理事會)의 의결(議決)을 거쳐 필요한 곳에 지사(支社) 또는 사무소를 둘 수 있다.(법 제3조) 한편 공사는 정부의 공공기관 이전 정책에 따라 2014년 12월 본사(本社)를 강원도 원주시로 이전하였다.

(3) 자본금 및 주식

공사의 자본금(資本金)은 500억 원으로 하고, 그 2분의 1 이상을 정부가 출자(出資)한다. 정부는 국유재산 중 관광사업 발전에 필요한 토지, 시설 및 물품 등을 공사에 현물(現物)로 출자할 수 있다.(법 제4조) 또한 공사의 자본금은 주식(株式)으로 분할(分割)하며, 주식은 기명(記名)으로 하고 그 종류와 1주당 금액은 정관으로 정한다. 정부소유의 주식을 다른 자에게 매도(賣渡)할 경우에는 다른 자가 소유하는 주식의 총액이 정부 소유주식의 총액을 초과하여서는 아니 된다.(법 제7~8조)

3) 주요 사업

한국관광공사에서 수행하는 사업은 법률에서 정하고 있는 목적사업(目的事業)과 정부로부터의 위탁(委託) 업무가 있다.(법 제12조)

(1) 목적 사업

한국관광공사는 설립목적을 달성하기 위하여 다음과 같은 사업을 수행(遂行)한다. 또한 공사는 동 사업 중 필요하다고 인정하는 사업은 이사회의 의결을 거쳐 타인에게 위탁(委託)하여 경영하게 할 수 있다.[376]

① 국제관광 진흥사업

- 외국인 관광객의 유치를 위한 홍보
- 국제관광시장의 조사 및 개척
- 관광에 관한 국제협력의 증진
- 국제관광에 관한 지도 및 교육

---

376) 동 법에 따른 "타인"이란 공공단체, 공익법인 또는 문화체육관광부장관이 인정하는 단체를 말한다. 공사가 그 업무를 법인이나 단체에 위탁하려는 경우에는 위탁하려는 업무의 종류 및 범위, 위탁경영의 조건 및 기간과 위탁방법 등에 관하여 이사회의 의결을 거쳐야 한다.

② 국민관광 진흥사업

- 🔍 국민관광의 홍보
- 🔍 국민관광의 실태 조사
- 🔍 국민관광에 관한 지도 및 교육
- 🔍 장애인, 노약자 등 관광취약계층에 대한 관광 지원

③ 관광자원 개발사업

- 🔍 관광단지의 조성과 관리, 운영 및 처분
- 🔍 관광자원 및 관광시설의 개발을 위한 시범사업
- 🔍 관광지의 개발
- 🔍 관광자원의 조사

④ 관광산업의 연구·개발사업

- 🔍 관광산업에 관한 정보의 수집·분석 및 연구
- 🔍 관광산업의 연구에 관한 용역사업

⑤ 관광 관련 전문인력의 양성과 훈련사업

⑥ 관광사업의 발전을 위하여 필요한 물품의 수출입(輸出入)업을 비롯한 부대사업

(2) 위탁 사업

한국관광공사는 국가, 지방자치단체, 공공기관 및 그 밖의 공공단체(公共團體)[377] 로부터 목적사업에 해당하는 사업을 위탁(委託)받아 시행(施行)할 수 있다. 이에 따라 공사는 한국관광품질인증, 문화관광축제 지원, 관광종사원 교육, 그리고 관광통역안내사, 호텔경영사 및 호텔관리사의 자격시험과 등록 및 자격증의 발급 업무 등을 담당한다. 다만, 자격시험의 출제, 시행, 채점 등 자격시험의 관리에 관한 업무는 한국산업인력공단(韓國産業人力公團)이 주관한다. 또한 문화체육관광부장관으로부터 국제회의 전담조직으로 지정받은 공사의 'MICE실(Korea MICE Bureau)' 는 국제회의 유치·개최 지원 업무를 위탁받아 수행하고 있다. 또한 남북관광 교류사업, 의료관광 유치 및 지원관리 업무도 위탁사업으로 수행하고 있다.

---

377) 공공단체의 범위: ① 지방자치단체 직영기업, 지방공사 및 지방공단 ② 행정안전부장관이 지정한 출자·출연 기관

2. 공사 운영 및 조직

손익금(損益金) 처리, 보조금(補助金) 및 사채(社債)의 발행, 지도(指導)·감독(監督)과 관련하여 다음과 같이 규정하고 있다.

1) 손익금의 처리

공사는 매 사업연도의 결산(決算) 결과, 이익(利益)이 생기면 법 제13조에 의하여 처리한다.[378] 또한 공사는 매 사업연도의 결산 결과, 손실이 생기면 적립금(積立金)으로 보전하고 그 적립금으로도 부족하면 같은 적립금으로 이를 보전하되, 그 미달금액은 다음 사업연도로 이월한다. 적립금의 전부 또는 일부를 자본금(資本金)으로 전입(轉入)하려는 경우에는 주주총회(株主總會)의 의결을 거쳐야 한다.

2) 보조금 및 사채의 발행

정부는 예산의 범위에서 공사의 사업과 운영에 필요한 비용을 보조(補助)할 수 있다.(법 제14조) 이에 따라 공사는 관광진흥개발기금에서 사업비 및 운영비를 보조받고 있다. 또한 공사는 이사회의 의결을 거쳐 자본금과 적립금 합계액의 2배를 초과하지 아니하는 범위에서 사채(社債)를 발행할 수 있다.[379] 정부는 공사가 발행하는 사채의 원리금(元利金)의 상환(償還)을 보증(保證)할 수 있다.(법 제15조)

3) 지도·감독

문화체육관광부장관은 공사의 경영목표를 달성하기 위하여 필요한 범위에서 다음의 사항과 관련되는 공사의 업무에 관하여 지도·감독한다.(법 제16조)

- 🔍 국제관광 및 국민관광 진흥사업
- 🔍 관광자원 개발사업
- 🔍 관광산업의 연구·개발사업

---

378) 손익금 처리 순서: ① 이월(移越)손실금(損失金)의 보전(補塡), ② 자본금의 2분의 1에 이를 때까지 이익금의 10분의 1 이상을 이익준비금(利益準備金)으로 적립, ③ 주주(株主)에 대한 배당(配當), ④ 이익준비금 외의 준비금(準備金)으로 적립(積立), ⑤ 다음 연도로 이월(移越)

379) 사채 발행할 때 등기 사항: ① 사채 발행의 목적, ② 사채 발행의 시기, ③ 사채의 총액, ④ 사채의 권종(券種)별 액면금액, ⑤ 사채의 이율, ⑥ 사채의 모집 및 인수 방법, ⑦ 사채 상환의 방법 및 기한, ⑧사채 이자 지급의 방법 및 기한

🔍 관광 관련 전문 인력의 양성과 훈련 사업

🔍 법령에 따라 문화체육관광부장관이 위탁 또는 대행하도록 한 사업

🔍 그 밖에 관계 법령에서 정하는 사업

4) 경영목표 및 경영평가

「공공기관(公共機關)의 운영에 관한 법률」(제 46~48조)에 따라 공사 사장은 사업 내용과 경영환경, 사장 임명 당시 체결한 계약의 내용 등을 고려하여 다음 연도를 포함한 5회계연도 이상의 중장기 경영목표를 설정하고, 이사회의 의결을 거쳐 확정한 후 매년 10월 31일까지 기획재정부장관과 문화체육관광부장관에게 제출(提出)하여야 한다. 그리고 공사 사장은 매년 당해 연도의 경영실적보고서와 계약의 이행에 관한 보고서를 작성하여 다음 연도 3월 20일까지 기획재정부장관 및 문화체육관광부장관에게 제출하여야 한다. 기획재정부장관은 계약의 이행에 관한 보고서, 경영목표와 경영실적보고서를 기초로 하여 공기업·준정부기관의 경영실적을 평가(評價)한다.

한편, 동 법의 공공기관의 경영(經營) 공시(公示) 규정(제11조)에 따라 공사는 경영 목표와 예산 및 운영계획, 결산서(決算書), 임원 및 운영인력 현황, 인건비 및 복리 후생비 예산과 집행 현황, 고객만족도 조사 결과, 경영실적 평가결과 등을 공시 (公示)하여야 한다. 공시방법은 본사와 지사사무실에 비치(備置)하고 인터넷홈페이 지에 게재(揭載)한다.

5) 공사의 조직 및 인원

관련 법령에 규정한 동 사업을 추진하기 위하여 현재 공사의 조직(組織)은 5개 본부[380], 16개의 실, 52개의 센터·팀으로 구성되어 있다. 또한 32곳의 해외지사· 해외사무소와 10곳의 국내지사가 설치·운영되고 있다. 또한 현재 한국관광공사 임직원(任職員)의 법정 정원(定員)은 750명 정도이다.

---

[380] 현재 관광디지털본부, 관광산업본부, 국민관광본부, 국제관광본부, 경영혁신본부 등 5개 본부 로 구성되어 있다.

6) 기타 운영 규정

공사의 운영과 관련한 기타 사항(事項) 및 처벌(處罰) 규정은 다음과 같다.

(1) 사장의 대표권 제한 및 대리인의 선임

공사의 이익과 사장의 이익이 상반(相反)되는 사항에 대하여는 사장이 공사를 대표하지 못하며, 감사(監事)가 공사를 대표한다.(법 제9조)

사장은 정관으로 정하는 바에 따라 직원 중에서 공사의 업무에 관하여 재판상 또는 재판(裁判) 외의 모든 행위를 할 수 있는 권한을 가진 대리인(代理人)을 선임(選任)할 수 있다.[381](법 제10조)

(2) 유사명칭 사용 금지

이 법에 따른 공사가 아닌 자는 한국관광공사 또는 이와 유사한 명칭을 사용하지 못한다.(법 제6조) 이를 위반하여 한국관광공사 또는 이와 유사한 명칭을 사용한 자에게는 300만원 이하의 과태료(過怠料)를 부과한다.

(3) 비밀누설 금지

공사의 임직원이나 그 직에 있었던 사람은 그 직무상 알게 된 비밀을 누설(漏泄)하거나 도용(盜用)하여서는 아니 된다.(법 제11조) 이를 위반하여 비밀을 누설하거나 도용한 자는 2년 이하의 징역 또는 2천만원 이하의 벌금에 처한다.

(4) 다른 법률과의 관계

이 법에 규정되지 아니한 공사의 조직(組織)과 경영(經營) 등에 관한 사항은 「공공기관의 운영에 관한 법률」에 따른다.(법 제17조)

---

381) 이때에는 대리인을 둔 주된 사무소, 지사 또는 사무소의 소재지에서 각각 2주일 내에 다음 사항을 등기하여야 한다. (① 대리인의 성명과 주소, ② 대리인을 둔 주된 사무소, 지사 또는 사무소의 명칭과 소재지, ③ 대리인의 권한을 제한한 경우에는 그 제한의 내용)

Chapter 12
출입국 관련 법규

제1절 여권법

1. 여권 의의와 종류

모든 사람은 다른 나라로 여행을 할 때에는 반드시 여권(旅券)이 필요하다. 여권(passport)은 외국에 여행하고자 하는 사람의 신분(身分)과 국적(國籍)을 증명하고, 아울러 상대방에게 여행자의 편의제공과 보호를 요청하는 공문서이다. 일반적으로 여권 또는 이에 갈음하는 여행증명서(旅行證明書)를 소지하지 아니한 자는 자국(自國) 또는 다른 나라에 입국할 수가 없다. 따라서 외국에 여행하고자 하는 내국인은 여권법(旅券法)의 규정에 따라 발급된 여권을 반드시 소지하여야 한다. 이러한 여권법은 여권의 발급과 효력, 그 밖에 여권에 관하여 필요한 사항을 규정함을 목적으로 1961년에 제정되었다.

1) 여권의 발급권자

여권의 발급권자는 외교부장관이다(여권법 제3조). 그러나 외교부장관은 여권 등의 발급, 재발급과 기재사항 변경에 관한 사무의 일부를 영사(領事)[382]나 지방자

---

382) 영사(consul)는 외국에 있으면서 외교부장관과 특명전권 대사(大使, ambassador) 및 공사(公使, diplomatic minister)의 지시를 받아 자국의 무역통상이익을 도모하고, 주재국에 있는 자국민을 보호하는 것을 주요임무로 하는 공무원을 말한다.

치단체의 장에게 대행(代行)[383]하게 할 수 있다. 그리고 여권의 발급 등을 신청하려는 사람은 그의 주소지를 관할하지 아니하는 지방자치단체의 장에게도 이를 신청할 수 있도록 하였다. 또한 외교부장관은 수수료(手數料) 수입만으로는 사무를 대행하는 데 필요한 경비를 충당할 수 없는 지방자치단체에 대하여는 국고(國庫)에서 그 부족분을 보조할 수 있다. 이에 따라 2007년부터 서울시를 시작으로 여권발급업무를 개선하여 전국적으로 확대하고 있다. 2005년에 내국인 해외여행자수가 천만 명을 돌파하였고 이런 추세가 계속 이어질 전망이다.

2) 여권의 종류 및 발급

여권은 발급대상자의 신분에 따라 일반여권(一般旅券)·관용여권(官用旅券)과 외교관여권(外交官旅券)으로 구분한다. 그리고 여권을 발급받거나 재발급 받을 시간적 여유가 없는 경우로서 여권의 긴급한 발급이 필요하다고 인정되어 발급하는 긴급여권이 있다(여권법 제4조). 관용여권과 외교관여권의 발급대상자가 아닌 일반인은 일반여권을 발급받게 된다. 그러나 공무 수행을 위한 공무원 및 법에 정한 자에 대해서는 관용여권과 외교관여권이 발급된다. 그리고 1회에 한하여 외국여행을 할 수 있는 1년 이내의 유효기간이 설정된 단수여권(單數旅券)[384]과 유효기간 만료일까지 횟수에 제한 없이 외국여행을 할 수 있는 복수여권(複數旅券)이 있다.

(1) 일반여권의 발급

여권을 발급받으려는 사람은 여권 발급인이 제공하여야 할 정보를 제공하면서 여권 발급자에게 여권의 발급을 본인이 직접 신청하여야 한다(법 제9조). 일반여권을 발급(發給)받으려는 사람은 여권 발급신청서, 여권용 사진(寫眞)[385], 그 밖에 병역(兵役) 관계 서류 등 외교부령으로 정하는 서류를 외교부장관에게 제출하여

---

383) 대행(vicarious execution)은 대신 행하는 일로서 위임(委任)과 구별된다. 여권의 발급권자 명의는 대행자가 아니라 외교부장관이 된다. 그러나 위임은 수임자(受任者) 명의로 된다.

384) 단수여권 발급 경우: ① 여권발급 신청인이 요청하는 경우, ② 긴급한 인도적 사유로 여권을 발급하는 경우, ③ 「병역법」에 따라 국외여행의 허가를 받아야 하는 사람, ④ 유학생의 학사일정에 따른 출국 등 부득이한 사유로 국외여행을 하여야 할 필요가 있다고 인정되는 사람

385) 여권용 사진은 여권발급 신청일 전 6개월 이내에 모자 등을 쓰지 않고 촬영한 천연색 상반신 정면 사진으로 얼굴의 길이가 2.5센티미터 이상 3.5센티미터 이하인 가로 3.5센티미터, 세로 4.5센티미터의 사진을 말한다.

야 한다.[386] 다만, 외교부장관은 여권을 발급받으려는 사람이 국외에 체류 중인 때에는 외교부령으로 정하는 바에 따라 일부 서류의 제출을 면제할 수 있다.여권의 발급은 본인(本人)이 직접 신청하여야 한다. 다만, 본인이 직접 신청할 수 없을 정도의 신체적·정신적 질병, 장애나 사고 등으로 인하여 대리인에 의한 여권 발급 신청이 특별히 필요하다고 인정하는 사람과, 18세 미만인 사람에 대하여는 대리인으로 하여금 신청하게 할 수 있다. 일반여권의 유효기간은 10년이며, 18세 미만인 사람은 5년이다.

(2) 관용여권의 발급

외교부장관은 다음의 어느 하나에 해당하는 사람에게 관용여권(官用旅券)을 발급할 수 있다.[387] 관용여권을 발급받으려는 사람은 필요한 서류를 외교부장관에게 제출하여야 한다. 그리고 관용여권의 유효기간은 5년으로 한다. 관용여권을 발급받은 사람이 해당 신분을 상실하게 되면 그 관용여권은 유효기간 이내라도 그때부터 효력을 상실한다. 다만, 그가 국외에 체류하고 있을 때에는 외교부령으로 정하는 귀국에 필요한 기간 동안은 그러하지 아니하다.

(3) 외교관여권의 발급

외교부장관은 다음의 어느 하나에 해당하는 사람에게 외교관여권(外交官旅券)을 발급할 수 있다.[388] 외교관여권의 유효기간은 5년으로 한다. 외교관여권을 발급받은 사람이 요건에 해당하지 아니하게 되는 경우에는 그 외교관여권은 유효기간 이내라도 그때부터 효력을 상실한다. 다만, 그가 국외에 체류하고 있는 때에는

---

386) 여권의 발급 등 신청 때 제출하는 서류(여권법 시행규칙 제4조): ① '병역법'에 따른 병역관계 서류: 여권을 발급하는 해에 18세 이상 37세 이하가 되는 남자가 제출하여야 하는 병역관계 서류 ② '가족관계의 등록 등에 관한 법률'에 따른 가족관계기록사항에 관한 증명서 ③ 의학적 이유로 지문 채취를 할 수 없는 경우에는 전문의의 진단서나 소견서 ④ 여권의 재발급을 신청하는 경우에는 주민등록표 등·초본 등 재발급받으려는 여권에 수록된 정보의 정정이나 변경이 필요함을 증명하는 서류

387) 관용여권을 발급할 수 있는 사람: ① 공무(公務)로 국외에 여행하는 공무원, ② 「외무공무원법」에 따라 재외공관에 두는 행정직원, ③ 그 밖에 대통령령으로 정하는 사람

388) 외교관여권을 발급할 수 있는 사람: ① 전직·현직 대통령, ② 전직·현직 국회의장, ③ 전직·현직 대법원장, ④ 전직·현직 헌법재판소장, ⑤ 전직·현직 국무총리, ⑥ 전직·현직 외교부장관, ⑦ 특명전권대사 및 국제올림픽위원회 위원, ⑧ 외교부장관이 지정한 외교부 소속 공무원, ⑨ 「외무공무원법」에 따라 재외공관에 근무하는 다른 국가공무원 및 지방공무원, ⑩ 특별사절 및 정부대표, ⑪ 그 밖에 대통령령으로 정하는 사람

외교부령으로 정하는 귀국에 필요한 기간 동안은 그러하지 아니하다.

(4) 단수여권

외교부장관은 다음에 해당하는 경우에는 1년 이내의 유효기간이 설정된 단수여권을 발급할 수 있다(여권법 제6조). 단수여권은 발급 이후 1년 이내에 1회만 사용할 수 있다.

- 여권 발급 신청인이 요청하는 경우
- 긴급한 인도적 사유에 따라 여권을 발급하는 경우
- 여권의 재발급에 따른 확인 기간 내에 유학생의 학사일정에 따른 출국 등 부득이한 사유로 국외여행을 해야 할 필요가 있다고 인정되는 사람
- 긴급여권을 발급하는 경우

3) 여권 기재사항

여권에 수록하여야 할 정보는 여권의 종류, 발행국가, 여권번호, 발급일, 기간 만료일과 발급관청 그리고 여권의 명의인(名義人)의 성명(姓名)[389], 국적, 성별, 생년월일, 생년월일과 사진 등이다(여권법 제7조). 이상의 정보는 여권의 신원정보 면에 인쇄하고 전자적으로 수록한다. 이러한 방침에 따라 2008년부터 전자여권(電子旅券)을 발급하기 시작하였다.

4) 여권의 발급 거부

외교부장관은 다음의 어느 하나에 해당하는 사람에 대하여는 여권의 발급 또는 재발급을 거부(拒否)할 수 있다(여권법 제12조).

- 장기 2년 이상의 형(刑)에 해당하는 죄를 범하고 기소(起訴)되어 있는 사람 또는 장기 3년 이상의 형에 해당하는 죄를 범하고 국외로 도피하여 기소 중지된 사람

---

389) 여권의 성명(full name ; family name and given name)은 한글과 영문으로 표기한다. 이 경우 여권 명의인의 로마자로 표기한 성명(영문성명)은 국제민간항공기구의 관련 규정에 따라 한글 성명에 맞게 표기하여야 한다. 영문으로 표기된 성명은 항공권에 표기된 성명과 반드시 일치하여야 하며, 만일 알파벳 한 글자라도 틀릴 경우 항공기 탑승이 거부될 수 있다.

🔍 여권법을 위반하여 형을 선고받고 그 집행이 종료되지 아니하거나 집행을 받지 아니하기로 확정되지 아니한 사람

🔍 여권법 외의 죄를 범하여 금고 이상의 형을 선고받고 그 집행이 종료되지 아니하거나 그 집행을 받지 아니하기로 확정되지 아니한 사람

🔍 국외에서 대한민국의 안전보장·질서유지나 통일·외교정책에 중대한 침해를 야기할 우려가 있는 경우로서 다음 각 목의 어느 하나에 해당하는 사람

　• 출국할 경우 테러 등으로 생명이나 신체의 안전이 침해될 위험이 큰 사람

　• '보안관찰법'에 따라 보안관찰처분을 받고 그 기간 중에 있으면서 경고를 받은 사람

여권의 발급 또는 재발급이 거부되거나 제한된 사람에 대하여 긴급한 인도적(人道的) 사유 등 대통령령으로 정하는 사유가 있는 경우에는 해당 사유에 따른 여행목적에만 사용할 수 있는 여권을 발급할 수 있다.

5) 여권의 재발급

여권을 발급받은 사람은 정보의 정정(訂定)이나 변경이 필요한 경우, 발급받은 여권을 잃어버린 경우, 발급받은 여권이 헐어 못쓰게 된 경우에 해당하면 외교부장관에게 여권의 재발급(再發給)을 신청할 수 있다. 유효한 여권 등을 소지하고 있는 사람이 이에 따른 사유 등으로 인하여 새로운 여권 등을 재발급받으려면 소지하고 있는 여권 등을 반납하여야 한다.

외교부장관은 다음 각 호의 어느 하나에 해당하는 경우에는 여권의 재발급 전에 여권을 잃어버리게 된 경위 등을 관계 기관을 통하여 확인할 수 있다. 이 경우 확인기간은 특별한 사유가 없는 한 재발급 신청일(申請日)부터 30일 이내로 한다.

🔍 여권의 재발급 신청일 전 5년 이내에 2회 이상 여권을 잃어버린 사람이 같은 사유로 여권의 재발급을 신청하는 경우

🔍 여권을 잃어버리게 된 경위를 정확하게 기재하지 아니하거나 그 경위를 의심할만한 상당한 이유가 있는 경우

이는 여권을 범죄에 이용하거나 불법으로 양도(讓渡) 또는 대여(貸與)하는 행위를 방지하기 위한 목적이다.

6) 여권의 효력 상실

여권은 다음의 어느 하나에 해당하는 때에는 그 효력(效力)을 잃는다.

- 여권의 유효기간이 끝난 때
- 발급된 날부터 6개월이 지날 때까지 신청인이 여권을 받아가지 아니한 때
- 여권을 잃어버려 그 명의인이 재발급을 신청한 때
- 여권의 발급 또는 재발급을 신청하기 위하여 반납된 여권의 경우에는 신청한 여권이 발급되거나 재발급된 때
- 발급된 여권이 변조(變造)된 때
- 여권이 다른 사람에게 양도되거나 대여되어 행사된 때
- 여권의 발급이나 재발급을 받은 사람이 외국국적을 취득하여 '국적법(國籍法)'에 따라 국적을 상실한 때
- 여권의 반납명령을 받고도 지정한 반납기간 내에 정당한 사유 없이 여권을 반납하지 아니한 때
- 단수여권의 경우에는 여권의 명의인이 귀국한 때

위의 규정에 따른 여권의 효력 상실 사유를 알게 된 지방자치단체의 소속 공무원 중 여권의 발급이나 재발급에 관한 사무를 담당하는 사람, 국가경찰공무원, 자치경찰공무원, 출입국관리나 세관업무에 종사하는 사람으로서 사법경찰관리의 직무를 행하는 사람은 그 사실을 외교부장관에게 통보하여야 한다.

7) 여권의 반납 및 회수

외교부장관은 다음의 어느 하나에 해당하는 사유가 있어서 여권이나 여행증명서를 반납(返納)시킬 필요가 있다고 인정하면 여권 등의 명의인에게 반납에 필요한 적정한 기간을 정하여 여권 등의 반납을 명할 수 있다.

- 여권 등의 명의인이 그 여권 등을 발급받은 후에 여권발급 거부 및 제한 대상자의 어느 하나에 해당하는 사람임이 밝혀진 경우
- 착오나 과실로 인하여 여권 등이 발급된 경우

여권 등의 명의인이 사증(査證)의 사용 등을 위하여 반납하여야 할 여권 등을 보존할 것을 신청하는 경우 외교부장관은 그 여권 등에 소인(消印)하여 이를 그 여

권 등의 명의인(名義人)이 보존하게 할 수 있다. 외교부장관은 여권 등을 반납받는 경우 여권 등의 발급제한사유에 해당하는 사람의 여권 등은 해당 제한기간 동안 이를 보관하여야 하고, 그 기간이 지나면 여권 등의 명의인에게 돌려주어야 한다. 외교부장관은 반납 명령을 받고 정당한 사유 없이 여권 등을 반납하지 아니한 사람이 소지한 여권 등은 이를 직접 회수(回收)할 수 있다.

8) 여권전자인증체계의 구축

외교부장관은 여권 등의 위조나 변조를 방지하고 여권 등이 국제적으로 통용될 수 있도록 하기 위하여 국제민간항공기구에서 정하는 기준에 따라 전자적 방법으로 처리된 여권 등의 발급과 수록사항의 확인 등을 위한 정보체계를 구축하여야 한다.

2. 여행증명서 및 여권 사용제한 등

여권은 국외 위난상황(危難狀況) 등 특별한 경우 사용을 제한할 수 있다. 또한 여권을 부정하게 발급받거나 정당하지 않은 방법으로 사용하는 경우에는 행정벌(行政罰)을 부과하게 된다.

1) 여권을 갈음하는 증명서(여행증명서)

외교부장관은 국외에 체류하거나 거주하고 있는 사람으로서 여권의 발급·재발급이 거부 또는 제한되었거나 외국에서 강제 퇴거된 사람 등에게 여행목적지가 기재된 서류로서 여권을 갈음하는 증명서를 발급할 수 있다. 이를 '여행증명서(旅行證明書)'라고 한다(여권법 제14조). 여행증명서의 유효기간은 1년 이내로 하되, 그 여행증명서의 발급 목적을 이루면 그 효력을 잃는다.

(1) 여행증명서 발급대상자

외교부장관은 다음의 어느 하나에 해당하는 사람에게 여행증명서(旅行證明書)를 발급할 수 있다.

- 출국하는 무국적자(無國籍者)
- 해외 입양자(入養者)

🔍 '남북교류협력에 관한 법률'에 따라 여행증명서를 소지하여야 하는 사람으로서 여행증명서를 발급할 필요가 있다고 외교부장관이 인정하는 사람

🔍 국외에 체류하거나 거주하고 있는 사람으로서 여권의 발급·재발급이 거부 또는 제한되었거나 외국에서 강제 퇴거된 경우에 귀국을 위하여 여행증명서의 발급이 필요한 사람

🔍 '출입국관리법'에 따라 대한민국 밖으로 강제 퇴거되는 외국인으로서 그가 국적을 가지는 국가의 여권 또는 여권을 갈음하는 증명서를 발급받을 수 없는 사람

🔍 위의 규정에 준하는 사람으로서 긴급하게 여행증명서를 발급할 필요가 있다고 외교부장관이 인정하는 사람

(2) 여행증명서의 발급 및 효력

여행증명서의 발급 및 효력에 관하여는 일반여권과 관용여권의 예에 따른다. 그리고 여행증명서의 신청에 관하여는 일반여권의 발급신청에 관한 규정을 준용(準用)한다.

2) 여권의 사용제한

외교부장관은 천재지변·전쟁·내란·폭동·테러 등 대통령령으로 정하는 국외 위난상황으로 인하여 국민의 생명·신체나 재산을 보호하기 위하여 국민이 특정 국가나 지역을 방문하거나 체류하는 것을 중지시키는 것이 필요하다고 인정하는 때에는 기간을 정하여 해당 국가나 지역에서의 여권의 사용을 제한하거나 방문·체류를 금지할 수 있다. 다만, 영주(永住), 취재·보도, 긴급한 인도적 사유, 공무 등 대통령령으로 정하는 목적의 여행으로서 외교부장관이 필요하다고 인정하면 여권의 사용과 방문·체류를 허가할 수 있다. 외교부장관이 여권의 사용제한 등과 그 해제, 여권의 사용과 방문·체류의 허가를 할 때에는 미리 "여권정책심의위원회(旅券政策審議委員會)"의 심의를 거쳐야 한다.

3) 벌칙

여권 등의 발급이나 재발급을 받기 위하여 제출한 서류에 거짓된 사실을 적은

사람, 그 밖의 부정한 방법으로 여권 등의 발급 및 재발급을 받은 사람이나 이를 알선한 사람은 3년 이하의 징역 또는 3000만원 이하의 벌금에 처한다.

다른 사람 명의의 여권 등을 사용한 사람이나, 사용하게 할 목적으로 여권 등을 다른 사람에게 양도·대여하거나 이를 알선한 사람은 2년 이하의 징역 또는 2000만원 이하의 벌금에 처한다.

사용할 목적으로 다른 사람 명의의 여권 등을 양도받거나 대여받은 사람, 채무 이행의 담보로 여권 등을 제공하거나 제공받은 사람, 또는 방문 및 체류가 금지된 국가나 지역으로 고시된 사정을 알면서도 해당 국가나 지역에서 여권 등을 사용하거나 해당 국가나 지역을 방문하거나 체류한 사람은 1년 이하의 징역 또는 1000만원 이하의 벌금에 처한다.

4) 수수료

여권 등의 발급, 재발급과 기재사항변경을 받으려는 사람은 외교부장관에게 수수료(手數料)를 납부하여야 한다. 다만, 여권 사무를 대행하는 지방자치단체의 장에게 여권 등의 발급, 재발급과 기재사항변경을 신청하는 경우에는 그 지방자치단체의 장에게 수수료를 납부하여야 하며, 납부하는 수수료 중 사무의 대행에 소요되는 비용에 상당하는 금액은 그 지방자치단체의 수입으로 한다.

3. 여행경보제도

외교부는 해외에서 국민에 대한 사건·사고 피해를 예방하고 국민의 안전한 해외 거주·체류 및 방문을 도모하기 위해 2004년부터 '여행경보제도(旅行警報制度)'를 운영하고 있다. 국민이 스스로 안전을 위하여 합리적으로 판단하고 위험에 사전 대비할 수 있도록 국민의 거주·체류 및 방문에 주의가 요구되는 국가(지역)의 위험 수준을 알리고 그에 따른 행동 요령을 안내하고 있다.

이러한 여권의 사용 제한과 관련하여 대상 국가나 지역에 대해서는 고시(告示)하도록 하고 있다(여권법 17조 및 시행령 30조). 또한 고시에 의해 여행경보 4단계(여행 금지) 발령 지역을 여권 사용 허가 없이 방문하거나 체류한 경우에는 1년 이하의 징역 또는 1,000만 원 이하의 벌금에 처하게 된다(여권법 26조). 반면에 여행경보 1~3단계 행동 요령의 경우에는 위반에 따른 별도의 처벌 규정은 없다.

1) 여행경보 구분

여행경보제도는 위험 정도에 따라 4개의 단계로 구분한다. 경보가 없는 국가는 한국인이나 다른 외국인들의 신변이 직접적으로 위협받은 사례나 위협받을 만한 사건사고가 없어서 경보가 내려지지 않았을 뿐이며, 개인 신변에 항상 유의해야 한다.

- 1단계(남색 경보): 여행 유의(有意) 단계로 국내 대도시보다 상당히 높은 수준의 위험 지역. 체류자는 신변안전 위험 요인을 숙지하고 대비함
- 2단계(황색 경보): 여행 자제(自制) 단계로 국내 대도시보다 매우 높은 수준의 위험 지역. 여행예정자는 불필요한 여행을 자제하고 체류자는 신변안전에 특별히 유의함
- 3단계(적색 경보): 출국 권고(勸告) 단계로 국민의 생명과 안전을 위협하는 심각한 수준의 위험 지역. 여행예정자는 여행을 취소 또는 연기하고, 체류자는 긴급하고 중요한 용무가 아닌 경우 출국함
- 4단계(흑색 경보): 여행 금지(禁止) 단계로 국민의 생명과 안전을 위협하는 매우 심각한 수준의 위험 지역. 여행예정자는 여행을 금지하고 체류자는 즉시 대피 및 철수함

2) 특별여행주의보

단기적인 치안 불안이나 전염병 유행과 같은 긴급한 사건이 발생했을 때 빠르게 발령(發令)[390]된다. 기존의 여행경보 단계에 상관없이 2단계(여행 자제) 이상 3단계(출국 권고) 사이에 준하는 효과를 가진다. 즉, 여행경보 2.5단계에 해당하며 특별여행주의보 발령은 90일을 넘지 않는다. 이 단계에서 여행예정자는 여행을 취소 또는 연기하고, 체류자는 신변안전에 특별한 유의를 해야 한다.

---

390) 발령(proclamation)이란 법령, 경보, 주의보 등을 발동하는 것이다.

제2절 출입국관리법

1. 국민 출입국

'출입국관리법(出入國管理法)'은 대한민국에 입국하거나 대한민국에서 출국하는 모든 국민 및 외국인의 출입국관리를 통한 안전한 국경(國境) 관리와 대한민국에 체류하는 외국인의 체류(滯留) 관리와 사회통합 등에 관한 사항을 규정함을 목적으로 제정되었다.

1) 출국심사

대한민국에서 대한민국 밖의 지역으로 출국하려는 국민은 유효한 여권을 가지고 출국하는 출입국항에서 출입국관리공무원의 출국심사(出國審査)를 받아야 한다. 다만, 부득이한 사유로 출입국항으로 출국할 수 없을 때에는 관할 지방출입국·외국인관서의 장의 허가를 받아 출입국항이 아닌 장소에서 출입국관리공무원의 출국심사를 받은 후 출국할 수 있다. 이에 따른 출국심사는 정보화기기(情報化器機)에 의한 출국심사로 갈음할 수 있다(출입국관리법 제3조).

2) 국민의 출국금지

법무부장관은 다음의 어느 하나에 해당하는 국민에 대하여는 6개월 이내의 기간을 정하여 출국을 금지할 수 있다(출입국관리법 제4조).

- 형사재판(刑事裁判)에 계속(係屬) 중인 사람
- 징역형(懲役刑)이나 금고형(禁錮刑)의 집행이 끝나지 아니한 사람
- 대통령령으로 정하는 금액 이상의 벌금이나 추징금(追徵金)을 내지 아니한 사람
- 대통령령으로 정하는 금액 이상의 국세·관세 또는 지방세를 정당한 사유 없이 그 납부기한까지 내지 아니한 사람
- 그 밖에 대한민국의 이익이나 공공의 안전 또는 경제 질서를 해칠 우려가 있어 그 출국이 적당하지 아니하다고 법무부령으로 정하는 사람

또한 법무부장관은 범죄 수사(搜査)를 위하여 출국이 적당하지 아니하다고 인

정되는 사람에 대하여는 1개월 이내의 기간을 정하여 출국을 금지할 수 있다. 다만, 다음 각 호에 해당하는 사람은 그 호에서 정한 기간으로 한다.

- 소재를 알 수 없어 기소(起訴)중지(中止)결정(決定)이 된 사람 또는 도주 등 특별한 사유가 있어 수사진행이 어려운 사람: 3개월 이내
- 기소중지결정이 된 경우로서 체포영장 또는 구속영장(拘束令狀)이 발부된 사람: 영장 유효기간 이내

중앙행정기관의 장 및 법무부장관이 정하는 관계 기관의 장은 소관 업무와 관련하여 위에 해당하는 사람이 있다고 인정할 때에는 법무부장관에게 출국금지를 요청할 수 있다. 출입국관리공무원은 출국심사를 할 때에 출국이 금지된 사람을 출국시켜서는 아니 된다.

3) 입국심사

대한민국 밖의 지역에서 대한민국으로 입국하려는 국민은 유효한 여권을 가지고 입국하는 출입국항에서 출입국관리공무원의 입국심사(入國審査)를 받아야 한다. 다만, 부득이한 사유로 출입국항으로 입국할 수 없을 때에는 지방출입국·외국인관서의 장의 허가를 받아 출입국항이 아닌 장소에서 출입국관리공무원의 입국심사를 받은 후 입국할 수 있다. 출입국관리공무원은 국민이 유효한 여권을 잃어버리거나 그 밖의 사유로 이를 가지지 아니하고 입국하려고 할 때에는 확인절차를 거쳐 입국하게 할 수 있다. 이에 따른 입국심사는 정보화기기에 의한 입국심사로 갈음할 수 있다(출입국관리법 제6조).

2. 외국인 출입국

출입국관리법에서는 외국인의 입국, 체류 및 출국 절차에 대해서 규정하고 있다.

1) 외국인의 입국 및 입국심사

외국인(外國人)이 입국(入國)할 때에는 유효한 여권(旅券)과 법무부장관이 발급한 사증(査證)을 가지고 있어야 한다. 사증은 1회만 입국할 수 있는 단수사증(單數查證)과 2회 이상 입국할 수 있는 복수사증(複數查證)으로 구분한다. 법무부장관은 사

증발급에 관한 권한을 재외공관의 장[391]에게 위임할 수 있다(동법 제7조).

(1) 무사증 입국

다음의 어느 하나에 해당하는 외국인은 사증 없이 입국할 수 있다.

🔍 재입국허가를 받은 사람 또는 재입국허가가 면제된 사람으로서 그 허가 또는 면제받은 기간이 끝나기 전에 입국하는 사람

🔍 대한민국과 사증면제협정[392]을 체결한 국가의 국민으로서 그 협정에 따라 면제대상이 되는 사람

🔍 국제친선, 관광(觀光)[393] 또는 대한민국의 이익 등을 위하여 입국하는 사람으로서 따로 입국허가(入國許可)를 받은 사람

🔍 난민여행증명서를 발급받고 출국한 후 그 유효기간 이전에 입국하는 사람

법무부장관은 공공질서의 유지나 국가이익에 필요하다고 인정하면 사증면제협정의 적용을 일시 정지할 수 있다. 그리고 대한민국과 수교(修交)하지 아니한 국가나 법무부장관이 외교부장관과 협의하여 지정한 국가의 국민은 재외공관의 장이나 지방출입국·외국인관서의 장이 발급한 외국인입국허가서를 가지고 입국할 수 있다.

(2) 입국심사

외국인이 입국하려는 경우에는 입국하는 출입국항에서 출입국관리공무원의 입국심사를 받아야 한다. 출입국관리공무원은 입국심사를 할 때에 다음의 요건

---

391) 외국에 주재하는 대한민국의 대사(大使), 공사(公使), 총영사(總領事), 영사(領事) 또는 영사업무를 수행하는 기관의 장을 말한다.

392) 사증면제협정(査證免除協定)은 국가 간 협정이나 일방 혹은 상호 조치에 의해 사증 없이 상대국에 입국할 수 있는 제도이다. 사증면제제도는 대체로 30~90일 이하로 단기간 머무르면서 관광, 상용(商用), 또는 경유(經遊)일 때에만 적용된다. 또한 사증면제기간 이내에 체류할 계획이라 하더라도 방문 목적에 따라 별도의 사증을 요구하는 경우도 있다. 현재 한국인이 사증면제협정 또는 일방주의 및 상호주의에 의해 일반여권으로 무사증입국이 가능한 국가는 130여 개국이다. 외국인이 한국으로 입국할 때도 마찬가지로 사증면제협정이나 상호주의에 입각하여 무비자입국이 가능하다. 해당 국가 및 지역에 대한 내용은 외교부 홈페이지(www.0404.go.kr)를 참고하면 된다.

393) 출입국관리공무원은 관광을 목적으로 대한민국과 외국 해상을 국제적으로 순회(巡廻)하여 운항하는 여객운송선박(크루즈)에 승선한 외국인 승객에 대하여 그 선박의 장 또는 운수업자가 상륙허가를 신청하면 3일의 범위에서 승객의 관광 상륙을 허가할 수 있다(법 제14조의2).

을 갖추었는지를 심사하여 입국을 허가한다.

- 여권과 사증이 유효할 것. 다만, 사증은 이 법에서 요구하는 경우만을 말한다.
- 입국목적이 체류자격에 맞을 것
- 체류기간이 법무부령으로 정하는 바에 따라 정하여졌을 것
- 입국의 금지(禁止) 또는 거부(拒否)의 대상이 아닐 것

출입국관리공무원은 외국인이 입국요건을 갖추었음을 증명하지 못하면 입국을 허가하지 아니할 수 있다. 출입국관리공무원은 입국을 허가할 때에는 체류자격을 부여하고 체류기간을 정하여야 한다. 출입국관리공무원은 입국심사를 하기 위하여 선박 등에 출입할 수 있다.

(3) 입국 금지 대상 외국인

법무부장관은 다음 어느 하나에 해당하는 외국인에 대하여는 입국을 금지할수 있다(법 제11조).

- 감염병 환자, 마약류중독자, 그 밖에 공중위생상 위해를 끼칠 염려가 있다고 인정되는 사람
- '총포·도검·화약류 등 단속법'에서 정하는 총포·도검·화약류 등을 가지고 입국하려는 사람
- 대한민국의 이익이나 공공의 안전을 해치는 행동을 할 염려가 있다고 인정할 만한 상당한 이유가 있는 사람
- 경제질서 또는 사회질서를 해치거나 선량한 풍속을 해치는 행동을 할 염려가 있다고 인정할 만한 상당한 이유가 있는 사람
- 사리 분별력이 없고 국내에서 체류활동을 보조할 사람이 없는 정신장애인, 국내체류비용을 부담할 능력이 없는 사람, 그 밖에 구호(救護)가 필요한 사람
- 강제퇴거명령을 받고 출국한 후 5년이 지나지 아니한 사람

2) 외국인의 상륙

승무원, 관광 목적, 긴급 및 재난, 그리고 난민에 대해서 동 법에 따라 외국인의 임시 체류를 위한 상륙(上陸)을 허용한다(동법 제4조~제16조).

(1) 승무원의 상륙허가

출입국관리공무원은 외국인승무원에 대하여 선박 등의 장 또는 운수업자나 본인이 신청하면 15일의 범위에서 승무원(乘務員)의 상륙을 허가할 수 있다. 외국과의 협정 등에서 선원(船員)신분증명서로 여권을 대신할 수 있도록 하는 경우에는 선원신분증명서의 확인으로 여권의 확인을 대신할 수 있다.

- 승선 중인 선박 등이 대한민국의 출입국 항에 정박하고 있는 동안 휴양 등의 목적으로 상륙하려는 외국인승무원
- 대한민국의 출입국 항에 입항할 예정이거나 정박 중인 선박 등으로 옮겨타려는 외국인승무원

(2) 관광 상륙허가

출입국관리공무원은 관광을 목적으로 대한민국과 외국 해상을 국제적으로 순회(巡廻)하여 운항하는 여객운송선박 중 법무부령으로 정하는 선박에 승선한 외국인승객에 대하여 그 선박의 장 또는 운수업자가 상륙허가를 신청하면 3일의 범위에서 승객의 관광 상륙을 허가할 수 있다. 이때 출입국관리공무원은 외국인승객의 여권과 외국인승객의 명부를 확인한다. 이 조항은 국제크루즈 선박을 이용한 외국인관광객의 입국을 원활하게 하여 관광객 유치증진에 기여하기 위한 특별조치이다.

(3) 긴급 및 재난 상륙허가

출입국관리공무원은 선박 등에 타고 있는 외국인(승무원을 포함한다)이 질병이나 그 밖의 사고로 긴급히 상륙할 필요가 있다고 인정되면 그 선박 등의 장이나 운수업자의 신청을 받아 30일의 범위에서 긴급(緊急) 상륙을 허가할 수 있다. 지방출입국·외국인관서의 장은 조난(遭難)을 당한 선박 등에 타고 있는 외국인을 긴급히 구조할 필요가 있다고 인정하면 그 선박 등의 장, 운수업자, 구호업무 집행자 또는 그 외국인을 구조한 선박 등의 장의 신청에 의하여 30일의 범위에서 재난(災難)상륙허가를 할 수 있다. 선박 등의 장이나 운수업자는 긴급 또는 재난으로 인해 상륙한 사람의 생활비·치료비·장례비와 그 밖에 상륙 중에 발생한 모든 비용을 부담하여야 한다.

(4) 난민 임시상륙허가

지방출입국·외국인관서의 장은 선박 등에 타고 있는 외국인이 「난민법」에 규정된 이유나 그 밖에 이에 준하는 이유로 그 생명·신체 또는 신체의 자유를 침해받을 공포(恐怖)가 있는 영역에서 도피하여 곧바로 대한민국에 비호(庇護)를 신청하는 경우 그 외국인을 상륙시킬 만한 상당한 이유가 있다고 인정되면 법무부장관의 승인을 받아 90일의 범위에서 난민(難民) 임시상륙허가를 할 수 있다. 이 경우 법무부장관은 외교부장관과 협의하여야 한다.

3) 외국인 출국

외국인이 출국할 때에는 유효한 여권을 가지고 출국하는 출입국항에서 출입국관리공무원의 출국심사를 받아야 한다. 만일 대한민국 국민의 출국금지사유에 해당하게 될 때에는 그 출국을 정지할 수 있다(동법 제28조).

3. 외국인의 체류

외국인은 그 체류자격과 체류기간의 범위에서 대한민국에 체류(滯留)할 수 있다. 대한민국에 체류하는 외국인은 항상 여권·선원신분증명서·외국인입국허가서·외국인등록증 또는 상륙허가서를 지니고 있어야 한다. 다만, 17세 미만인 외국인의 경우에는 그러하지 아니하다. 그리고 외국인은 출입국관리공무원이나 권한 있는 공무원이 그 직무수행과 관련하여 여권 등의 제시를 요구하면 이를 제시하여야 한다(동법 제17조~제19조).

외국인이 국내에 체류하기 위해서는 체류자격(滯留資格)에 맞는 비자를 취득해야 한다. 외교, 공무(公務) 이외에도 유학 및 연수, 취재, 종교, 주재(駐在), 교수 및 회화지도, 연구 및 기술지도, 전문 직업, 예술 흥행 종사, 동거(同居) 및 거주 등 다양하다. 보통 체류 허용기간은 90일~5년이다. 또 관광취업사증(Working Holiday VISA)[394]도 외국인의 체류를 허용하는 제도 중 하나이다.

---

394) 관광취업사증은 체결 국가의 청년(만 18~30세)들에게 해당 국가에서 체류(1~2년)하면서 관광, 취업, 어학연수 등을 병행하며 현지의 언어와 문화를 접할 수 있게 허가하는 비자이다. 체결 국가의 대사관·영사관에서 워킹홀리데이비자를 신청하면 된다. 현재 한국은 23개 국가와 동 비자 협정이 체결되어 있다. 외교부 워킹홀리데이인포센타(http://whic.mofa.go.kr)

1) 체류자격

대한민국에 입국하려는 외국인에게는 체류할 수 있는 기간이 제한되는 체류자격, 또는 영주(永住)할 수 있는 체류자격이 주어진다.

(1) 일반 체류자격

단기(短期)체류자격 및 장기(長期)체류자격의 종류, 체류자격에 해당하는 사람 또는 그 체류자격에 따른 활동범위는 체류목적, 취업활동 가능 여부 등을 고려하여 정한다. 일반 체류자격은 다음과 같이 구분된다.

- 단기 체류자격: 관광, 방문 등의 목적으로 90일 이하의 기간 동안 머물 수 있는 체류자격
- 장기 체류자격: 유학, 연수, 투자, 주재, 결혼 등의 목적으로 90일을 초과하여 체류기간의 상한 범위에서 거주할 수 있는 체류자격

(2) 영주 자격

영주자격 또는 영주권(永住權)을 가진 외국인은 활동범위 및 체류기간의 제한을 받지 아니한다. 영주자격(永住資格)[395]을 취득하려는 사람은 영주의 자격에 부합한 사람으로서 다음의 요건을 모두 갖추어야 한다. 다만, 대한민국에 특별한 공로가 있는 사람, 과학·경영·교육·문화예술·체육 등 특정 분야에서 탁월한 능력이 있는 사람, 대한민국에 일정금액 이상을 투자한 사람 등에 대해서는 다음 요건의 전부 또는 일부를 완화하거나 면제할 수 있다.

- 대한민국의 법령을 준수하는 등 품행이 단정할 것
- 본인 또는 생계를 같이하는 가족의 소득, 재산 등으로 생계를 유지할 능력이 있을 것
- 한국어능력과 한국사회·문화에 대한 이해 등 대한민국에서 계속 살아가는 데 필요한 기본소양(基本素養)을 갖추고 있을 것

---

395) 영주권(permanent resident) 또는 영주자격(F-5): 대한민국 민법에 따른 성년으로 특정 장기 체류자격 비자를 소지하고 5년 이상 체류할 경우 영주자격을 신청할 수 있음. 대한민국으로 귀화(歸化) 허가를 신청하려면 반드시 영주자격을 가지고 있어야 함.

2) 체류 및 활동범위

외국인은 그 체류자격과 체류기간의 범위(範圍)에서 대한민국에 체류할 수 있다. 체류하는 외국인이 그 체류자격에 해당하는 활동과 함께 다른 체류자격에 해당하는 활동을 하려면 미리 법무부장관의 체류자격 외 활동허가를 받아야 한다. 이때 공공의 안녕질서나 대한민국의 중요한 이익을 위하여 필요하다고 인정하면 체류하는 외국인에 대하여 거소(居所) 또는 활동의 범위를 제한하거나 그 밖에 필요한 준수사항을 정할 수 있다.

(1) 외국인 정치활동 금지

대한민국에 체류하는 외국인은 이 법 또는 다른 법률에서 정하는 경우를 제외하고는 정치활동을 하여서는 아니 된다. 법무부장관은 대한민국에 체류하는 외국인이 정치활동을 하였을 때에는 그 외국인에게 서면으로 그 활동의 중지명령이나 그 밖에 필요한 명령을 할 수 있다.

(2) 외국인 고용의 제한

외국인이 대한민국에서 취업하려면 취업활동을 할 수 있는 체류자격을 받아야 한다. 그리고 체류자격을 가진 외국인은 지정된 근무처가 아닌 곳에서 근무하여서는 아니 된다. 또한 누구든지 체류자격을 가지지 아니한 사람을 고용(雇用)하여서는 아니 되며, 이런 사람의 고용을 알선하거나 권유하여서도 아니 된다. 체류자격을 가지고 있는 외국인을 고용한 자는 외국인의 신상에 변동이 발생할 경우 그 사유가 발생한 사실을 안 날부터 15일 이내에 지방출입국·외국인관서의 장에게 신고하여야 한다.

(3) 외국인 기술연수활동

법무부장관은 외국에 직접투자한 산업체, 외국에 기술·산업설비를 수출하는 산업체 등 지정된 산업체의 모집에 따라 국내에서 기술연수활동을 하는 외국인의 적정한 연수활동을 지원하기 위하여 필요한 조치를 하여야 한다. 산업체의 지정, 기술연수생의 모집·입국 등에 필요한 사항은 대통령령으로 정한다. 기술연수

📑 표 4-4 **주요 체류자격 및 체류허용기간**

분류	체류자격	체류자격 설명	비자기간
A-1	외교	외교사절단, 영사기관 구성원 등	재임기간
A-2	공무	외국정부 또는 국제기구 공무 수행자 및 가족	공무수행기간
B-1	사증면제	사증면제협정을 체결한 국가의 국민으로 그 협정에 의한 활동자	협정체류기간
B-2	관광통과	관광, 통과 등의 목적으로 사증 없이 입국하려는 자	정한 기간
C-1	일시취재	일시적인 취재 또는 보도활동을 하려는 자	90일
C-2	단기상용	시장조사, 업무연락, 견학, 수출입기계 설치 및 보수 등	90일
C-3	단기종합	관광, 통과, 친지방문, 친선경기, 행사참가 등(영리 목적자 제외)	90일
C-4	단기취업	광고, 패션모델, 강의/강연, 연구, 기술지도 등(수익 목적)	90일
D-1	문화예술	학술 또는 예술상의 활동(수익목적 아님)	2년
D-2	유학	전문학사과정, 학사과정, 석사과정, 박사과정	2~4년
D-3	산업연수	해외투자업체, 기술수출업체연수자	2년
D-4	일반연수	대학부설 어학원 연수	2년
D-5	취재	외국 언론사 파견 또는 계약에 의해 국내 주재하면서 보도 활동	2년
D-6	종교	종교 활동 또는 사회복지활동에 종사하고자 하는 자	2년
D-7	주재	외국 공공기관 또는 단체	2년
D-8	기업투자	외국인 투자기업의 경영 관리	2~5년
D-9	무역경영	국내에 회사 설립하여 경영 또는 영리사업을 위한 활동	2년
E-1	교수	전문대학 이상 교육기관에서 교육 및 연구지도 활동	5년
E-2	회화지도	학원, 초등학교 이상 교육기관 및 단체에서 외국어 회화지도	2년
E-3	연구	공사기관으로부터 초청되어 각종 연구소에서 연구하는 자	5년
E-4	기술지도	자연과학분야 또는 산업상 특수 분야 기술 제공자	5년
E-5	전문직업	외국 변호사, 공인회계사, 의사 등	5년
E-6	예술흥행	수익이 따르는 예술 활동 및 방송 연기자, 호텔공연 활동자, 프로운동선수	2년
F-1	방문동거	동포1세의 체류기간 연장, 국민과 결혼한 외국인배우자 등	2년
F-2	거주	국민의 배우자, 고액투자외국인 등	3년
F-3	동반	D-1 내지 E-6 자격자의 배우자 및 20세 미만 자녀	동반자 동일
F-4	재외동포	재외동포	3년
F-5	영주	5년 이상 대한민국에 체류하고 있는 자, 특별 심사 통과자	상한 없음
G-1	기타	어느 체류자격에도 해당하지 않는 사람으로 법무부장관 인정자	1년
H-1	관광취업	관광을 주된 목적으로 하면서 관광경비를 충당하기 위한 취업자	협정 기간

생의 연수장소 이탈 여부, 연수목적 외의 활동 여부, 그 밖에 허가조건의 위반 여부 등에 관한 조사 및 출국조치 등 기술연수생의 관리에 필요한 사항은 법무부장관이 따로 정한다.

(4) 외국인 유학생의 관리

유학이나 연수활동을 할 수 있는 체류자격을 가지고 있는 외국인이 재학 중이거나 연수(研修) 중인 학교의 장은 그 외국인 유학생(留學生)의 관리를 담당하는 직원을 지정하고 이를 지방출입국·외국인관서의 장에게 알려야 한다. 학교의 장은 다음 각 호의 어느 하나에 해당하는 사유가 발생하면 그 사실을 안 날부터 15일이내에 신고하여야 한다.

- 입학하거나 연수허가를 받은 외국인 유학생이 매 학기 등록기한까지 등록을 하지 아니하거나 휴학을 한 경우
- 제적·연수중단 또는 행방불명 등의 사유로 외국인 유학생의 유학이나 연수가 끝난 경우

4. 외국인의 등록, 사회통합프로그램, 강제퇴거 등

대한민국에 체류하는 외국인의 등록, 사회통합프로그램의 운영, 용의자(容疑者) 조사, 강제퇴거 및 보호 등에 관하여 규정하고 있다.

1) 외국인 등록

외국인이 입국한 날부터 90일을 초과하여 대한민국에 체류하려면 입국한 날부터 90일 이내에 그의 체류지(滯留地)를 관할하는 지방출입국·외국인관서의 장에게 외국인 등록(外國人登錄)을 하여야 한다.[396] 다만, 다음 각 호의 어느 하나에 해당하는 외국인의 경우에는 그러하지 아니하다(동법 제31조).

- 주한외국공관(대사관과 영사관을 포함)과 국제기구의 직원 및 그의 가족

---

[396] 외국인 등록사항(법 제32조): ① 성명, 성별, 생년월일 및 국적, ② 여권의 번호·발급일자 및 유효기간, ③ 근무처와 직위 또는 담당업무, ④ 본국의 주소와 국내 체류지, ⑤ 체류자격과 체류기간

🔍 대한민국정부와의 협정에 따라 외교관 또는 영사와 유사한 특권 및 면제를 누리는 사람과 그의 가족

🔍 대한민국정부가 초청한 사람 등으로서 법무부령으로 정하는 사람

체류자격을 받는 사람으로서 그 날부터 90일을 초과하여 체류하게 되는 사람은 체류자격을 받는 때에 외국인 등록을 하여야 한다. 그리고 체류자격 변경허가를 받는 사람으로서 입국한 날부터 90일을 초과하여 체류하게 되는 사람은 체류자격 변경허가를 받는 때에 외국인 등록을 하여야 한다. 또한 지방출입국·외국인관서의장은 외국인 등록을 한 사람에게는 개인별로 고유한 등록번호를 부여하여야 한다.

2) 외국인 사회통합 프로그램

법무부장관은 대한민국 국적, 대한민국에 영주할 수 있는 체류자격 등을 취득하려는 외국인의 사회적응을 지원하기 위하여 교육, 정보 제공, 상담 등의 사회(社會)통합(統合) 프로그램을 시행할 수 있다. 법무부장관은 사회통합 프로그램을 효과적으로 시행하기 위하여 필요한 전문인력 및 시설 등을 갖춘 기관, 법인 또는 단체를 사회통합 프로그램 운영기관으로 지정할 수 있다. 법무부장관은 사증 발급, 체류 관련 각종 허가 등을 할 때에 이 법 또는 관계 법령에서 정하는 바에 따라 사회통합 프로그램 이수자를 우대할 수 있다(동법 제39조).

3) 외국인의 강제퇴거 및 보호

지방출입국·외국인관서의 장은 유효한 여권과 사증 없이 입국하는 등 적법한 사유를 위반하여 입국한 외국인에 대하여는 대한민국 밖으로 강제(强制)퇴거(退去)시킬 수 있다(동법 제46조). 출입국관리공무원은 외국인이 강제퇴거 사항의 어느 하나에 해당된다고 의심할 만한 상당한 이유가 있고 도주하거나 도주할 염려가 있으면 지방출입국·외국인관서의 장으로부터 보호명령서를 발급받아 그 외국인을 보호(保護)할 수 있다(동법 제51조). 또한 체류하는 외국인에 대하여 위반 정도에 따라 출국권고 및 출국명령을 할 수 있다(동법 제67~68조).

제3절 ## 기타 출입국 관련 법규

1. 관세법

'관세법(關稅法)'은 관세의 부과·징수 및 수출입물품의 통관을 적정하게 하고 관세수입을 확보함으로써 국민경제의 발전에 이바지함을 목적으로 한다. 여기에 서는 내국인 또는 외국인이 대한민국에 입국을 하는 데 따른 관세법의 적용에 관 한 사항만을 설명하고자 한다.

1) 여행자 휴대품 및 이사물품 등의 감면세

(1) 면세(免稅) 물품

대한민국에 입국하는 내국인 또는 외국인이 휴대(攜帶)하거나 별도 송부하는 물품으로서 다음의 어느 하나에 해당하는 물품이 수입될 때에는 그 관세를 면제 할 수 있다(관세법 제96조).

🔍 여행자의 휴대품 또는 별송품(別送品)으로서 여행자의 입국사유, 체재기간, 직업, 그 밖의 사정을 고려하여 세관장이 타당하다고 인정하는 물품[397]

🔍 한국으로 거주를 이전하기 위하여 입국하는 자가 입국할 때 수입하는 이 사물품으로서 거주이전의 사유, 거주기간, 직업, 가족 수, 그 밖의 사정을 고려하여 세관장이 타당하다고 인정하는 물품

🔍 외국무역선 또는 외국무역기의 승무원이 휴대하여 수입하는 물품으로서 항행일수, 체재기간, 그 밖의 사정을 고려하여 세관장이 타당하다고 인정 하는 물품

---

397) 관세가 면제되는 휴대품 등(관세법 시행규칙 제48조)
① 관세가 면제되는 물품: 여행자가 휴대하는 것이 통상적으로 필요하다고 인정하는 신변용 품 및 신변장식품, 비거주자인 여행자가 반입하는 물품으로서 본인의 직업상 필요하다고 인 정되는 직업용구, 세관장이 반출 확인한 물품으로서 재반입되는 물품, 물품의 성질·수량· 가격·용도 등으로 보아 통상적으로 여행자의 휴대품 또는 별송품인 것으로 인정되는 물품 ② 관세의 면제 한도: 여행자 1명의 휴대품 또는 별송품으로서 각 물품의 과세가격 합계 기 준으로 미화 800달러 이하(기본면세 범위) ③ 기본면세 범위와 관계없이 술 2병(2리터 이하, 400달러 이하), 담배 200개비, 향수 60밀리리터 이하에 대해 면세

(2) 관세 감면(減免)

여행자가 휴대품 또는 별송품을 자진 신고하는 경우에는 20만원을 넘지 아니하는 범위에서 해당 물품에 부과될 관세의 100분의 30에 상당하는 금액을 경감(輕減)할 수 있다. 이는 해외여행자가 반입하는 휴대품 등을 자진 신고하는 경우에는 세액공제 혜택을 부여하고, 자진신고를 하지 아니하는 경우에는 가산세(加算稅)를 통한 제재를 강화하여 성실납세를 유도하기 위함이다.

2) 물품의 유치 및 예치

다음의 어느 하나에 해당하는 물품으로서 필요한 허가·승인·표시 또는 그 밖의 조건이 갖추어지지 아니한 것은 세관장이 이를 유치(留置)할 수 있다. 유치한 물품은 해당 사유가 해소되었거나 반송하는 경우에만 유치를 해제한다(관세법 제206조).

   🔍 여행자의 휴대품
   🔍 한국과 외국 간을 왕래하는 운송수단에 종사하는 승무원의 휴대품

위에 해당하는 물품으로서 수입할 의사가 없는 물품은 세관장에게 신고하여 일시 예치(預置)시킬 수 있다. 세관장은 유치되거나 예치된 물품의 원활한 통관(通關)을 위하여 필요하다고 인정될 때에는, 해당 물품을 유치하거나 예치할 때에 유치기간 또는 예치기간 내에 수출·수입 또는 반송하지 아니하면 매각(賣却)한다는 뜻을 통고(通告)할 수 있다.

3) 외국인관광객에 대한 관세 환급

외국인관광객 등이 종합 보세(保稅) 구역에서 물품을 구매할 때에 부담한 관세 등을 환급(還給) 또는 송금(送金) 받고자 하는 경우에는 출국하는 때에 출국항을 관할하는 세관장에게 판매확인서와 구매물품을 함께 제시하여 확인을 받아야 한다(관세법시행령 제216조의4). 출국항 관할세관장은 외국인관광객이 제시한 판매확인서의 기재사항과 물품의 일치여부를 확인한 후, 외국인관광객 등에게 이를 교부하거나 판매인에게 송부하여야 한다. 외국인관광객이 판매확인서를 교부(交附)받은 때에는 환급창구 운영사업자에게 이를 제시하고 환급 또는 송금 받을 수 있다.

2. 외국환거래법

외국환거래법(外國換去來法)은 외국환거래와 그 밖의 대외거래의 자유를 보장하고 시장기능을 활성화하여 대외거래의 원활화 및 국제수지의 균형과 통화가치의 안정을 도모함으로써 국민경제의 건전한 발전에 이바지함을 목적으로 한다. 기획재정부장관은 원활하고 질서 있는 외국환거래를 위하여 필요하면 외국환거래에 관한 기준 환율(換率), 외국환의 매도(賣渡)율·매입(買入)율 및 재정환율을 정할 수 있다(외국환거래법 제5조).

기획재정부장관은 이 법을 적용받는 지급 또는 수령과 관련하여 환전절차, 송금절차, 재산반출절차 등 필요한 사항을 정할 수 있다. 기획재정부장관은 국내로부터 외국에 지급하려는 거주자·비거주자, 비거주자에게 지급하거나 비거주자로부터 수령하려는 거주자에게 그 지급 또는 수령을 할 때 대통령령으로 정하는 바에 따라 허가를 받도록 할 수 있다.[398]

3. 보험업법

보험업법(保險業法)에 의거하여 해외여행자는 보험에 가입할 수 있도록 하고 여행 도중 손실이 발생할 경우 보상을 받을 수 있도록 하고 있다(보험업법 제4조 및 시행령 제8조). 여행자보험은 보험에서 정한 여행 기간에 우연히 발생한 사고나 질병, 배상책임 손해, 휴대품 손해 등을 보상받을 수 있는 보험이다.

여행 중 가입자의 휴대품 도난 등으로 인하여 손해가 발생한 경우 현금, 유가증권, 신용카드, 항공권 등은 보상하는 휴대품에서 제외하며, 휴대품의 방치나 분실에 의한 손해는 보상하지 않는다. 여행기간에만 유효한 보험에 가입하기 때문에 보험료가 대체로 저렴하다. 보험 처리 절차로는 해외에서 직접 보험금을 청구하거나, 여의치 않을 경우에는 본인이 먼저 집행하고 국내에서 보험금을 청구할 수 있다. 이럴 경우 손해 사실을 증명하거나 손해액 지불을 입증할 수 있는 서류를 확보해야 한다.

---

[398] 현재 특별한 지급증빙서류의 제출 없이 해외로 송금할 수 있는 금액은 건당 미화 1만 달러이며, 연간 총액은 5만 달러이다. 다만, 이 금액 이상을 송금할 경우에는 지급증빙서류를 제출하면 된다.

4. 검역법

'검역법(檢疫法)'은 우리나라로 들어오거나 외국으로 나가는 운송수단, 사람 및 화물을 검역하는 절차와 감염병(感染病)을 예방하기 위한 조치에 관한 사항을 규정하여 국내외로 감염병이 번지는 것을 방지함으로써 국민의 건강을 유지·보호하는 것을 목적으로 한다.

특히, 2020년 초반 전파력이 강한 '코로나바이러스감염증(COVID-19)'[399]이 국내 및 세계적으로 확산됨에 따라 해외 신종(新種) 감염병의 국내 유입을 방지하기 위한 적극적 대처가 요구되었다. 이에 보건복지부장관이 법무부장관에게 출입국의 금지 또는 정지를 요청할 수 있는 대상을 확대하였다. 그리고 검역 환경이 항만에서 공항으로, 선박·물류에서 항공기·승객으로, 세균성 감염병에서 바이러스 감염병으로 변화하고 있는 현실 등을 고려하여 검역의 전문성과 효율성을 높이고, 검역제도의 실효성을 확보할 수 있도록 검역체계를 개선하는 등 법률 개정(2020.3.4)을 통해 이를 보완하였다.

1) 검역감염병의 종류

"검역감염병"이란 콜레라(Cholera), 페스트(Pest), 황열(黃熱), 중증 급성호흡기증후군(SARS), 동물인플루엔자 인체감염증, 신종인플루엔자, 중동 호흡기증후군(MERS), 에볼라바이러스병 등과 기타 감염병으로서 외국에서 발생하여 국내로 들어올 우려가 있거나 국내에서 발생하여 외국으로 번질 우려가 있어 긴급 검역조치가 필요하다고 인정하여 고시하는 감염병을 말한다(검역법 제2조).

2) 검역 대상

국내로 들어오거나 외국으로 나가는 운송수단(運送手段)과 사람 및 화물은 검역조사를 받아야 한다. 다만, 외국으로 나가는 운송수단과 사람 및 화물에 대하여는 국내에서 검역감염병이 발생하여 국외로 번질 우려가 있다고 인정하는 경우가 아니면 생략할 수 있다(검역법 제6조).

---

399) 2019년 12월 처음 발생한 것으로 알려진 바이러스성 호흡기 질환. 2020년 초반 전 세계로 전파되어 감염자와 사망자가 폭증하여 세계보건기구(WHO)는 '팬데믹(Pandemic)'을 선언. WHO는 전염병 경보 등급을 1~6단계로 나누고, 세계적으로 대량 살상 전염병이 생겨날 때 최고 경보단계인 6등급을 팬데믹이라 함. 동 팬데믹은 2023년 초 해제되었음.

3) 출입국의 금지 또는 정지 요청

질병관리청(疾病管理廳)[400] 장은 공중보건(公衆保健) 상 큰 위해를 끼칠 염려가 있다고 인정되는 다음에 해당하는 사람에 대하여는 법무부장관에게 출국 또는 입국의 금지(禁止) 또는 정지(停止)를 요청(要請)할 수 있다. 다만, 입국의 금지 또는 정지의 요청은 외국인의 경우에만 해당한다.(검역법 제24조)

- 검역감염병 환자 등
- 검역감염병 접촉자
- 검역감염병 위험요인에 노출된 사람
- 검역관리지역 등에서 입국하거나 이 지역을 경유하여 입국하는 사람

4) 국제공인예방접종 증명서 발급

질병관리청은 외국으로 나가는 사람의 요청이 있을 경우에는 검역감염병의 예방접종(豫防接種)을 실시하고 국제공인예방접종 증명서를 내주어야 한다. 질병관리청은 검역감염병의 예방접종 후 이상반응에 대비하여 관련 응급처치 비상 물품을 구비하여야 한다. 국제공인예방접종기관으로 지정된 기관의 장은 검역감염병의 예방접종을 수행한 경우 예방접종증명서를 발급하여야 하며, 검역소장은 예방접종증명서의 사실을 확인한 후 국제공인예방접종증명서를 발급한다(검역법 제28조의2).

5. 병역법

병역법(兵役法)은 대한민국 국민의 병역의무에 관하여 규정함을 목적으로 한다. 대한민국 국민인 남성은 「대한민국헌법」과 이 법에서 정하는 바에 따라 병역의무를 성실히 수행하여야 한다. 여성은 지원(志願)에 의하여 현역(現役)[401] 및 예비

---

400) 질병관리청(Korea Disease and Prevention Agency)은 공중보건 정책을 수립하고 감염병·만성질환·건강위해 요인에 관한 연구 및 예방관리 정책을 수행하는 기관으로 2020년 승격 및 개편되었다.

401) 현역은 징집이나 지원에 의하여 입영한 병사(兵士)와, 현역으로 임용 또는 선발된 장교, 준사관, 부사관 및 군간부후보생 등을 포함

역(豫備役)[402]으로만 복무할 수 있다.

1) 국외여행의 허가 및 취소

병역의무자로서 다음 어느 하나에 해당하는 사람이 국외여행을 하려면 병무청장의 허가를 받아야 한다(병역법 제70조).

🔍 25세 이상인 병역준비역(兵役準備役)[403], 보충역(補充役)[404] 또는 대체역(代替役)[405]으로서 소집되지 아니한 사람

🔍 승선근무예비역, 보충역 또는 대체복무요원으로 복무 중인 사람

병무청장은 정당한 사유 없이 병역판정검사, 재병역판정검사, 확인신체검사나 입영을 기피한 사실이 있거나 기피하고 있는 사람 등에 대하여는 다음의 기준에 따라 처리하여야 한다. 다만, 가족의 사망 등 불가피한 사유로서 대통령령으로 정하는 경우에는 그러하지 아니하다.

🔍 국외여행허가 대상자인 경우에는 국외여행허가를 하여서는 아니 된다.

🔍 25세 미만으로 병역준비역, 보충역 또는 대체역으로서 소집되지 아니한 사람인 경우에는 국외여행이 제한되도록 필요한 조치를 취하여야 한다.

국외여행의 허가를 받은 사람이 허가기간에 귀국하기 어려운 경우에는 기간만료 15일 전까지, 25세가 되기 전에 출국한 사람은 25세가 되는 해의 1월 15일까지 병무청장의 기간연장 허가 또는 국외여행 허가를 받아야 한다. 국외여행허가 또는 기간연장허가를 받은 사람이 국내에서 영주(永住)할 목적으로 귀국하는 경우에는 이를 취소하고 병역의무를 부과할 수 있다.

---

402) 예비역은 현역을 마친 사람과 법에 따라 예비역에 편입된 사람

403) 병역의무자인 대한민국 국적의 남성은 18세부터 병역준비역에 편입됨. 만 19세가 되는 해에 병역 대상자는 병역 역종을 판정받기 위하여 병무청으로부터 병역판정검사를 받아야 함

404) 보충역은 병역판정검사 결과 현역 복무를 할 수 있다고 판정된 사람 중에서 병력 수급(需給) 사정에 의해 현역 입영 대상자로 결정되지 아니한 사람과, 대체복무요원(사회복무요원, 예술·체육요원, 공중보건의사, 병역판정검사전담의사, 공익법무관, 공중방역수의사, 전문연구요원, 산업기능요원 등)으로 복무하고 있거나 그 복무를 마친 사람

405) 대체역은 병역의무자 중 「대한민국헌법」이 보장하는 양심(良心)의 자유를 이유로 현역, 보충역 또는 예비역의 복무를 대신하여 병역을 이행하고 있거나 이행할 의무가 있는 사람

2) 국외여행허가 의무 위반

병역의무를 기피하거나 감면받을 목적으로 허가를 받지 않고 출국한 사람 또는 국외에 체류하고 있는 사람은 1년 이상 5년 이하의 징역에 처한다. 또한 허가를 받지 않고 출국한 사람, 국외에 체류하고 있는 사람 또는 정당한 사유 없이 허가된 기간에 귀국하지 아니한 사람은 3년 이하의 징역에 처한다(병역법 94조).

3) 국외여행 허가 신고

국외여행허가를 받으려는 사람은 출국 예정일 2일 전까지 병무청장에게, 25세가 되기 전에 출국한 사람은 25세가 되는 해의 1월 15일까지 재외공관의 장을 거쳐 병무청장에게 국외여행허가 신청서를 제출하여야 한다(병역법 시행령 제145조).

4) 국외여행의 허가 범위 및 기간

국외여행 허가는 다음 어느 하나에 해당하는 경우에만 한다. 국외여행 허가의 대상, 세부적인 허가기준 및 기간은 병역사항, 여행목적, 여행기간 등을 고려하여 병역의무 부과(賦課)에 지장이 없다고 인정되는 범위에서 병무청장이 정한다.

- 국제회의 및 국제경기(전지훈련을 포함)
- 훈련·연수·견학 또는 문화교류
- 수출시장개척 또는 수출입계약
- 국외를 왕래하는 선박의 선원(학생의 승선 실습 포함)
- 국외를 왕래하는 항공기의 승무원
- 국외파견 공무원 및 취재기자
- 국외 취업자
- 국내에서 치료가 곤란한 질병의 치료
- 국외 이주
- 유학(고등학교에 수학하기 위한 유학은 제외)
- 친척이나 친지의 방문 등 병무청장이 특히 필요하다고 인정하는 경우

Chapter 13

기타 관련 법규

1. 공중위생관리법

'공중위생관리법(公衆衛生管理法)'은 공중이 이용하는 영업과 시설의 위생관리 등에 관한 사항을 규정함으로써 위생수준을 향상시켜 국민의 건강증진에 기여함을 목적으로 한다. 동법에서 관광과 관련되는 사항으로는 관광숙박업이나 관광객 이용시설업 등 관광사업장 내에 있는 숙박시설, 목욕시설, 이·미용시설, 세탁시설 등으로 영업을 위해서는 이 법의 적용을 받고 있다. 따라서 이에 대한 내용만 설명하기로 한다.

1) 공중위생영업자의 신고

공중위생영업을 하고자 하는 자는 공중위생영업의 종류별로 시설 및 설비를 갖추고 시장·군수·구청장에게 신고(申告)하여야 한다. 중요사항을 변경하고자 하는 때에도 또한 같다. 공중위생영업의 신고를 한 자는 공중위생영업을 폐업한 날부터 20일 이내에 시장·군수·구청장에게 신고하여야 한다(동법 제3조).

2) 공중위생영업자의 위생관리 의무

공중위생영업자는 그 이용자에게 건강상 위해요인이 발생하지 아니하도록 영업 관련 시설 및 설비를 위생적(衛生的)이고 안전(安全)하게 관리(管理)하여야 한다(동법 제4조).

'숙박업(宿泊業)'[406]은 객실·침구 등의 청결을 위하여 매월 1회 이상 소독(消毒)을 하여야 하고, 침구의 포와 수건은 숙박자 한 명이 사용할 때마다 세탁하여야 한다. 객실의 먹는 물은 끓인 물이거나 먹는 물의 수질기준에 적합하여야 하고 깨끗한 용기에 담아 비치하여야 한다.

'목욕장업(沐浴場業)'을 하는 자는 목욕장의 수질기준 및 수질검사방법 등 수질관리에 관한 사항과, 위생기준 등에 관한 사항을 지켜야 하며 그 세부기준은 보건복지부령으로 정한다.

'이용업(理容業)'을 하는 자는 이용기구는 소독을 한 기구와 소독을 하지 아니한 기구로 분리하여 보관하고, 면도기는 1회용 면도날만을 손님 1인에 한하여 사용한다. 이용사면허증을 영업소 안에 게시하고, 이용업소 표시 등을 영업소 외부에 설치해야 한다.

'미용업(美容業)'을 하는 자는 의료기구와 의약품을 사용하지 아니하는 순수한 화장 또는 피부미용을 한다. 미용기구는 소독을 한 기구와 소독을 하지 아니한 기구로 분리하여 보관하고, 면도기는 1회용 면도날만을 손님 1인에 한하여 사용한다. 미용사면허증을 영업소 안에 게시하여야 한다.

'세탁업(洗濯業)'을 하는 자는 세제를 사용함에 있어서 국민건강에 유해한 물질이 발생되지 아니하도록 기계 및 설비를 안전하게 관리하여야 한다. 이 경우 유해한 물질이 발생되는 세제의 종류와 기계 및 설비의 안전관리에 관하여 필요한 사항은 보건복지부령으로 정한다.

'건물위생관리업(建物衛生管理業)'[407]을 하는 자는 사용 장비 또는 약제의 취급 시 인체의 건강에 해를 끼치지 아니하도록 위생적이고 안전하게 관리하여야 한다.

---

406) 숙박업(lodging business)이란 손님이 잠을 자고 머물 수 있도록 시설 및 설비 등의 서비스를 제공하는 영업으로 일반숙박업과 생활숙박업으로 구분한다. 시설 가운데 일반숙박업은 취사시설은 제외하고 생활숙박업은 취사시설을 포함한다(동법 시행령 제4조). 이때 관광진흥법에 따라 등록하는 '외국인관광 도시민박업' 시설과 '농어촌정비법'에 따른 농어촌민박 등은 제외한다. 일반숙박업은 보통 모텔, 여관 등으로 불린다.

407) 건물위생관리업이라 함은 공중이 이용하는 건축물·시설물 등의 청결유지와 실내공기정화를 위한 청소 등을 대행하는 영업을 말한다.

3) 공중위생업소의 보고 및 검사

특별시장·광역시장·도지사 또는 시장·군수·구청장은 공중위생관리상 필요하다고 인정하는 때에는 공중위생영업자 및 공중이용시설의 소유자 등에 대하여 필요한 보고(報告)를 하게 하거나 소속공무원으로 하여금 영업소·사무소·공중이용시설 등에 출입하여 공중위생영업자의 위생관리의무이행 및 공중이용시설의 위생관리실태 등에 대하여 검사(檢査)하게 하거나 필요에 따라 공중위생영업장부나 서류를 열람하게 할 수 있다(동법 제9조). 관광진흥법의 규정에 의하여 등록한 관광숙박업의 경우에는 당해 관광숙박업의 관할 행정기관의 장과 사전에 협의하여야 한다.

4) 위생지도 및 개선명령 등

시·도지사 또는 시장·군수·구청장은 다음에 해당하는 자에 대하여 즉시 또는 일정한 기간을 정하여 그 개선(改善)을 명할 수 있다(동법 제10조).

🔍 공중위생영업의 종류별 시설 및 설비기준을 위반한 공중위생영업자

🔍 위생관리의무 등을 위반한 공중위생영업자

5) 영업정지 및 폐쇄

시장·군수·구청장은 공중위생영업자가 다음 어느 하나에 해당하면 6월 이내의 기간을 정하여 영업의 정지(停止) 또는 일부 시설의 사용중지를 명하거나 영업소 폐쇄(閉鎖) 등을 명할 수 있다.[408] 다만, 관광숙박업의 경우에는 해당 관광숙박업의 관할행정기관의 장과 미리 협의하여야 한다(동법 제11조).

---

408) 영업정지 또는 폐쇄 해당 사항: ① 영업신고를 하지 아니하거나 시설과 설비기준을 위반한 경우, ② 변경신고를 하지 아니한 경우, ③ 지위승계신고를 하지 아니한 경우, ④ 공중위생영업자의 위생관리 의무 등을 지키지 아니한 경우, ⑤ 카메라나 기계장치를 설치한 경우, ⑥ 영업소 외의 장소에서 이용 또는 미용 업무를 한 경우, ⑦ 보고를 하지 않거나 거짓으로 보고한 경우 또는 관계 공무원의 출입, 검사 또는 공중위생영업 장부 또는 서류의 열람을 거부·방해하거나 기피한 경우, ⑧ 개선명령을 이행하지 아니한 경우, ⑨ 「성매매알선 등 행위의 처벌에 관한 법률」, 「풍속영업의 규제에 관한 법률」, 「청소년 보호법」, 「아동·청소년의 성보호에 관한 법률」, 또는 「의료법」을 위반하여 관계 행정기관의 장으로부터 그 사실을 통보받은 경우

2. 식품위생법

'식품위생법(食品衛生法)'은 식품으로 인하여 생기는 위생상의 위해(危害)를 방지하고 식품영양의 질적 향상을 도모하며 식품에 관한 올바른 정보를 제공하여 국민보건의 증진에 이바지함을 목적으로 한다. 동법이 관광사업과 관련되는 사항으로는 관광숙박업이나 관광객 이용시설업의 안에 있는 각종 음식점 등 식품접객업(食品接客業) 영업의 허가와 관련된 사항과, 이들 업소에서 일하는 조리사(調理師) 및 영양사(營養士) 등의 종사원에 관한 사항 등이다.

1) 식품접객업의 종류

식품위생법에서 규정하고 있는 영업의 종류에는 식품 또는 식품첨가물의 제조업, 가공업, 운반업, 판매업 및 보존업, 기구 또는 용기·포장의 제조업, 그리고 식품접객업 공유주방 운영업[409] 등이 있다(동법 제36조). 이 가운데 관광객에게 직접 식음료 서비스를 제공하는 식품접객업에 대해서 살펴본다. 식품접객업에는 휴게음식점, 일반음식점, 단란주점, 유흥주점, 위탁급식, 제과점 영업 등이 있다(동법 시행령 제21조). 이에 대한 영업의 세부 범위는 다음과 같다.

- 휴게(休憩)음식점 영업: 주로 다류(茶類), 아이스크림류 등을 조리·판매하거나 패스트푸드점, 분식점 형태의 영업 등 음식류를 조리·판매하는 영업으로서 음주행위가 허용되지 아니하는 영업[410]
- 일반(一般)음식점 영업: 음식류를 조리·판매하는 영업으로서 식사와 함께 부수적으로 음주행위가 허용되는 영업
- 단란주점(團欒酒店) 영업: 주로 주류를 조리·판매하는 영업으로서 손님이 노래를 부르는 행위가 허용되는 영업
- 유흥주점(遊興酒店) 영업: 주로 주류를 조리·판매하는 영업으로서 유흥종사자를 두거나 유흥시설을 설치할 수 있고 손님이 노래를 부르거나 춤을 추는 행위가 허용되는 영업

---

409) 공유주방 운영업은 여러 영업자가 함께 사용하는 공유주방을 운영하는 영업이다.
410) 편의점, 슈퍼마켓, 휴게소, 그 밖에 음식류를 판매하는 장소에서 컵라면, 일회용 다류 또는 그 밖의 음식류에 뜨거운 물을 부어 주는 경우는 휴게음식점업에 해당되지 아니한다.

- 위탁급식(委託給食) 영업: 집단급식소를 설치·운영하는 자와의 계약에 따라 그 집단급식소에서 음식류를 조리하여 제공하는 영업
- 제과점(製菓店) 영업: 주로 빵, 떡, 과자 등을 제조·판매하는 영업으로서 음주행위가 허용되지 아니하는 영업

2) 식품접객업의 시설기준

식품접객업에 대한 영업의 허가를 받기 위한 시설기준은 공통시설과 개별시설에 따라 각각 규정되어 있다. 공통시설에는 영업(營業)장, 조리(調理)장, 급수(給水)시설, 화장실(化粧室) 등이 있다(식품위생법 시행규칙 제36조).

3) 영업 허가 및 폐업 신고

식품접객업 영업을 하려는 자는 영업 종류별 또는 영업소별로 식품의약품안전처장 또는 특별자치도지사·특별자치시장·시장·군수·구청장의 허가를 받아야 한다. 허가받은 사항 중 중요한 사항을 변경할 때에도 또한 같다. 영업허가를 받은 자가 폐업(閉業)할 때에는 허가 관청의 장에게 신고하여야 한다(동법 제37조).

4) 영업자의 준수사항

식품접객영업자와 그 종업원은 영업의 위생관리와 질서유지, 국민의 보건위생 증진 사항을 지켜야 한다(동법 제44조). 또한 식품접객영업자는 '청소년보호법'에 따른 청소년에게 다음 각 호의 어느 하나에 해당하는 행위를 하여서는 아니 된다.

- 청소년을 유흥접객원으로 고용하여 유흥행위를 하게 하는 행위
- 청소년출입·고용 금지업소에 청소년을 출입시키거나 고용하는 행위
- 청소년고용금지업소에 청소년을 고용하는 행위
- 청소년에게 주류(酒類)를 제공하는 행위

한편, 누구든지 영리를 목적으로 식품접객업을 하는 장소에서 허가받은 업종을 제외하고 손님과 함께 술을 마시거나 노래 또는 춤으로 손님의 유흥을 돋우는 접객행위를 하거나, 다른 사람에게 그 행위를 알선하여서는 아니 된다. 또한 식품접객영업자는 유흥종사자를 고용·알선하거나 호객행위를 하여서는 아니 된다.

5) 식품위생 교육

식품접객업 영업자의 종업원은 매년 식품위생에 관한 교육을 받아야 한다. 영업자는 특별한 사유가 없는 한 식품위생교육을 받지 아니한 자를 그 영업에 종사하게 하여서는 아니 된다. 또한 식품접객영업을 하려는 자는 미리 식품위생교육(食品衛生教育)을 받아야 한다. 그러나 조리사(調理師), 영양사(營養士), 위생사(衛生士) 등의 면허(免許)를 받은 자가 식품접객업을 하려는 경우에는 식품위생교육을 받지 아니하여도 된다(동법 제41조). 식품위생교육(食品衛生教育)은 식품의 위생과 관련한 교육으로 국가에서 위탁한 협회에서 수료할 수 있으며, 식품위생법의 식품접객업 및 식품제조가공 등의 영업활동을 위해서는 반드시 이수해야 한다. 식품위생교육은 집합교육 또는 정보통신매체를 이용한 원격교육으로 실시한다.

6) 행정조치 및 제재

식품의약품안전처장, 시·도지사 또는 시장·군수·구청장은 식품 등의 위생적 취급에 관한 기준에 맞지 아니하게 영업하는 자와 이 법을 지키지 아니하는 자에게는 필요한 시정(是正)을 명하여야 한다(동법 제71조). 식품접객업소 사업장의 점장 및 영양사는 시·군·구의 위생 담당 공무원으로부터 정기 또는 불시에 위생검사(衛生檢査, sanitary inspection)를 받을 수 있다. 이때 주요한 점검 사항으로는 조리에 사용하는 원료 및 식품의 안전 상태, 식품의 위생적 취급 기준, 시설 기준, 영업자 준수사항, 건강진단 및 위생교육, 조리사 및 영양사 고용, 그리고 지도 권장사항 등이다.

관할 행정관청의 장은 영업자가 법에 정한 위반행위에 해당하는 경우에는 영업허가 또는 등록을 취소(取消)하거나 6개월 이내의 기간을 정하여 그 영업의 전부 또는 일부를 정지(停止)하거나 영업소 폐쇄(閉鎖)를 명할 수 있다(동법 제75조).

3. 농어촌정비법

'농어촌정비법(農漁村整備法)'은 농업생산기반, 농어촌 생활환경, 농어촌 관광휴양자원 및 한계농지 등을 종합적·체계적으로 정비·개발하여 농수산업의 경쟁력을 높이고 농어촌 생활환경 개선을 촉진함으로써 환경 친화적이고 현대적인 농어촌 건설과 국가의 균형발전에 이바지하는 것을 목적으로 한다. 동법이 관광사

업과 관련되는 사항으로는 농어촌 관광자원의 지원·육성, 농어촌 관광휴양단지의 개발, 관광농원의 개발, 그리고 농어촌민박사업 등이다.

1) 농어촌 관광자원의 지원·육성

농림축산식품부장관·해양수산부장관, 시·도지사 또는 시장·군수·구청장은 농어촌 관광휴양을 지원(支援)·육성(育成)하여 농어촌지역과 준농어촌지역의 자연경관을 보존하고 농어촌의 소득을 늘리기 위하여 농어촌의 자연환경, 영농활동, 전통문화 등을 활용한 관광휴양자원 개발, 농어촌 관광휴양사업의 육성, 농어촌 관광휴양을 활성화하기 위한 조사·연구 및 홍보 등의 시책을 추진할 수 있다(동법 81조).

2) 농어촌민박사업 경영

농어촌민박은 농어촌에서 숙박시설이 아닌 단독주택을 이용해서 농어촌 소득을 늘릴 목적으로 내·외국인 방문객에게 숙박·취사시설 등을 제공하는 것을 말한다. 이는 특수한 형태의 숙박시설로서 호텔, 휴양콘도미니엄, 도시민박업과 같이 '관광진흥법', 또는 여관 및 여인숙과 같이 '공중위생관리법'에 따른 숙박업에 해당하지 않는다.

농어촌민박사업(農漁村民泊事業)을 경영하려는 자는 시장·군수·구청장에게 농어촌민박사업자 신고를 하여야 한다.[411] 동 사업 해당자는 농어촌지역 또는 준농어촌지역의 주민이거나, 관할 시·군·구에 6개월 이상 계속하여 거주하고 있으며, 신고자가 거주하는 「건축법」에 따른 단독주택 또는 직접 소유하고 있는 단독주택이어야 한다(동 법 제86조). 다만, 이에 해당하는 요건을 갖추지 아니하여도 임차(賃借)하여 농어촌민박사업을 신고할 수 있도록 허용하고 있다.[412]

---

411) 농어촌민박사업자 준수사항: 신고확인증 및 요금표 게시, 안전기준(숙박위생, 식품위생, 소방안전, 난방시설 및 화기취급처 안전, 그 밖의 사항) 준수, 안전교육 이수 등
412) 농어촌민박사업 임차 운영 경우: ① 관할 시·군·구에 3년 이상 거주하면서, 임차하여 농어촌민박을 2년 이상 계속해서 운영하였고, 사업장 폐쇄 또는 1개월 이상의 영업정지처분을 받은 적이 없는 자, ② 농어촌민박을 신고하고자 하는 관할 시·군·구에 3년 이상 계속하여 거주하였으며, 임차하여 2년 이상 계속하여 농어촌민박을 운영하고자 하는 자

4. 산림문화·휴양에 관한 법률

「산림문화·휴양에 관한 법률」은 산림문화와 산림 휴양자원의 보전·이용 및 관리에 관한 사항을 규정하여 국민에게 쾌적하고 안전한 산림문화·휴양서비스를 제공함으로써 국민의 삶의 질 향상에 이바지함을 목적으로 한다. 그리고 '자연휴양림(自然休養林)'은 국민의 정서함양·보건휴양 및 산림교육 등을 위하여 조성한 산림을 말하며, 이에 속하는 휴양시설과 그 토지를 포함한다(동 법 제2조). 자연휴양림(recreational forests)의 휴양시설에는 숙박시설, 편익시설, 위생시설, 체험·교육시설, 체육시설 등을 설치할 수 있다(시행령 제7조). 특히 숙박시설은 산사태 등의 위험이 없으며, 바깥의 조망이 가능한 곳이어야 한다. 또한 자연휴양림 휴양시설의 모든 건축물은 3층 이하여야 하며, 개별 건축물의 연면적(延面積)은 900제곱미터 이하로 해야 한다. 산림 자원은 관광 대상으로 활용도가 매우 높아 산림을 가꾸고 보전하면서 적절하게 개발하여 활용할 필요성이 있다.

5. 주류 면허 등에 관한 법률

「주류(酒類) 면허(免許) 등에 관한 법률」은 주류 제조 및 판매업 면허에 대한 기준과 절차, 주류의 검정(檢定) 등에 관한 사항을 규정함으로써 주류 거래의 안전과 원활한 주세(酒稅) 수입 확보를 목적으로 한다. 이와 별도로 주세의 과세 요건 및 절차를 규정함으로써 재정수입의 원활한 조달에 이바지함을 목적으로 하는 「주세법(酒稅法)」이 있다. 주류를 제조하려는 사람은 주류의 종류별로 시설기준과 요건을 갖추어 관할 세무서장의 면허를 받아야 한다. 그리고 주류 판매업을 하려는 사람은 주류 판매장마다 정하는 시설기준과 요건을 갖추어 관할 세무서장의 면허를 받아야 하며, 「식품위생법」에 따른 영업허가를 받은 장소에서 주류 판매를 하는 경우에는 주류 판매업 면허를 받은 것으로 본다(주류면허법 3~5조). 주류란 주정(酒精)[413]과 알코올이 1도 이상 포함된 음료를 말하며, 주류는 발효(醱酵) 주류, 증류(蒸溜) 주류, 기타 주류로 구분한다.[414] (주세법 2~5조)

---

413) 주정(neutral spirit, ethanol)이란 물, 음료 등을 희석하여 마실 수 있는 에틸알코올을 말한다.
414) 발효(fermentation) 주류에는 탁주, 약주, 청주, 맥주, 과실주 등이 있으며, 증류(distillation) 주류에는 소주, 위스키, 브랜디, 일반 증류주, 리큐르 등이 있다.

제2절 국가기술자격법

1. 국가기술자격 일반

국가기술자격법(國家技術資格法)은 국가기술자격제도를 효율적으로 운영하여 산업현장의 수요에 적합한 자격제도를 확립함으로써 기술 인력의 직업능력을 개발하고, 기술 인력의 사회적 지위 향상과 국가의 경제발전에 이바지함을 목적으로 한다. 그리고 국가기술자격에는 산업과 관련이 있는 기술(技術)·기능(技能)과 관련된 것 외에도 서비스 분야의 자격까지 포함한다.

1) 국가기술자격 운영 분야

국가는 다음 각 호의 어느 하나에 해당하는 분야에 대하여 국가기술자격을 운영(運營)[415]할 수 있다(동법 제8조의2).

- 🔍 국민의 생명·건강 및 안전에 직결되는 분야
- 🔍 사회질서 또는 선량한 풍속의 유지를 위하여 국가적인 관리가 필요하거나 고도의 윤리성이 요구되는 분야
- 🔍 국가의 기간(基幹)·전략산업 유지·발전 및 신산업 육성을 위하여 국가적인 인력양성과 직무 수행능력의 인정이 필요한 분야
- 🔍 전 산업에 공통되는 기초직무로서 국가적인 직무 수행능력의 인정이 필요한 분야

2) 국가기술자격의 등급 및 검정기준

국가기술자격 가운데 기술·기능 분야에 대해서는 기술사(技術士), 기능장(技能長), 기사(技師), 산업기사(産業技師) 및 기능사(技能士)로 분류하고 있으며, 이에 대한 검정(檢定)기준은 다음과 같다.

---

[415] 국가기술자격법에 의해 운영되고 있는 국가기술자격의 종류로는 현재 기술·기능분야 495개 종목, 서비스 분야 32개 종목이 있다.

🔍 기술사: 해당 국가기술자격의 종목에 관한 고도의 전문지식과 실무경험에 입각한 계획·연구·설계·분석·조사·시험·시공·감리·평가·진단·사업관리·기술관리 등의 업무를 수행할 수 있는 능력 보유

🔍 기능장: 해당 국가기술자격의 종목에 관한 최상급 숙련기능을 가지고 산업현장에서 작업관리, 소속 기능인력의 지도·감독, 현장훈련, 경영자와 기능인력을 유기적으로 연계시켜 주는 현장관리 등의 업무를 수행할 수 있는 능력 보유

🔍 기사: 해당 국가기술자격의 종목에 관한 공학적 기술이론 지식을 가지고 설계·시공·분석 등의 업무를 수행할 수 있는 능력 보유

🔍 산업기사: 해당 국가기술자격의 종목에 관한 기술기초이론 지식 또는 숙련기능을 바탕으로 복합적인 기초기술 및 기능 업무를 수행할 수 있는 능력 보유

🔍 기능사: 해당 국가기술자격의 종목에 관한 숙련기능을 가지고 제작·제조·조작·운전·보수·정비· 채취·검사 또는 작업관리 및 이에 관련되는 업무를 수행할 수 있는 능력 보유

서비스 분야 국가기술자격[416]은 종목별로 3등급의 범위에서 등급을 정하고 있으며, 종목에 따라 단일등급, 2등급, 3등급으로 운영하고 있다(동법 제9조).

3) 국가기술자격 응시자격 및 합격기준

기술·기능 및 서비스 분야 국가기술자격 가운데 기능사에 대한 응시자격(應試資格)의 제한은 일부를 제외하고 별도로 없다. 그러나 산업기사, 기사, 기능장 및 기술사에 대한 응시자격은 동법 시행규칙(제10조의2)에서 세부적으로 정하고 있다. 또한 응시자격 제한(制限)사항[417]에 해당할 경우에는 응시할 수 없다.

기술·기능 분야 국가기술자격 검정에서 필기시험(筆記試驗)의 합격 결정 기준은

---

416) 서비스분야 종류: 국제의료관광코디네이터, 컨벤션기획사, 게임그래픽전문가, 게임기획전문가, 게임프로그래밍전문가, 멀티미디어콘텐츠제작전문가, 스포츠경영관리사, 임상심리사, 전자상거래운용사, 전자상거래관리사, 텔레마케팅관리사, 사회조사분석사, 소비자전문상담사, 직업상담사, 전산회계운용사, 컴퓨터활용능력, 워드프로세서, 한글속기사, 비서 등

417) 응시자격 제한사항: 국가기술자격 검정의 정지처분 또는 무효처분을 받고 그 처분을 받은 날부터 3년이 지나지 아니한 사람

과목당 100점을 만점으로 하여 매 과목 40점 이상, 전 과목 평균 60점 이상으로 한다. 또한 실기시험(實技試驗) 및 면접시험(面接試驗)의 합격(合格) 결정 기준은 100점을 만점으로 하여 60점 이상으로 한다.

서비스 분야 국가기술자격 검정의 합격 결정 기준은 대부분 위와 같으나 특별한 경우 검정의 종목별로 구분하여 정하고 있다. 아울러 먼저 필기시험에 합격해야 실기시험 및 면접시험에 응시할 수 있다. 그리고 필기시험에 합격한 사람에 대해서는 합격한 날부터 2년간 해당 필기시험을 면제한다.

4) 민간기술자격 검토

주무부장관 및 고용노동부장관은 한국직업능력개발원의 원장으로부터 「자격기본법」에 따라 민간자격의 공인을 위한 협의를 요청받은 경우에는 그 민간기술자격의 검정 수준 또는 교육·훈련과정의 이수 기준 등이 이 법에 따른 국가기술자격 검정 수준 또는 교육·훈련과정의 이수 기준에 적합한지를 검토하여야 한다(동법 제20조).

민간기술자격(民間技術資格)[418]은 주로 관련 협회 및 단체에서 직접 운영·발급하며, 한국직업능력개발원 민간자격센터(https://www.pqi.or.kr)에서는 공인(公認) 및 등록(登錄) 민간자격으로 구분하여 관리하고 있다. 공인민간자격은 정부가 민간에서 운영하는 자격을 공인하는 제도이며, 등록민간자격은 비공인 자격이다.

5) 국가 자격증 우대 및 제재

국가기술자격 검정의 모든 과정에 합격하여 국가기술자격증을 발급받으려는 사람은 주무부(主務部)장관에게 국가기술자격증 발급신청서를 제출하여야 한다. 발급된 자격증에 대해서는 다음과 같이 우대를 하며 잘못 사용될 경우 제재(制裁)를 받게 된다.

(1) 국가기술자격 취득자에 대한 우대

국가기술자격에 취득자에 대한 우대(優待)는 기술인력 우대라는 상징적·선언적 의미라고 할 수 있다. 이러한 우대조치는 법 규정만으로 실현되는 것은 아니며

---

418) 민간기술자격 가운데 공인자격은 현재 95개 종목 정도이고 대부분은 등록자격이다. '커피바리스타', '와인소믈리에'등은 등록 민간자격에 속한다.

기술 인력을 우대해야 한다는 사회적 공감대의 형성이 중요하다.

① 국가 및 지방자치단체의 우대 조치

국가 및 지방자치단체는 국가기술자격의 직무분야에 관한 영업의 허가·인가·등록 또는 면허를 하거나, 그 밖의 이익을 부여하는 경우에는 다른 법령에 어긋나지 아니하는 범위에서 그 직무분야의 국가기술자격 취득자를 우대하여야 한다(동법 제14조). 국가·지방자치단체 및 공공기관은 공무원이나 직원을 채용할 때에 해당 분야의 국가기술자격 취득자를 우대하여야 한다. 국가·지방자치단체 및 공공기관은 국가기술자격 취득자인 공무원이나 직원에 대해서는 관계 법령에 위배되지 아니하는 범위에서 보수·승진·전보·신분보장 등에서 우대하여야 한다.

② 민간기업의 우대 조치

국가기술자격 취득자를 해당 직무분야의 근로자로 고용하는 사업주는 근로자의 채용·보수 및 승진 등에서 해당 직무분야의 국가기술자격 취득자를 우대하여야 한다. 그러나 동 규정은 해당 자격증을 갖추고 있지 않으면 관련 분야에 종사하거나 취업할 수 없다는 의미는 아니다.

(2) 국가기술자격 행정처분

자격증을 타인에게 대여하거나 대여 받아서도 아니 되고 대여를 알선(斡旋)하여도 아니 된다. 또한 성실히 그 업무를 수행해야 하며, 품위를 손상하여서도 아

표 4-5 **국가기술자격취소 및 정지의 기준**

위반행위	행정처분기준
1. 거짓 그 밖의 부정한 방법으로 국가기술자격을 취득한 경우	자격취소
2. 국가기술취득자가 업무수행 중 해당 자격과 관련, 다른 사람에게 손해를 가한 경우 　가. 다른 사람에게 손해를 가하여 금고 이상의 형을 선고받고 그 형이 확정된 경우 　나. 다른 사람에게 손해를 가하여 벌금 이하의 형을 선고받고 그 형이 확정된 경우 　다. 그 밖에 업무를 성실히 수행하지 아니하거나 품위를 손상시켜 공익을 해하거나 　　다른 사람에게 손해를 가한 경우	자격취소 자격정지 2년 자격정지 1년
3. 국가기술자격증을 다른 사람에게 대여한 경우 　가. 2회 이상 대여한 경우 　나. 1회 대여한 경우 　다. 자격증 대여로 인하여 다른 사람에게 손해를 가한 경우	자격취소 자격정지 3년 자격취소

니 된다. 주무부장관은 위반행위를 한 자에 대하여 다음과 같은 행정처분(行政處分)을 하여야 한다.

6) 국가기술자격의 국가 간 상호 인정

국가는 외국의 기술자격이나 국제적으로 통용되는 자격이 국가기술자격과 같은 종류이고 동등한 수준이며 해당 자격 취득자가 이 법에 따른 국가기술자격 취득자와의 업무 교류 등이 가능하다고 판단되는 경우에는, 국가 간 협약 등에 따라 외국자격이나 국제적으로 통용되는 자격을 인정(認定)할 수 있다(동법 제21조).

2. 관광 관련 국가기술자격

동 법에 규정한 국가기술자격 가운데 관광과 관련된 것으로는 서비스분야의 국제의료관광코디네이터와 컨벤션기획사가 있고, 기술·기능 분야로는 조리사, 조주사 및 제과·제빵사가 있다.

1) 국제의료관광코디네이터

국제의료관광코디네이터는 단일등급이며 국제(國際)진료(診療) 및 의료관광에 관한 전문적인 지식의 숙지와 의료관광 상담, 진료서비스 지원, 의료행위로 인한 리스크 관리, 관광서비스 지원, 통역, 의료관광 마케팅, 행정절차 수행 등에 관한 업무를 할 수 있는 지식과 능력을 보유하여야 한다.

(1) 응시 자격

해당 외국어의 공인어학성적의 기준(基準)요건(要件)[419]을 충족하고, 다음 어느 하나에 해당하는 사람으로 한다.

🔍 보건의료 또는 관광분야의 학과로서 고용노동부장관이 정하는 학과의 대

---

419) 공인어학성적 기준요건 ① 영어: TOEIC 700점, TEPS 340점, TOEFL(CBT 197점, IBT 71점), FLEX 625점, PELT 345점, IELTS 7.0 이상, ② 일본어: JPT 650점, NIKKEN 700점, FLEX 720점, JLPT 2급 이상, ③ 중국어: HSK 5급(회화 중급), FLEX 700점, BCT 5급(모든 분야), CPT 700점, TOP 고급6급 이상, ④ 기타: 러시아어(FLEX 700점, TORFL 2단계 이상), 태국어, 베트남어, 말레이·인도네시아어, 아랍어 (FLEX 600점 이상)

학졸업자 또는 졸업예정자

🔍 2년제 전문대학 관련학과 졸업자로서 졸업 후 보건의료 또는 관광분야에서 2년 이상 실무에 종사한 사람

🔍 3년제 전문대학 관련학과 졸업자로서 졸업 후 보건의료 또는 관광분야에서 1년 이상 실무에 종사한 사람

🔍 보건의료 또는 관광분야에서 4년 이상 실무에 종사한 사람

🔍 관련 자격증(의사, 간호사, 보건교육사, 관광통역안내사, 컨벤션기획사1·2급)을 취득한 사람

(2) 시험과목 및 합격기준

필기시험은 보건의료관광행정, 보건의료서비스지원관리, 보건의료관광마케팅, 관광서비스지원관리, 의학용어 및 질환의 이해 등 5개 과목이며, 실기시험은 보건의료관광 실무이다. 합격기준은 일반적인 국가자격시험의 기준과 같다.

2) 컨벤션기획사

컨벤션기획사는 1급과 2급으로 구분하여 실시한다. 컨벤션기획사 1급은 컨벤션 유치·기획·운영에 관한 각종 업무를 수행할 수 있는 능력의 유무와, 외국어 구사 및 컨벤션 경영·협상·마케팅 능력의 유무를 검정하고, 컨벤션기획사 2급은 컨벤션 기획·운영에 관한 기본적인 업무를 수행할 수 있는 능력의 유무와 컨벤션기획사 1급의 업무를 보조할 수 있는 능력의 유무를 검정한다. 이에 대해서는 국제회의산업육성에 관한 법률에서 자세히 설명하고 있다.

3) 조리사, 조주사 및 제과·제빵사

조리 분야 국가기술자격에는 조리사(調理士)와 조주사(造酒士), 그리고 제과·제빵사가 있다. 기능사 자격을 취득하기 위한 응시자격의 제한은 별도로 없다.

(1) 조리사 자격종류 및 시험과목

조리사 자격에는 조리기능장, 조리산업기사, 조리기능사로 분류되어 있다. 이들 자격증에 대한 시험과목은 다음 표와 같다.

표 4-6 **조리사 자격종류 및 시험과목**

자격종류	필기시험	실기시험
조리기능장	공중보건, 식품위생 및 관련 법규, 식품학, 조리이론 및 원가계산, 한식·양식·중식·일식·복어조리에 관한 사항	조리 작업
조리산업기사(한식)	1. 식품위생 및 관련 법규 2. 식품학 3. 조리이론 및 원가계산 4. 공중보건학	한식조리 작업
조리산업기사(중식)		중식조리 작업
조리산업기사(일식)		일식조리 작업
조리산업기사(양식)		양식조리 작업
조리산업기사(복어)		복어조리 작업
한식조리기능사	식품위생 및 관련 법규, 식품학, 조리이론 및 원가계산, 공중보건	한식조리 작업
중식조리기능사		중식조리 작업
일식조리기능사		일식조리 작업
양식조리기능사		양식조리 작업
복어조리기능사		복어조리 작업

(2) 조주사 자격종류 및 시험과목

조주사 국가기술자격에는 조주기능사만 운영되고 있다. 조주기능사의 필기시험 과목은 양주학개론, 주장관리개론, 기초영어 등 3개이며, 실기시험은 칵테일 조주 작업이다.

(3) 제과·제빵사 자격종류 및 시험과목

제과·제빵사 국가기술자격에는 제과기능장과 제과기능사 및 제빵기능사가 있다. 제과기능장은 제과(製菓) 및 제빵에 관한 사항을 총괄한다. 그리고 제과기능장의 필기시험은 제과·제빵이론, 재료과학, 식품위생학, 영양학 및 그 밖에 제과·제빵에 관한 사항이며, 실기시험은 제과 및 제빵 작업이다. 제과기능사 및 제빵기능사의 필기시험은 제조이론, 재료과학, 영양학, 식품위생학이다. 또한 제과기능사의 실기시험은 제과작업이고, 제빵기능사의 경우는 제빵작업이다.

Appendix

부록

1. 관광기본법

[법률 제17703호 일부개정 2020. 12. 22]

제1조(목적)

이 법은 관광진흥의 방향과 시책에 관한 사항을 규정함으로써 국제친선을 증진하고 국민경제와 국민복지를 향상시키며 건전한 국민관광의 발전을 도모하는 것을 목적으로 한다.

제2조(정부의 시책)

정부는 이 법의 목적을 달성하기 위하여 관광진흥에 관한 기본적이고 종합적인 시책을 강구하여야 한다.

제3조(관광진흥계획의 수립)

① 정부는 관광진흥의 기반을 조성하고 관광산업의 경쟁력을 강화하기 위하여 관광진흥에 관한 기본계획(이하 "기본계획"이라 한다)을 5년마다 수립·시행하여야 한다.

② 기본계획에는 다음 각 호의 사항이 포함되어야 한다.

1. 관광진흥을 위한 정책의 기본방향

2. 국내외 관광여건과 관광 동향에 관한 사항

3. 관광진흥을 위한 기반 조성에 관한 사항

4. 관광진흥을 위한 관광사업의 부문별 정책에 관한 사항

5. 관광진흥을 위한 재원 확보 및 배분에 관한 사항

6. 관광진흥을 위한 제도 개선에 관한 사항

7. 관광진흥과 관련된 중앙행정기관의 역할 분담에 관한 사항

8. 관광시설의 감염병 등에 대한 안전·위생·방역 관리에 관한 사항

9. 그 밖에 관광진흥을 위하여 필요한 사항

③ 기본계획은 제16조제1항에 따른 국가관광전략회의의 심의를 거쳐 확정한다.

④ 정부는 기본계획에 따라 매년 시행계획을 수립·시행하고 그 추진실적을 평가하여 기본계획에 반영하여야 한다.

제4조(연차보고)

정부는 매년 관광진흥에 관한 시책과 동향에 대한 보고서를 정기국회가 시작하기 전까지 국회에 제출하여야 한다.

제5조(법제상의 조치)

국가는 제2조에 따른 시책을 실시하기 위하여 법제상·재정상의 조치와 그 밖에 필요한 행정상의 조치를 강구하여야 한다.

제6조(지방자치단체의 협조)

지방자치단체는 관광에 관한 국가시책에 필요한 시책을 강구하여야 한다.

제7조(외국 관광객의 유치)

정부는 외국 관광객의 유치를 촉진하기 위하여 해외 홍보를 강화하고 출입국 절차를 개선하며 그 밖에 필요한 시책을 강구하여야 한다.

제8조(관광 여건의 조성)

정부는 관광 여건 조성을 위하여 관광객이 이용할 숙박·교통·휴식시설 등의 개선 및 확충, 휴일·휴가에 대한 제도 개선 등에 필요한 시책을 마련하여야 한다.

제9조(관광자원의 보호 등)

정부는 관광자원을 보호하고 개발하는 데에 필요한 시책을 강구하여야 한다.

제10조(관광사업의 지도·육성)
정부는 관광사업을 육성하기 위하여 관광사업을 지도·감독하고 그 밖에 필요한 시책을 강구하여야 한다.
제11조(관광 종사자의 자질 향상)
정부는 관광에 종사하는 자의 자질을 향상시키기 위하여 교육훈련과 그 밖에 필요한 시책을 강구하여야 한다.
제12조(관광지의 지정 및 개발)
정부는 관광에 적합한 지역을 관광지로 지정하여 필요한 개발을 하여야 한다.
제13조(국민관광의 발전)
정부는 관광에 대한 국민의 이해를 촉구하여 건전한 국민관광을 발전시키는 데에 필요한 시책을 강구하여야 한다.
제14조(관광진흥개발기금)
정부는 관광진흥을 위하여 관광진흥개발기금을 설치하여야 한다.
제15조 삭제 [2000.1.12]
제16조(국가관광전략회의)
① 관광진흥의 방향 및 주요 시책에 대한 수립·조정, 관광진흥계획의 수립 등에 관한 사항을 심의·조정하기 위하여 국무총리 소속으로 국가관광전략회의를 둔다.
② 국가관광전략회의의 구성 및 운영 등에 필요한 사항은 대통령령으로 정한다.

부 칙[2020.12.22 제17703호]
이 법은 공포 후 6개월이 경과한 날부터 시행한다.

2. 관광진흥개발기금법

[법률 제19592호 일부개정 2023. 08. 08.]
제1조(목적)
이 법은 관광사업을 효율적으로 발전시키고 관광을 통한 외화 수입의 증대에 이바지하기 위하여 관광진흥개발기금을 설치하는 것을 목적으로 한다.
제2조(기금의 설치 및 재원)
① 정부는 이 법의 목적을 달성하는 데에 필요한 자금을 확보하기 위하여 관광진흥개발기금(이하 "기금"이라 한다)을 설치한다.
② 기금은 다음 각 호의 재원(財源)으로 조성한다.
1. 정부로부터 받은 출연금
2. 「관광진흥법」 제30조에 따른 납부금
3. 제3항에 따른 출국납부금
4. 「관세법」 제176조의2제4항에 따른 보세판매장 특허수수료의 100분의 50
5. 기금의 운용에 따라 생기는 수익금과 그 밖의 재원
③ 국내 공항과 항만을 통하여 출국하는 자로서 대통령령으로 정하는 자는 1만원의 범위에서 대통령령으로 정하는 금액을 기금에 납부하여야 한다.

④ 제3항에 따른 납부금을 부과받은 자가 부과된 납부금에 대하여 이의가 있는 경우에는 부과받은 날부터 60일 이내에 문화체육관광부장관에게 이의를 신청할 수 있다.

⑤ 문화체육관광부장관은 제4항에 따른 이의신청을 받았을 때에는 그 신청을 받은 날부터 15일 이내에 이를 검토하여 그 결과를 신청인에게 서면으로 알려야 한다.

⑥ 제3항에 따른 납부금의 부과·징수의 절차 등에 필요한 사항은 대통령령으로 정한다.

⑦ 제4항 및 제5항에서 규정한 사항 외에 이의신청에 관한 사항은 「행정기본법」 제36조에 따른다.

제3조(기금의 관리)

① 기금은 문화체육관광부장관이 관리한다.

② 문화체육관광부장관은 기금의 집행·평가·결산 및 여유자금 관리 등을 효율적으로 수행하기 위하여 10명 이내의 민간 전문가를 고용한다. 이 경우 필요한 경비는 기금에서 사용할 수 있다.

③ 제2항에 따른 민간 전문가의 고용과 운영에 필요한 사항은 대통령령으로 정한다.

제4조(기금의 회계연도)

기금의 회계연도는 정부의 회계연도에 따른다.

제5조(기금의 용도)

① 기금은 다음 각 호의 어느 하나에 해당하는 용도로 대여(貸與)할 수 있다.

1. 호텔을 비롯한 각종 관광시설의 건설 또는 개수(改修)
2. 관광을 위한 교통수단의 확보 또는 개수
3. 관광사업의 발전을 위한 기반시설의 건설 또는 개수
4. 관광지·관광단지 및 관광특구에서의 관광 편의시설의 건설 또는 개수

② 문화체육관광부장관은 기금에서 관광정책에 관하여 조사·연구하는 법인의 기본재산 형성 및 조사·연구사업, 그 밖의 운영에 필요한 경비를 출연 또는 보조할 수 있다.

③ 기금은 다음 각 호의 어느 하나에 해당하는 사업에 대여하거나 보조할 수 있다.

1. 국외 여행자의 건전한 관광을 위한 교육 및 관광정보의 제공사업
2. 국내외 관광안내체계의 개선 및 관광홍보사업
3. 관광사업 종사자 및 관계자에 대한 교육훈련사업
4. 국민관광 진흥사업 및 외래관광객 유치 지원사업
5. 관광상품 개발 및 지원사업
6. 관광지·관광단지 및 관광특구에서의 공공 편익시설 설치사업
7. 국제회의의 유치 및 개최사업
8. 장애인 등 소외계층에 대한 국민관광 복지사업
9. 전통관광자원 개발 및 지원사업
9의2. 감염병 확산 등으로 관광사업자(「관광진흥법」 제2조제2호에 따른 관광사업자를 말한다)에게 발생한 경영상 중대한 위기 극복을 위한 지원사업
10. 그 밖에 관광사업의 발전을 위하여 필요한 것으로서 대통령령으로 정하는 사업

④ 기금은 민간자본의 유치를 위하여 필요한 경우 다음 각 호의 어느 하나의 사업이나 투자조합에 출자(出資)할 수 있다.

1. 「관광진흥법」 제2조제6호 및 제7호에 따른 관광지 및 관광단지의 조성사업
2. 「국제회의산업 육성에 관한 법률」 제2조제3호에 따른 국제회의시설의 건립 및 확충 사업
3. 관광사업에 투자하는 것을 목적으로 하는 투자조합
4. 그 밖에 관광사업의 발전을 위하여 필요한 것으로서 대통령령으로 정하는 사업

⑤ 기금은 신용보증을 통한 대여를 활성화하기 위하여 예산의 범위에서 다음 각 호의 기관에 출연할 수 있다.

1. 「신용보증기금법」에 따른 신용보증기금
2. 「지역신용보증재단법」에 따른 신용보증재단중앙회

제6조(기금운용위원회의 설치)

① 기금의 운용에 관한 종합적인 사항을 심의하기 위하여 문화체육관광부장관 소속으로 기금운용위원회(이하 "위원회"라 한다)를 둔다.

② 위원회의 조직과 운영에 필요한 사항은 대통령령으로 정한다.

제7조(기금운용계획안의 수립 등)

① 문화체육관광부장관은 매년 「국가재정법」에 따라 기금운용계획안을 수립하여야 한다. 기금운용계획을 변경하는 경우에도 또한 같다.

② 제1항에 따른 기금운용계획안을 수립하거나 기금운용계획을 변경하려면 위원회의 심의를 거쳐야 한다.

제8조(기금의 수입과 지출)

① 기금의 수입은 제2조제2항 각 호의 재원으로 한다.

② 기금의 지출은 제5조에 따른 기금의 용도를 위한 지출과 기금의 운용에 따르는 경비로 한다.

제9조(기금의 회계 기관)

문화체육관광부장관은 기금의 수입과 지출에 관한 사무를 하게 하기 위하여 소속 공무원 중에서 기금수입징수관, 기금재무관, 기금지출관 및 기금출납 공무원을 임명한다.

제10조(기금 계정의 설치)

문화체육관광부장관은 기금지출관으로 하여금 한국은행에 관광진흥개발기금의 계정(計定)을 설치하도록 하여야 한다.

제11조(목적 외의 사용 금지 등)

① 기금을 대여받거나 보조받은 자는 대여받거나 보조받을 때에 지정된 목적 외의 용도에 기금을 사용하지 못한다.

② 대여받거나 보조받은 기금을 목적 외의 용도에 사용하였을 때에는 대여 또는 보조를 취소하고 이를 회수한다.

③ 문화체육관광부장관은 기금의 대여를 신청한 자 또는 기금의 대여를 받은 자가 다음 각 호의 어느 하나에 해당하면 그 대여 신청을 거부하거나, 그 대여를 취소하고 지출된 기금의 전부 또는 일부를 회수한다.

1. 거짓이나 그 밖의 부정한 방법으로 대여를 신청한 경우 또는 대여를 받은 경우
2. 잘못 지급된 경우
3. 「관광진흥법」에 따른 등록·허가·지정 또는 사업계획 승인 등의 취소 또는 실효 등으로 기금의 대여자격을 상실하게 된 경우
4. 대여조건을 이행하지 아니한 경우
5. 그 밖에 대통령령으로 정하는 경우

④ 다음 각 호의 어느 하나에 해당하는 자는 해당 기금을 대여받거나 보조받은 날부터 5년 이내에 기금을 대여받거나 보조받을 수 없다.

1. 제2항에 따라 기금을 목적 외의 용도에 사용한 자
2. 거짓이나 그 밖의 부정한 방법으로 기금을 대여받거나 보조받은 자

제12조(납부금 부과·징수 업무의 위탁)

① 문화체육관광부장관은 제2조제3항에 따른 납부금의 부과·징수의 업무를 대통령령으로 정하는 바에 따라 관계 중앙행정기관의 장과 협의하여 지정하는 자에게 위탁할 수 있다.

② 문화체육관광부장관은 제1항에 따라 납부금의 부과·징수의 업무를 위탁한 경우에는 기금에서 납부금의 부과·징수의 업무를 위탁받은 자에게 그 업무에 필요한 경비를 보조할 수 있다.

제13조(벌칙 적용 시의 공무원 의제)

제3조제2항에 따라 고용된 자는 「형법」 제129조부터 제132조까지의 규정을 적용할 때에는 공무원으로 본다.

부칙[2023.08.08. 제19592호]

이 법은 공포한 날부터 시행한다.

3. 관광진흥법

[법률 제19793호 일부개정 2023. 10. 31]

제1장 총칙

제1조(목적)

이 법은 관광 여건을 조성하고 관광자원을 개발하며 관광사업을 육성하여 관광 진흥에 이바지하는 것을 목적으로 한다.

제2조(정의)

이 법에서 사용하는 용어의 뜻은 다음과 같다.

1. "관광사업"이란 관광객을 위하여 운송·숙박·음식·운동·오락·휴양 또는 용역을 제공하거나 그 밖에 관광에 딸린 시설을 갖추어 이를 이용하게 하는 업(業)을 말한다.
2. "관광사업자"란 관광사업을 경영하기 위하여 등록·허가 또는 지정(이하 "등록등"이라 한다)을 받거나 신고를 한 자를 말한다.
3. "기획여행"이란 여행업을 경영하는 자가 국외여행을 하려는 여행자를 위하여 여행의 목적지·일정, 여행자가 제공받을 운송 또는 숙박 등의 서비스 내용과 그 요금 등에 관한 사항을 미리 정하고 이에 참가하는 여행자를 모집하여 실시하는 여행을 말한다.
4. "회원"이란 관광사업의 시설을 일반 이용자보다 우선적으로 이용하거나 유리한 조건으로 이용하기로 해당 관광사업자(제15조제1항 및 제2항에 따른 사업계획의 승인을 받은 자를 포함한다)와 약정한 자를 말한다.
5. "소유자 등"이란 단독 소유나 공유(共有)의 형식으로 관광사업의 일부 시설을 관광사업자(제15조제1항 및 제2항에 따른 사업계획의 승인을 받은 자를 포함한다)로부터 분양받은 자를 말한다.
6. "관광지"란 자연적 또는 문화적 관광자원을 갖추고 관광객을 위한 기본적인 편의시설을 설치하는 지역으로서 이 법에 따라 지정된 곳을 말한다.
7. "관광단지"란 관광객의 다양한 관광 및 휴양을 위하여 각종 관광시설을 종합적으로 개발하는 관광 거점 지역으로서 이 법에 따라 지정된 곳을 말한다.
8. "민간개발자"란 관광단지를 개발하려는 개인이나 「상법」 또는 「민법」에 따라 설립된 법인을 말한다.

9. "조성계획"이란 관광지나 관광단지의 보호 및 이용을 증진하기 위하여 필요한 관광시설의 조성과 관리에 관한 계획을 말한다.

10. "지원시설"이란 관광지나 관광단지의 관리·운영 및 기능 활성화에 필요한 관광지 및 관광단지 안팎의 시설을 말한다.

11. "관광특구"란 외국인 관광객의 유치 촉진 등을 위하여 관광 활동과 관련된 관계 법령의 적용이 배제되거나 완화되고, 관광 활동과 관련된 서비스·안내 체계 및 홍보 등 관광 여건을 집중적으로 조성할 필요가 있는 지역으로 이 법에 따라 지정된 곳을 말한다.

11의2. "여행이용권"이란 관광취약계층이 관광 활동을 영위할 수 있도록 금액이나 수량이 기재(전자적 또는 자기적 방법에 의한 기록을 포함. 이하 같다)된 증표를 말한다.

12. "문화관광해설사"란 관광객의 이해와 감상, 체험 기회를 제고하기 위하여 역사·문화·예술·자연 등 관광자원 전반에 대한 전문적인 해설을 제공하는 사람을 말한다.

제2장 관광사업

제1절 통칙

제3조(관광사업의 종류)

① 관광사업의 종류는 다음 각 호와 같다.

1. 여행업: 여행자 또는 운송시설·숙박시설, 그 밖에 여행에 딸리는 시설의 경영자 등을 위하여 그 시설 이용 알선이나 계약 체결의 대리, 여행에 관한 안내, 그 밖의 여행 편의를 제공하는 업

2. 관광숙박업: 다음 각 목에서 규정하는 업

　가. 호텔업: 관광객의 숙박에 적합한 시설을 갖추어 이를 관광객에게 제공하거나 숙박에 딸리는 음식·운동·오락·휴양·공연 또는 연수에 적합한 시설 등을 함께 갖추어 이를 이용하게 하는 업

　나. 휴양 콘도미니엄업: 관광객의 숙박과 취사에 적합한 시설을 갖추어 이를 그 시설의 회원이나 소유자 등, 그 밖의 관광객에게 제공하거나 숙박에 딸리는 음식·운동·오락·휴양·공연 또는 연수에 적합한 시설 등을 함께 갖추어 이를 이용하게 하는 업

3. 관광객 이용시설업: 다음 각 목에서 규정하는 업

　가. 관광객을 위하여 음식·운동·오락·휴양·문화·예술 또는 레저 등에 적합한 시설을 갖추어 이를 관광객에게 이용하게 하는 업

　나. 대통령령으로 정하는 2종 이상의 시설과 관광숙박업의 시설(이하 "관광숙박시설"이라 한다) 등을 함께 갖추어 이를 회원이나 그 밖의 관광객에게 이용하게 하는 업

　다. 야영장업: 야영에 적합한 시설 및 설비 등을 갖추고 야영편의를 제공하는 시설(「청소년활동 진흥법」 제10조제1호마목에 따른 청소년야영장은 제외한다)을 관광객에게 이용하게 하는 업

4. 국제회의업 : 대규모 관광 수요를 유발하여 관광산업 진흥에 기여하는 국제회의(세미나·토론회·전시회·기업회의 등을 포함한다.)를 개최할 수 있는 시설을 설치·운영하거나 국제회의의 기획·준비·진행 및 그 밖에 이와 관련된 업무를 위탁받아 대행하는 업

5. 카지노업: 전문 영업장을 갖추고 주사위·트럼프·슬롯머신 등 특정한 기구 등을 이용하여 우연의 결과에 따라 특정인에게 재산상의 이익을 주고 다른 참가자에게 손실을 주는 행위 등을 하는 업

6. 유원시설업(遊園施設業): 유기시설(遊技施設)이나 유기기구(遊技機具)를 갖추어 이를 관광객에게 이용하게 하는 업(다른 영업을 경영하면서 관광객의 유치 또는 광고 등을 목적으로 유기시설이나 유기기구를 설치하여 이를 이용하게 하는 경우를 포함)

7. 관광 편의시설업: 제1호부터 제6호까지의 규정에 따른 관광사업 외에 관광 진흥에 이바지할 수 있다고 인정되는 사업이나 시설 등을 운영하는 업

② 제1항제1호부터 제4호까지, 제6호 및 제7호에 따른 관광사업은 대통령령으로 정하는 바에 따라 세분할 수 있다.

제4조(등록)

① 제3조제1항제1호부터 제4호까지의 규정에 따른 여행업, 관광숙박업, 관광객 이용시설업 및 국제회의업을 경영하려는 자는 특별자치시장·특별자치도지사·시장·군수·구청장(자치구의 구청장을 말한다. 이하 같다)에게 등록하여야 한다.

③ 제1항에 따른 등록을 하려는 자는 대통령령으로 정하는 자본금(법인인 경우에는 납입자본금을 말하고, 개인인 경우에는 등록하려는 사업에 제공되는 자산의 평가액을 말한다)·시설 및 설비 등을 갖추어야 한다.

④ 제1항에 따라 등록한 사항 중 대통령령으로 정하는 중요 사항을 변경하려면 변경등록을 하여야 한다.

⑤ 제1항 및 제4항에 따른 등록 또는 변경등록의 절차 등에 필요한 사항은 문화체육관광부령으로 정한다.

제5조(허가와 신고)

① 제3조제1항제5호에 따른 카지노업을 경영하려는 자는 전용영업장 등 문화체육관광부령으로 정하는 시설과 기구를 갖추어 문화체육관광부장관의 허가를 받아야 한다.

② 제3조제1항제6호에 따른 유원시설업 중 대통령령으로 정하는 유원시설업을 경영하려는 자는 문화체육관광부령으로 정하는 시설과 설비를 갖추어 특별자치시장·특별자치도지사·시장·군수·구청장의 허가를 받아야 한다.

③ 제1항과 제2항에 따라 허가받은 사항 중 문화체육관광부령으로 정하는 중요 사항을 변경하려면 변경허가를 받아야 한다. 다만, 경미한 사항을 변경하려면 변경신고를 하여야 한다.

④ 제2항에 따라 대통령령으로 정하는 유원시설업 외의 유원시설업을 경영하려는 자는 문화체육관광부령으로 정하는 시설과 설비를 갖추어 특별자치시장·특별자치도지사·시장·군수·구청장에게 신고하여야 한다. 신고한 사항 중 문화체육관광부령으로 정하는 중요 사항을 변경하려는 경우에도 또한 같다.

⑤ 문화체육관광부장관 또는 특별자치시장·특별자치도지사·시장·군수·구청장은 제3항 단서에 따른 변경신고나 제4항에 따른 신고 또는 변경신고를 받은 경우 그 내용을 검토하여 이 법에 적합하면 신고를 수리하여야 한다.

⑥ 제1항부터 제5항까지의 규정에 따른 허가 및 신고의 절차 등에 필요한 사항은 문화체육관광부령으로 정한다.

제6조(지정)

① 제3조제1항제7호에 따른 관광 편의시설업을 경영하려는 자는 문화체육관광부령으로 정하는 바에 따라 특별시장·광역시장·특별자치시장·도지사·특별자치도지사(이하 "시·도지사"라 한다) 또는 시장·군수·구청장의 지정을 받아야 한다.

② 제1항에 따른 관광 편의시설업으로 지정을 받으려는 자는 관광객이 이용하기 적합한 시설이나 외국어 안내서비스 등 문화체육관광부령으로 정하는 기준을 갖추어야 한다.

제7조(결격사유)

① 다음 각 호의 어느 하나에 해당하는 자는 관광사업의 등록등을 받거나 신고를 할 수 없고, 제15조제1항 및 제2항에 따른 사업계획의 승인을 받을 수 없다. 법인의 경우 그 임원 중에 다음 각 호의 어느 하나에 해당하는 자가 있는 경우에도 또한 같다.

1. 피성년후견인·피한정후견인

2. 파산선고를 받고 복권되지 아니한 자

3. 이 법에 따라 등록등 또는 사업계획의 승인이 취소되거나 제36조제1항에 따라 영업소가 폐쇄된 후 2년이 지나지 아니한 자

4. 이 법을 위반하여 징역 이상의 실형을 선고받고 그 집행이 끝나거나 집행을 받지 아니하기로 확정된 후 2년이 지나지 아니한 자 또는 형의 집행유예 기간 중에 있는 자

② 관광사업의 등록등을 받거나 신고를 한 자 또는 사업계획의 승인을 받은 자가 제1항 각 호의 어느 하나에 해당하면 문화체육관광부장관, 시·도지사 또는 시장·군수·구청장(이하 "등록기관등의 장"이라 한다)은 3개월 이내에 그 등록등 또는 사업계획의 승인을 취소하거나 영업소를 폐쇄하여야 한다. 다만, 법인의 임원 중 그 사유에 해당하는 자가 있는 경우 3개월 이내에 그 임원을 바꾸어 임명한 때에는 그러하지 아니하다.

제8조(관광사업의 양수 등)

① 관광사업을 양수(讓受)한 자 또는 관광사업을 경영하는 법인이 합병한 때에는 합병 후 존속하거나 설립되는 법인은 그 관광사업의 등록등 또는 신고에 따른 관광사업자의 권리·의무(제20조제1항에 따라 분양이나 회원 모집을 한 경우에는 그 관광사업자와 소유자 등 또는 회원 간에 약정한 사항을 포함한다)를 승계한다.

② 다음 각 호의 어느 하나에 해당하는 절차에 따라 문화체육관광부령으로 정하는 주요한 관광사업 시설의 전부(제20조제1항에 따라 분양한 경우에는 분양한 부분을 제외한 나머지 시설을 말한다)를 인수한 자는 그 관광사업자의 지위(제20조제1항에 따라 분양이나 회원 모집을 한 경우에는 그 관광사업자와 소유자 등 또는 회원 간에 약정한 권리 및 의무 사항을 포함한다)를 승계한다.

1. 「민사집행법」에 따른 경매

2. 「채무자 회생 및 파산에 관한 법률」에 따른 환가(換價)

3. 「국세징수법」, 「관세법」 또는 「지방세징수법」에 따른 압류 재산의 매각

4. 그 밖에 제1호부터 제3호까지의 규정에 준하는 절차

③ 관광사업자가 제35조제1항 및 제2항에 따른 취소·정지처분 또는 개선명령을 받은 경우 그 처분 또는 명령의 효과는 제1항에 따라 관광사업자의 지위를 승계한 자에게 승계되며, 그 절차가 진행 중인 때에는 새로운 관광사업자에게 그 절차를 계속 진행할 수 있다. 다만, 그 승계한 관광사업자가 양수나 합병 당시 그 처분·명령이나 위반 사실을 알지 못하였음을 증명하면 그러하지 아니하다.

④ 제1항과 제2항에 따라 관광사업자의 지위를 승계한 자는 승계한 날부터 1개월 이내에 관할 등록기관등의 장에게 신고하여야 한다.

⑤ 관할 등록기관등의 장은 제4항에 따른 신고를 받은 경우 그 내용을 검토하여 이 법에 적합하면 신고를 수리하여야 한다.

⑥ 제15조제1항 및 제2항에 따른 사업계획의 승인을 받은 자의 지위승계에 관하여는 제1항부터 제5항까지의 규정을 준용한다.

⑦ 제1항과 제2항에 따른 관광사업자의 지위를 승계하는 자에 관하여는 제7조를 준용하되, 카지노사업자의 경우에는 제7조 및 제22조를 준용한다.

⑧ 관광사업자가 그 사업의 전부 또는 일부를 휴업하거나 폐업한 때에는 관할 등록기관등의 장에게 알려야 한다. 다만, 카지노사업자가 카지노업을 휴업 또는 폐업하고자 하는 때에는 문화체육관광부령으로 정하는 바에 따라 미리 신고하여야 한다.

⑨ 관할 등록기관등의 장은 관광사업자가 「부가가치세법」 제8조에 따라 관할 세무서장에게 폐업신고를 하거나 관할 세무서장이 사업자등록을 말소한 경우에는 등록등 또는 신고 사항을 직권으로 말소하거나 취소할 수 있다. 다만, 카지노업에 대해서는 그러하지 아니하다.

⑩ 관할 등록기관등의 장은 제9항에 따른 직권말소 또는 직권취소를 위하여 필요한 경우 관할 세무서장에게 관광사업자의 폐업 여부에 대한 정보를 제공하도록 요청할 수 있다. 이 경우 요청을 받은 관할 세무서장은 「전자정부법」 제36조제1항에 따라 관광사업자의 폐업 여부에 대한 정보를 제공하여야 한다.

제9조(보험 가입 등)

관광사업자는 해당 사업과 관련하여 사고가 발생하거나 관광객에게 손해가 발생하면 문화체육관광부령으로 정하는 바에 따라 피해자에게 보험금을 지급할 것을 내용으로 하는 보험 또는 공제에 가입하거나 영업보증금을 예치(이하 "보험 가입 등"이라 한다)하여야 한다.

제10조(관광표지의 부착 등)

① 관광사업자는 사업장에 문화체육관광부령으로 정하는 관광표지를 붙일 수 있다.

② 관광사업자는 사실과 다르게 제1항에 따른 관광표지(이하 "관광표지"라 한다)를 붙이거나 관광표지에 기재되는 내용을 사실과 다르게 표시 또는 광고하는 행위를 하여서는 아니 된다.

③ 관광사업자가 아닌 자는 제1항에 따른 관광표지를 사업장에 붙이지 못하며, 관광사업자로 잘못 알아볼 우려가 있는 경우에는 제3조에 따른 관광사업의 명칭 중 전부 또는 일부가 포함되는 상호를 사용할 수 없다.

④ 제3항에 따라 관광사업자가 아닌 자가 사용할 수 없는 상호에 포함되는 관광사업의 명칭 중 전부 또는 일부의 구체적인 범위에 관하여는 대통령령으로 정한다.

제11조(관광시설의 타인 경영 및 처분과 위탁 경영)

① 관광사업자는 관광사업의 시설 중 다음 각 호의 시설 및 기구 외의 부대시설을 타인에게 경영하도록 하거나, 그 용도로 계속하여 사용하는 것을 조건으로 타인에게 처분할 수 있다.

1. 제4조제3항에 따른 관광숙박업의 등록에 필요한 객실

2. 제4조제3항에 따른 관광객 이용시설업의 등록에 필요한 시설 중 문화체육관광부령으로 정하는 시설

3. 제23조에 따른 카지노업의 허가를 받는 데 필요한 시설과 기구

4. 제33조제1항에 따라 안전성검사를 받아야 하는 유기시설 및 유기기구

② 관광사업자는 관광사업의 효율적 경영을 위하여 제1항에도 불구하고 제1항제1호에 따른 관광숙박업의 객실을 타인에게 위탁하여 경영하게 할 수 있다. 이 경우 해당 시설의 경영은 관광사업자의 명의로 하여야 하고, 이용자 또는 제3자와의 거래행위에 따른 대외적 책임은 관광사업자가 부담하여야 한다.

제2절 여행업

제11조의2(결격사유)

① 관광사업의 영위와 관련하여 「형법」 제347조, 제347조의2, 제348조, 제355조 또는 제356조에 따라 금고 이상의 실형을 선고받고 그 집행이 끝나거나 집행을 받지 아니하기로 확정된 후 2년이 지나지 아니한 자 또는 형의 집행유예 기간 중에 있는 자는 여행업의 등록을 할 수 없다.

② 특별자치시장·특별자치도지사·시장·군수·구청장은 여행업자가 제1항에 해당하면 3개월 이내에 그 등록을 취소하여야 한다. 다만, 법인의 임원 중 그 사유에 해당하는 자가 있는 경우 3개월 이내에 그 임원을 바꾸어 임명한 때에는 그러하지 아니하다.

제12조(기획여행의 실시)

제4조제1항에 따라 여행업의 등록을 한 자(이하 "여행업자"라 한다)는 문화체육관광부

령으로 정하는 요건을 갖추어 문화체육관광부령으로 정하는 바에 따라 기획여행을 실시할 수 있다.

제12조의2(의료관광 활성화)

① 문화체육관광부장관은 외국인 의료관광(의료관광이란 국내 의료기관의 진료, 치료, 수술 등 의료서비스를 받는 환자와 그 동반자가 의료서비스와 병행하여 관광하는 것을 말한다. 이하 같다)의 활성화를 위하여 대통령령으로 정하는 기준을 충족하는 외국인 의료관광 유치·지원 관련 기관에 「관광진흥개발기금법」에 따른 관광진흥개발기금을 대여하거나 보조할 수 있다.

② 제1항에 규정된 사항 외에 외국인 의료관광 지원에 필요한 사항에 대하여 대통령령으로 정할 수 있다.

제13조(국외여행 인솔자)

① 여행업자가 내국인의 국외여행을 실시할 경우 여행자의 안전 및 편의 제공을 위하여 그 여행을 인솔하는 사람을 둘 때에는 문화체육관광부령으로 정하는 자격요건에 맞는 사람을 두어야 한다.

② 제1항에 따른 국외여행 인솔자의 자격요건을 갖춘 사람이 내국인의 국외여행을 인솔하려면 문화체육관광부장관에게 등록하여야 한다.

③ 문화체육관광부장관은 제2항에 따라 등록한 사람에게 국외여행 인솔자 자격증을 발급하여야 한다.

④ 제3항에 따라 발급받은 자격증은 다른 사람에게 빌려주거나 빌려서는 아니 되며, 이를 알선해서도 아니 된다.

⑤ 제2항 및 제3항에 따른 등록의 절차 및 방법, 자격증의 발급 등에 필요한 사항은 문화체육관광부령으로 정한다.

제13조의2(자격취소)

문화체육관광부장관은 제13조제4항을 위반하여 다른 사람에게 국외여행 인솔자 자격증을 빌려준 사람에 대하여 그 자격을 취소하여야 한다.

제14조(여행계약 등)

① 여행업자는 여행자와 계약을 체결할 때에는 여행자를 보호하기 위하여 문화체육관광부령으로 정하는 바에 따라 해당 여행지에 대한 안전정보를 서면으로 제공하여야 한다. 해당 여행지에 대한 안전정보가 변경된 경우에도 또한 같다.

② 여행업자는 여행자와 여행계약을 체결하였을 때에는 그 서비스에 관한 내용을 적은 여행계약서(여행일정표 및 약관을 포함한다. 이하 같다) 및 보험 가입 등을 증명할 수 있는 서류를 여행자에게 내주어야 한다.

③ 여행업자는 여행일정(선택관광 일정을 포함한다)을 변경하려면 문화체육관광부령으로 정하는 바에 따라 여행자의 사전 동의를 받아야 한다.

제3절 관광숙박업 및 관광객 이용시설업 등

제15조(사업계획의 승인)

① 관광숙박업을 경영하려는 자는 제4조제1항에 따른 등록을 하기 전에 그 사업에 대한 사업계획을 작성하여 특별자치시장·특별자치도지사·시장·군수·구청장의 승인을 받아야 한다. 승인을 받은 사업계획 중 부지, 대지 면적, 건축 연면적의 일정 규모 이상의 변경 등 대통령령으로 정하는 사항을 변경하려는 경우에도 또한 같다.

② 대통령령으로 정하는 관광객 이용시설업이나 국제회의업을 경영하려는 자는 제4조제1항에 따른 등록을 하기 전에 그 사업에 대한 사업계획을 작성하여 특별자치시장·특별자치도지사·시장·군수·구청장의 승인을 받을 수 있다. 승인을 받은 사업계획 중 부

지, 대지 면적, 건축 연면적의 일정 규모 이상의 변경 등 대통령령으로 정하는 사항을 변경하려는 경우에도 또한 같다.

③ 제1항과 제2항에 따른 사업계획의 승인 또는 변경승인의 기준·절차 등에 필요한 사항은 대통령령으로 정한다.

제16조(사업계획 승인 시의 인·허가 의제 등)

① 제15조제1항 및 제2항에 따라 사업계획의 승인을 받은 때에는 다음 각 호의 허가, 해제 또는 신고에 관하여 특별자치시장·특별자치도지사·시장·군수·구청장이 소관 행정기관의 장과 미리 협의한 사항에 대해서는 해당 허가 또는 해제를 받거나 신고를 한 것으로 본다.

1. 「농지법」 제34조제1항에 따른 농지전용의 허가

2. 「산지관리법」 제14조·제15조에 따른 산지전용허가 및 산지전용신고, 같은 법 제15조의2에 따른 산지일시사용허가·신고, 「산림자원의 조성 및 관리에 관한 법률」 제36조제1항·제5항 및 제45조제1항·제2항에 따른 입목벌채 등의 허가·신고

3. 「사방사업법」 제20조에 따른 사방지(砂防地) 지정의 해제

4. 「초지법」 제23조에 따른 초지전용(草地轉用)의 허가

5. 「하천법」 제30조에 따른 하천공사 등의 허가 및 실시계획의 인가, 같은 법 제33조에 따른 점용허가(占用許可) 및 실시계획의 인가

6. 「공유수면 관리 및 매립에 관한 법률」 제8조에 따른 공유수면의 점용·사용허가 및 같은 법 제17조에 따른 점용·사용 실시계획의 승인 또는 신고

7. 「사도법」 제4조에 따른 사도개설(私道開設)의 허가

8. 「국토의 계획 및 이용에 관한 법률」 제56조에 따른 개발행위의 허가

9. 「장사 등에 관한 법률」 제8조제3항에 따른 분묘의 개장신고(改葬申告) 및 같은 법 제27조에 따른 분묘의 개장허가(改葬許可)

② 특별자치시장·특별자치도지사·시장·군수·구청장은 제1항 각 호의 어느 하나에 해당하는 사항이 포함되어 있는 사업계획을 승인하려면 미리 소관 행정기관의 장과 협의하여야 한다.

③ 특별자치시장·특별자치도지사·시장·군수·구청장은 제15조제1항 및 제2항에 따른 사업계획의 변경승인을 하려는 경우 건축물의 용도변경이 포함되어 있으면 미리 소관 행정기관의 장과 협의하여야 한다.

④ 관광사업자(관광숙박업만 해당한다)가 제15조제1항 후단에 따라 사업계획의 변경승인을 받은 경우에는 「건축법」에 따른 용도변경의 허가를 받거나 신고를 한 것으로 본다.

⑤ 제15조제1항에 따른 사업계획의 승인 또는 변경승인을 받은 경우 그 사업계획에 따른 관광숙박시설 및 그 시설 안의 위락시설로서 「국토의 계획 및 이용에 관한 법률」에 따라 지정된 다음 각 호의 용도지역의 시설에 대하여는 같은 법 제76조제1항을 적용하지 아니한다. 다만, 주거지역에서는 주거환경의 보호를 위하여 대통령령으로 정하는 사업계획승인기준에 맞는 경우에 한정한다.

1. 상업지역

2. 주거지역·공업지역 및 녹지지역 중 대통령령으로 정하는 지역

⑥ 제15조제1항에 따른 사업계획의 승인을 받은 경우 그 사업계획에 따른 관광숙박시설로서 대통령령으로 정하는 지역 내 위치하면서 「학교보건법」 제2조에 따른 학교 출입문 또는 학교설립예정지 출입문으로부터 직선거리로 75미터 이내에 위치한 관광숙박시설의 설치와 관련하여서는 「학교보건법」 제6조제1항 각 호 외의 부분 단서를 적용하지 아니한다.

⑦ 제15조제1항에 따른 사업계획의 승인 또는 변경승인을 받은 경우 그 사업계획에 따

른 관광숙박시설로서 다음 각 호에 적합한 시설에 대해서는 「학교보건법」 제6조제1항제13호를 적용하지 아니한다.

1. 관광숙박시설에서 「학교보건법」 제6조제1항제12호, 제14호부터 제16호까지 또는 제18호부터 제20호까지의 규정에 따른 행위 및 시설 중 어느 하나에 해당하는 행위 및 시설이 없을 것
2. 관광숙박시설의 객실이 100실 이상일 것
3. 대통령령으로 정하는 지역 내 위치할 것
4. 대통령령으로 정하는 바에 따라 관광숙박시설 내 공용공간을 개방형 구조로 할 것
5. 「학교보건법」 제2조에 따른 ·학교 출입문 또는 학교설립예정지 출입문으로부터 직선거리로 75미터 이상에 위치할 것

⑧ 제7항 각 호의 요건을 충족하여 「학교보건법」 제6조제1항제13호를 적용받지 아니하고 관광숙박시설을 설치하려는 자는 「건축법」 제4조에 따른 건축위원회의 교육환경 저해여부에 관한 심의를 받아야 한다.

⑨ 특별자치시장·특별자치도지사·시장·군수·구청장은 제15조제1항에 따른 사업계획(제7항 각 호의 요건을 충족하여 「학교보건법」 제6조제1항제13호를 적용받지 아니하고 관광숙박시설을 설치하려는 자의 사업계획에 한정한다)의 승인 또는 변경승인을 하려는 경우에는 교육환경 보호 및 교통안전 보호조치를 취하도록 하는 조건을 붙일 수 있다.

⑩ 제1항부터 제4항까지에서 규정한 사항 외에 이 조에 따른 의제의 기준 및 효과 등에 관하여는 「행정기본법」 제24조부터 제26조까지를 준용한다.

제17조(관광숙박업 등의 등록심의위원회)

① 제4조제1항에 따른 관광숙박업 및 대통령령으로 정하는 관광객 이용시설업이나 국제회의업의 등록(등록 사항의 변경을 포함한다. 이하 이 조에서 같다)에 관한 사항을 심의하기 위하여 특별자치시장·특별자치도지사·시장·군수·구청장(권한이 위임된 경우에는 그 위임을 받은 기관을 말한다. 이하 이 조 및 제18조에서 같다) 소속으로 관광숙박업 및 관광객 이용시설업 등록심의위원회(이하 "위원회"라 한다)를 둔다.

② 위원회는 위원장과 부위원장 각 1명을 포함한 위원 10명 이내로 구성하되, 위원장은 특별자치시·특별자치도·시·군·구(자치구만 해당한다. 이하 같다)의 부지사·부시장·부군수·부구청장이 되고, 부위원장은 위원 중에서 위원장이 지정하는 사람이 되며, 위원은 제18조제1항 각 호에 따른 신고 또는 인·허가 등의 소관 기관의 직원이 된다.

③ 위원회는 다음 각 호의 사항을 심의한다.

1. 관광숙박업 및 대통령령으로 정하는 관광객 이용시설업이나 국제회의업의 등록기준 등에 관한 사항
2. 제18조제1항 각 호에서 정한 사업이 관계 법령상 신고 또는 인·허가 등의 요건에 해당하는지에 관한 사항
3. 제15조제1항에 따라 사업계획 승인 또는 변경승인을 받고 관광사업 등록(제16조제7항에 따라 「학교보건법」 제6조제1항제13호를 적용받지 아니하고 관광숙박시설을 설치하려는 경우에 한정한다)을 신청한 경우 제16조제7항 각 호의 요건을 충족하는지에 관한 사항

④ 특별자치시장·특별자치도지사·시장·군수·구청장은 제1항에 따른 관광숙박업, 관광객 이용시설업, 국제회의업의 등록을 하려면 미리 위원회의 심의를 거쳐야 한다. 다만, 대통령령으로 정하는 경미한 사항의 변경에 관하여는 위원회의 심의를 거치지 아니할 수 있다.

⑤ 위원회의 회의는 재적위원 3분의 2 이상의 출석과 출석위원 3분의 2 이상의 찬성으로 의결한다.

⑥ 위원회의 구성·운영이나 그 밖에 위원회에 필요한 사항은 대통령령으로 정한다.

제18조(등록 시의 신고·허가 의제 등)

① 특별자치시장·특별자치도지사·시장·군수·구청장이 위원회의 심의를 거쳐 등록을 하면 그 관광사업자는 위원회의 심의를 거친 사항에 대해서는 다음 각 호의 신고를 하였거나 인·허가 등을 받은 것으로 본다.

1. 「공중위생관리법」 제3조에 따른 숙박업·목욕장업·이용업·미용업 또는 세탁업의 신고
2. 「식품위생법」 제36조에 따른 식품접객업으로서 대통령령으로 정하는 영업의 허가 또는 신고
3. 「주류 면허 등에 관한 법률」 제5조에 따른 주류판매업의 면허 또는 신고
4. 「외국환거래법」 제8조제3항제1호에 따른 외국환업무의 등록
5. 「담배사업법」 제16조에 따른 담배소매인의 지정
7. 「체육시설의 설치·이용에 관한 법률」 제10조에 따른 신고 체육시설업으로서 같은 법 제20조에 따른 체육시설업의 신고
8. 「해상교통안전법」 제33조제3항에 따른 해상 레저 활동의 허가
9. 「의료법」 제35조에 따른 부속의료기관의 개설신고 또는 개설허가

② 제1항에 따른 의제의 기준 및 효과 등에 관하여는 「행정기본법」 제24조부터 제26조까지(제24조제4항은 제외한다)를 준용한다.

제18조의2(관광숙박업자의 준수사항)

제4조제1항에 따라 등록한 관광숙박업자 중 제16조제7항에 따라 「학교보건법」 제6조제1항제13호를 적용받지 아니하고 관광숙박시설을 설치한 자는 다음 각 호의 사항을 준수하여야 한다.

1. 관광숙박시설에서 「학교보건법」 제6조제1항제12호, 제14호부터 제16호까지 또는 제18호부터 제20호까지의 규정에 따른 행위 및 시설 중 어느 하나에 해당하는 행위 및 시설이 없을 것
2. 관광숙박시설의 객실이 100실 이상일 것
3. 대통령령으로 정하는 지역 내 위치할 것
4. 대통령령으로 정하는 바에 따라 관광숙박시설 내 공용공간을 개방형 구조로 할 것
5. 「학교보건법」 제2조에 따른 학교 출입문 또는 학교설립예정지 출입문으로부터 직선거리로 75미터 이상에 위치할 것

제19조(관광숙박업 등의 등급)

① 문화체육관광부장관은 관광숙박시설 및 야영장 이용자의 편의를 돕고, 관광숙박시설·야영장 및 서비스의 수준을 효율적으로 유지·관리하기 위하여 관광숙박업자 및 야영장업자의 신청을 받아 관광숙박업 및 야영장업에 대한 등급을 정할 수 있다. 다만, 제4조제1항에 따라 호텔업 등록을 한 자 중 대통령령으로 정하는 자는 등급결정을 신청하여야 한다.

② 문화체육관광부장관은 제1항에 따라 관광숙박업 및 야영장업에 대한 등급결정을 하는 경우 유효기간을 정하여 등급을 정할 수 있다.

③ 문화체육관광부장관은 제1항에 따른 등급결정을 위하여 필요한 경우에는 관계 전문가에게 관광숙박업 및 야영장업의 시설 및 운영 실태에 관한 조사를 의뢰할 수 있다.

④ 문화체육관광부장관은 제1항에 따른 등급결정 결과에 관한 사항을 공표할 수 있다.

⑤ 문화체육관광부장관은 감염병 확산으로 「재난 및 안전관리 기본법」 제38조제2항에 따른 경계 이상의 위기경보가 발령된 경우 제1항에 따른 등급결정을 연기하거나 제2항에 따른 기존의 등급결정의 유효기간을 연장할 수 있다.

⑥ 관광숙박업 및 야영장업 등급의 구분에 관한 사항은 대통령령으로 정하고, 등급결정의 유효기간·신청 시기·절차, 등급결정 결과 공표, 등급결정의 연기 및 유효기간 연장

등에 관한 사항은 문화체육관광부령으로 정한다.

제20조(분양 및 회원 모집)

① 관광숙박업이나 관광객 이용시설업으로서 대통령령으로 정하는 종류의 관광사업을 등록한 자 또는 그 사업계획의 승인을 받은 자가 아니면 그 관광사업의 시설에 대하여 분양(휴양 콘도미니엄만 해당한다. 이하 같다) 또는 회원 모집을 하여서는 아니 된다.

② 누구든지 다음 각 호의 어느 하나에 해당하는 행위를 하여서는 아니 된다.

1. 제1항에 따른 분양 또는 회원모집을 할 수 없는 자가 관광숙박업이나 관광객 이용시설업으로서 대통령령으로 정하는 종류의 관광사업 또는 이와 유사한 명칭을 사용하여 분양 또는 회원모집을 하는 행위

2. 관광숙박시설과 관광숙박시설이 아닌 시설을 혼합 또는 연계하여 이를 분양하거나 회원을 모집하는 행위. 다만, 대통령령으로 정하는 종류의 관광숙박업의 등록을 받은 자 또는 그 사업계획의 승인을 얻은 자가 「체육시설의 설치·이용에 관한 법률」 제12조에 따라 골프장의 사업계획을 승인받은 경우에는 관광숙박시설과 해당 골프장을 연계하여 분양하거나 회원을 모집할 수 있다.

3. 소유자 등 또는 회원으로부터 제1항에 따른 관광사업의 시설에 관한 이용권리를 양도받아 이를 이용할 수 있는 회원을 모집하는 행위

③ 제1항에 따라 분양 또는 회원모집을 하려는 자가 사용하는 약관에는 제5항 각 호의 사항이 포함되어야 한다.

④ 제1항에 따라 분양 또는 회원 모집을 하려는 자는 대통령령으로 정하는 분양 또는 회원 모집의 기준 및 절차에 따라 분양 또는 회원 모집을 하여야 한다.

⑤ 분양 또는 회원 모집을 한 자는 소유자 등·회원의 권익을 보호하기 위하여 다음 각 호의 사항에 관하여 대통령령으로 정하는 사항을 지켜야 한다.

1. 공유지분(共有持分) 또는 회원자격의 양도·양수

2. 시설의 이용

3. 시설의 유지·관리에 필요한 비용의 징수

4. 회원 입회금의 반환

5. 회원증의 발급과 확인

6. 소유자 등·회원의 대표기구 구성

7. 그 밖에 소유자 등·회원의 권익 보호를 위하여 대통령령으로 정하는 사항

제20조의2(야영장업자의 준수사항)

제4조제1항에 따라 야영장업의 등록을 한 자는 문화체육관광부령으로 정하는 안전·위생기준을 지켜야 한다.

제4절 카지노업

제21조(허가 요건 등)

① 문화체육관광부장관은 제5조제1항에 따른 카지노업(이하 "카지노업"이라 한다)의 허가신청을 받으면 다음 각 호의 어느 하나에 해당하는 경우에만 허가할 수 있다.

1. 국제공항이나 국제여객선터미널이 있는 특별시·광역시·특별자치시·도·특별자치도(이하 "시·도"라 한다)에 있거나 관광특구에 있는 관광숙박업 중 호텔업 시설(관광숙박업의 등급 중 최상 등급을 받은 시설만 해당하며, 시·도에 최상 등급의 시설이 없는 경우에는 그 다음 등급의 시설만 해당한다) 또는 대통령령으로 정하는 국제회의업 시설의 부대시설에서 카지노업을 하려는 경우로서 대통령령으로 정하는 요건에 맞는 경우

2. 우리나라와 외국을 왕래하는 여객선에서 카지노업을 하려는 경우로서 대통령령으로 정하는 요건에 맞는 경우

② 문화체육관광부장관이 공공의 안녕, 질서유지 또는 카지노업의 건전한 발전을 위하여 필요하다고 인정하면 대통령령으로 정하는 바에 따라 제1항에 따른 허가를 제한할 수 있다.

제21조의2(허가의 공고 등)

① 문화체육관광부장관은 카지노업의 신규허가를 하려면 미리 다음 각 호의 사항을 정하여 공고하여야 한다.

1. 허가 대상지역
2. 허가 가능업체 수
3. 허가절차 및 허가방법
4. 세부 허가기준
5. 카지노업의 건전한 운영과 관광산업의 진흥을 위하여 문화체육관광부장관이 정하는 사항

② 문화체육관광부장관은 제1항에 따른 공고를 실시한 결과 적합한 자가 없을 경우에는 카지노업의 신규허가를 하지 아니할 수 있다.

제22조(결격사유)

① 다음 각 호의 어느 하나에 해당하는 자는 카지노업의 허가를 받을 수 없다.

1. 19세 미만인 자
2. 「폭력행위 등 처벌에 관한 법률」 제4조에 따른 단체 또는 집단을 구성하거나 그 단체 또는 집단에 자금을 제공하여 금고 이상의 형을 선고받고 형이 확정된 자
3. 조세를 포탈(逋脫)하거나 「외국환거래법」을 위반하여 금고 이상의 형을 선고받고 형이 확정된 자
4. 금고 이상의 실형을 선고받고 그 집행이 끝나거나 집행을 받지 아니하기로 확정된 후 2년이 지나지 아니한 자
5. 금고 이상의 형의 집행유예를 선고받고 그 유예기간 중에 있는 자
6. 금고 이상의 형의 선고유예를 받고 그 유예기간 중에 있는 자
7. 임원 중에 제1호부터 제6호까지의 규정 중 어느 하나에 해당하는 자가 있는 법인

② 문화체육관광부장관은 카지노업의 허가를 받은 자(이하 "카지노사업자"라 한다)가 제1항 각 호의 어느 하나에 해당하면 그 허가를 취소하여야 한다. 다만, 법인의 임원 중 그 사유에 해당하는 자가 있는 경우 3개월 이내에 그 임원을 바꾸어 임명한 때에는 그러하지 아니하다.

제23조(카지노업의 시설기준 등)

① 카지노업의 허가를 받으려는 자는 문화체육관광부령으로 정하는 시설 및 기구를 갖추어야 한다.

② 카지노사업자에 대하여는 문화체육관광부령으로 정하는 바에 따라 제1항에 따른 시설 중 일정 시설에 대하여 문화체육관광부장관이 지정·고시하는 검사기관의 검사를 받게 할 수 있다.

③ 카지노사업자는 제1항에 따른 시설 및 기구를 유지·관리하여야 한다.

제24조(조건부 영업허가)

① 문화체육관광부장관은 카지노업을 허가할 때 1년의 범위에서 대통령령으로 정하는 기간에 제23조제1항에 따른 시설 및 기구를 갖출 것을 조건으로 허가할 수 있다. 다만, 천재지변이나 그 밖의 부득이한 사유가 있다고 인정하는 경우에는 해당 사업자의 신청에 따라 한 차례만 6개월을 넘지 아니하는 범위에서 그 기간을 연장할 수 있다.

② 문화체육관광부장관은 제1항에 따른 허가를 받은 자가 정당한 사유 없이 제1항에 따른 기간에 허가 조건을 이행하지 아니하면 그 허가를 즉시 취소하여야 한다.

③ 제1항에 따른 허가를 받은 자는 제1항에 따른 기간 내에 허가 조건에 해당하는 필요한 시설 및 기구를 갖춘 경우 그 내용을 문화체육관광부장관에게 신고하여야 한다.

④ 문화체육관광부장관은 제3항에 따른 신고를 받은 경우 그 내용을 검토하여 이 법에 적합하면 신고를 수리하여야 한다.

제25조(카지노기구의 규격 및 기준 등)

① 문화체육관광부장관은 카지노업에 이용되는 기구(이하 "카지노기구"라 한다)의 형상·구조·재질 및 성능 등에 관한 규격 및 기준(이하 "공인기준등"이라 한다)을 정하여야 한다.

② 문화체육관광부장관은 문화체육관광부령으로 정하는 바에 따라 문화체육관광부장관이 지정하는 검사기관의 검정을 받은 카지노기구의 규격 및 기준을 공인기준등으로 인정할 수 있다.

③ 카지노사업자가 카지노기구를 영업장소(그 부대시설 등을 포함한다)에 반입·사용하는 경우에는 문화체육관광부령으로 정하는 바에 따라 그 카지노기구가 공인기준등에 맞는지에 관하여 문화체육관광부장관의 검사를 받아야 한다.

④ 제3항에 따른 검사에 합격된 카지노기구에는 문화체육관광부령으로 정하는 바에 따라 검사에 합격하였음을 증명하는 증명서(이하 "검사합격증명서"라 한다)를 붙이거나 표시하여야 한다.

제26조(카지노업의 영업 종류와 영업 방법 등)

① 카지노업의 영업 종류는 문화체육관광부령으로 정한다.

② 카지노사업자는 문화체육관광부령으로 정하는 바에 따라 제1항에 따른 카지노업의 영업 종류별 영업 방법 및 배당금 등에 관하여 문화체육관광부장관에게 미리 신고하여야 한다. 신고한 사항을 변경하려는 경우에도 또한 같다.

③ 문화체육관광부장관은 제2항에 따른 신고 또는 변경신고를 받은 경우 그 내용을 검토하여 이 법에 적합하면 신고를 수리하여야 한다.

제27조(지도와 명령)

문화체육관광부장관은 지나친 사행심 유발을 방지하는 등 그 밖에 공익을 위하여 필요하다고 인정하면 카지노사업자에게 필요한 지도와 명령을 할 수 있다.

제28조(카지노사업자 등의 준수 사항)

① 카지노사업자(대통령령으로 정하는 종사원을 포함한다. 이하 이 조에서 같다)는 다음 각 호의 어느 하나에 해당하는 행위를 하여서는 아니 된다.

1. 법령에 위반되는 카지노기구를 설치하거나 사용하는 행위
2. 법령을 위반하여 카지노기구 또는 시설을 변조하거나 변조된 카지노기구 또는 시설을 사용하는 행위
3. 허가받은 전용영업장 외에서 영업을 하는 행위
4. 내국인(「해외이주법」 제2조에 따른 해외이주자는 제외한다)을 입장하게 하는 행위
5. 지나친 사행심을 유발하는 등 선량한 풍속을 해칠 우려가 있는 광고나 선전을 하는 행위
6. 제26조제1항에 따른 영업 종류에 해당하지 아니하는 영업을 하거나 영업 방법 및 배당금 등에 관한 신고를 하지 아니하고 영업하는 행위
7. 총매출액을 누락시켜 제30조제1항에 따른 관광진흥개발기금 납부금액을 감소시키는 행위
8. 19세 미만인 자를 입장시키는 행위
9. 정당한 사유 없이 그 연도 안에 60일 이상 휴업하는 행위

② 카지노사업자는 카지노업의 건전한 육성·발전을 위하여 필요하다고 인정하여 문화체육관광부령으로 정하는 영업준칙을 지켜야 한다. 이 경우 그 영업준칙에는 다음 각 호의 사항이 포함되어야 한다.

1. 1일 최소 영업시간
2. 게임 테이블의 집전함(集錢函) 부착 및 내기금액 한도액의 표시 의무
3. 슬롯머신 및 비디오게임의 최소배당률
4. 전산시설·환전소·계산실·폐쇄회로의 관리기록 및 회계와 관련된 기록의 유지 의무
5. 카지노 종사원의 게임참여 불가 등 행위금지사항

제29조(카지노영업소 이용자의 준수 사항)

카지노영업소에 입장하는 자는 카지노사업자가 외국인(「해외이주법」 제2조에 따른 해외이주자를 포함한다)임을 확인하기 위하여 신분 확인에 필요한 사항을 묻는 때에는 이에 응하여야 한다.

제30조(기금 납부)

① 카지노사업자는 총매출액의 100분의 10의 범위에서 일정 비율에 해당하는 금액을 「관광진흥개발기금법」에 따른 관광진흥개발기금에 내야 한다.

② 카지노사업자가 제1항에 따른 납부금을 납부기한까지 내지 아니하면 문화체육관광부장관은 10일 이상의 기간을 정하여 이를 독촉하여야 한다. 이 경우 체납된 납부금에 대하여는 100분의 3에 해당하는 가산금을 부과하여야 한다.

③ 제2항에 따른 독촉을 받은 자가 그 기간에 납부금을 내지 아니하면 국세 체납처분의 예에 따라 징수한다.

④ 제1항에 따른 총매출액, 징수비율 및 부과·징수절차 등에 필요한 사항은 대통령령으로 정한다.

제30조의2(납부금 부과 처분 등에 대한 이의신청 특례)

① 문화체육관광부장관은 제30조제1항에 따른 납부금 또는 같은 조 제2항 후단에 따른 가산금 부과 처분에 대한 이의신청을 받으면 그 신청을 받은 날부터 15일 이내에 이를 심의하여 그 결과를 신청인에게 서면으로 알려야 한다.

② 제1항에서 규정한 사항 외에 이의신청에 관한 사항은 「행정기본법」 제36조(제2항 단서는 제외한다)에 따른다.

제5절 유원시설업

제31조(조건부 영업허가)

① 특별자치시장·특별자치도지사·시장·군수·구청장은 유원시설업 허가를 할 때 5년의 범위에서 대통령령으로 정하는 기간에 제5조제2항에 따른 시설 및 설비를 갖출 것을 조건으로 허가할 수 있다. 다만, 천재지변이나 그 밖의 부득이한 사유가 있다고 인정하는 경우에는 해당 사업자의 신청에 따라 한 차례만 1년을 넘지 아니하는 범위에서 그 기간을 연장할 수 있다.

② 특별자치시장·특별자치도지사·시장·군수·구청장은 제1항에 따른 허가를 받은 자가 정당한 사유 없이 제1항에 따른 기간에 허가 조건을 이행하지 아니하면 그 허가를 즉시 취소하여야 한다.

③ 제1항에 따른 허가를 받은 자는 제1항에 따른 기간 내에 허가 조건에 해당하는 필요한 시설 및 기구를 갖춘 경우 그 내용을 특별자치시장·특별자치도지사·시장·군수·구청장에게 신고하여야 한다.

④ 특별자치시장·특별자치도지사·시장·군수·구청장은 제3항에 따른 신고를 받은 날부터 문화체육관광부령으로 정하는 기간 내에 신고수리 여부를 신고인에게 통지하여야 한다.

⑤ 특별자치시장·특별자치도지사·시장·군수·구청장이 제4항에서 정한 기간 내에 신고수리 여부 또는 민원 처리 관련 법령에 따른 처리기간의 연장을 신고인에게 통지하지 아니하면 그 기간(민원 처리 관련 법령에 따라 처리기간이 연장 또는 재연장된 경우에는 해당 처리기간을 말한다)이 끝난 날의 다음 날에 신고를 수리한 것으로 본다.

제32조(물놀이형 유원시설업자의 준수사항)

제5조제2항 또는 제4항에 따라 유원시설업의 허가를 받거나 신고를 한 자(이하 "유원시설업자"라 한다)중 물놀이형 유기시설 또는 유기기구를 설치한 자는 문화체육관광부령으로 정하는 안전·위생기준을 지켜야 한다.

제33조(안전성검사 등)

① 유원시설업자 및 유원시설업의 허가 또는 변경허가를 받으려는 자(조건부 영업허가를 받은 자로서 그 조건을 이행한 후 영업을 시작하려는 경우를 포함한다)는 문화체육관광부령으로 정하는 안전성검사 대상 유기시설 또는 유기기구에 대하여 문화체육관광부령에서 정하는 바에 따라 특별자치시장·특별자치도지사·시장·군수·구청장이 실시하는 안전성검사를 받아야 하고, 안전성검사 대상이 아닌 유기시설 또는 유기기구에 대하여는 안전성검사 대상에 해당되지 아니함을 확인하는 검사를 받아야 한다. 이 경우 특별자치시장·특별자치도지사·시장·군수·구청장은 성수기 등을 고려하여 검사시기를 지정할 수 있다.

② 제1항에 따라 안전성검사를 받아야 하는 유원시설업자는 유기시설 및 유기기구에 대한 안전관리를 위하여 사업장에 안전관리자를 항상 배치하여야 한다.

③ 제2항에 따른 안전관리자는 문화체육관광부장관이 실시하는 유기시설 및 유기기구의 안전관리에 관한 교육(이하 "안전교육"이라 한다)을 정기적으로 받아야 한다.

④ 제2항에 따른 유원시설업자는 제2항에 따른 안전관리자가 안전교육을 받도록 하여야 한다.

⑤ 제2항에 따른 안전관리자의 자격·배치 기준 및 임무, 안전교육의 내용·기간 및 방법 등에 필요한 사항은 문화체육관광부령으로 정한다.

제33조의2(사고보고의무 및 사고조사)

① 유원시설업자는 그가 관리하는 유기시설 또는 유기기구로 인하여 대통령령으로 정하는 중대한 사고가 발생한 때에는 즉시 사용중지 등 필요한 조치를 취하고 문화체육관광부령으로 정하는 바에 따라 특별자치시장·특별자치도지사·시장·군수·구청장에게 통보하여야 한다.

② 제1항에 따라 통보를 받은 특별자치시장·특별자치도지사·시장·군수·구청장은 필요하다고 판단하는 경우에는 대통령령으로 정하는 바에 따라 유원시설업자에게 자료의 제출을 명하거나 현장조사를 실시할 수 있다.

③ 특별자치시장·특별자치도지사·시장·군수·구청장은 제2항에 따른 자료 및 현장조사 결과에 따라 해당 유기시설 또는 유기기구가 안전에 중대한 침해를 줄 수 있다고 판단하는 경우에는 그 유원시설업자에게 대통령령으로 정하는 바에 따라 사용중지·개선 또는 철거를 명할 수 있다.

제34조(영업질서 유지 등)

① 유원시설업자는 영업질서 유지를 위하여 문화체육관광부령으로 정하는 사항을 지켜야 한다.

② 유원시설업자는 법령을 위반하여 제조한 유기시설·유기기구 또는 유기기구의 부분품(部分品)을 설치하거나 사용하여서는 아니 된다.

제34조의2(유원시설안전정보시스템의 구축·운영 등)

① 문화체육관광부장관은 유원시설의 안전과 관련된 정보를 종합적으로 관리하고 해당 정보를 유원시설업자 및 관광객에게 제공하기 위하여 유원시설안전정보시스템을 구축·운영할 수 있다.

② 제1항에 따른 유원시설안전정보시스템에는 다음 각 호의 정보가 포함되어야 한다.

1. 제5조제2항에 따른 유원시설업의 허가(변경허가를 포함한다) 또는 같은 조 제4항에 따른 유원시설업의 신고(변경신고를 포함한다)에 관한 정보

2. 제9조에 따른 유원시설업자의 보험 가입 등에 관한 정보

3. 제32조에 따른 물놀이형 유원시설업자의 안전·위생에 관한 정보

4. 제33조제1항에 따른 안전성검사 또는 안전성검사 대상에 해당하지 아니함을 확인하는 검사에 관한 정보

5. 제33조제3항에 따른 안전관리자의 안전교육에 관한 정보

6. 제33조의2제1항에 따라 통보한 사고 및 그 조치에 관한 정보

7. 유원시설업자가 이 법을 위반하여 받은 행정처분에 관한 정보

8. 그 밖에 유원시설의 안전관리를 위하여 대통령령으로 정하는 정보

③ 문화체육관광부장관은 특별자치시장·특별자치도지사·시장·군수·구청장, 제80조제3항에 따라 업무를 위탁받은 기관의 장 및 유원시설업자에게 유원시설안전정보시스템의 구축·운영에 필요한 자료를 제출 또는 등록하도록 요청할 수 있다. 이 경우 요청을 받은 자는 정당한 사유가 없으면 이에 따라야 한다.

④ 문화체육관광부장관은 제2항제3호 및 제4호에 따른 정보 등을 유원시설안전정보시스템을 통하여 공개할 수 있다.

⑤ 제4항에 따른 공개의 대상, 범위, 방법 및 그 밖에 유원시설안전정보시스템의 구축·운영에 필요한 사항은 문화체육관광부령으로 정한다.

제34조의3(장애인의 유원시설 이용을 위한 편의 제공 등)

① 유원시설업을 경영하는 자는 장애인이 유원시설을 편리하고 안전하게 이용할 수 있도록 제작된 유기시설 및 유기기구(이하 "장애인 이용가능 유기시설등"이라 한다)의 설치를 위하여 노력하여야 한다. 이 경우 국가 및 지방자치단체는 해당 장애인 이용가능 유기시설등의 설치에 필요한 비용을 지원할 수 있다.

② 제1항에 따라 장애인 이용가능 유기시설등을 설치하는 자는 대통령령으로 정하는 편의시설을 갖추고 장애인이 해당 장애인 이용가능 유기시설등을 편리하게 이용할 수 있도록 하여야 한다.

제6절 영업에 대한 지도와 감독

제35조(등록취소 등)

① 관할 등록기관등의 장은 관광사업의 등록등을 받거나 신고를 한 자 또는 사업계획의 승인을 받은 자가 다음 각 호의 어느 하나에 해당하면 그 등록등 또는 사업계획의 승인을 취소하거나 6개월 이내의 기간을 정하여 그 사업의 전부 또는 일부의 정지를 명하거나 시설·운영의 개선을 명할 수 있다.

1. 제4조에 따른 등록기준에 적합하지 아니하게 된 경우 또는 변경등록기간 내에 변경등록을 하지 아니하거나 등록한 영업범위를 벗어난 경우

1의2. 제5조제2항 및 제4항에 따라 문화체육관광부령으로 정하는 시설과 설비를 갖추지 아니하게 되는 경우

2. 제5조제3항 및 제4항 후단에 따른 변경허가를 받지 아니하거나 변경신고를 하지 아니한 경우

2의2. 제6조제2항에 따른 지정 기준에 적합하지 아니하게 된 경우

3. 제8조제4항(같은 조 제6항에 따라 준용하는 경우를 포함한다)에 따른 기한 내에 신고를 하지 아니한 경우

3의2. 제8조제8항을 위반하여 휴업 또는 폐업을 하고 알리지 아니하거나 미리 신고하지 아니한 경우

4. 제9조에 따른 보험 또는 공제에 가입하지 아니하거나 영업보증금을 예치하지 아니한 경우

4의2. 제10조제2항을 위반하여 사실과 다르게 관광표지를 붙이거나 관광표지에 기재되는 내용을 사실과 다르게 표시 또는 광고하는 행위를 한 경우

5. 제11조를 위반하여 관광사업의 시설을 타인에게 처분하거나 타인에게 경영하도록 한 경우

6. 제12조에 따른 기획여행의 실시요건 또는 실시방법을 위반하여 기획여행을 실시한 경우

7. 제14조를 위반하여 안전정보 또는 변경된 안전정보를 제공하지 아니하거나, 여행계약서 및 보험 가입 등을 증명할 수 있는 서류를 여행자에게 내주지 아니한 경우 또는 여행자의 사전 동의 없이 여행일정(선택관광 일정을 포함한다)을 변경하는 경우

8. 제15조에 따라 사업계획의 승인을 얻은 자가 정당한 사유 없이 대통령령으로 정하는 기간 내에 착공 또는 준공을 하지 아니하거나 같은 조를 위반하여 변경승인을 얻지 아니하고 사업계획을 임의로 변경한 경우

8의2. 제18조의2에 따른 준수사항을 위반한 경우

8의3. 제19조제1항 단서를 위반하여 등급결정을 신청하지 아니한 경우

9. 제20조제1항 및 제4항을 위반하여 분양 또는 회원모집을 하거나 같은 조 제5항에 따른 소유자 등·회원의 권익을 보호하기 위한 사항을 준수하지 아니한 경우

9의2. 제20조의2에 따른 준수사항을 위반한 경우

10. 제21조에 따른 카지노업의 허가 요건에 적합하지 아니하게 된 경우

11. 제23조제3항을 위반하여 카지노 시설 및 기구에 관한 유지·관리를 소홀히 한 경우

12. 제28조제1항 및 제2항에 따른 준수사항을 위반한 경우

13. 제30조를 위반하여 관광진흥개발기금을 납부하지 아니한 경우

14. 제32조에 따른 물놀이형 유원시설 등의 안전·위생기준을 지키지 아니한 경우

15. 제33조제1항에 따른 유기시설 또는 유기기구에 대한 안전성검사 및 안전성검사 대상에 해당되지 아니함을 확인하는 검사를 받지 아니하거나 같은 조 제2항에 따른 안전관리자를 배치하지 아니한 경우

16. 제34조제1항에 따른 영업질서 유지를 위한 준수사항을 지키지 아니하거나 같은 조 제2항을 위반하여 불법으로 제조한 부분품을 설치하거나 사용한 경우

16의2. 제38조제1항 단서를 위반하여 해당 자격이 없는 자를 종사하게 한 경우

18. 제78조에 따른 보고 또는 서류제출명령을 이행하지 아니하거나 관계 공무원의 검사를 방해한 경우

19. 관광사업의 경영 또는 사업계획을 추진할 때 뇌물을 주고받은 경우

20. 고의로 여행계약을 위반한 경우(여행업자만 해당한다)

② 관할 등록기관등의 장은 관광사업의 등록등을 받은 자가 다음 각 호의 어느 하나에 해당하면 6개월 이내의 기간을 정하여 그 사업의 전부 또는 일부의 정지를 명할 수 있다.

1. 제13조제2항에 따른 등록을 하지 아니한 사람에게 국외여행을 인솔하게 한 경우

2. 제27조에 따른 문화체육관광부장관의 지도와 명령을 이행하지 아니한 경우

③ 제1항 및 제2항에 따른 취소·정지처분 및 시설·운영개선명령의 세부적인 기준은 그 사유와 위반 정도를 고려하여 대통령령으로 정한다.

④ 관할 등록기관등의 장은 관광사업에 사용할 것을 조건으로 「관세법」 등에 따라 관세의 감면을 받은 물품을 보유하고 있는 관광사업자로부터 그 물품의 수입면허를 받은 날부터 5년 이내에 그 사업의 양도·폐업의 신고 또는 통보를 받거나 그 관광사업자의 등록등의 취소를 한 경우에는 관할 세관장에게 그 사실을 즉시 통보하여야 한다.

⑤ 관할 등록기관 등의 장은 관광사업자에 대하여 제1항 및 제2항에 따라 등록 등을 취소하거나 사업의 전부 또는 일부의 정지를 명한 경우에는 제18조제1항 각 호의 신고 또는 인·허가 등의 소관 행정기관의 장(외국인투자기업인 경우에는 기획재정부장관을 포함한다)에게 그 사실을 통보하여야 한다.

⑥ 관할 등록기관등의 장 외의 소관 행정기관의 장이 관광사업자에 대하여 그 사업의 정

지나 취소 또는 시설의 이용을 금지하거나 제한하려면 미리 관할 등록기관등의 장과 협의하여야 한다.

⑦ 제1항 각 호의 어느 하나에 해당하는 관광숙박업자의 위반행위가 「공중위생관리법」 제11조제1항에 따른 위반행위에 해당하면 「공중위생관리법」의 규정에도 불구하고 이 법을 적용한다.

제36조(폐쇄조치 등)

① 관할 등록기관등의 장은 제5조제1항·제2항 또는 제4항에 따른 허가 또는 신고 없이 영업을 하거나 제24조제2항·제31조제2항 또는 제35조에 따른 허가의 취소 또는 사업의 정지명령을 받고 계속하여 영업을 하는 자에 대하여는 그 영업소를 폐쇄하기 위하여 관계 공무원에게 다음 각 호의 조치를 하게 할 수 있다.

1. 해당 영업소의 간판이나 그 밖의 영업표지물의 제거 또는 삭제

2. 해당 영업소가 적법한 영업소가 아니라는 것을 알리는 게시물 등의 부착

3. 영업을 위하여 꼭 필요한 시설물 또는 기구 등을 사용할 수 없게 하는 봉인(封印)

② 관할 등록기관등의 장은 제35조제1항제4호의2에 따라 행정처분을 한 경우에는 관계 공무원으로 하여금 이를 인터넷 홈페이지 등에 공개하게 하거나 사실과 다른 관광표지를 제거 또는 삭제하는 조치를 하게 할 수 있다.

③ 관할 등록기관등의 장은 제1항제3호에 따른 봉인을 한 후 다음 각 호의 어느 하나에 해당하는 사유가 생기면 봉인을 해제할 수 있다. 제1항제2호에 따라 게시를 한 경우에도 또한 같다.

1. 봉인을 계속할 필요가 없다고 인정되는 경우

2. 해당 영업을 하는 자 또는 그 대리인이 정당한 사유를 들어 봉인의 해제를 요청하는 경우

④ 관할 등록기관등의 장은 제1항 및 제2항에 따른 조치를 하려는 경우에는 미리 그 사실을 그 사업자 또는 그 대리인에게 서면으로 알려주어야 한다. 다만, 급박한 사유가 있으면 그러하지 아니하다.

⑤ 제1항에 따른 조치는 영업을 할 수 없게 하는 데에 필요한 최소한의 범위에 그쳐야 한다.

⑥ 제1항 및 제2항에 따라 영업소를 폐쇄하거나 관광표지를 제거·삭제하는 관계 공무원은 그 권한을 표시하는 증표를 지니고 이를 관계인에게 내보여야 한다.

제37조(과징금의 부과)

① 관할 등록기관등의 장은 관광사업자가 제35조제1항 각 호 또는 제2항 각 호의 어느 하나에 해당되어 사업 정지를 명하여야 하는 경우로서 그 사업의 정지가 그 이용자 등에게 심한 불편을 주거나 그 밖에 공익을 해칠 우려가 있으면 사업 정지 처분을 갈음하여 2천만원 이하의 과징금(過徵金)을 부과할 수 있다.

② 제1항에 따라 과징금을 부과하는 위반 행위의 종류·정도 등에 따른 과징금의 금액과 그 밖에 필요한 사항은 대통령령으로 정한다.

③ 관할 등록기관등의 장은 제1항에 따른 과징금을 내야 하는 자가 납부기한까지 내지 아니하면 국세 체납처분의 예 또는 「지방행정제재·부과금의 징수 등에 관한 법률」에 따라 징수한다.

제7절 관광종사원

제38조(관광종사원의 자격 등)

① 관할 등록기관등의 장은 대통령령으로 정하는 관광 업무에는 관광종사원의 자격을 가진 사람이 종사하도록 해당 관광사업자에게 권고할 수 있다. 다만, 외국인 관광객을 대상으로 하는 여행업자는 관광통역안내의 자격을 가진 사람을 관광안내에 종사하게 하여야 한다.

② 제1항에 따른 관광종사원의 자격을 취득하려는 자는 문화체육관광부령으로 정하는 바에 따라 문화체육관광부장관이 실시하는 시험에 합격한 후 문화체육관광부장관에게 등록하여야 한다. 다만, 문화체육관광부령으로 따로 정하는 사람은 시험의 전부 또는 일부를 면제할 수 있다.

③ 문화체육관광부장관은 제2항에 따라 등록을 한 사람에게 관광종사원 자격증을 내주어야 한다.

④ 관광종사원 자격증을 가진 사람은 그 자격증을 잃어버리거나 못 쓰게 되면 문화체육관광부장관에게 그 자격증의 재교부를 신청할 수 있다.

⑤ 제2항에 따른 시험의 최종합격자 발표일을 기준으로 제7조제1항 각 호(제3호는 제외한다)의 어느 하나에 해당하는 자는 제1항에 따른 관광종사원의 자격을 취득하지 못한다.

⑥ 관광통역안내의 자격이 없는 사람은 외국인 관광객을 대상으로 하는 관광안내(제1항 단서에 따라 외국인 관광객을 대상으로 하는 여행업에 종사하여 관광안내를 하는 경우에 한정한다. 이하 이 조에서 같다)를 하여서는 아니 된다.

⑦ 관광통역안내의 자격을 가진 사람이 관광안내를 하는 경우에는 제3항에 따른 자격증을 달아야 한다.

⑧ 제3항에 따른 자격증은 다른 사람에게 빌려주거나 빌려서는 아니 되며, 이를 알선해서도 아니 된다.

⑨ 문화체육관광부장관은 제2항에 따른 시험에서 다음 각 호의 어느 하나에 해당하는 사람에 대하여는 그 시험을 정지 또는 무효로 하거나 합격결정을 취소하고, 그 시험을 정지하거나 무효로 한 날 또는 합격결정을 취소한 날부터 3년간 시험응시자격을 정지한다.

1. 부정한 방법으로 시험에 응시한 사람
2. 시험에서 부정한 행위를 한 사람

제39조(교육)

문화체육관광부장관 또는 시·도지사는 관광종사원과 그 밖에 관광 업무에 종사하는 자의 업무능력 향상 및 지역의 문화와 관광자원 전반에 대한 전문성 향상을 위한 교육에 필요한 지원을 할 수 있다.

제40조(자격취소 등)

문화체육관광부장관(관광종사원 중 대통령령으로 정하는 관광종사원에 대하여는 시·도지사)은 제38조제1항에 따라 자격을 가진 관광종사원이 다음 각 호의 어느 하나에 해당하면 문화체육관광부령으로 정하는 바에 따라 그 자격을 취소하거나 6개월 이내의 기간을 정하여 자격의 정지를 명할 수 있다. 다만, 제1호 및 제5호에 해당하면 그 자격을 취소하여야 한다.

1. 거짓이나 그 밖의 부정한 방법으로 자격을 취득한 경우
2. 제7조제1항 각 호(제3호는 제외한다)의 어느 하나에 해당하게 된 경우
3. 관광종사원으로서 직무를 수행하는 데에 부정 또는 비위(非違) 사실이 있는 경우
5. 제38조제8항을 위반하여 다른 사람에게 관광종사원 자격증을 대여한 경우

제3장 관광사업자 단체

제41조(한국관광협회중앙회 설립)

① 제45조에 따른 지역별 관광협회 및 업종별 관광협회는 관광사업의 건전한 발전을 위하여 관광업계를 대표하는 한국관광협회중앙회(이하 "협회"라 한다)를 설립할 수 있다.

② 협회를 설립하려는 자는 대통령령으로 정하는 바에 따라 문화체육관광부장관의 허가를 받아야 한다.

③ 협회는 법인으로 한다.

④ 협회는 설립등기를 함으로써 성립한다.

제42조(정관)

협회의 정관에는 다음 각 호의 사항을 적어야 한다.

1. 목적
2. 명칭
3. 사무소의 소재지
4. 회원 및 총회에 관한 사항
5. 임원에 관한 사항
6. 업무에 관한 사항
7. 회계에 관한 사항
8. 해산(解散)에 관한 사항
9. 그 밖에 운영에 관한 중요 사항

제43조(업무)

① 협회는 다음 각 호의 업무를 수행한다.

1. 관광사업의 발전을 위한 업무
2. 관광사업 진흥에 필요한 조사·연구 및 홍보
3. 관광 통계
4. 관광종사원의 교육과 사후관리
5. 회원의 공제사업
6. 국가나 지방자치단체로부터 위탁받은 업무
7. 관광안내소의 운영
8. 제1호부터 제7호까지 업무에 따르는 수익사업

② 제1항제5호에 따른 공제사업은 문화체육관광부장관의 허가를 받아야 한다.

③ 제2항에 따른 공제사업의 내용 및 운영에 필요한 사항은 대통령령으로 정한다.

제44조(「민법」의 준용)

협회에 관하여 이 법에 규정된 것 외에는 「민법」 중 사단법인(社團法人)에 관한 규정을 준용한다.

제45조(지역별·업종별 관광협회)

① 관광사업자는 지역별 또는 업종별로 그 분야의 관광사업의 건전한 발전을 위하여 대통령령으로 정하는 바에 따라 지역별 또는 업종별 관광협회를 설립할 수 있다.

② 제1항에 따른 업종별 관광협회는 문화체육관광부장관의 설립허가를, 지역별 관광협회는 시·도지사의 설립허가를 받아야 한다.

③ 시·도지사는 해당 지방자치단체의 조례로 정하는 바에 따라 제1항에 따른 지역별 관광협회가 수행하는 사업에 대하여 예산의 범위에서 사업비의 전부 또는 일부를 지원할 수 있다.

제46조(협회에 관한 규정의 준용)

지역별 관광협회 및 업종별 관광협회의 설립·운영 등에 관하여는 제41조부터 제44조까지의 규정을 준용한다.

제4장 관광의 진흥과 홍보

제47조(관광정보 활용 등)

① 문화체육관광부장관은 관광에 관한 정보의 활용과 관광을 통한 국제 친선을 도모하기 위하여 관광과 관련된 국제기구와의 협력 관계를 증진하여야 한다.

② 문화체육관광부장관은 제1항에 따른 업무를 원활히 수행하기 위하여 관광사업자·관광사업자 단체 또는 한국관광공사(이하 "관광사업자등"이라 한다)에게 필요한 사항을 권고·조정할 수 있다.

③ 관광사업자등은 특별한 사유가 없으면 제2항에 따른 문화체육관광부장관의 권고나 조정에 협조하여야 한다.

제47조의2(관광통계)

① 문화체육관광부장관과 지방자치단체의 장은 제49조제1항 및 제2항에 따른 관광개발

기본계획 및 권역별 관광개발계획을 효과적으로 수립·시행하고 관광산업에 활용하도록 하기 위하여 국내외의 관광통계를 작성할 수 있다.

② 문화체육관광부장관과 지방자치단체의 장은 관광통계를 작성하기 위하여 필요하면 실태조사를 하거나, 공공기관·연구소·법인·단체·민간기업·개인 등에게 협조를 요청할 수 있다.

③ 제1항 및 제2항에서 규정한 사항 외에 관광통계의 작성·관리 및 활용에 필요한 사항은 대통령령으로 정한다.

제47조의3(장애인·고령자 관광 활동의 지원)

① 국가 및 지방자치단체는 장애인·고령자의 여행 기회를 확대하고 장애인·고령자의 관광 활동을 장려·지원하기 위하여 관련 시설을 설치하는 등 필요한 시책을 강구하여야 한다.

② 국가 및 지방자치단체는 장애인·고령자의 여행 및 관광 활동 권리를 증진하기 위하여 장애인·고령자의 관광 지원 사업과 장애인·고령자 관광 지원 단체에 대하여 경비를 보조하는 등 필요한 지원을 할 수 있다

제47조의4(관광취약계층의 관광복지 증진 시책 강구)

국가 및 지방자치단체는 경제적·사회적 여건 등으로 관광 활동에 제약을 받고 있는 관광취약계층의 여행 기회를 확대하고 관광 활동을 장려하기 위하여 필요한 시책을 강구하여야 한다.

제47조의5(여행이용권의 지급 및 관리)

① 국가 및 지방자치단체는 「국민기초생활 보장법」에 따른 수급권자, 그 밖에 소득수준이 낮은 저소득층 등 대통령령으로 정하는 관광취약계층에게 여행이용권을 지급할 수 있다.

② 국가 및 지방자치단체는 여행이용권의 수급자격 및 자격유지의 적정성을 확인하기 위하여 필요한 가족관계증명·국세·지방세·토지·건물·건강보험 및 국민연금에 관한 자료 등 대통령령으로 정하는 자료를 관계 기관의 장에게 요청할 수 있고, 해당 기관의 장은 특별한 사유가 없으면 요청에 따라야 한다. 다만, 「전자정부법」 제36조제1항에 따른 행정정보 공동이용을 통하여 확인할 수 있는 사항은 예외로 한다.

③ 국가 및 지방자치단체는 제2항에 따른 자료의 확인을 위하여 「사회복지사업법」 제6조의2제2항에 따른 정보시스템을 연계하여 사용할 수 있다.

④ 국가 및 지방자치단체는 여행이용권의 발급, 정보시스템의 구축·운영 등 여행이용권 업무의 효율적 수행을 위하여 대통령령으로 정하는 바에 따라 전담기관을 지정할 수 있다.

⑤ 제1항부터 제4항까지에서 규정한 사항 외에 여행이용권의 지급·이용 등에 필요한 사항은 대통령령으로 정한다.

⑥ 문화체육관광부장관은 여행이용권의 이용 기회 확대 및 지원 업무의 효율성을 제고하기 위하여 여행이용권을 「문화예술진흥법」 제15조의4에 따른 문화이용권 등 문화체육관광부령으로 정하는 이용권과 통합하여 운영할 수 있다.

제47조의6(국제협력 및 해외진출 지원)

① 문화체육관광부장관은 관광산업의 국제협력 및 해외시장 진출을 촉진하기 위하여 다음 각 호의 사업을 지원할 수 있다.

1. 국제전시회의 개최 및 참가 지원   2. 외국자본의 투자유치
3. 해외마케팅 및 홍보활동   4. 해외진출에 관한 정보제공
5. 수출 관련 협력체계의 구축   6. 그 밖에 이에 대한 필요한 사업

② 문화체육관광부장관은 제1항에 따른 사업을 효율적으로 지원하기 위하여 대통령령으로 정하는 관계 기관 또는 단체에 이를 위탁하거나 대행하게 할 수 있으며, 이에 필요한 비용을 보조할 수 있다.

제47조의7(관광산업 진흥 사업)

문화체육관광부장관은 관광산업의 활성화를 위하여 대통령령으로 정하는 바에 따라 다음 각 호의 사업을 추진할 수 있다.

1. 관광산업 발전을 위한 정책·제도의 조사·연구 및 기획
2. 관광 관련 창업 촉진 및 창업자의 성장·발전 지원
3. 관광산업 전문인력 수급분석 및 육성
4. 관광산업 관련 기술의 연구개발 및 실용화
5. 지역에 특화된 관광 상품 및 서비스 등의 발굴·육성
6. 그 밖에 관광산업 진흥을 위하여 필요한 사항

제47조의8(스마트관광산업의 육성)

① 국가와 지방자치단체는 기술기반의 관광산업 경쟁력을 강화하고 지역관광을 활성화하기 위하여 스마트관광산업(관광에 정보통신기술을 융합하여 관광객에게 맞춤형 서비스를 제공하고 관광콘텐츠·인프라를 지속적으로 발전시킴으로써 경제적 또는 사회적 부가가치를 창출하는 산업을 말한다. 이하 같다)을 육성하여야 한다.

② 문화체육관광부장관은 스마트관광산업의 육성을 위하여 다음 각 호의 사업을 추진·지원할 수 있다.

1. 스마트관광산업 발전을 위한 정책·제도의 조사·연구 및 기획
2. 스마트관광산업 관련 창업 촉진 및 창업자의 성장·발전 지원
3. 스마트관광산업 관련 기술의 연구개발 및 실용화
4. 스마트관광산업 기반 지역관광 개발
5. 스마트관광산업 진흥에 필요한 전문인력 양성
6. 그 밖에 스마트관광산업 육성을 위하여 필요한 사항

제48조(관광 홍보 및 관광자원 개발)

① 문화체육관광부장관 또는 시·도지사는 국제 관광의 촉진과 국민 관광의 건전한 발전을 위하여 국내외 관광 홍보 활동을 조정하거나 관광 선전물을 심사하거나 그 밖에 필요한 사항을 지원할 수 있다.

② 문화체육관광부장관 또는 시·도지사는 제1항에 따라 관광홍보를 원활히 추진하기 위하여 필요하면 문화체육관광부령으로 정하는 바에 따라 관광사업자등에게 해외관광시장에 대한 정기적인 조사, 관광 홍보물의 제작, 관광안내소의 운영 등에 필요한 사항을 권고하거나 지도할 수 있다.

③ 지방자치단체의 장, 관광사업자 또는 제54조제1항에 따라 관광지·관광단지의 조성계획승인을 받은 자는 관광지·관광단지·관광특구·관광시설 등 관광자원을 안내하거나 홍보하는 내용의 옥외광고물(屋外廣告物)을 「옥외광고물 등의 관리와 옥외광고산업 진흥에 관한 법률」의 규정에도 불구하고 대통령령으로 정하는 바에 따라 설치할 수 있다.

④ 문화체육관광부장관과 지방자치단체의 장은 관광객의 유치, 관광복지의 증진 및 관광 진흥을 위하여 대통령령 또는 조례로 정하는 바에 따라 다음 각 호의 사업을 추진할 수 있다.

1. 문화, 체육, 레저 및 산업시설 등의 관광자원화사업
2. 해양관광의 개발사업 및 자연생태의 관광자원화사업
3. 관광상품의 개발에 관한 사업
4. 국민의 관광복지 증진에 관한 사업
5. 유휴자원을 활용한 관광자원화사업
6. 주민 주도의 지역관광 활성화 사업

제48조의2(지역축제 등)

① 문화체육관광부장관은 지역축제의 체계적 육성 및 활성화를 위하여 지역축제에 대한 실태조사와 평가를 할 수 있다.

② 문화체육관광부장관은 지역축제의 통폐합 등을 포함한 그 발전방향에 대하여 지방자치단체의 장에게 의견을 제시하거나 권고할 수 있다.

③ 문화체육관광부장관은 다양한 지역관광자원을 개발·육성하기 위하여 우수한 지역축제를 문화관광축제로 지정하고 지원할 수 있다.

④ 제3항에 따른 문화관광축제의 지정 기준 및 지원 방법 등에 필요한 사항은 대통령령으로 정한다.

제48조의3(지속가능한 관광활성화)

① 문화체육관광부장관은 에너지·자원의 사용을 최소화하고 기후변화에 대응하며 환경훼손을 줄이고, 지역주민의 삶과 균형을 이루며 지역경제와 상생발전 할 수 있는 지속가능한 관광자원의 개발을 장려하기 위하여 정보제공 및 재정지원 등 필요한 조치를 강구할 수 있다.

② 시·도지사나 시장·군수·구청장은 다음 각 호의 어느 하나에 해당하는 지역을 조례로 정하는 바에 따라 특별관리지역으로 지정할 수 있다. 이 경우 특별관리지역이 같은 시·도 내에서 둘 이상의 시·군·구에 걸쳐 있는 경우에는 시·도지사가 지정하고, 둘 이상의 시·도에 걸쳐 있는 경우에는 해당 시·도지사가 공동으로 지정한다.

1. 수용 범위를 초과한 관광객의 방문으로 자연환경이 훼손되거나 주민의 평온한 생활환경을 해칠 우려가 있어 관리할 필요가 있다고 인정되는 지역

2. 차량을 이용한 숙박·취사 등의 행위로 자연환경이 훼손되거나 주민의 평온한 생활환경을 해칠 우려가 있어 관리할 필요가 있다고 인정되는 지역. 다만, 다른 법령에서 출입, 주차, 취사 및 야영 등을 금지하는 지역은 제외한다.

③ 문화체육관광부장관은 특별관리지역으로 지정할 필요가 있다고 인정하는 경우에는 시·도지사 또는 시장·군수·구청장으로 하여금 해당 지역을 특별관리지역으로 지정하도록 권고할 수 있다.

④ 시·도지사나 시장·군수·구청장은 특별관리지역을 지정·변경 또는 해제할 때에는 대통령령으로 정하는 바에 따라 미리 주민의 의견을 들어야 하며, 문화체육관광부장관 및 관계 행정기관의 장과 협의하여야 한다. 다만, 대통령령으로 정하는 경미한 사항을 변경하려는 경우에는 예외로 한다.

⑤ 시·도지사나 시장·군수·구청장은 특별관리지역을 지정·변경 또는 해제할 때에는 특별관리지역의 위치, 면적, 지정일시, 지정·변경·해제 사유, 특별관리지역 내 조치사항, 그 밖에 조례로 정하는 사항을 해당 지방자치단체 공보에 고시하고, 문화체육관광부장관에게 제출하여야 한다.

⑥ 시·도지사나 시장·군수·구청장은 특별관리지역에 대하여 조례로 정하는 바에 따라 관광객 방문시간 제한, 편의시설 설치, 이용수칙 고지, 이용료 징수, 차량·관광객 통행 제한 등 필요한 조치를 할 수 있다.

⑦ 시·도지사나 시장·군수·구청장은 제6항에 따른 조례를 위반한 사람에게 「지방자치법」 제27조에 따라 1천만원 이하의 과태료를 부과·징수할 수 있다.

⑧ 시·도지사나 시장·군수·구청장은 특별관리지역에 해당 지역의 범위, 조치사항 등을 표시한 안내판을 설치하여야 한다.

⑨ 문화체육관광부장관은 특별관리지역 지정 현황을 관리하고 이와 관련된 정보를 공개하여야 하며, 특별관리지역을 지정·운영하는 지방자치단체와 그 주민 등을 위하여 필요한 지원을 할 수 있다.

⑩ 그 밖에 특별관리지역의 지정 요건, 지정 절차 등 특별관리지역 지정 및 운영에 필요한 사항은 해당 지방자치단체의 조례로 정한다.

제48조의4(문화관광해설사의 양성 및 활용계획 등)

① 문화체육관광부장관은 문화관광해설사를 효과적이고 체계적으로 양성·활용하기 위하여 해마다 문화관광해설사의 양성 및 활용계획을 수립하고, 이를 지방자치단체의 장에게 알려야 한다.

② 지방자치단체의 장은 제1항에 따른 문화관광해설사 양성 및 활용계획에 따라 관광객의 규모, 관광자원의 보유 현황, 문화관광해설사에 대한 수요 등을 고려하여 해마다 문화관광해설사 운영계획을 수립·시행하여야 한다. 이 경우 문화관광해설사의 양성·배치·활용 등에 관한 사항을 포함하여야 한다.

제48조의5(관광체험교육프로그램 개발)

문화체육관광부장관 또는 지방자치단체의 장은 관광객에게 역사·문화·예술·자연 등의 관광자원과 연계한 체험기회를 제공하고, 관광을 활성화하기 위하여 관광체험교육프로그램을 개발·보급할 수 있다. 이 경우 장애인을 위한 관광체험교육프로그램을 개발하여야 한다.

제48조의6(문화관광해설사 양성교육과정의 개설·운영)

① 문화체육관광부장관 또는 시·도지사는 문화관광해설사 양성을 위한 교육과정을 개설(開設)하여 운영할 수 있다.

② 제1항에 따른 교육과정의 개설·운영에 필요한 사항은 문화체육관광부령으로 정한다.

제48조의7 삭제 [2018.12.11]

제48조의8(문화관광해설사의 선발 및 활용)

① 문화체육관광부장관 또는 지방자치단체의 장은 제48조의6제1항에 따른 교육과정을 이수한 사람을 문화관광해설사로 선발하여 활용할 수 있다.

② 문화체육관광부장관 또는 지방자치단체의 장은 제1항에 따라 문화관광해설사를 선발하는 경우 문화체육관광부령으로 정하는 바에 따라 이론 및 실습을 평가하고, 3개월 이상의 실무수습을 마친 사람에게 자격을 부여할 수 있다.

③ 문화체육관광부장관 또는 지방자치단체의 장은 예산의 범위에서 문화관광해설사의 활동에 필요한 비용 등을 지원할 수 있다.

④ 그 밖에 문화관광해설사의 선발, 배치 및 활용 등에 필요한 사항은 문화체육관광부령으로 정한다.

제48조의9(지역관광협의회 설립)

① 관광사업자, 관광 관련 사업자, 관광 관련 단체, 주민 등은 공동으로 지역의 관광진흥을 위하여 광역 및 기초 지방자치단체 단위의 지역관광협의회(이하 "협의회"라 한다)를 설립할 수 있다.

② 협의회에는 지역 내 관광진흥을 위한 이해 관련자가 고루 참여하여야 하며, 협의회를 설립하려는 자는 해당 지방자치단체의 장의 허가를 받아야 한다.

③ 협의회는 법인으로 한다.

④협의회는 다음 각 호의 업무를 수행한다.

1. 지역의 관광수용태세 개선을 위한 업무

2. 지역관광 홍보 및 마케팅 지원 업무

3. 관광사업자, 관광 관련 사업자, 관광 관련 단체에 대한 지원

4. 제1호부터 제3호까지의 업무에 따르는 수익사업

5. 지방자치단체로부터 위탁받은 업무

⑤ 협의회의 운영 등에 필요한 경비는 회원이 납부하는 회비와 사업 수익금 등으로 충당하며, 지방자치단체의 장은 협의회의 운영 등에 필요한 경비의 일부를 예산의 범위에서

지원할 수 있다.

⑥ 협의회의 설립 및 지원 등에 필요한 사항은 해당 지방자치단체의 조례로 정한다.

⑦ 협의회에 관하여 이 법에 규정된 것 외에는 「민법」 중 사단법인에 관한 규정을 준용한다.

제48조의10(한국관광 품질인증)

① 문화체육관광부장관은 관광객의 편의를 돕고 관광서비스의 수준을 향상시키기 위하여 관광사업 및 이와 밀접한 관련이 있는 사업으로서 대통령령으로 정하는 사업을 위한 시설 및 서비스 등(이하 "시설등"이라 한다)을 대상으로 품질인증(이하 "한국관광 품질인증"이라 한다)을 할 수 있다.

② 한국관광 품질인증을 받은 자는 대통령령으로 정하는 바에 따라 인증표지를 하거나 그 사실을 홍보할 수 있다.

③ 한국관광 품질인증을 받은 자가 아니면 인증표지 또는 이와 유사한 표지를 하거나 한국관광 품질인증을 받은 것으로 홍보하여서는 아니 된다.

④ 문화체육관광부장관은 한국관광 품질인증을 받은 시설등에 대하여 다음 각 호의 지원을 할 수 있다.

1. 「관광진흥개발기금법」에 따른 관광진흥개발기금의 대여 또는 보조

2. 국내 또는 국외에서의 홍보

3. 그 밖에 시설등의 운영 및 개선을 위하여 필요한 사항

⑤ 문화체육관광부장관은 한국관광 품질인증을 위하여 필요한 경우에는 특별자치시장·특별자치도지사·시장·군수·구청장 및 관계 기관의 장에게 자료 제출을 요청할 수 있다. 이 경우 자료 제출을 요청받은 특별자치시장·특별자치도지사·시장·군수·구청장 및 관계 기관의 장은 특별한 사유가 없으면 이에 따라야 한다.

⑥ 한국관광 품질인증의 인증 기준·절차·방법, 인증표지 및 그 밖에 한국관광 품질인증 제도 운영에 필요한 사항은 대통령령으로 정한다.

제48조의11(한국관광 품질인증의 취소)

문화체육관광부장관은 한국관광 품질인증을 받은 자가 다음 각 호의 어느 하나에 해당하는 경우에는 그 인증을 취소할 수 있다. 다만, 제1호에 해당하는 경우에는 인증을 취소하여야 한다.

1. 거짓이나 그 밖의 부정한 방법으로 인증을 받은 경우

2. 제48조의10제6항에 따른 인증 기준에 적합하지 아니하게 된 경우

제48조의12(일·휴양연계관광산업의 육성)

① 국가와 지방자치단체는 관광산업과 지역관광을 활성화하기 위하여 일·휴양연계관광산업(지역관광과 기업의 일·휴양연계제도를 연계하여 관광인프라를 조성하고 맞춤형 서비스를 제공함으로써 경제적 또는 사회적 부가가치를 창출하는 산업을 말한다.)을 육성하여야 한다.

② 문화체육관광부장관은 다양한 지역관광자원을 개발·육성하기 위하여 일·휴양연계관광산업의 관광 상품 및 서비스를 발굴·육성할 수 있다.

③ 지방자치단체는 일·휴양연계관광산업의 활성화를 위하여 기업 또는 근로자에게 조례로 정하는 바에 따라 업무공간, 체류비용의 일부 등을 지원할 수 있다.

제5장 관광지 등의 개발

제1절 관광지 및 관광단지의 개발

제49조(관광개발기본계획 등)

① 문화체육관광부장관은 관광자원을 효율적으로 개발하고 관리하기 위하여 전국을 대

상으로 다음과 같은 사항을 포함하는 관광개발기본계획(이하 "기본계획"이라 한다)을 수립하여야 한다.

1. 전국의 관광 여건과 관광 동향(動向)에 관한 사항
2. 전국의 관광 수요와 공급에 관한 사항
3. 관광자원 보호·개발·이용·관리 등에 관한 기본적인 사항
4. 관광권역(觀光圈域)의 설정에 관한 사항
5. 관광권역별 관광개발의 기본방향에 관한 사항
6. 그 밖에 관광개발에 관한 사항

② 시·도지사(특별자치도지사는 제외한다)는 기본계획에 따라 구분된 권역을 대상으로 다음 각 호의 사항을 포함하는 권역별 관광개발계획(이하 "권역계획"이라 한다)을 수립하여야 한다.

1. 권역의 관광 여건과 관광 동향에 관한 사항
2. 권역의 관광 수요와 공급에 관한 사항
3. 관광자원의 보호·개발·이용·관리 등에 관한 사항
4. 관광지 및 관광단지의 조성·정비·보완 등에 관한 사항
4의2. 관광지 및 관광단지의 실적 평가에 관한 사항
5. 관광지 연계에 관한 사항
6. 관광사업의 추진에 관한 사항
7. 환경보전에 관한 사항
8. 그 밖에 그 권역의 관광자원의 개발, 관리 및 평가를 위하여 필요한 사항

제50조(기본계획)

① 시·도지사는 기본계획의 수립에 필요한 관광 개발사업에 관한 요구서를 문화체육관광부장관에게 제출하여야 하고, 문화체육관광부장관은 이를 종합·조정하여 기본계획을 수립하고 공고하여야 한다.

② 문화체육관광부장관은 수립된 기본계획을 확정하여 공고하려면 관계 부처의 장과 협의하여야 한다.

③ 확정된 기본계획을 변경하는 경우에는 제1항과 제2항을 준용한다.

④ 문화체육관광부장관은 관계 기관의 장에게 기본계획의 수립에 필요한 자료를 요구하거나 협조를 요청할 수 있고, 그 요구 또는 협조 요청을 받은 관계 기관의 장은 정당한 사유가 없으면 요청에 따라야 한다.

제51조(권역계획)

① 권역계획(圈域計劃)은 그 지역을 관할하는 시·도지사(특별자치도지사는 제외한다. 이하 이 조에서 같다)가 수립하여야 한다. 다만, 둘 이상의 시·도에 걸치는 지역이 하나의 권역계획에 포함되는 경우에는 관계되는 시·도지사와의 협의에 따라 수립하되, 협의가 성립되지 아니한 경우에는 문화체육관광부장관이 지정하는 시·도지사가 수립하여야 한다.

② 시·도지사는 제1항에 따라 수립한 권역계획을 문화체육관광부장관의 조정과 관계 행정기관의 장과의 협의를 거쳐 확정하여야 한다. 이 경우 협의요청을 받은 관계 행정기관의 장은 특별한 사유가 없으면 그 요청을 받은 날부터 30일 이내에 의견을 제시하여야 한다.

③ 시·도지사는 권역계획이 확정되면 그 요지를 공고하여야 한다.

④ 확정된 권역계획을 변경하는 경우에는 제1항부터 제3항까지의 규정을 준용한다. 다만, 대통령령으로 정하는 경미한 사항의 변경에 대하여는 관계 부처의 장과의 협의를 갈음하여 문화체육관광부장관의 승인을 받아야 한다.

⑤ 그 밖에 권역계획의 수립 기준 및 방법 등에 필요한 사항은 대통령령으로 정하는 바에 따라 문화체육관광부장관이 정한다.

제52조(관광지의 지정 등)

① 관광지 및 관광단지(이하 "관광지등"이라 한다)는 문화체육관광부령으로 정하는 바에 따라 시장·군수·구청장의 신청에 의하여 시·도지사가 지정한다. 다만, 특별자치시 및 특별자치도의 경우에는 특별자치시장 및 특별자치도지사가 지정한다.

② 시·도지사는 제1항에 따른 관광지등을 지정하려면 사전에 문화체육관광부장관 및 관계 행정기관의 장과 협의하여야 한다. 다만, 「국토의 계획 및 이용에 관한 법률」 제30조에 따라 같은 법 제36조제1항제2호다목에 따른 계획관리지역(같은 법의 규정에 따라 도시·군관리계획으로 결정되지 아니한 지역인 경우에는 종전의 「국토이용관리법」 제8조에 따라 준도시지역으로 결정·고시된 지역을 말한다)으로 결정·고시된 지역을 관광지등으로 지정하려는 경우에는 그러하지 아니하다.

③ 문화체육관광부장관 및 관계 행정기관의 장은 「환경영향평가법」 등 관련 법령에 특별한 규정이 있거나 정당한 사유가 있는 경우를 제외하고는 제2항 본문에 따른 협의를 요청받은 날부터 30일 이내에 의견을 제출하여야 한다.

④ 문화체육관광부장관 및 관계 행정기관의 장이 제3항에서 정한 기간(「민원 처리에 관한 법률」 제20조제2항에 따라 회신기간을 연장한 경우에는 그 연장된 기간을 말한다) 내에 의견을 제출하지 아니하면 협의가 이루어진 것으로 본다.

⑤ 관광지등의 지정 취소 또는 그 면적의 변경은 관광지등의 지정에 관한 절차에 따라야 한다. 이 경우 대통령령으로 정하는 경미한 면적의 변경은 제2항 본문에 따른 협의를 하지 아니할 수 있다.

⑥ 시·도지사는 제1항 또는 제5항에 따라 지정, 지정취소 또는 그 면적변경을 한 경우에는 이를 고시하여야 한다.

제52조의2(행위 등의 제한)

① 제52조에 따라 관광지등으로 지정·고시된 지역에서 건축물의 건축, 공작물의 설치, 토지의 형질 변경, 토석의 채취, 토지분할, 물건을 쌓아놓는 행위 등 대통령령으로 정하는 행위를 하려는 자는 특별자치시장·특별자치도지사·시장·군수·구청장의 허가를 받아야 한다. 허가받은 사항을 변경하려는 경우에도 또한 같다.

② 제1항에도 불구하고 재해복구 또는 재난수습에 필요한 응급조치를 위하여 하는 행위는 제1항에 따른 허가를 받지 아니하고 할 수 있다.

③ 제1항에 따라 허가를 받아야 하는 행위로서 관광지등의 지정 및 고시 당시 이미 관계 법령에 따라 허가를 받았거나 허가를 받을 필요가 없는 행위에 관하여 그 공사 또는 사업에 착수한 자는 대통령령으로 정하는 바에 따라 특별자치시장·특별자치도지사·시장·군수·구청장에게 신고한 후 이를 계속 시행할 수 있다.

④ 특별자치시장·특별자치도지사·시장·군수·구청장은 제1항을 위반한 자에게 원상회복을 명할 수 있으며, 명령을 받은 자가 그 의무를 이행하지 아니하면 「행정대집행법」에 따라 이를 대집행(代執行)할 수 있다.

⑤ 제1항에 따른 허가에 관하여 이 법에서 규정한 것을 제외하고는 「국토의 계획 및 이용에 관한 법률」 제57조부터 제60조까지 및 제62조를 준용한다.

⑥ 제1항에 따라 허가를 받은 경우에는 「국토의 계획 및 이용에 관한 법률」 제56조에 따라 허가를 받은 것으로 본다.

제53조(조사·측량 실시)

① 시·도지사는 기본계획 및 권역계획을 수립하거나 관광지등의 지정을 위하여 필요하면 해당 지역에 대한 조사와 측량을 실시할 수 있다.

② 제1항에 따른 조사와 측량을 위하여 필요하면 타인이 점유하는 토지에 출입할 수 있다.

③ 제2항에 따른 타인이 점유하는 토지에의 출입에 관하여는 「국토의 계획 및 이용에 관

한 법률」 제130조와 제131조를 준용한다.

제54조(조성계획의 수립 등)

① 관광지등을 관할하는 시장·군수·구청장은 조성계획을 작성하여 시·도지사의 승인을 받아야 한다. 이를 변경(대통령령으로 정하는 경미한 사항의 변경은 제외한다)하려는 경우에도 또한 같다. 다만, 관광단지를 개발하려는 공공기관 등 문화체육관광부령으로 정하는 공공법인 또는 민간개발자(이하 "관광단지개발자"라 한다)는 조성계획을 작성하여 대통령령으로 정하는 바에 따라 시·도지사의 승인을 받을 수 있다.

② 시·도지사는 제1항에 따른 조성계획을 승인하거나 변경승인을 하고자 하는 때에는 관계 행정기관의 장과 협의하여야 한다. 이 경우 협의요청을 받은 관계 행정기관의 장은 특별한 사유가 없으면 그 요청을 받은 날부터 30일 이내에 의견을 제시하여야 한다.

③ 시·도지사가 제1항에 따라 조성계획을 승인 또는 변경승인한 때에는 지체 없이 이를 고시하여야 한다.

④ 민간개발자가 관광단지를 개발하는 경우에는 제58조제13호 및 제61조를 적용하지 아니한다. 다만, 조성계획상의 조성 대상 토지면적 중 사유지의 3분의 2 이상을 취득한 경우 남은 사유지에 대하여는 그러하지 아니하다.

⑤ 제1항부터 제3항까지에도 불구하고 관광지등을 관할하는 특별자치시장 및 특별자치도지사는 관계 행정기관의 장과 협의하여 조성계획을 수립하고, 조성계획을 수립한 때에는 지체 없이 이를 고시하여야 한다.

⑥ 제1항에 따라 조성계획의 승인을 받은 자(제5항에 따라 특별자치시장 및 특별자치도지사가 조성계획을 수립한 경우를 포함한다. 이하 "사업시행자"라 한다)가 아닌 자로서 조성계획을 시행하기 위한 사업(이하 "조성사업"이라 한다)을 하려는 자가 조성하려는 토지면적 중 사유지의 3분의 2 이상을 취득한 경우에는 대통령령으로 정하는 바에 따라 사업시행자(사업시행자가 관광단지개발자인 경우는 제외한다)에게 남은 사유지의 매수를 요청할 수 있다.

제55조(조성계획의 시행)

① 조성사업은 이 법 또는 다른 법령에 특별한 규정이 있는 경우 외에는 사업시행자가 행한다.

② 제54조에 따라 조성계획의 승인을 받아 관광지등을 개발하려는 자가 관광지등의 개발 촉진을 위하여 조성계획의 승인 전에 대통령령으로 정하는 바에 따라 시·도지사의 승인을 받아 그 조성사업에 필요한 토지를 매입한 경우에는 사업시행자로서 토지를 매입한 것으로 본다.

③ 사업시행자가 아닌 자로서 조성사업을 하려는 자는 대통령령으로 정하는 기준과 절차에 따라 사업시행자가 특별자치시장·특별자치도지사·시장·군수·구청장인 경우에는 특별자치시장·특별자치도지사·시장·군수·구청장의 허가를 받아서 조성사업을 할 수 있고, 사업시행자가 관광단지개발자인 경우에는 관광단지개발자와 협의하여 조성사업을 할 수 있다.

④ 사업시행자가 아닌 자로서 조성사업(시장·군수·구청장이 조성계획의 승인을 받은 사업만 해당한다. 이하 이 항에서 같다)을 시행하려는 자가 제15조제1항 및 제2항에 따라 사업계획의 승인을 받은 경우에는 제3항에도 불구하고 특별자치시장·특별자치도지사·시장·군수·구청장의 허가를 받지 아니하고 그 조성사업을 시행할 수 있다.

⑤ 관광단지를 개발하려는 공공기관 등 문화체육관광부령으로 정하는 관광단지개발자는 필요하면 용지의 매수 업무와 손실보상 업무(민간개발자인 경우에는 제54조제4항 단서에 따라 남은 사유지를 수용하거나 사용하는 경우만 해당한다)를 대통령령으로 정하는 바에 따라 관할 지방자치단체의 장에게 위탁할 수 있다.

제56조(관광지등 지정 등의 실효 및 취소 등)

① 제52조에 따라 관광지등으로 지정·고시된 관광지등에 대하여 그 고시일부터 2년 이내에 제54조제1항에 따른 조성계획의 승인신청이 없으면 그 고시일부터 2년이 지난 다음 날에 그 관광지등 지정은 효력을 상실한다. 제2항에 따라 조성계획의 효력이 상실된 관광지등에 대하여 그 조성계획의 효력이 상실된 날부터 2년 이내에 새로운 조성계획의 승인신청이 없는 경우에도 또한 같다.

② 제54조제1항에 따라 조성계획의 승인을 받은 관광지등 사업시행자(제55조제3항에 따른 조성사업을 하는 자를 포함한다)가 같은 조 제3항에 따라 조성계획의 승인고시일부터 2년 이내에 사업을 착수하지 아니하면 조성계획 승인고시일부터 2년이 지난 다음 날에 그 조성계획의 승인은 효력을 상실한다.

③ 시·도지사는 제54조제1항에 따라 조성계획 승인을 받은 민간개발자가 사업 중단 등으로 환경·미관을 크게 해치거나 제49조제2항제4호의2에 따른 관광지 및 관광단지의 실적 평가 결과 조성사업의 완료가 어렵다고 판단되는 경우에는 조성계획의 승인을 취소하거나 이의 개선을 명할 수 있다.

④ 시·도지사는 제1항과 제2항에도 불구하고 행정절차의 이행 등 부득이한 사유로 조성계획 승인신청 또는 사업 착수기한의 연장이 불가피하다고 인정되면 1년 이내의 범위에서 한 번만 그 기한을 연장할 수 있다.

⑤ 시·도지사는 제1항이나 제2항에 따라 지정 또는 승인의 효력이 상실된 경우 및 제3항에 따라 승인이 취소된 경우에는 지체 없이 그 사실을 고시하여야 한다.

제57조(공공시설의 우선 설치)

국가·지방자치단체 또는 사업시행자는 관광지등의 조성사업과 그 운영에 관련되는 도로, 전기, 상·하수도 등 공공시설을 우선하여 설치하도록 노력하여야 한다.

제57조의2(관광단지의 전기시설 설치)

① 관광단지에 전기를 공급하는 자는 관광단지 조성사업의 시행자가 요청하는 경우 관광단지에 전기를 공급하기 위한 전기간선시설(電氣幹線施設) 및 배전시설(配電施設)을 관광단지 조성계획에서 도시·군계획시설로 결정된 도로까지 설치하되, 구체적인 설치 범위는 대통령령으로 정한다.

② 제1항에 따라 관광단지에 전기를 공급하는 전기간선시설 및 배전시설의 설치비용은 전기를 공급하는 자가 부담한다. 다만, 관광단지 조성사업의 시행자·입주기업·지방자치단체 등의 요청에 의하여 전기간선시설 및 배전시설을 땅속에 설치하는 경우에는 전기를 공급하는 자와 땅속에 설치할 것을 요청하는 자가 각각 100분의 50의 비율로 설치비용을 부담한다.

제58조(인·허가 등의 의제)

① 제54조제1항에 따라 조성계획의 승인 또는 변경승인을 받거나 같은 조 제5항에 따라 특별자치시장 및 특별자치도지사가 조성계획을 수립한 경우 다음 각 호의 인·허가 등에 관하여 시·도지사가 인·허가 등의 관계 행정기관의 장과 미리 협의한 사항에 대해서는 해당 인·허가 등을 받거나 신고를 한 것으로 본다.

1. 「국토의 계획 및 이용에 관한 법률」 제30조에 따른 도시·군관리계획(같은 법 제2조제4호다목의 계획 중 대통령령으로 정하는 시설 및 같은 호 마목의 계획 중 같은 법 제51조에 따른 지구단위계획구역의 지정 계획 및 지구단위계획만 해당한다)의 결정, 같은 법 제32조제2항에 따른 지형도면의 승인, 같은 법 제36조에 따른 용도지역 중 도시지역이 아닌 지역의 계획관리지역 지정, 같은 법 제37조에 따른 용도지구 중 개발진흥지구의 지정, 같은 법 제56조에 따른 개발행위의 허가, 같은 법 제86조에 따른 도시·군계획시설사업 시행자의 지정 및 같은 법 제88조에 따른 실시계획의 인가

2. 「수도법」 제17조에 따른 일반수도사업의 인가 및 같은 법 제52조에 따른 전용 상수도 설치시설의 인가

3. 「하수도법」 제16조에 따른 공공하수도 공사시행 등의 허가

4. 「공유수면 관리 및 매립에 관한 법률」 제8조에 따른 공유수면 점용·사용허가, 같은 법 제17조에 따른 점용·사용 실시계획의 승인 또는 신고, 같은 법 제28조에 따른 공유수면의 매립면허, 같은 법 제35조에 따른 국가 등이 시행하는 매립의 협의 또는 승인 및 같은 법 제38조에 따른 공유수면매립실시계획의 승인

5. 삭제 [2010.4.15]

6. 「하천법」 제30조에 따른 하천공사 등의 허가 및 실시계획의 인가, 같은 법 제33조에 따른 점용허가 및 실시계획의 인가

7. 「도로법」 제36조에 따른 도로관리청이 아닌 자에 대한 도로공사 시행의 허가 및 같은 법 제61조에 따른 도로의 점용 허가

8. 「항만법」 제9조제2항에 따른 항만개발사업 시행의 허가 및 같은 법 제10조제2항에 따른 항만개발사업실시계획의 승인

9. 「사도법」 제4조에 따른 사도개설의 허가

10. 「산지관리법」 제14조·제15조에 따른 산지전용허가 및 산지전용신고, 같은 법 제15조의2에 따른 산지일시사용허가·신고, 「산림자원의 조성 및 관리에 관한 법률」 제36조제1항·제5항 및 제45조제1항·제2항에 따른 입목벌채 등의 허가와 신고

11. 「농지법」 제34조제1항에 따른 농지 전용허가

12. 「자연공원법」 제20조에 따른 공원사업 시행 및 공원시설관리의 허가와 같은 법 제23조에 따른 행위 허가

13. 「공익사업을 위한 토지 등의 취득 및 보상에 관한 법률」 제20조제1항에 따른 사업인정

14. 「초지법」 제23조에 따른 초지전용의 허가

15. 「사방사업법」 제20조에 따른 사방지 지정의 해제

16. 「장사 등에 관한 법률」 제8조제3항에 따른 분묘의 개장신고 및 같은 법 제27조에 따른 분묘의 개장허가

17. 「폐기물관리법」 제29조에 따른 폐기물 처리시설의 설치승인 또는 신고

18. 「온천법」 제10조에 따른 온천개발계획의 승인

19. 「건축법」 제11조에 따른 건축허가, 같은 법 제14조에 따른 건축신고, 같은 법 제20조에 따른 가설건축물 건축의 허가 또는 신고

20. 제15조제1항에 따른 관광숙박업 및 제15조제2항에 따른 관광객 이용시설업·국제회의업의 사업계획 승인. 다만, 제15조에 따른 사업계획의 작성자와 제55조제1항에 따른 조성사업의 사업시행자가 동일한 경우에 한한다.

21. 「체육시설의 설치·이용에 관한 법률」 제12조에 따른 등록 체육시설업의 사업계획 승인. 다만, 제15조에 따른 사업계획의 작성자와 제55조제1항에 따른 조성사업의 사업시행자가 동일한 경우에 한정한다.

22. 「유통산업발전법」 제8조에 따른 대규모점포의 개설등록

23. 「공간정보의 구축 및 관리 등에 관한 법률」 제86조제1항에 따른 사업의 착수·변경의 신고

② 시·도지사는 제1항 각 호의 인·허가 등이 포함되어 있는 조성계획을 승인·변경승인 또는 수립하려는 경우 미리 관계 행정기관의 장과 협의하여야 한다.

③ 제1항 및 제2항에서 규정한 사항 외에 인·허가 등 의제의 기준 및 효과 등에 관하여는 「행정기본법」 제24조부터 제26조까지를 준용한다.

제58조의2(준공검사)

① 사업시행자가 관광지등 조성사업의 전부 또는 일부를 완료한 때에는 대통령령으로 정하는 바에 따라 지체 없이 시·도지사에게 준공검사를 받아야 한다. 이 경우 시·도지사는 해당 준공검사 시행에 관하여 관계 행정기관의 장과 미리 협의하여야 한다.

② 사업시행자가 제1항에 따라 준공검사를 받은 경우에는 제58조제1항 각 호에 규정된 인·허가 등에 따른 해당 사업의 준공검사 또는 준공인가 등을 받은 것으로 본다.

제58조의3(공공시설 등의 귀속)

① 사업시행자가 조성사업의 시행으로 「국토의 계획 및 이용에 관한 법률」 제2조제13호에 따른 공공시설을 새로 설치하거나 기존의 공공시설에 대체되는 시설을 설치한 경우 그 귀속에 관하여는 같은 법 제65조를 준용한다. 이 경우 "행정청이 아닌 경우"는 "사업시행자인 경우"로 본다.

② 제1항에 따른 공공시설 등을 등기하는 경우에는 조성계획승인서와 준공검사증명서로써 「부동산등기법」의 등기원인을 증명하는 서면을 갈음할 수 있다.

③ 제1항에 따라 「국토의 계획 및 이용에 관한 법률」을 준용할 때 관리청이 불분명한 재산 중 도로·하천·도랑 등에 대하여는 국토교통부장관을, 그 밖의 재산에 대하여는 기획재정부장관을 관리청으로 본다.

제58조의3(공공시설 등의 귀속)

① 사업시행자가 조성사업의 시행으로 「국토의 계획 및 이용에 관한 법률」 제2조제13호에 따른 공공시설을 새로 설치하거나 기존의 공공시설에 대체되는 시설을 설치한 경우 그 귀속에 관하여는 같은 법 제65조를 준용한다. 이 경우 "행정청이 아닌 경우"는 "사업시행자인 경우"로 본다.

② 제1항에 따른 공공시설 등을 등기하는 경우에는 조성계획승인서와 준공검사증명서로써 「부동산등기법」의 등기원인을 증명하는 서면을 갈음할 수 있다.

③ 제1항에 따라 「국토의 계획 및 이용에 관한 법률」을 준용할 때 관리청이 불분명한 재산 중 도로·도랑 등에 대하여는 국토교통부장관을, 하천에 대하여는 환경부장관을, 그 밖의 재산에 대하여는 기획재정부장관을 관리청으로 본다.

제59조(관광지등의 처분)

① 사업시행자는 조성한 토지, 개발된 관광시설 및 지원시설의 전부 또는 일부를 매각하거나 임대하거나 타인에게 위탁하여 경영하게 할 수 있다.

② 제1항에 따라 토지·관광시설 또는 지원시설을 매수·임차하거나 그 경영을 수탁한 자는 그 토지나 관광시설 또는 지원시설에 관한 권리·의무를 승계한다.

제60조(「국토의 계획 및 이용에 관한 법률」의 준용)

조성계획의 수립, 조성사업의 시행 및 관광지등의 처분에 관하여는 이 법에 규정되어 있는 것 외에는 「국토의 계획 및 이용에 관한 법률」 제90조·제100조·제130조 및 제131조를 준용한다. 이 경우 "국토교통부장관 또는 시·도지사"는 "시·도지사"로, "실시계획"은 "조성계획"으로, "인가"는 "승인"으로, "도시·군계획시설사업의 시행지구"는 "관광지등"으로, "도시·군계획시설사업의 시행자"는 "사업시행자"로, "도시·군계획시설사업"은 "조성사업"으로, "국토교통부장관"은 "문화체육관광부장관"으로, "광역도시계획 또는 도시·군계획"은 "조성계획"으로 본다.

제61조(수용 및 사용)

① 사업시행자는 제55조에 따른 조성사업의 시행에 필요한 토지와 다음 각 호의 물건 또는 권리를 수용하거나 사용할 수 있다. 다만, 농업 용수권(用水權)이나 그 밖의 농지개량 시설을 수용 또는 사용하려는 경우에는 미리 농림축산식품부장관의 승인을 받아야 한다.

1. 토지에 관한 소유권 외의 권리

2. 토지에 정착한 입목이나 건물, 그 밖의 물건과 이에 관한 소유권 외의 권리

3. 물의 사용에 관한 권리

4. 토지에 속한 토석 또는 모래와 조약돌

② 제1항에 따른 수용 또는 사용에 관한 협의가 성립되지 아니하거나 협의를 할 수 없는 경우에는 사업시행자는 「공익사업을 위한 토지 등의 취득 및 보상에 관한 법률」 제28조 제1항에도 불구하고 조성사업 시행 기간에 재결(裁決)을 신청할 수 있다.

③ 제1항에 따른 수용 또는 사용의 절차, 그 보상 및 재결 신청에 관하여는 이 법에 규정되어 있는 것 외에는 「공익사업을 위한 토지 등의 취득 및 보상에 관한 법률」을 적용한다.

제62조 삭제 [2009.3.25]

제63조(선수금)

사업시행자는 그가 개발하는 토지 또는 시설을 분양받거나 시설물을 이용하려는 자로부터 그 대금의 전부 또는 일부를 대통령령으로 정하는 바에 따라 미리 받을 수 있다.

제64조(이용자 분담금 및 원인자 부담금)

① 사업시행자는 지원시설 건설비용의 전부 또는 일부를 대통령령으로 정하는 바에 따라 그 이용자에게 분담하게 할 수 있다.

② 지원시설 건설의 원인이 되는 공사 또는 행위가 있으면 사업시행자는 대통령령으로 정하는 바에 따라 그 공사 또는 행위의 비용을 부담하여야 할 자에게 그 비용의 전부 또는 일부를 부담하게 할 수 있다.

③ 사업시행자는 관광지등의 안에 있는 공동시설의 유지·관리 및 보수에 드는 비용의 전부 또는 일부를 대통령령으로 정하는 바에 따라 관광지등에서 사업을 경영하는 자에게 분담하게 할 수 있다.

제64조의2(분담금 부과 처분 등에 대한 이의신청 특례)

① 사업시행자는 제64조제1항에 따른 분담금 또는 같은 조 제2항에 따른 부담금 부과에 대한 이의신청을 받으면 그 신청을 받은 날부터 15일 이내에 이를 심의하여 그 결과를 신청인에게 서면으로 통지하여야 한다.

② 제1항에서 규정한 사항 외에 처분에 대한 이의신청에 관한 사항은 「행정기본법」 제36조(제2항 단서는 제외한다)에 따른다.

제65조(강제징수)

① 제64조에 따라 이용자 분담금·원인자 부담금 또는 유지·관리 및 보수에 드는 비용을 내야 할 의무가 있는 자가 이를 이행하지 아니하면 사업시행자는 대통령령으로 정하는 바에 따라 그 지역을 관할하는 특별자치시장·특별자치도지사·시장·군수·구청장에게 그 징수를 위탁할 수 있다.

② 제1항에 따라 징수를 위탁받은 특별자치시장·특별자치도지사·시장·군수·구청장은 지방세 체납처분의 예에 따라 이를 징수할 수 있다. 이 경우 특별자치시장·특별자치도지사·시장·군수·구청장에게 징수를 위탁한 자는 특별자치시장·특별자치도지사·시장·군수·구청장이 징수한 금액의 100분의 10에 해당하는 금액을 특별자치시·특별자치도·시·군·구에 내야 한다.

제66조(이주대책)

① 사업시행자는 조성사업의 시행에 따른 토지·물건 또는 권리를 제공함으로써 생활의 근거를 잃게 되는 자를 위하여 대통령령으로 정하는 내용이 포함된 이주대책을 수립·실시하여야 한다.

② 제1항에 따른 이주대책의 수립에 관하여는 「공익사업을 위한 토지 등의 취득 및 보상에 관한 법률」 제78조제2항·제3항과 제81조를 준용한다.

제67조(입장료 등의 징수와 사용)

① 관광지등에서 조성사업을 하거나 건축, 그 밖의 시설을 한 자는 관광지등에 입장하는 자로부터 입장료를 징수할 수 있고, 관광시설을 관람하거나 이용하는 자로부터 관람료나 이용료를 징수할 수 있다.

② 제1항에 따른 입장료·관람료 또는 이용료의 징수 대상의 범위와 그 금액은 관광지등이 소재하는 지방자치단체의 조례로 정한다.

③ 지방자치단체는 제1항에 따라 입장료·관람료 또는 이용료를 징수하면 이를 관광지등의 보존·관리와 그 개발에 필요한 비용에 충당하여야 한다.

④ 지방자치단체는 지역관광 활성화를 위하여 관광지등에서 조성사업을 하거나 건축, 그 밖의 시설을 한 자(국가 또는 지방자치단체는 제외한다)가 제1항에 따라 징수한 입장료·관람료 또는 이용료를 「지역사랑상품권 이용 활성화에 관한 법률」 제2조제1호에 따른 지역사랑상품권을 활용하여 관광객에게 환급하는 경우 조례로 정하는 바에 따라 환급한 입장료·관람료 또는 이용료의 전부 또는 일부에 해당하는 비용을 지원할 수 있다.

제68조 삭제 [2009.3.25]

제69조(관광지등의 관리)

① 사업시행자는 관광지등의 관리·운영에 필요한 조치를 하여야 한다.

② 사업시행자는 필요하면 관광사업자 단체 등에 관광지등의 관리·운영을 위탁할 수 있다.

제2절 관광특구

제70조(관광특구의 지정)

① 관광특구는 다음 각 호의 요건을 모두 갖춘 지역 중에서 시장·군수·구청장의 신청(특별자치시 및 특별자치도의 경우는 제외한다)에 따라 시·도지사가 지정한다. 이 경우 관광특구로 지정하려는 대상지역이 같은 시·도 내에서 둘 이상의 시·군·구에 걸쳐 있는 경우에는 해당 시장·군수·구청장이 공동으로 지정을 신청하여야 하고, 둘 이상의 시·도에 걸쳐 있는 경우에는 해당 시장·군수·구청장이 공동으로 지정을 신청하고 해당 시·도지사가 공동으로 지정하여야 한다.

1. 외국인 관광객 수가 대통령령으로 정하는 기준 이상일 것

2. 문화체육관광부령으로 정하는 바에 따라 관광안내시설, 공공편익시설 및 숙박시설 등이 갖추어져 외국인 관광객의 관광수요를 충족시킬 수 있는 지역일 것

3. 관광활동과 직접적인 관련성이 없는 토지의 비율이 대통령령으로 정하는 기준을 초과하지 아니할 것

4. 제1호부터 제3호까지의 요건을 갖춘 지역이 서로 분리되어 있지 아니할 것

② 제1항 각 호 외의 부분 전단에도 불구하고 「지방자치법」 제198조제2항제1호에 따른 인구 100만 이상 대도시(이하 "특례시"라 한다)의 시장은 관할 구역 내에서 제1항 각 호의 요건을 모두 갖춘 지역을 관광특구로 지정할 수 있다.

③ 관광특구의 지정·취소·면적변경 및 고시에 관하여는 제52조제2항·제3항·제5항 및 제6항을 준용한다. 이 경우 "시·도지사"는 "시·도지사 또는 특례시의 시장"으로 본다.

제70조의2(관광특구 지정을 위한 조사·분석)

제70조제1항 및 제2항에 따라 시·도지사 또는 특례시의 시장이 관광특구를 지정하려는 경우에는 같은 조 제1항 각 호의 요건을 갖추었는지 여부와 그 밖에 관광특구의 지정에 필요한 사항을 검토하기 위하여 대통령령으로 정하는 전문기관에 조사·분석을 의뢰하여야 한다.

제71조(관광특구의 진흥계획)

① 특별자치시장·특별자치도지사·시장·군수·구청장은 관할 구역 내 관광특구를 방문하는 외국인 관광객의 유치 촉진 등을 위하여 관광특구진흥계획을 수립하고 시행하여야 한다.

② 제1항에 따른 관광특구진흥계획에 포함될 사항 등 관광특구진흥계획의 수립·시행에 필요한 사항은 대통령령으로 정한다.

제72조(관광특구에 대한 지원)

① 국가나 지방자치단체는 관광특구를 방문하는 외국인 관광객의 관광 활동을 위한 편의 증진 등 관광특구 진흥을 위하여 필요한 지원을 할 수 있다.

② 문화체육관광부장관은 관광특구를 방문하는 관광객의 편리한 관광 활동을 위하여 관광특구 안의 문화·체육·숙박·상가·교통·주차시설로서 관광객 유치를 위하여 특히 필요하다고 인정되는 시설에 대하여 「관광진흥개발기금법」에 따라 관광진흥개발기금을 대여하거나 보조할 수 있다.

제73조(관광특구에 대한 평가 등)

① 시·도지사 또는 특례사의 시장은 대통령령으로 정하는 바에 따라 제71조에 따른 관광특구진흥계획의 집행 상황을 평가하고, 우수한 관광특구에 대하여는 필요한 지원을 할 수 있다.

② 시·도지사 또는 특례사의 시장은 제1항에 따른 평가 결과 제70조에 따른 관광특구 지정 요건에 맞지 아니하거나 추진 실적이 미흡한 관광특구에 대하여는 대통령령으로 정하는 바에 따라 관광특구의 지정취소·면적조정·개선권고 등 필요한 조치를 하여야 한다.

③ 문화체육관광부장관은 관광특구의 활성화를 위하여 관광특구에 대한 평가를 3년마다 실시하여야 한다.

④ 문화체육관광부장관은 제3항에 따른 평가 결과 우수한 관광특구에 대하여는 필요한 지원을 할 수 있다.

⑤ 문화체육관광부장관은 제3항에 따른 평가 결과 제70조에 따른 관광특구 지정 요건에 맞지 아니하거나 추진 실적이 미흡한 관광특구에 대하여는 대통령령으로 정하는 바에 따라 해당 시·도지사 또는 특례사의 시장에게 관광특구의 지정취소·면적조정·개선권고 등 필요한 조치를 할 것을 요구할 수 있다.

⑥ 제3항에 따른 평가의 내용, 절차 및 방법 등에 필요한 사항은 대통령령으로 정한다.

제74조(다른 법률에 대한 특례)

① 관광특구 안에서는 「식품위생법」 제43조에 따른 영업제한에 관한 규정을 적용하지 아니한다.

② 관광특구 안에서 대통령령으로 정하는 관광사업자는 「건축법」 제43조에도 불구하고 연간 180일 이내의 기간 동안 해당 지방자치단체의 조례로 정하는 바에 따라 공개 공지(空地: 공터)를 사용하여 외국인 관광객을 위한 공연 및 음식을 제공할 수 있다. 다만, 울타리를 설치하는 등 공중(公衆)이 해당 공개 공지를 사용하는 데에 지장을 주는 행위를 하여서는 아니 된다.

③ 관광특구 관할 지방자치단체의 장은 관광특구의 진흥을 위하여 필요한 경우에는 시·도경찰청장 또는 경찰서장에게 「도로교통법」 제2조에 따른 차마(車馬) 또는 노면전차의 도로통행 금지 또는 제한 등의 조치를 하여줄 것을 요청할 수 있다. 이 경우 요청받은 시·도경찰청장 또는 경찰서장은 「도로교통법」 제6조에도 불구하고 특별한 사유가 없으면 지체 없이 필요한 조치를 하여야 한다.

제6장 보칙

제75조 삭제 [2007.7.19]

제76조(재정지원)

① 문화체육관광부장관은 관광에 관한 사업을 하는 지방자치단체, 관광사업자 단체 또는 관광사업자에게 대통령령으로 정하는 바에 따라 보조금을 지급할 수 있다.

② 지방자치단체는 그 관할 구역 안에서 관광에 관한 사업을 하는 관광사업자 단체 또는 관광사업자에게 조례로 정하는 바에 따라 보조금을 지급할 수 있다.

③ 국가 및 지방자치단체는 「국유재산법」, 「공유재산 및 물품 관리법」, 그 밖의 다른 법령에도 불구하고 관광지등의 사업시행자에 대하여 국유·공유 재산의 임대료를 대통령령으로 정하는 바에 따라 감면할 수 있다.

제76조의2(감염병 확산 등에 따른 지원)

국가와 지방자치단체는 감염병 확산 등으로 관광사업자에게 경영상 중대한 위기가 발생한 경우 필요한 지원을 할 수 있다.

제77조(청문)

관할 등록기관등의 장은 다음 각 호의 어느 하나에 해당하는 처분을 하려면 청문을 하여야 한다.

1. 제13조의2에 따른 국외여행 인솔자 자격의 취소

2. 제24조제2항·제31조제2항 또는 제35조제1항에 따른 관광사업의 등록등이나 사업계획승인의 취소

3. 제40조에 따른 관광종사원 자격의 취소

4. 제48조의11에 따른 한국관광 품질인증의 취소

5. 제56조 제3항에 따른 조성계획 승인의 취소

6. 제80조제5항에 따른 카지노기구의 검사 등의 위탁 취소

제78조(보고·검사)

① 지방자치단체의 장은 문화체육관광부령으로 정하는 바에 따라 관광진흥정책의 수립·집행에 필요한 사항과 그 밖에 이 법의 시행에 필요한 사항을 문화체육관광부장관에게 보고하여야 한다.

② 관할 등록기관등의 장은 관광진흥시책의 수립·집행 및 이 법의 시행을 위하여 필요하면 관광사업자 단체 또는 관광사업자에게 그 사업에 관한 보고를 하게 하거나 서류를 제출하도록 명할 수 있다.

③ 관할 등록기관등의 장은 관광진흥시책의 수립·집행 및 이 법의 시행을 위하여 필요하다고 인정하면 소속 공무원에게 관광사업자 단체 또는 관광사업자의 사무소·사업장 또는 영업소 등에 출입하여 장부·서류나 그 밖의 물건을 검사하게 할 수 있다.

④ 제3항의 경우 해당 공무원은 그 권한을 표시하는 증표를 지니고 이를 관계인에게 내보여야 한다.

제79조(수수료)

다음 각 호의 어느 하나에 해당하는 자는 문화체육관광부령으로 정하는 바에 따라 수수료를 내야 한다.

1. 제4조제1항 및 제4항에 따라 여행업, 관광숙박업, 관광객 이용시설업 및 국제회의업의 등록 또는 변경등록을 신청하는 자

2. 제5조제1항 및 제3항에 따라 카지노업의 허가 또는 변경허가를 신청하는 자

3. 제5조제2항부터 제4항까지의 규정에 따라 유원시설업의 허가 또는 변경허가를 신청하거나 유원시설업의 신고 또는 변경신고를 하는 자

4. 제6조에 따라 관광 편의시설업 지정을 신청하는 자

5. 제8조제4항 및 제6항에 따라 지위 승계를 신고하는 자

6. 제15조제1항 및 제2항에 따라 관광숙박업, 관광객 이용시설업 및 국제회의업에 대한 사업계획의 승인 또는 변경승인을 신청하는 자

7. 제19조에 따라 관광숙박업의 등급 결정을 신청하는 자

8. 제23조제2항에 따라 카지노시설의 검사를 받으려는 자

9. 제25조제2항에 따라 카지노기구의 검정을 받으려는 자

10. 제25조제3항에 따라 카지노기구의 검사를 받으려는 자

11. 제33조제1항에 따라 안전성검사 또는 안전성검사 대상에 해당되지 아니함을 확인하는 검사를 받으려는 자

12. 제38조제2항에 따라 관광종사원 자격시험에 응시하려는 자

13. 제38조제2항에 따라 관광종사원의 등록을 신청하는 자

14. 제38조제4항에 따라 관광종사원 자격증의 재교부를 신청하는 자

15. 삭제 [2018.12.11]

16. 제48조의10에 따라 한국관광 품질인증을 받으려는 자

제80조(권한의 위임·위탁 등)

① 이 법에 따른 문화체육관광부장관의 권한은 대통령령으로 정하는 바에 따라 그 일부를 시·도지사에게 위임할 수 있다.

② 시·도지사(특별자치시장은 제외한다)는 제1항에 따라 문화체육관광부장관으로부터 위임받은 권한의 일부를 문화체육관광부장관의 승인을 받아 시장(「제주특별자치도 설치 및 국제자유도시 조성을 위한 특별법」 제11조제2항에 따른 행정시장을 포함한다)·군수·구청장에게 재위임할 수 있다.

③ 문화체육관광부장관 또는 시·도지사 및 시장·군수·구청장은 다음 각 호의 권한의 전부 또는 일부를 대통령령으로 정하는 바에 따라 한국관광공사, 협회, 지역별·업종별 관광협회 및 대통령령으로 정하는 전문 연구·검사기관, 자격검정기관이나 교육기관에 위탁할 수 있다.

1. 제6조에 따른 관광 편의시설업의 지정 및 제35조에 따른 지정 취소

1의2. 제13조제2항 및 제3항에 따른 국외여행 인솔자의 등록 및 자격증 발급

2. 제19조제1항에 따른 관광숙박업의 등급 결정

2의2. 삭제 [2018.3.13]

3. 제25조제3항에 따른 카지노기구의 검사

4. 제33조제1항에 따른 안전성검사 또는 안전성검사 대상에 해당되지 아니함을 확인하는 검사

4의2. 제33조제3항에 따른 안전관리자의 안전교육

5. 제38조제2항에 따른 관광종사원 자격시험 및 등록

6. 제47조의7에 따른 사업의 수행

6의2. 제47조의8제2항에 따른 사업의 수행

7. 제48조의6제1항에 따른 문화관광해설사 양성을 위한 교육과정의 개설·운영

8. 제48조의10 및 제48조의11에 따른 한국관광 품질인증 및 그 취소

9. 제73조제3항에 따른 관광특구에 대한 평가

④ 제3항에 따라 위탁받은 업무를 수행하는 한국관광공사, 협회, 지역별·업종별 관광협회 및 전문 연구·검사기관이나 자격검정기관의 임원 및 직원과 제23조제2항·제25조제2항에 따라 검사기관의 검사·검정 업무를 수행하는 임원 및 직원은 「형법」 제129조부터 제132조까지의 규정을 적용하는 경우 공무원으로 본다.

⑤ 문화체육관광부장관 또는 특별자치시장·특별자치도지사·시장·군수·구청장은 제3항제3호 및 제4호에 따른 검사에 관한 권한을 위탁받은 자가 다음 각 호의 어느 하나에 해당하면 그 위탁을 취소하거나 6개월 이내의 기간을 정하여 업무의 전부 또는 일부의 정지를 명하거나 업무의 개선을 명할 수 있다. 다만, 제1호에 해당하는 경우에는 그 위탁을 취소하여야 한다.

1. 거짓이나 그 밖의 부정한 방법으로 위탁사업자로 선정된 경우
2. 거짓이나 그 밖의 부정한 방법으로 제25조제3항 또는 제33조제1항에 따른 검사를 수행한 경우
3. 정당한 사유 없이 검사를 수행하지 아니한 경우
4. 문화체육관광부령으로 정하는 위탁 요건을 충족하지 못하게 된 경우

⑥ 제5항에 따른 위탁 취소, 업무 정지의 기준 및 절차 등에 필요한 사항은 문화체육관광부령으로 정한다.

제7장 벌칙

제81조(벌칙)

다음 각 호의 어느 하나에 해당하는 자는 5년 이하의 징역 또는 5천만원 이하의 벌금에 처한다. 이 경우 징역과 벌금은 병과(倂科)할 수 있다.

1. 제5조제1항에 따른 카지노업의 허가를 받지 아니하고 카지노업을 경영한 자
2. 제28조제1항제1호 또는 제2호를 위반한 자

제82조(벌칙)

다음 각 호의 어느 하나에 해당하는 자는 3년 이하의 징역 또는 3천만원 이하의 벌금에 처한다. 이 경우 징역과 벌금은 병과할 수 있다.

1. 제4조제1항에 따른 등록을 하지 아니하고 여행업·관광숙박업(제15조제1항에 따라 사업계획의 승인을 받은 관광숙박업만 해당한다)·국제회의업 및 제3조제1항제3호나목의 관광객 이용시설업을 경영한 자
2. 제5조제2항에 따른 허가를 받지 아니하고 유원시설업을 경영한 자
3. 제20조제1항 및 제2항을 위반하여 시설을 분양하거나 회원을 모집한 자
4. 제33조의2제3항에 따른 사용중지 등의 명령을 위반한 자

제83조(벌칙)

① 다음 각 호의 어느 하나에 해당하는 카지노사업자(제28조제1항 본문에 따른 종사원을 포함한다)는 2년 이하의 징역 또는 2천만원 이하의 벌금에 처한다. 이 경우 징역과 벌금은 병과할 수 있다.

1. 제5조제3항에 따른 변경허가를 받지 아니하거나 변경신고를 하지 아니하고 영업을 한 자
2. 제8조제4항을 위반하여 지위승계신고를 하지 아니하고 영업을 한 자
3. 제11조제1항을 위반하여 관광사업의 시설 중 부대시설 외의 시설을 타인에게 경영하게 한 자
4. 제23조제2항에 따른 검사를 받아야 하는 시설을 검사를 받지 아니하고 이를 이용하여 영업을 한 자
5. 제25조제3항에 따른 검사를 받지 아니하거나 검사 결과 공인기준등에 맞지 아니한 카지노기구를 이용하여 영업을 한 자
6. 제25조제4항에 따른 검사합격증명서를 훼손하거나 제거한 자
7. 제28조제1항제3호부터 제8호까지의 규정을 위반한 자
8. 제35조제1항 본문에 따른 사업정지처분을 위반하여 사업정지 기간에 영업을 한 자

9. 제35조제1항 본문에 따른 개선명령을 위반한 자

10. 제35조제1항제19호를 위반한 자

11. 제78조제2항에 따른 보고 또는 서류의 제출을 하지 아니하거나 거짓으로 보고를 한 자나 같은 조 제3항에 따른 관계 공무원의 출입·검사를 거부·방해하거나 기피한 자

② 제4조제1항에 따른 등록을 하지 아니하고 야영장업을 경영한 자는 2년 이하의 징역 또는 2천만원 이하의 벌금에 처한다. 이 경우 징역과 벌금은 병과할 수 있다.

제84조(벌칙)

다음 각 호의 어느 하나에 해당하는 자는 1년 이하의 징역 또는 1천만원 이하의 벌금에 처한다.

1. 제5조제3항에 따른 유원시설업의 변경허가를 받지 아니하거나 변경신고를 하지 아니하고 영업을 한 자

2. 제5조제4항 전단에 따른 유원시설업의 신고를 하지 아니하고 영업을 한 자

2의2. 제13조제4항을 위반하여 자격증을 빌려주거나 빌린 자 또는 이를 알선한 자

2의3. 거짓이나 그 밖의 부정한 방법으로 제25조제3항 또는 제33조제1항에 따른 검사를 수행한 자

3. 제33조를 위반하여 안전성검사를 받지 아니하고 유기시설 또는 유기기구를 설치한 자

3의2. 거짓이나 그 밖의 부정한 방법으로 제33조제1항에 따른 검사를 받은 자

4. 제34조제2항을 위반하여 유기시설·유기기구 또는 유기기구의 부분품(部分品)을 설치하거나 사용한 자

4의2. 제35조제1항제14호에 해당되어 관할 등록기관등의 장이 내린 명령을 위반한 자

5. 제35조제1항제20호에 해당되어 관할 등록기관등의 장이 내린 개선명령을 위반한 자

5의2. 제38조제8항을 위반하여 자격증을 빌려주거나 빌린 자 또는 이를 알선한 자

5의3. 제52조의2제1항에 따른 허가 또는 변경허가를 받지 아니하고 같은 항에 규정된 행위를 한 자

5의4. 제52조의2제1항에 따른 허가 또는 변경허가를 거짓이나 그 밖의 부정한 방법으로 받은 자

5의5. 제52조의2제4항에 따른 원상회복명령을 이행하지 아니한 자

6. 제55조제3항을 위반하여 조성사업을 한 자

제85조(양벌규정)

법인의 대표자나 법인 또는 개인의 대리인, 사용인, 그 밖의 종업원이 그 법인 또는 개인의 업무에 관하여 제81조부터 제84조까지의 어느 하나에 해당하는 위반행위를 하면 그 행위자를 벌하는 외에 그 법인 또는 개인에게도 해당 조문의 벌금형을 과(科)한다. 다만, 법인 또는 개인이 그 위반행위를 방지하기 위하여 해당 업무에 관하여 상당한 주의와 감독을 게을리하지 아니한 경우에는 그러하지 아니하다.

제86조(과태료)

① 다음 각 호의 어느 하나에 해당하는 자에게는 500만원 이하의 과태료를 부과한다.

1. 제33조의2제1항에 따른 통보를 하지 아니한 자

2. 제38조제6항을 위반하여 관광통역안내를 한 자

② 다음 각 호의 어느 하나에 해당하는 자에게는 100만원 이하의 과태료를 부과한다.

2. 제10조제3항을 위반한 자

4. 제28조제2항 전단을 위반하여 영업준칙을 지키지 아니한 자

4의2. 제33조제3항을 위반하여 안전교육을 받지 아니한 자

4의3. 제33조제4항을 위반하여 안전관리자에게 안전교육을 받도록 하지 아니한 자

4의5. 제38조제7항을 위반하여 자격증을 달지 아니한 자

6. 제48조의10제3항을 위반하여 인증표지 또는 이와 유사한 표지를 하거나 한국관광 품질인증을 받은 것으로 홍보한 자

③ 제1항 및 제2항에 따른 과태료는 대통령령으로 정하는 바에 따라 관할 등록기관등의 장이 부과·징수한다.

부 칙[2023.10.31 제19793호]

이 법은 공포한 후 6개월이 경과한 날부터 시행한다.

4. 국제회의산업 육성에 관한 법률

[법률 제19411호, 2023.5.16, 일부개정]

제1조(목적)

이 법은 국제회의의 유치를 촉진하고 그 원활한 개최를 지원하여 국제회의산업을 육성·진흥함으로써 관광산업의 발전과 국민경제의 향상 등에 이바지함을 목적으로 한다.

제2조(정의)

이 법에서 사용하는 용어의 뜻은 다음과 같다.

1. "국제회의"란 상당수의 외국인이 참가하는 회의(세미나·토론회·전시회·기업회의 등을 포함한다)로서 대통령령으로 정하는 종류와 규모에 해당하는 것을 말한다.
2. "국제회의산업"이란 국제회의의 유치와 개최에 필요한 국제회의시설, 서비스 등과 관련된 산업을 말한다.
3. "국제회의시설"이란 국제회의의 개최에 필요한 회의시설, 전시시설 및 이와 관련된 지원시설·부대시설 등으로서 대통령령으로 정하는 종류와 규모에 해당하는 것을 말한다.
4. "국제회의도시"란 국제회의산업의 육성·진흥을 위하여 제14조에 따라 지정된 특별시·광역시 또는 시를 말한다.
5. "국제회의 전담조직"이란 국제회의산업의 진흥을 위하여 각종 사업을 수행하는 조직을 말한다.
6. "국제회의산업 육성기반"이란 국제회의시설, 국제회의 전문인력, 전자국제회의체제, 국제회의 정보 등 국제회의의 유치·개최를 지원하고 촉진하는 시설, 인력, 체제, 정보 등을 말한다.
7. "국제회의복합지구"란 국제회의시설 및 국제회의집적시설이 집적되어 있는 지역으로서 제15조의2에 따라 지정된 지역을 말한다.
8. "국제회의집적시설"이란 국제회의복합지구 안에서 국제회의시설의 집적화 및 운영 활성화에 기여하는 숙박시설, 판매시설, 공연장 등 대통령령으로 정하는 종류와 규모에 해당하는 시설로서 제15조의3에 따라 지정된 시설을 말한다.

제3조(국가의 책무)

① 국가는 국제회의산업의 육성·진흥을 위하여 필요한 계획의 수립 등 행정상·재정상의 지원조치를 강구하여야 한다.

② 제1항에 따른 지원조치에는 국제회의 참가자가 이용할 숙박시설, 교통시설 및 관광 편의시설 등의 설치·확충 또는 개선을 위하여 필요한 사항이 포함되어야 한다.

제4조 삭제 <2009.3.18>

제5조(국제회의 전담조직의 지정 및 설치)

① 문화체육관광부장관은 국제회의산업의 육성을 위하여 필요하면 국제회의 전담조직 (이하 "전담조직"이라 한다)을 지정할 수 있다.

② 국제회의시설을 보유·관할하는 지방자치단체의 장은 국제회의 관련 업무를 효율적으로 추진하기 위하여 필요하다고 인정하면 전담조직을 설치·운영할 수 있으며, 그에 필요한 비용의 전부 또는 일부를 지원할 수 있다.

③ 전담조직의 지정·설치 및 운영 등에 필요한 사항은 대통령령으로 정한다.

제6조(국제회의산업육성기본계획의 수립 등)

① 문화체육관광부장관은 국제회의산업의 육성·진흥을 위하여 다음 각 호의 사항이 포함되는 국제회의산업육성기본계획(이하 "기본계획"이라 한다)을 5년마다 수립·시행하여야 한다.

1. 국제회의의 유치와 촉진에 관한 사항
2. 국제회의의 원활한 개최에 관한 사항
3. 국제회의에 필요한 인력의 양성에 관한 사항
4. 국제회의시설의 설치와 확충에 관한 사항
5. 국제회의시설의 감염병 등에 대한 안전·위생·방역 관리에 관한 사항
6. 국제회의산업 진흥을 위한 제도 및 법령 개선에 관한 사항
7. 그 밖에 국제회의산업의 육성·진흥에 관한 중요 사항

② 문화체육관광부장관은 기본계획에 따라 연도별 국제회의산업육성시행계획을 수립·시행하여야 한다.

③ 문화체육관광부장관은 기본계획 및 시행계획의 효율적인 달성을 위하여 관계 중앙행정기관의 장, 지방자치단체의 장 및 국제회의산업 육성과 관련된 기관의 장에게 필요한 자료 또는 정보의 제공, 의견의 제출 등을 요청할 수 있다. 이 경우 요청을 받은 자는 정당한 사유가 없으면 이에 따라야 한다.

④ 문화체육관광부장관은 기본계획의 추진실적을 평가하고, 그 결과를 기본계획의 수립에 반영하여야 한다.

⑤ 기본계획·시행계획의 수립 및 추진실적 평가의 방법·내용 등에 필요한 사항은 대통령령으로 정한다.

제7조(국제회의 유치·개최 지원)

① 문화체육관광부장관은 국제회의의 유치를 촉진하고 그 원활한 개최를 위하여 필요하다고 인정하면 국제회의를 유치하거나 개최하는 자에게 지원을 할 수 있다.

② 제1항에 따른 지원을 받으려는 자는 문화체육관광부령으로 정하는 바에 따라 문화체육관광부장관에게 그 지원을 신청하여야 한다.

제8조(국제회의산업 육성기반의 조성)

① 문화체육관광부장관은 국제회의산업 육성기반을 조성하기 위하여 관계 중앙행정기관의 장과 협의하여 다음 각 호의 사업을 추진하여야 한다.

1. 국제회의시설의 건립
2. 국제회의 전문인력의 양성
3. 국제회의산업 육성기반의 조성을 위한 국제협력
4. 인터넷 등 정보통신망을 통하여 수행하는 전자국제회의 기반의 구축
5. 국제회의산업에 관한 정보와 통계의 수집·분석 및 유통
6. 국제회의 기업 육성 및 서비스 연구개발
7. 그 밖에 국제회의산업 육성기반의 조성을 위하여 필요하다고 인정되는 사업으로서 대통령령으로 정하는 사업

② 문화체육관광부장관은 다음 각 호의 기관·법인 또는 단체(이하 "사업시행기관"이라 한다) 등으로 하여금 국제회의산업 육성기반의 조성을 위한 사업을 실시하게 할 수 있다.

1. 제5조제1항 및 제2항에 따라 지정·설치된 전담조직
2. 제14조제1항에 따라 지정된 국제회의도시
3. 「한국관광공사법」에 따라 설립된 한국관광공사
4. 「고등교육법」에 따른 대학·산업대학 및 전문대학
5. 그 밖에 대통령령으로 정하는 법인·단체

제9조(국제회의시설의 건립 및 운영 촉진 등)

문화체육관광부장관은 국제회의시설의 건립 및 운영 촉진 등을 위하여 사업시행기관이 추진하는 다음 각 호의 사업을 지원할 수 있다.

1. 국제회의시설의 건립
2. 국제회의시설의 운영
3. 그 밖에 국제회의시설의 건립 및 운영 촉진을 위하여 필요하다고 인정하는 사업으로서 문화체육관광부령으로 정하는 사업

제10조(국제회의 전문인력의 교육·훈련 등)

문화체육관광부장관은 국제회의 전문인력의 양성 등을 위하여 사업시행기관이 추진하는 다음 각 호의 사업을 지원할 수 있다.

1. 국제회의 전문인력의 교육·훈련
2. 국제회의 전문인력 교육과정의 개발·운영
3. 그 밖에 국제회의 전문인력의 교육·훈련과 관련하여 필요한 사업으로서 문화체육관광부령으로 정하는 사업

제11조(국제협력의 촉진)

문화체육관광부장관은 국제회의산업 육성기반의 조성과 관련된 국제협력을 촉진하기 위하여 사업시행기관이 추진하는 다음 각 호의 사업을 지원할 수 있다.

1. 국제회의 관련 국제협력을 위한 조사·연구
2. 국제회의 전문인력 및 정보의 국제 교류
3. 외국의 국제회의 관련 기관·단체의 국내 유치
4. 그 밖에 국제회의 육성기반의 조성에 관한 국제협력을 촉진하기 위하여 필요한 사업으로서 문화체육관광부령으로 정하는 사업

제12조(전자국제회의 기반의 확충)

① 정부는 전자국제회의 기반을 확충하기 위하여 필요한 시책을 강구하여야 한다.
② 문화체육관광부장관은 전자국제회의 기반의 구축을 촉진하기 위하여 사업시행기관이 추진하는 다음 각 호의 사업을 지원할 수 있다.

1. 인터넷 등 정보통신망을 통한 사이버 공간에서의 국제회의 개최
2. 전자국제회의 개최를 위한 관리체제의 개발 및 운영
3. 그 밖에 전자국제회의 기반의 구축을 위하여 필요하다고 인정하는 사업으로서 문화체육관광부령으로 정하는 사업

제13조(국제회의 정보의 유통 촉진)

① 정부는 국제회의 정보의 원활한 공급·활용 및 유통을 촉진하기 위하여 필요한 시책을 강구하여야 한다.
② 문화체육관광부장관은 국제회의 정보의 공급·활용 및 유통을 촉진하기 위하여 사업시행기관이 추진하는 다음 각 호의 사업을 지원할 수 있다.

1. 국제회의 정보 및 통계의 수집·분석
2. 국제회의 정보의 가공 및 유통

3. 국제회의 정보망의 구축 및 운영

4. 그 밖에 국제회의 정보의 유통 촉진을 위하여 필요한 사업으로 문화체육관광부령으로 정하는 사업

③ 문화체육관광부장관은 국제회의 정보의 공급·활용 및 유통을 촉진하기 위하여 필요하면 문화체육관광부령으로 정하는 바에 따라 관계 행정기관과 국제회의 관련 기관·단체 또는 기업에 대하여 국제회의 정보의 제출을 요청하거나 국제회의 정보를 제공할 수 있다.

제14조(국제회의도시의 지정 등)

① 문화체육관광부장관은 대통령령으로 정하는 국제회의도시 지정기준에 맞는 특별시·광역시 및 시를 국제회의도시로 지정할 수 있다.

② 문화체육관광부장관은 국제회의도시를 지정하는 경우 지역 간의 균형적 발전을 고려하여야 한다.

③ 문화체육관광부장관은 국제회의도시가 제1항에 따른 지정기준에 맞지 아니하게 된 경우에는 그 지정을 취소할 수 있다.

④ 문화체육관광부장관은 제1항과 제3항에 따른 국제회의도시의 지정 또는 지정취소를 한 경우에는 그 내용을 고시하여야 한다.

⑤ 제1항과 제3항에 따른 국제회의도시의 지정 및 지정취소 등에 필요한 사항은 대통령령으로 정한다.

제15조(국제회의도시의 지원)

문화체육관광부장관은 제14조제1항에 따라 지정된 국제회의도시에 대하여는 다음 각 호의 사업에 우선 지원할 수 있다.

1. 국제회의도시에서의 「관광진흥개발기금법」 제5조의 용도에 해당하는 사업

2. 제16조제2항 각 호의 어느 하나에 해당하는 사업

제15조의2 (국제회의복합지구의 지정 등)

① 특별시장·광역시장·특별자치시장·도지사·특별자치도지사(이하 "시·도지사"라 한다)는 국제회의산업의 진흥을 위하여 필요한 경우에는 관할구역의 일정 지역을 국제회의복합지구로 지정할 수 있다.

② 시·도지사는 국제회의복합지구를 지정할 때에는 국제회의복합지구 육성·진흥계획을 수립하여 문화체육관광부장관의 승인을 받아야 한다. 대통령령으로 정하는 중요한 사항을 변경할 때에도 또한 같다.

③ 시·도지사는 제2항에 따른 국제회의복합지구 육성·진흥계획을 시행하여야 한다.

④ 시·도지사는 사업의 지연, 관리 부실 등의 사유로 지정목적을 달성할 수 없는 경우 국제회의복합지구 지정을 해제할 수 있다. 이 경우 문화체육관광부장관의 승인을 받아야 한다.

⑤ 시·도지사는 제1항 및 제2항에 따라 국제회의복합지구를 지정하거나 지정을 변경한 경우 또는 제4항에 따라 지정을 해제한 경우 대통령령으로 정하는 바에 따라 그 내용을 공고하여야 한다.

⑥ 제1항에 따라 지정된 국제회의복합지구는 「관광진흥법」 제70조에 따른 관광특구로 본다.

⑦ 제2항에 따른 국제회의복합지구 육성·진흥계획의 수립·시행, 국제회의복합지구 지정의 요건 및 절차 등에 필요한 사항은 대통령령으로 정한다.

제15조의3 (국제회의집적시설의 지정 등)

① 문화체육관광부장관은 국제회의복합지구에서 국제회의시설의 집적화 및 운영 활성화를 위하여 필요한 경우 시·도지사와 협의를 거쳐 국제회의집적시설을 지정할 수 있다.

② 제1항에 따른 국제회의집적시설로 지정을 받으려는 자(지방자치단체를 포함한다)는 문화체육관광부장관에게 지정을 신청하여야 한다.

③ 문화체육관광부장관은 국제회의집적시설이 지정요건에 미달하는 때에는 대통령령

으로 정하는 바에 따라 그 지정을 해제할 수 있다.

④ 그 밖에 국제회의집적시설의 지정요건 및 지정신청 등에 필요한 사항은 대통령령으로 정한다.

제15조의4 (부담금의 감면 등)

① 국가 및 지방자치단체는 국제회의복합지구 육성·진흥사업을 원활하게 시행하기 위하여 필요한 경우에는 국제회의복합지구의 국제회의시설 및 국제회의집적시설에 대하여 관련 법률에서 정하는 바에 따라 다음 각 호의 부담금을 감면할 수 있다.

1. 「개발이익 환수에 관한 법률」 제3조에 따른 개발부담금
2. 「산지관리법」 제19조에 따른 대체산림자원조성비
3. 「농지법」 제38조에 따른 농지보전부담금
4. 「초지법」 제23조에 따른 대체초지조성비
5. 「도시교통정비 촉진법」 제36조에 따른 교통유발부담금

② 지방자치단체의 장은 국제회의복합지구의 육성·진흥을 위하여 필요한 경우 국제회의복합지구를 「국토의 계획 및 이용에 관한 법률」 제51조에 따른 지구단위계획구역으로 지정하고 같은 법 제52조제3항에 따라 용적률을 완화하여 적용할 수 있다.

제16조(재정 지원)

① 문화체육관광부장관은 이 법의 목적을 달성하기 위하여 「관광진흥개발기금법」 제2조제2항제3호에 따른 국외 여행자의 출국납부금 총액의 100분의 10에 해당하는 금액의 범위에서 국제회의산업의 육성재원을 지원할 수 있다.

② 문화체육관광부장관은 제1항에 따른 금액의 범위에서 다음 각 호에 해당되는 사업에 필요한 비용의 전부 또는 일부를 지원할 수 있다.

1. 제5조제1항 및 제2항에 따라 지정·설치된 전담조직의 운영
2. 제7조제1항에 따른 국제회의 유치 또는 그 개최자에 대한 지원
3. 제8조제2항제2호부터 제5호까지의 규정에 따른 사업시행기관에서 실시하는 국제회의산업 육성기반 조성사업
4. 제10조부터 제13조까지의 각 호에 해당하는 사업
   4의2. 제15조의2에 따라 지정된 국제회의복합지구의 육성·진흥을 위한 사업
   4의3. 제15조의3에 따라 지정된 국제회의집적시설에 대한 지원 사업
5. 그 밖에 국제회의산업의 육성을 위하여 필요한 사항으로서 대통령령으로 정하는 사업

③ 제2항에 따른 지원금의 교부에 필요한 사항은 대통령령으로 정한다.

④ 제2항에 따른 지원을 받으려는 자는 대통령령으로 정하는 바에 따라 문화체육관광부장관 또는 제18조에 따라 사업을 위탁받은 기관의 장에게 지원을 신청하여야 한다.

제17조(다른 법률과의 관계)

① 국제회의시설의 설치자가 국제회의시설에 대하여 「건축법」 제11조에 따른 건축허가를 받으면 같은 법 제11조제5항 각 호의 사항 외에 특별자치도지사·시장·군수 또는 구청장(자치구의 구청장을 말한다.)이 다음 각 호의 허가·인가 등의 관계 행정기관의 장과 미리 협의한 사항에 대해서는 해당 허가·인가 등을 받거나 신고를 한 것으로 본다.

1. 「하수도법」 제24조에 따른 시설이나 공작물 설치의 허가
2. 「수도법」 제52조에 따른 전용상수도 설치의 인가
3. 「소방시설 설치 및 관리에 관한 법률」 제6조제1항에 따른 건축허가의 동의
4. 「폐기물관리법」 제29조제2항에 따른 폐기물처리시설 설치의 승인 또는 신고
5. 「대기환경보전법」 제23조, 「물환경보전법」 제33조 및 「소음·진동관리법」 제8조에 따른 배출시설 설치의 허가 또는 신고

② 국제회의시설의 설치자가 국제회의시설에 대하여 「건축법」 제22조에 따른 사용승인

을 받으면 같은 법 제22조제4항 각 호의 사항 외에 특별자치도지사·시장·군수 또는 구청장이 다음 각 호의 검사·신고 등의 관계 행정기관의 장과 미리 협의한 사항에 대해서는 해당 검사를 받거나 신고를 한 것으로 본다.

1. 「수도법」 제53조에 따른 전용상수도의 준공검사
2. 「소방시설공사업법」 제14조제1항에 따른 소방시설의 완공검사
3. 「폐기물관리법」 제29조제4항에 따른 폐기물처리시설의 사용개시 신고
4. 「대기환경보전법」 제30조 및 「물환경보전법」 제37조에 따른 배출시설 등의 가동개시(稼動開始) 신고

③ 제1항과 제2항에 따른 협의를 요청받은 행정기관의 장은 그 요청을 받은 날부터 15일 이내에 의견을 제출하여야 한다.

④ 제1항부터 제3항까지에서 규정한 사항 외에 허가·인가, 검사 및 신고 등 의제의 기준 및 효과 등에 관하여는 「행정기본법」 제24조부터 제26조까지를 따른다. 이 경우 같은 법 제24조제4항 전단 중 "20일"은 "15일"로 한다.

제18조(권한의 위탁)

① 문화체육관광부장관은 제7조에 따른 국제회의 유치·개최의 지원에 관한 업무를 대통령령으로 정하는 바에 따라 법인이나 단체에 위탁할 수 있다.

② 문화체육관광부장관은 제1항에 따른 위탁을 한 경우에는 해당 법인이나 단체에 예산의 범위에서 필요한 경비(經費)를 보조할 수 있다.

부칙[2023.5.16 제19411호]

이 법은 공포한 날부터 시행한다.

5. 한국관광공사법

[법률 제19592호, 2023.8.8, 일부개정]

제1조 (목적)

이 법은 한국관광공사를 설립하여 관광진흥, 관광자원 개발, 관광산업의 연구·개발 및 관광 관련 전문인력의 양성·훈련에 관한 사업을 수행하게 함으로써 국가경제 발전과 국민복지 증진에 이바지함을 목적으로 한다.

제2조 (법인격)

한국관광공사(이하 "공사"라 한다)는 법인으로 한다.

제3조 (사무소)

① 공사의 주된 사무소의 소재지는 정관으로 정한다.

② 공사는 그 업무수행을 위하여 필요하면 이사회의 의결을 거쳐 필요한 곳에 지사 또는 사무소를 둘 수 있다.

제4조 (자본금)

① 공사의 자본금은 500억원으로 하고, 그 2분의 1 이상을 정부가 출자한다.

② 정부는 국유재산 중 관광사업 발전에 필요한 토지, 시설 및 물품 등을 공사에 현물로 출자할 수 있다.

제5조 (등기)

① 공사는 주된 사무소의 소재지에서 설립등기를 함으로써 성립한다.

② 제1항에 따른 설립등기, 지사 또는 사무소의 설치등기, 이전등기, 변경등기, 그 밖에 공사의 등기에 필요한 사항은 대통령령으로 정한다.

③ 공사는 등기가 필요한 사항에 관하여는 등기 후가 아니면 제3자에게 대항하지 못한다.

제6조 (유사명칭의 사용금지)

이 법에 따른 공사가 아닌 자는 한국관광공사 또는 이와 유사한 명칭을 사용하지 못한다.

제7조 (주식)

① 공사의 자본금은 주식으로 분할한다.

② 주식은 기명으로 하고 그 종류와 1주당 금액은 정관으로 정한다.

제8조 (정부주 매도의 제한)

정부소유의 주식을 다른 자에게 매도할 경우에는 다른 자가 소유하는 주식의 총액이 정부 소유주식의 총액을 초과하여서는 아니 된다.

제9조 (사장의 대표권 제한)

공사의 이익과 사장의 이익이 상반되는 사항에 대하여는 사장이 공사를 대표하지 못하며, 감사가 공사를 대표한다.

제10조 (대리인의 선임)

사장은 정관으로 정하는 바에 따라 직원 중에서 공사의 업무에 관하여 재판상 또는 재판 외의 모든 행위를 할 수 있는 권한을 가진 대리인을 선임할 수 있다.

제11조 (비밀누설 금지 등)

공사의 임직원이나 그 직에 있었던 사람은 그 직무상 알게 된 비밀을 누설하거나 도용하여서는 아니 된다.

제12조 (사업)

① 공사는 제1조의 목적을 달성하기 위하여 다음 각 호의 사업을 수행한다.

1. 국제관광 진흥사업
   가. 외국인 관광객의 유치를 위한 홍보
   나. 국제관광시장의 조사 및 개척
   다. 관광에 관한 국제협력의 증진
   라. 국제관광에 관한 지도 및 교육
2. 국민관광 진흥사업
   가. 국민관광의 홍보
   나. 국민관광의 실태 조사
   다. 국민관광에 관한 지도 및 교육
   라. 장애인, 노약자 등 관광취약계층에 대한 관광 지원
3. 관광자원 개발사업
   가. 관광단지의 조성과 관리, 운영 및 처분
   나. 관광자원 및 관광시설의 개발을 위한 시범사업
   다. 관광지의 개발
   라. 관광자원의 조사
4. 관광산업의 연구·개발사업
   가. 관광산업에 관한 정보의 수집·분석 및 연구
   나. 관광산업의 연구에 관한 용역사업
5. 관광 관련 전문인력의 양성과 훈련 사업
6. 관광사업의 발전을 위하여 필요한 물품의 수출입업을 비롯한 부대사업으로서 이사회가 의결한 사업

② 공사는 제1항에 따른 사업 중 필요하다고 인정하는 사업은 이사회의 의결을 거쳐 타인에게 위탁하여 경영하게 할 수 있다.

③ 공사는 국가, 지방자치단체, 「공공기관의 운영에 관한 법률」에 따른 공공기관 및 그 밖의 공공단체 중 대통령령으로 정하는 기관으로부터 제1항 각 호의 어느 하나에 해당하는 사업을 위탁받아 시행할 수 있다.

제13조 (손익금의 처리)

① 공사는 매 사업연도의 결산 결과 이익이 생기면 다음 각 호의 순서로 처리한다.

1. 이월손실금의 보전

2. 자본금의 2분의 1에 이를 때까지 이익금의 10분의 1 이상을 이익준비금으로 적립

3. 주주에 대한 배당

4. 제2호에 따른 이익준비금 외의 준비금으로 적립

5. 다음 연도로 이월

② 공사는 매 사업연도의 결산 결과 손실이 생기면 제1항제4호에 따른 적립금으로 보전하고 그 적립금으로도 부족하면 같은 항 제2호에 따른 적립금으로 이를 보전하되, 그 미달액은 다음 사업연도로 이월한다.

③ 제1항제2호 및 제4호에 따른 적립금은 대통령령으로 정하는 바에 따라 자본금으로 전입할 수 있다.

제14조 (보조금)

정부는 예산의 범위에서 공사의 사업과 운영에 필요한 비용을 보조할 수 있다.

제15조 (사채의 발행 등)

① 공사는 이사회의 의결을 거쳐 자본금과 적립금 합계액의 2배를 초과하지 아니하는 범위에서 사채(社債)를 발행할 수 있다.

② 정부는 제1항에 따라 공사가 발행하는 사채의 원리금의 상환을 보증할 수 있다.

제16조 (감독)

문화체육관광부장관은 공사의 경영목표를 달성하기 위하여 필요한 범위에서 다음 각 호의 사항과 관련되는 공사의 업무에 관하여 지도·감독한다.

1. 국제관광 및 국민관광 진흥사업

2. 관광자원 개발사업

3. 관광산업의 연구·개발사업

4. 관광 관련 전문인력의 양성과 훈련 사업

5. 법령에 따라 문화체육관광부장관이 위탁 또는 대행하도록 한 사업

6. 그 밖에 관계 법령에서 정하는 사업

제17조 (다른 법률과의 관계)

이 법에 규정되지 아니한 공사의 조직과 경영 등에 관한 사항은 「공공기관의 운영에 관한 법률」에 따른다.

제18조 (벌칙)

제11조를 위반하여 비밀을 누설하거나 도용한 자는 2년 이하의 징역 또는 2천만원 이하의 벌금에 처한다.

제19조 (과태료)

① 제6조를 위반하여 한국관광공사 또는 이와 유사한 명칭을 사용한 자에게는 300만원 이하의 과태료를 부과한다.

② 제1항에 따른 과태료는 대통령령으로 정하는 바에 따라 문화체육관광부장관이 부과·징수한다.

부칙[2023.8.8 제19592호]

이 법은 공포한 날부터 시행한다.

참고문헌

고석면·이재섭·이재곤, 관광정책론, 대왕사, 2018.

김재광·차길수·황해봉, 관광법규론, 학림, 2012.

류재숙·오민재·이승곤, 최신관광법규, 새로미, 2012.

박선영, 법학개론, 동현출판사, 2006.

양경승, 관광법규, 학현사, 2012.

유문기·홍창식·김주승, 최신관광법규해설, 새로미, 2012.

이연택, 관광정책학, 백산출판사, 2016.

임형택, 관광학개론, 대왕사, 2023.

임형택, 관광·호텔 마케팅론, 새로미, 2020

정희천, 최신관광법규론, 대왕사, 2012.

문화체육관광부, 2022년 기준 관광동향에 관한 연차보고서, 2023. 8.

문화체육관광부, 2023년도 관광진흥개발 기금 운용계획, 2023. 1.

문화체육관광부, 제4차 관광개발기본계획(2022~2023년), 2021.12.

문화체육관광부, 관광지식정보시스템(tour.go)

법무부, 한국인의 법과생활, 법무부, 2009.

법제처, 국가법령정보센터, 2024.01.

한국관광공사, 2023년도 관광객 입출국 및 관광수입·지출 분석, 2024. 2.

한국관광공사, 2022 MICE산업통계 조사·연구, 2023.6.

한국관광협회중앙회, 2022년 3분기 기준 관광업체등록현황.

한국문화관광연구원, 2022년 국민여행 실태조사, 2023. 5.

한국문화관광연구원, 2022년 외래관광객 실태조사, 2023. 10.

APEC, 2022 Annual Report. 2023. 9.

OECD, 2022 Annual Report. 2023. 9.

UNWTO, 2022 Annual Report. 2023. 9.

찾아보기

저자 소개

| 임 형 택 |

- 서울대학교 사회과학대학 지리학과 졸업(학사)
- 한양대학교 국제관광대학원 졸업(석사)
- 한양대학교 일반대학원 관광학과 졸업(박사)
- 전) 한국관광공사 근무
- 현) 선문대학교 글로벌관광학부 교수

주요도서

- 『관광법규론 7판』(한올출판사, 2024)
- 『관광학개론 3판』(대왕사, 2023)
- 『글로벌 문화와 관광』(학현사, 2021)
- 『관광·호텔 마케팅론 3판』(새로미, 2020)
- 『관광서비스지원관리』(백산출판사, 2016)
- 『의료관광 마케팅의 이해』(군자출판사, 2014) 등

- 연구 분야: 관광정책, 관광마케팅, 관광정보, 의료관광, 컨벤션(MICE) 등

관광법규론
The Laws Of Tourism

초판 발행	2013년 8월 16일	
2판 발행	2015년 1월 15일	
3판 발행	2017년 1월 25일	
4판 발행	2018년 8월 10일	
5판 발행	2020년 7월 10일	
6판 발행	2022년 3월 1일	
7판 발행	2024년 3월 1일	

저　　　자　임 형 택
펴 낸 이　임 순 재
펴 낸 곳　(주)도서출판 한올출판사
등　　　록　제11-403호
주　　　소　서울시 마포구 모래내로 83(한올빌딩 3층)
전　　　화　(02)376-4298(대표)
팩　　　스　(02)302-8073
홈 페 이 지　www.hanol.co.kr
e - 메 일　hanol@hanol.co.kr
I S B N　979-11-6647-413-2